REAL ESTATE PRINCIPLES & PRACTICES

부동산학개론

서정렬 신우진 신정철 한동철 한정희 공저

REAL ESTATE PRINCIPLES & PRACTICES

이프레스

머리말

부동산 관련 이슈들은 유권자들을 향한 정치인들의 선거공약에서부터 매일 등장하는 뉴스 기사, 심지어 동네 주민들의 일상대화에서까지도 항상 중요한 주제로 대두된다. 정보화 사회를 살아가는 우리에게 부동산은 쉽게 검색할 수 있는 용어이면서도 구체적으로 이해하기는 어려운 '가깝고도 먼' 주제로 인식되고 있다.

'부동산의 개념을 좀더 쉽게 살펴볼 수 없을까?' 이러한 생각으로 모여 의견을 나누기 시작한 다섯 명의 교수들은, 각자 전공영역의 전문지식들을 이해하기 쉽게 풀어내 보기로 하였다. 기존의 부동산학개론 관련 서적 및 연구 자료들이 보유한 전문성은 유지하면서도 각 저자의 실증적 경험을 반영하여, 보다 실제적이고 학생 중심적인 저서가 되도록 노력하였다.

부동산학의 기초개념을 설명한 후에 부동산학의 열 개 각론을 하나씩 구체적으로 설명함으로써 대학생 및 대학원생뿐만 아니라 실무 담당자들도 부동산학을 전반적으로 이해하고 머릿속에 정리하여 담아낼 수 있도록 내용을 구성하였다.

구체적으로 1장 부동산학의 기초 및 주요 개념(신우진 교수, 신정철 교수, 한동철 교수), 2장 부동산경제론(한정희 교수), 3장 부동산 입지선정(서정렬 교수), 4장 부동산개발론(신정철 교수), 5장 부동산투자론(서정렬 교수), 6장 부동산금융 및 보험론(한동철 교수), 7장 부동산관리 및 경영론(신정철 교수), 8장 부동산중개 및 컨설팅론(한동철 교수), 9장 부동산정책(한정희 교수), 10장 감정평가 기초개념(신우진 교수), 11장 감정평가 방법 및 절차(신우진 교수) 순으로 구성하였다.

이 책이 세상에 나오기까지 많은 분들의 도움이 있었다. 먼저 부동산학의 정리에 대한 필요성을 공감하시고 출판 지원을 아끼지 않으신 이프레스의 최용구 대표님과

꼼꼼하게 내용의 편집 부분을 담당해 주신 이프레스 편집부 직원분들께 진심으로 감사를 드린다. 또한, 실무적 입장에서 검토해 주신 경일감정평가법인의 문소연 감정평가사님께도 깊은 감사를 드린다.

2013년 8월

공저자 올림

차례

Chapter 05 | 부동산투자론

Chapter 06 | 부동산금융 및 보험론

Chapter 01

부동산학의 기초 및 주요 개념

Real Estate Principles & Practices

1. 기초이론
2. 공간구조와 입지
3. 부동산의 운영

CHAPTER 01

부동산학의 기초 및 주요 개념

1 기초이론

1) 부동산학이란

(1) 부동산학의 개념 및 속성

부동산학이란 일상생활에서 직면하는 다양한 부동산문제들에 관하여 물리적 · 법적 · 경제적 · 기술적 측면에서 분석하여 해결방법을 찾아가는 종합 응용사회과학이라고 볼 수 있다. 부동산학 관련 저서를 보면 저자마다 조금씩 다르게 부동산학을 정의하고 있으나 그 본질적 의미는 같다. 먼저 김영진 교수는 부동산학을 부동산활동의 능률화 및 그 응용기술을 개척하는 종합 응용과학으로 정의하면서, 부동산학의 학문성격 중 종합과학과 응용과학을 제시하였다. 안정근 교수는 부동산학을 토지와 토지상에 부착되어 있거나 연결되어 있는 여러 가지 항구적인 토지개량물에 대하여, 그것과 관련된 물적 · 법적 · 금융적 · 직업적 제 측면을 기술하고 분석하는 학문연구의 분야로 정의하였다. 특히 이러한 주제들이 인간의 일상생활에 어떠한 영향을 미치는가를 연구하는 학문으로, 경험과학 · 사회과학 · 규범과학으로서의 부동산학의 학문적 성격을 추가로 제시하였다. 조주현 교수는 부동산학을 부동산의 가치증진과 관련된 의사결정 과정을 연구하기 위하여 부동산에 대해 법적 · 경제적 · 기술적 측면에서 접근을 시도하는 종합 응용사회과학으로 정의하였다.

부동산학의 정의에서 보듯이, 부동산학은 경험과학 · 규범과학 · 사회과학 · 응용과학 · 종합과학으로서의 학문적 성격을 지니고 있다. 즉, 부동산학이란 추상적인 이론에만 얽매이는 것이 아닌, 일상생활에서 직접 경험한 부동산활동 및 부동산현상을 대상으로 이론을 체계화시킨 학문이자 부동산활동 주체가 명확한 가치기준을 가지고 바르게 부동산활동을 할 수 있도록 유도하는 학문이다. 또한 부동산에 대해 사람들이 관여하는 활동을 연구하는 학문이자 복잡한 부동산 관련 사회문제에 응용할 수 있는 학문이며, 부동산과 연계된 법학 · 경제학 · 행정학 · 사회학 · 도시계획 등 다양한 학문과 융합하여 부동산문제를 해결해 나가는 종합학문의 성격을 지닌다.

부동산학이 이와 같은 다섯 가지 학문적 성격을 지속해 나가기 위해서는 효율성 · 형평성 · 합법성이라는 일반적 이념을 따라야 한다. 효율성이란 부동산 자원의 효율성을 의미하며, 이를 높이기 위해서 부동산 소유자들은 최소의 비용으로 극대화된 수익을 올려야 한다는 것이다. 부동산활동에 참여하는 가계 · 기업 등 사적 주체들은 투자대비 높은 수익을 요구한다는 점에서 효율성을 형평성보다 중요하게 생각한다. 이는 국가차원에서 볼 때에도 제한된 국토를 생각할 때 바람직한 방향이라 할 수 있다. 한편, 사회 전체적으로 볼 때에는 일부 부유한 사람들, 정보를 많이 얻는 사람들에 의해서 부동산활동이 주로 이루어지게 되어 이들에게 부가 편중되면 소득분배의 문제가 발생하게 되기에, 부동산활동을 통한 소득은 모든 사람들에게 공평하게 전달되어야 한다는 형평성이 강조된다. 그러나 효율성과 형평성을 동시에 만족시킨다는 것은 상당히 어렵다. 따라서 부동산 관계법규의 제 · 개정을 통해서 효율성과 형평성이 조화될 수 있도록 유도하는 합법성도 부동산학에서는 매우 중요하다.

부동산학의 일반 이념인 효율성, 형평성, 합리성은 부동산학의 3대 측면인 법률적 · 경제적 · 기술적 측면과 연결된다. 즉, 부동산활동을 하거나 부동산현상을 이해하기 위해서는 법률적 · 경제적 · 기술적 측면의 타당성을 검증하여야 한다. 먼저, 대상 부동산에 대한 개발을 하려고 할 때, 이 개발이 각종 관련법규에 위배되는 것은 아닌지 검토함으로써 공익과 사익의 조화가 이루어지도록 해야 한다. 다음으로 개발을 하게 된다면 대상 부동산의 소유자나 이용자에게 수익이 발생해야 한다. 이를 검토함으로써 부동산이 효율적으로 관리될 수 있도록 해야 한다. 마지막으로, 토지의 지형, 지세나 건물의 물리적 · 기능적 특징과 같은 부동산의 물리적 상태를 고려할 때 대상 부동산의 개발에 기술적인 어려움은 없는가 검토함으로써 정해진 공간 및 환경의 가치를 극대화시킬 수 있는 개발방안이 모색되어야 한다.

(2) 부동산학 연구

부동산학은 사람과 부동산 사이의 관계를 개선함으로써 부동산활동을 바람직한 방향으로 활성화시키도록 연구되어야 한다. 부동산학의 연구 분야는 법 · 특성/속성 · 수학 · 시장 · 조세 등의 부동산학 기초 분야와 기초 분야를 응용 및 적용하는 개발 · 금융 · 투자 등의 부동산학 결정 분야, 그리고 결정 분야를 지원하는 관리 · 평가 · 상담 · 마케팅 등의 부동산학 결정지원 분야로 구분될 수 있다.

부동산학의 연구대상은 크게 부동산활동, 부동산현상, 부동산문제로 구분될 수 있다. 부동산활동이란 주체인 인간이 객체인 부동산에 대해서 가하는 행위를 포함한 인간과 부동산 사이에서 발생하는 다양한 상호교류를 말한다. 부동산현상은 사람들이 부동산활동을 함에 따라 연관된 사실들이 일정한 법칙성을 갖고 나타나는 현상을 의미한다. 이러한 부동산활동과 부동산현상을 통해 발생되는 다양한 부동산문제 또한 부동산학의 연구대상이 된다.

이중 부동산현상과 부동산문제의 발생 원인이 되는 부동산활동을 자세히 살펴보면, 부동산활동은 주체에 따라 조금씩 달라진다. 먼저 중앙정부, 지자체와 같은 공적 주체의 부동산활동은 규제 · 과세 · 관리 등 다양한 정책의 형태로 나타나는 반면, 사적 주체의 부동산활동은 부동산개발업 · 부동산관리업 · 부동산평가업 · 부동산중개업 · 부동산감정평가업 등의 활발한 사적 활동으로 나타난다(〈표 1-1〉 참조). 이외에 공인중개사협회나 감정평가사협회와 같은 전문협회의 부동산활동은 협회의 구성원인 회원들의 권익을 보호하면서 다양한 정보를 제공하는 방향으로 부동산활동이 이루어진다.

표 1-1 부동산업의 분류

대분류	중분류	소분류	세분류	세세분류
부동산업 및 임대업 (L)	부동산업 (68)	부동산 임대 및 공급업 (681)	부동산임대업 (6811)	주거용 건물 임대업(68111) 비주거용 건물 임대업(68112) 기타 부동산 임대업(68119)
			부동산개발 및 공급업 (6812)	주거용 건물개발 및 공급업(68121) 비주거용 건물개발 및 공급업(68122) 기타 부동산개발 및 공급업(68129)
		부동산 관련 서비스업 (682)	부동산관리업 (6821)	주거용 부동산관리업(68211) 비주거용 부동산관리업(68212)
			부동산중개 및 감정평가 (6822)	부동산자문 및 중개업(68221) 부동산감정평가업(68222)

출처: 한국표준산업분류 9차 개정안 (2008).

부동산활동은 부동산에 대해 인간이 행하는 활동이기에 적은 비용으로 최대 효과를 내야 하고, 이를 위해서는 합리적 · 과학적으로 활동할 필요가 있다. 또한 형평성을 높이기 위해서 공적 부동산과 함께 사적 부동산활동도 공정하게 수행해야 하고, 거래사고를 최소화하는 안전한 활동이 되어야 한다. 즉, 부동산활동은 경제성의 원칙, 능률성의 원칙, 공정성의 원칙, 안전성의 원칙에 준하여 행동해야 하는 것이다. 이에 따라, 부동산활동의 속성에는 전문성,[1] 과학성 및 기술성, 사회성, 공익 · 사익

1 일반적으로 전문성에 따라 1차 수준~3차 수준의 부동산활동으로 나뉜다. 1차 수준의 부동산활동은 본인의 목적을 위해 부동산 거래에 참여하는 일반인의 활동, 2차 수준은 세무공무원과 같이 부동산 관련 업무에 일상적으로 종사하나 해당 부동산의 전문가는 아닌 사람의 활동, 3차 수준은 전문적 이

성, 윤리성, 정보활동, 공간활동, 대인 · 대물활동, 임장활동,[2] 배려의 장기성[3] 등이 포함된다.

부동산학의 세 가지 연구대상인 부동산활동 · 부동산현상 · 부동산문제를 연구하기 위해서는 중점식, 분산식, 종합식, 행태과학적, 현상학적, 의사결정적, 법 · 제도적 접근방법 등을 이용한다. 중점식 접근방법이 특정 분야에 대해서만 집중적으로 연구하는 방법이라면, 분산식 접근방법은 여러 분야로 나누어 각 분야를 개별분석하는 부분적 연구방법이고, 종합식은 대상 부동산과 관련된 다양한 연구결과를 복합적으로 활용하여 분석하는 연구방법이다. 행태과학적 접근방법이 인간행태에 관한 경험적 조사연구에 기초하여 분석하는 방법이라면, 현상학적 접근방법은 인지하고 있는 객관적 사실보다 주관적으로 판단하는 현상분석을 통해 연구하는 방법이다. 의사결정적 접근방법이 인간의 합리성에 기초한 합리적인 의사결정에 중점을 두고 분석하는 방법이라면, 법 · 제도적 접근방법은 부동산활동을 규제하거나 조장하는 관련 법규에 기초하여 분석하는 연구방법이다. 이와 같이 다양한 부동산학 연구방법 중에서 대상 부동산에 관한 부동산활동 · 부동산현상 · 부동산문제를 해결하고 이해하기에 가장 적합한 방법을 택하여 분석할 필요가 있다.

2) 부동산의 개념 및 분류

(1) 부동산의 개념

물리적 측면에서 보자면, 부동산이란 토지와 그 토지의 영구적 토지개량물의 유형적 자산을 말한다. 토지개량물은 주변에서 쉽게 볼 수 있는 건물과 같이 인위적으

론 및 지식을 갖고 있는 부동산 전문가에 의한 활동을 말한다.

2 부동산활동은 현장에 직접 방문해서 원인을 찾고 분석하여 해결하는 활동이다.

3 부동산활동은 부동산의 영속성을 고려할 때 장기적인 관점에서 문제를 해결하는 활동이 되어야 한다.

로 건립된 '토지 위의 개량물'과 해당 토지의 이용에 도움이 되도록 다른 지역으로부터 당해 토지까지 연결되어 있는 도로, 전선, 상 · 하수도와 같은 '토지에 대한 개량물'로 구분할 수 있다. 한편 무형적 측면에서 보자면, 부동산은 토지와 토지개량물에 대한 소유 · 이전 · 이용 등의 다양한 권리들의 집합체로서 이해될 수도 있다.

이와 같이 복합체로서 이해되어야 하는 부동산은 법률적 · 경제적 · 물리적 측면에서 살펴볼 필요가 있다. 먼저, 법률적 측면에서 볼 때 부동산은 '민법'에서 언급한 '토지 및 그 정착물'이며 토지의 소유권은 토지의 상하에 미친다.[4,5] 토지의 소유범위를 토지의 상하로 정해 놓음으로써 부동산의 권리를 살펴볼 때 토지를 평면뿐만 아니라 수평(지표권), 지하(지중권), 공중(공중권)으로 확대하여 입체적으로 보아야만 하는 것이다. 그렇다고 토지소유권이 상하로 무한정 인정되는 것은 아니고, 사회통념상 인정될 수 있는 범위임을 주의해야 한다. 또한, 본인 소유 토지에 매장된 미채굴 광물의 경우에는 비록 그 지중권이 사회통념상 인정될 수 있는 범위라고 하더라도 민법상 권리 객체가 아니라 광업법상 권리 객체가 되기에 소유권이 인정되지 않는다는 점도 주의해야 한다.

부동산권리란 부동산을 점유 · 사용 · 처분할 수 있는 권리를 말한다. 구체적으로는 대상 부동산을 점유하고 있다는 사실만으로 갖는 점유권, 대상 부동산을 다른 사람의 간섭 없이 그 성질에 따라 사용할 수 있는 사용권, 보유하고 있는 부동산의 소유권의 전부 또는 일부를 처분할 수 있는 처분권이 있다.

민법에서 정의한 '토지 및 그 정착물'은 협의의 부동산이다. 왜냐하면 부동산에는 이외에도 준부동산(의제부동산, 간주부동산)이 포함되기 때문이다. 준부동산이란 그

4 토지 및 그 정착물은 부동산이다(민법 제99조 제1항): 토지의 소유권은 정당한 이익 있는 범위 내에서 토지의 상하에 미친다(민법 제212조)

5 여기서 정착물이란 토지에 부착되기 전에는 동산이었으나 부착됨으로써 쉽게 이동이 불가능하고 토지의 이용가치를 높이는 영구적인 토지개량물을 말한다. 일상에서 마주하는 다양한 개량물 중 정착물과 동산을 구별할 필요가 있다. 정착물은 영구적 목적으로 설치되어 있어야 하고, 제3자가 볼 때 소유자가 해당 정착물을 설치한 의도가 인정되어야 하며, 현재 위치에서 제거할 때 건물에 물리적 손상 또는 기능적 손상을 유발해야 한다. 단, 임대인이 아닌 임차인이 설치한 물건은 정착물이 아니다.

특성상 동산에 해당되나 관계법에 따라 공시수단(등기방법)을 갖추면 부동산으로 간주되는 것으로,[6] 관련법에 따라 등기를 마친 입목 · 공장재단 · 광업재단 · 20톤 이상의 선박과 등록을 마친 자동차 · 항공기 · 건설기계 등이 준부동산에 포함된다. 이에 따라 광의의 부동산에는 비정착물도 포함되게 된다.

경제적 측면에서 볼 때 부동산은 경제행위에 영향을 미치는 자산 · 자본 · 생산요소 · 소비재 · 상품이 된다. 인간에게 부동산은 가장 중요한 자산 중 하나이며, 자본증식의 주요 수단으로 활용되어 왔다. 토지는 자본 · 노동과 함께 주요 생산요소로서 작용하고 있으며, 최종소비재인 부동산은 상품으로서 거래되고 있다. 과거에는 부동산을 법률적 측면에서 바라보는 것이 중요하였으나, 최근에는 경제적 측면이 더 강하게 부각되고 있다.

물리적 측면에서 볼 때 부동산은 위치가 고정됨에 따라 당해 부동산의 위치, 주변환경, 공간적 범위 등이 중요한 요인이 된다. 즉, 토지 및 건물은 주위 환경에 영향을 주고받고, 그 가치는 위치에 따라 달라지는 것이다. 이외에도 건물이나 토지이용에 적용되는 인위적인 공학기술도 개념에 포함될 수 있다.

(2) 부동산의 분류

부동산은 토지와 건물로 구분하여 분류할 수 있는데, 먼저 토지의 분류를 살펴보면 다음과 같다.

'국토의 계획 및 이용에 관한 법률'에서는 국토를 용도지역[7] · 용도지구[8] · 용도구역

---

6 부동산은 등기를 통해 공시효과를 갖는 반면 동산은 점유를 통해 공시효과가 나타난다.

7 '용도지역'이란 토지의 이용 및 건축물의 용도, 건폐율, 용적률, 높이 등을 제한함으로써 토지를 경제적 · 효율적으로 이용하고 공공복리의 증진을 도모하기 위하여 서로 중복되지 아니하게 도시 · 군 관리계획으로 결정하는 지역을 말한다(국토의 계획 및 이용에 관한 법률 제2조 제15항).

8 '용도지구'란 토지의 이용 및 건축물의 용도 · 건폐율 · 용적률 · 높이 등에 대한 용도지역의 제한을 강화하거나 완화하여 적용함으로써 용도지역의 기능을 증진시키고 미관 · 경관 · 안전 등을 도모하기 위하여 도시 · 군 관리계획으로 결정하는 지역을 말한다(국토의 계획 및 이용에 관한 법률 제2조 제16항).

[9]으로 지정하고 있다. 용도지역에는 도시지역 · 관리지역 · 농림지역 · 자연환경보전지역이 있고, 용도지구에는 경관지구 · 미관지구 · 고도지구 · 방화지구 · 방재지구 · 보존지구 · 시설보호지구 · 취락지구 · 개발진흥지구 · 특정용도제한지구가 있다. 또한 용도구역에는 개발제한구역 · 도시자연공원구역 · 시가화조정구역 · 수산자원보호구역이 있다(국토의 계획 및 이용에 관한 법률 제36조 내지 제40조).

'측량 · 수로조사 및 지적에 관한 법률'에서는 전국 토지를 주된 사용목적에 따라 28개 지목으로 구분하여 토지등기부에 등기하고 있다.[10] 여기에는 전 · 답 · 과수원 · 목장용지 · 임야 · 광천지 · 염전 · 대(垈) · 공장용지 · 학교용지 · 주차장 · 주유소용지 · 창고용지 · 도로 · 철도용지 · 제방(堤防) · 하천 · 구거(溝渠) · 유지(溜池) · 양어장 · 수도용지 · 공원 · 체육용지 · 유원지 · 종교용지 · 사적지 · 묘지 · 잡종지가 포함된다(측량 · 수로조사 및 지적에 관한 법률 제67조). 또한 관련법규에 따라 구획되는 토지의 등록단위인 '필지'를 정의하고 있으며(측량 · 수로조사 및 지적에 관한 법률 제2조 제21항), 각 필지로 나눈 토지를 '대지'라고 한다(건축법 제2조 제1항).

이외에도 실무 및 학계에서 사용하는 토지의 분류는 다양하다. 이를 정리하면 다음 〈표 1-2〉와 같다.

표 1-2 토지의 분류

택지	건축 가능한 토지 또는 건축물이 건축되어 있는 토지
부지	도로부지 · 하천부지와 같이 일정한 용도로 사용되는 토지
획지	토지의 이용상황이 유사함에 따라 가격수준도 유사한 일단의 토지
후보지	임지지역 · 농지지역 · 택지지역 상호 간에 용도 전환이 진행 중인 토지 (예: 농지지역이 택지지역으로 용도가 전환되는 택지후보지)

9 '용도구역'이란 토지의 이용 및 건축물의 용도 · 건폐율 · 용적률 · 높이 등에 대한 용도지역 및 용도지구의 제한을 강화하거나 완화하여 따로 정함으로써 시가지의 무질서한 확산방지, 계획적이고 단계적인 토지이용의 도모, 토지이용의 종합적 조정관리 등을 위하여 도시 · 군 관리계획으로 결정하는 지역을 말한다(국토의 계획 및 이용에 관한 법률 제2조 제17항).

10 '지목'이란 '지목'이란 토지의 주된 용도에 따라 토지의 종류를 구분하여 지적공부에 등록한 것을 말한다(측량 · 수로조사 및 지적에 관한 법률 제2조 제24항).

이행지	임지지역 · 농지지역 · 택지지역 내에서 용도가 이행되는 토지 (예: 택지지역 내에서 상업지역이 공업지역으로 용도가 이행되는 공업지이 행지)
건부지	택지에 건축물이 위치하여 지상건물로 인해 사용 · 수익이 제한되는 토지
나지	토지에 정착물이 없으면서 사법상의 권리관계가 설정되어 있지 않은 토지
맹지	어떤 도로에도 연접하지 않는 토지
대지(袋地)	택지가 주변 택지들에 위요되어 좁은 통로를 통해서만 도로에 접근 가능한 자루형 토지
빈지	최고만조수위면에서 공부 표시 부분까지의 토지
법지	택지의 경계와 인접지 또는 도로면과의 경사면에 위치하는 토지로서 법적 소유권은 인정되지만 이용에 따른 실익이 없는 토지
공지	필지에서 건물이 차지하지 않는 부분의 토지
소지	개발되기 이전의 자연상태로 유지된 토지
공한지	도시 내 토지 중 토지투기를 위하여 장기간 방치한 토지
포락지	물의 침식으로 인해 수면 아래로 잠긴 토지
한계지	택지 이용의 가장 먼 경계권에 있는 토지
유휴지	필요 이상으로 사용하지 않아 수익이 발생하지 않는 토지
휴한지	농경으로 인해 힘을 잃은 땅을 회복시키기 위해서 농사를 짓지 않고 있는 토지
선하지	고압선 아래의 토지

다음으로 건물은 구조에 따라 목재 · 철재 등을 조립하여 만드는 가구식, 벽돌 · 블록 등을 쌓아서 만드는 조적식, 전체 구조체를 만들고 여기에 건축재료를 부어 만드는 일체식, 재료를 운반한 후 조립하여 만드는 조립식, 두 개 방식 이상을 결합하는 절충식으로 구분할 수 있다. 또한 건축양식에 따라 한식과 양식, 두 방식을 절충하는 절충식으로 구분할 수 있다.

건물을 용도별로 보면 28개 용도로 구분할 수 있다(건축법 제2조 제19항).[11] 이중 주

11 28개 세부 용도별 건물의 종류에는 단독주택, 공동주택, 제1종 근린생활시설, 제2종 근린생활시설, 문화 및 집회시설, 종교시설, 판매시설, 운수시설, 의료시설, 교육연구시설, 노유자시설(노유자: 노인 및 어린이), 수련시설, 운동시설, 업무시설, 숙박시설, 위락(慰樂)시설, 공장, 창고시설, 위험물

택은 단독주택과 공동주택으로 구분되는데, 단독주택에는 단독주택 · 다중주택 · 다가구주택 · 공관이 포함되고, 공동주택에는 아파트 · 연립주택 · 다세대주택 · 기숙사가 포함된다(건축법 시행령 별표1).[12]

3) 부동산의 특성

부동산의 특성이란 부동산의 고유한 성질을 말한다. 이는 토지의 특성과 건물의 특성으로 구분할 수 있고, 다시 토지의 특성은 인간에 의해 변경될 수 없는 토지의 본원적 · 선천적인 '토지의 자연적 특성'과 인간에 의해 후천적으로 변경 가능한 인위적인 '토지의 인문적 특성'으로 나눌 수 있다. 즉, 토지의 자연적 특성이 토지 자체가 갖는 특성이라고 한다면, 토지의 인문적 특성은 토지에 대한 인간의 부동산활동에 따라 인위적으로 부여한 특성이다.

(1) 토지의 자연적 특성

토지의 고정 불변적 특성인 자연적 특성에는 부동성 · 영속성 · 부증성 · 개별성 · 인접성 등이 있다.

먼저 부동성은 물리적 위치가 변할 수 없는 부동산의 특성을 의미하며, 이를 위치의 고정성 · 비이동성이라고도 한다. 부동성은 동산과 부동산을 구분하는 중요한 근거가 되며, 법률상 부동산과 동산의 공시방법에 차이가 나는 이유가 된다. 또한 부

저장 및 처리시설, 자동차 관련 시설, 동물 및 식물 관련 시설, 분뇨 및 쓰레기처리시설, 교정(矯正) 및 군사시설, 방송통신시설, 발전시설, 묘지 관련 시설, 관광휴게시설, 장례식장 등이 포함된다(건축법 시행령 별표1).

12 가정어린이집 · 공동생활가정 · 지역아동센터 · 노인복지시설은 단독주택 형태를 갖추면 단독주택에 포함되고, 공동주택의 형태를 갖추면 공동주택에 포함된다. 단, 주택법 시행령 제3조 제1항에 따른 원룸형 주택은 공동주택에 포함된다(건축법 시행령 별표1).

동산의 위치가 고정됨에 따라 대상 부동산의 특성 및 가격은 주변지역에 영향을 주고받게 되어 외부효과가 발생하며, 부동산가격이 지역별로 다르게 나타나는 부동산시장의 국지화 및 지역화 현상으로 연결된다. 따라서 감정평가사가 대상 부동산을 감정평가할 때에 지역분석을 해야 하는 근거가 되는 것이다. 이런 부동성은 부동산이 한 장소에 영속적으로 귀속됨에 따라 토지 관련 정보가 누적되는 특성을 지니기에 정보활동이 필요하다. 또한 대상 부동산을 다른 지역으로 옮기는 것이 불가능하여 부동산시장은 견본을 직접 거래하는 실제적 시장이 아니라 추상적 시장일 수밖에 없고, 부동산에 대한 정보를 얻기 위해서는 직접 방문조사를 해야 하는 등 임장활동이 필요하다. 부동성은 해당 토지가 특정 지방자치단체에 귀속됨을 의미하기에 제도적으로 규율하기 편리하고, 저당권설정의 근거로 활용될 수 있을 뿐 아니라 부동산 조세의 수입 근거가 될 수 있다.

두 번째, 영속성은 시간의 경과에도 불구하고 물리적 마모 및 소멸이 발생되지 않는 부동산의 특성을 의미하며, 이는 불변성 · 내구성 · 불괴성 · 비소모성이라고도 한다. 영속성으로 인해 소모를 전제로 하는 재생산이론을 토지에 적용하는 것은 불가능하게 된다. 그러나 토지가 오랜 기간 사용하여도 소멸되지 않는 물리적 내구력을 지니고 있다고 하더라도 기능적 쇠퇴로 인한 경제적 감가가 발생할 수 있다는 점에 주의해야 한다. 주변지역의 기능이 쇠퇴하면서 대상 부동산의 기능도 함께 쇠퇴할 수 있고, 농지의 경우에는 오랜 기간 농사를 짓게 되면 토지의 지력성이 약화되는 기능적 손실이 발생할 수 있기 때문이다. 그러나 일반적으로 영속성은 토지의 장기적인 이용이 가능하고, 이를 통해 임대료와 같은 수익이 발생될 수 있기에 감정평가 시 장래의 수익을 통해 현재 가치를 평가하는 수익환원법의 적용이 가능해진다. 특히 수익환원법 중 미래에 무한한 수입을 가정하고 가치를 평가하는 직접환원법의 사용을 가능하게 한다. 또한 토지의 소유이익과 사용이익의 분리가 가능해져서 타인이 토지를 장기간 이용할 수 있게 하여 임대시장의 활성화 및 부동산관리활동의 의의를 크게 하는 근거가 된다. 토지의 이용에 따라 미래의 가치를 예측하게 해주기에 부동산이 투자재로서 선호되도록 한다.

세 번째, 부증성은 토지의 생산비를 증가시킨다고 하더라도 토지의 물리적인 절대량을 증가시킬 수 없다는 부동산의 특성을 의미하며, 이는 비생산성 · 불확장성 · 면적의 유한성 · 공급의 한정성이라고도 한다. 부증성 때문에 토지에는 생산비의 법칙이 적용되지 않고, 감정평가에서도 원가에 기초하여 가격을 평가하는 원가방식이 토지에는 적용되기 어렵다. 바닷가에서 자주 볼 수 있는 공유수면 매립이나 간척지 조성은 토지의 물리적 면적이 증가된 것이 아니라 이용이 전환된 것이기에 매립지 · 조성지 · 간척지에서도 부증성은 적용된다. 토지의 물리적 공급이 제한됨에 따라 시장의 공급곡선은 완전비탄력적인 수직선에 가까워지게 되고, 토지의 희소성이 나타나면서 지가상승문제가 발생하게 된다. 한정된 토지로 인해 사회적 형평성에 대한 요구가 증가하게 되고 토지공개념제도의 확대가 요구되는 한편, 토지를 집약적으로 이용하도록 유도하는 원인이 되기도 한다.

네 번째, 개별성은 부동산마다 물리적 특성이 달라서 동일한 토지는 단지 한 개만 존재한다는 부동산의 특성을 의미하며, 이는 비대체성 · 비동질성 · 이질성이라고도 한다. 특정 상표의 아이스크림이나 요구르트는 일반적으로 동일한 질량과 형태를 가지고 있기에 일물일가의 법칙이 적용된다. 그러나 토지는 각각이 면적, 형상, 경사, 접도여부 등 다양한 요인에서 차이를 보이기 때문에 가격이 개별적으로 형성된다. 이러한 차이로 인해 부동산의 비교가 어렵고, 개개의 부동산이 각각 차별성을 갖기 때문에 독점화될 수밖에 없고, 부동산활동 및 현상이 개별화된다. 감정평가에서 볼 때 개별성은 개별분석의 사유가 될 수 있고, 주변 토지에 대해 대표성을 갖는 표준지 선정이 쉽지 않게 하며, 감정평가방식 중 두 부동산을 비교하여 가격을 산정하는 비교방식을 어렵게 만드는 속성이다.

다섯 번째, 인접성이란 토지는 물리적으로 다른 토지와 연속되어야 한다는 부동산의 특성을 의미하며, 이는 연결성이라고도 한다. 물리적 연속성으로 인해 인접토지와의 협동적 이용을 필연화시키게 되는 반면, 이로 인해 소유와 관련된 경계문제가 발생되기도 한다. 앞서 살펴본 부동성과 함께 인접성은 외부효과를 발생시킬 수 밖에 없으며, 이로 인해 개발이익의 사회적 환수의 근거가 된다. 인접지의 영향으로 지역분석을 필연화시키게 되며, 서로 영향받은 부동산끼리는 대체 가능성이 존재하게 되어 감정평가에서 비교방식이 가능하도록 하는 근거가 되기도 한다.

이외에도 부동산의 기타 자연적 특성에는 적재성 · 가경성 · 배양성 · 지력성이 있다. 적재성은 토지가 위에 건축되는 공작물을 견딜 수 있는 지지력을 의미하고, 가경성은 식물의 뿌리가 고착될 수 있도록 하는 물리적 작용으로서 농업용 토지의 유용성에 영향을 미치는 특성을 의미한다. 배양성은 식물의 생장번식을 위한 영양을 공급하는 능력으로 토지의 비옥도에 의해서 영향을 받게 되는 특성이고, 지력성은 토지가 본원적으로 가지고 있는 힘으로서 토지의 생산성을 표현해 주는 특성이다.

(2) 토지의 인문적 특성

토지의 인위적 특성인 인문적 특성에는 용도의 다양성, 병합 · 분할의 가능성, 위치의 가변성, 국토성, 투자의 고정성, 고가성 등이 있다.

첫째, 용도의 다양성이란 토지를 주거용지 · 상업용지 등과 같이 다양한 용도로 활용이 가능하다는 특성을 말하며, 이는 다용도성 또는 변용성이라고도 한다. 토지의 자연적 특성 중 하나인 부증성에 따라 토지의 물리적 공급은 고정되어 있으나, 용도의 다양성으로 인해 토지의 용도가 경합 또는 전환될 수 있기에 특정 용도 토지의 경제적 공급을 가능하게 하여 토지의 공급곡선이 수직선이 아닌 우상향하도록 이끈다. 또한 주변환경 및 수요의 변화에 따라 대상토지의 용도가 최유효이용을 도모하도록 변화가 가능하게 하는 것도 용도의 다양성에 기인한다. 이에 따라 용도의 다양성은 현재 용도에 따른 토지의 가격과 최유효이용을 가정한 토지의 가치에 차이가 나는 등 가격다원설에 논리적 근거가 된다.

둘째, 병합 · 분할의 가능성이란 그 이용 용도에 따라서 토지들을 합하거나 나눌 수 있는 특성을 말하며, 이는 분합성이라고도 한다. 용도에 따라 요구하는 토지의 규모가 다를 수 있는데, 이와 같은 병합 · 분할의 가능성은 다양한 용도의 사용이 가능하도록 지원하는 역할을 한다. 토지를 합하거나 나눌 때 단위면적당 가격이 증가할 수도 있고 감소할 수도 있다. 분할 · 합병 전 가격이 정상가격이라면, 분할 · 합병 후 가격을 한정가격이라고 부른다.

셋째, 위치의 가변성이란 토지의 물리적 위치는 변화가 없으나 주변 토지 이용상황이 변화되면서 대상토지의 상대적 위치가 변화하는 것을 말한다. 예를 들어, 기존에는 연접하는 도로가 전혀 없는 맹지였으나, 신설도로 개통으로 인해 도로에 연접하게 되면 부동산가치가 크게 증가하게 된다. 위치의 가변성은 사회적 · 경제적 · 행정적 위치의 가변성으로 구분해 볼 수 있다. 사회적 위치의 가변성에는 주거환경의 개선 · 악화, 교육 및 사회복지환경의 개선 · 악화, 인구밀도 및 가구구조의 변화, 도시정비상태의 변화 등이 있다. 경제적 위치의 가변성에는 경제성장 · 소비 등 경제현상의 변화, 물가 및 고용수준의 변화, 교통체계의 변화, 기산업구조의 변화 등이 포함되며, 행정적 위치의 가변성에는 각종 토지규제 및 부동산 조세제도의 변화 등이 있다.

넷째, 국토성이란 토지가 국토의 일부임을 강조하는 특성으로서 토지이용의 사회성 · 공공성을 강조하여 정부가 부동산에 개입하는 각종 법률적 규제의 명분을 제시한다.

다섯째, 투자의 고정성이란 부동산에 투입된 비용을 회수하기까지 장기간이 소요되기 때문에 부동산활동은 장기적 배려에서 진행해야 한다는 특성을 말하며, 이는 내구적 투자성이라고도 한다. 투자의 내구성은 부동산의 소유와 이용의 분리를 가능하게 한다.

마지막으로, 고가성이란 부동산은 가격이 매우 높은 재화이기에 부동산시장에 참여할 수 있는 사람들도 실제로 금전적 대가를 지불할 수 있는 유효수요자로 제한되고, 수요와 공급이 비탄력성을 갖게 하는 특성을 말한다.

(3) 건물의 특성

건물은 토지 위에 건설됨으로써 토지의 개별요인에 의해 영향을 받는 종속성을 지닌다. 주택은 반영구적인 내구성을 지니고, 이로 인해 재고주택시장이 형성된다. 한편 건물이 지닌 비영속성 · 생산 가능성 · 동질성(대체 가능성), 이동 가능성 등의 건물 특성은 토지의 특성과는 상충되는 특성이다.

4) 부동산의 속성

지금까지 살펴본 부동산의 특성이 부동산이 갖고 있는 성질이라고 한다면, 부동산의 속성은 부동산의 본질적 가치로 이해할 수 있다. 부동산의 속성은 자연가치, 위치 · 공간가치, 환경가치, 자산가치로 구분할 수 있다.

(1) 자연가치

자연으로서의 부동산은 인간에게 생산활동을 위한 기반을 제공하고 농업활동을 위한 지력성을 제공하며, 특정 위치를 부여함으로써 경제적 활동이 가능하도록 한다. 이와 같이 부동산은 인간이 살아가는 데 필수적 요인이기에 많은 수요가 있음에도 불구하고, 토지의 부증성으로 인해 공급은 제한되어 토지소유자들이 수익을 극대화하기 위한 노력에 몰두하면서 각종 부동산문제가 초래되고 있다. 이를 해결하기 위해서는 토지의 공공성을 강조하여 토지공개념제도의 적용으로 토지거래질서가 확립될 수 있도록 노력해야 하며, 자연 자원으로서의 부동산가치를 보존하기 위해서는 개발보다는 보전을 중시하는 노력이 필요하다.

(2) 위치 · 공간가치

위치의 고정성으로 인해 부동산은 외부환경의 영향을 받게 되어, 부동산의 위치는 부동산활동의 중요 조건이 될 수밖에 없다. 부동산의 위치는 대상 부동산을 기준으로 협의 · 광의 · 최광의의 위치로 구분할 수 있다. 협의의 위치는 대상 부동산이 차지하는 획지를 의미하고, 광의의 위치는 대상 부동산과 가격수준이 유사한 지역적 위치를 의미하며, 최광의의 위치는 대상 부동산의 인근지역이 속하는 광역적 위치를 말한다. 대상 부동산의 가치판단에는 대상 부동산에서 주변에 위치한 주요 대상물까지의 접근성이 매우 중요하다. 여기서 접근성이란 물리적인 근접성만을 말하는 것이 아니라 대상물까지의 물리적 · 시간적 · 경제적 · 심리적인 접근성을 모두 포함한다. 일반적으로 접근 대상물까지의 접근성이 좋을수록 부동산의 입지조건은 좋으나, 만약 접근 대상물이 혐오시설 또는 위험시설이어서 접근할수록 불쾌감을 증가시킨다면 이런 대상물로부터는 접근성이 떨어질수록 부동산의 입지조건이 좋다. 또한 물리적 직선거리가 가깝다고 하더라도 차량을 이용해서 접근할 때 우회도로를 이용해야 함에 따라 시간이 과다하게 소요된다면 접근성이 좋다고 할 수 없다. 일반적으로 접근성을 평가할 때 주거용 부동산은 쾌적성과 편리성을, 상업용 부동산은 수익성을, 공업용 부동산은 생산성이나 수송비용을 중요하게 생각한다.

부동산은 평면상에서 위치뿐만 아니라 그 지점에서 상하의 일정 범위에 이르는 수평공간 · 지중공간 · 공중공간 등 입체공간에서 살펴보아야 한다. 이때 영향을 미치는 범위는 법적으로 인정되는지 살펴보아야 하고, 경제적으로 이득이 되는지 보아야 하며, 기술적으로 실현 가능한가를 검토해 보아야 한다. 부동산소유권을 공간적으로 보면 지표상 토지를 독점적 · 배타적으로 이용할 수 있는 지표권, 정당한 이익의 범위 내에서 지하의 토지를 이용할 수 있는 지하권, 일정 고도까지의 공중공간을 이용할 수 있는 공중권으로 구분할 수 있다. 특히 우리나라에서는 지표권 중 용수권은 선용주의가 아닌 유역주의를 사용하고 있다.[13]

13 선용주의란 먼저 발견한 사람이 물을 독점적으로 이용하는 원리이고, 유역주의는 타인에게 피해를 주지 않는 범위 내에서 물을 주변 사람들이 골고루 이용해야 한다는 원리이다.

(3) 환경가치

주변환경의 한 구성분자인 부동산은 환경의 영향을 크게 받는다. 이에 자연적 · 인문적인 환경의 경계를 명확히 파악할 필요가 있고, 경계 내의 환경을 개선해야만 한다. 이에 따라 최근에는 쾌적성을 더해 주는 생태학적 환경요소들이 부동산에서 매우 중요한 요인으로 작용하고 있다.

(4) 자산가치

부동산은 인간에게 가장 중요한 자산이다. 개인에게는 부를 증대시킬 수 있는 자산이고, 국가 입장에서는 국부를 구성하는 주요 자산이다. 부동산은 본원적으로 생산 가능성을 지닌 고유한 자연적 · 인문적 특성을 갖고 있기에 생산요소로서의 자산가치를 지닌다. 동시에 부동산은 휴양지, 놀이터, 백화점과 같이 인간이 활용하고 즐길 수 있는 공간을 제공해 주는 등 소비재로서의 자산가치로도 활용된다. 오늘날 인간이 부동산을 활용하는 수단은 투자재로서의 자산가치라고 할 수 있다. 부동산은 다른 투자상품에 비해서 위험도가 낮고 내구성은 높으면서 수익의 창출이 크다는 장점을 지닌다. 특히 요즘처럼 인플레이션으로 인한 화폐성 자산가치의 하락이 자주 발생할 때에는 실물자산인 부동산에 대한 투자가 증가할 가능성이 높다.

2 공간구조와 입지

1) 부동산의 가치와 지대

(1) 지대와 지가이론

부동산활동에 있어서 입지는 부동산가치의 기준이 되기 때문에 그 중요성이 매우 크다. 또한 입지는 도시공간구조의 변화에 따라 크게 영향을 받는다. 토지이용의 형태에 따라 용도가 결정되고, 결정된 용도는 지대와 지가를 형성한다. 부동산의 가치와 지대는 토지이용형태의 변화를 통하여 성장 · 성숙 · 쇠퇴의 주기를 반복한다. 이러한 변화요인과 원리를 구명하고자 하는 것이 지대와 지가이론이라 할 수 있다. 지대는 일정기간 토지를 사용한 대가로 지불하는 임대료(rent)를 의미한다. 토지는 대표적 특성 가운데 하나인 영속성으로 인하여 임대료를 지속적으로 받을 수 있다. 이와 같이 일정기간 동안 각 기간별 할인율을 적용하여 환산한 지대를 현재가치로 환원하여 산출한 값을 지가라 한다(이내영 · 연규태, 2001: 232).

식 1-1

$$V = R \ / \ i$$

식 1-2

$$V = R_0 + \frac{R_1}{(1+i)} + \frac{R_2}{(1+i)^2} + \cdots\cdots + \frac{R_n}{(1+i)^n} = \sum_{n=1}^{\infty} \frac{R_n}{(1+i)^n}$$

※ 여기서 V는 지가, R은 지대, 그리고 i는 할인율이다.

(2) 농촌지대이론의 발전

농촌지대이론은 토지의 비옥도, 토지의 부증성에 따라 지대가 결정된다는 논리에 근거하고 있다. 농촌지대이론은 David Ricardo가 기반을 마련하였으며, 고전경제학파의 구성원이라 할 수 있는 Mill J. S., von Thünen J. H., Marx K. H. 등의 이론으로 발전하였다. Ricardo의 지대이론은 차액지대설이라고도 일컫는다.

차액지대란 우등지와 열등지의 생산성 차이로서 지주에게 지불되는 대가를 말한다. 즉 한계지에서의 생산비가 곡물가격이 되고 한계지 내의 토지생산액과 생산비의 차이는 지대가 된다. 이러한 차익지대의 전제조건은 비옥한 토지의 공급이 제한적이어야 하고, 수확체감의 법칙이 작용해야 하며, 토지의 비옥도나 위치상의 편의 여부가 달라야 한다.

Ricardo 이후의 대표적 농촌지대이론은 입지교차지대설에 근거한 Thünen의 농경지지대이론을 들 수 있다. Thünen은 저서 《고립국(1826)》에서 농경지 이용을 주요 대상으로 하여 6개 권역으로 구분하고 그 권역을 튀넨권이라고 불렀다(이내용 · 연규태, 2001: 234). 각 권역별 입지 특성에 관하여 해당 입지는 수송비를 극소화하고 토지이용을 활성화하는 방향으로 발전한다고 설명하고 있다. 이 이론은 1925년 Burgess E. W.가 제창한 동심원이론으로 발전시키는 데 크게 기여하였다.

(3) 도시지대이론의 발전

산업혁명의 영향에 의한 19세기 말부터 도시토지의 다양한 이용과 새로운 공간구조 개편에 따라 도시지대이론에 관한 연구가 활발히 진행되었다. 도시의 지가는 시간의 흐름에 비하여 비교적 정적인 농경지의 지가와 비교할 때 공간적 · 시간적으로 대단히 역동적이라고 할 수 있다. 도시토지의 지가는 위치의 중요성 및 편리성, 교통비용, 통근시간 등이 주요 결정요인이다. 이른바 농촌토지의 지대는 비옥도(fertility)에 의해 결정되고, 도시토지의 지대는 접근성(accessibility)에 의해 결정된다고 할 수 있다(안정근, 2009: 185).

도시지대이론은 신고전경제학파로 불리는 Marshall A.로부터 시작하여 도시토지의 접근성을 강조한 Hurd R. M., Park R. E.의 생태학적 이론, 근대적 주거입지이론의 창시자인 Alonso W. 등으로 이어지고 있다. 도시생태학적 이론가들은 지가의 다양성과 도시공간구조를 상호연관 지어 설명하면서, 이 두 가지 결정적 요소가 도시의 성장과 확대에 따른 변화의 핵심이라고 강조하고 있다.

2) 도시공간구조이론

(1) 동심원이론

동심원이론은 도시공간구조의 형성 원리를 설명하는 간단하면서도 유용한 이론이다. 오늘날까지 동심원이론만큼 도시공간구조를 분석하는 데 널리 적용되는 이론은 없다고 해도 과언이 아니다. 이 이론은 1925년 미국의 대표적인 도시생태학자 가운데 한 사람인 Burgess E. W.가 〈도시의 성장〉이라는 논문에서 제시하였다.

근대사회의 가장 큰 특징인 대도시의 성장은 도시지역의 외연적 확대로 나타나는데, 도시 내부의 기능지역이 생태학적 변화과정을 거쳐 [그림 1-1]과 같은 다섯 개의 동심원으로 구성된다고 기술하고 있다(대한국토 · 도시계획학회, 2009: 52). 즉 중심

그림 1-1 | Burgess E. W.의 동심원 구조

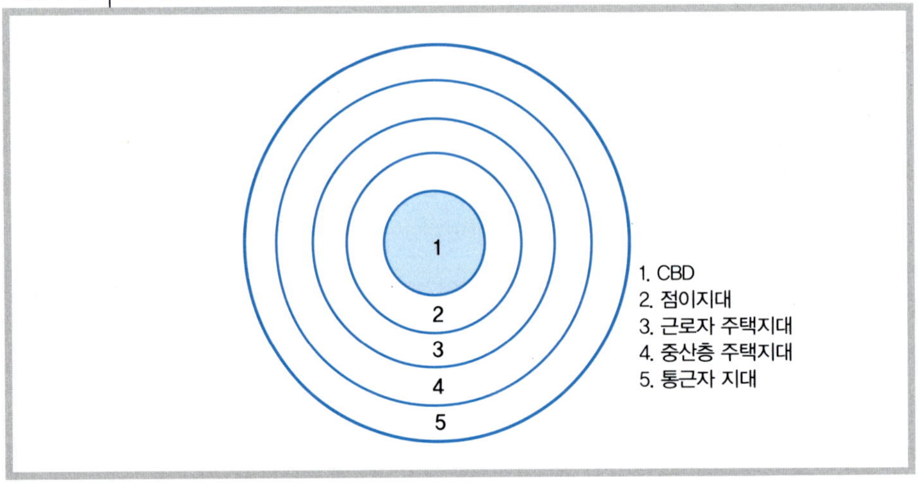

업무지구(CBD), 점이지대(zone in transition), 근로자 주거지대, 중산층 주거지대, 통근자지대(commuter's zone)로 분화한다는 것이다. 도시는 각 동심원의 안쪽 지대가 바로 바깥쪽의 지대로 침입함에 따라 그 영역을 확장해 가는 경향이 있는데, 도시의 이와 같은 확대과정은 생태학에서 말하는 천이과정과 흡사하다고 설명한다.

중심업무지구는 도심 · 다운타운 등으로 불리는데, 도시 확장의 진원지로서 백화점, 고급 판매시설, 사무소용 고층 건물, 미술관, 극장 등 도시의 정치 · 경제 · 사회 · 문화 · 교통기능 등 시민생활과 밀접하게 관련된 주요 기능들이 집적된 도시 내 최상위 중심지이다. 점이지대는 중심업무지구의 침입과 천이가 발생하여 상업 · 공업기능과 주거기능이 혼재하는 이른바 주거수준 황폐화지대(zone of residential deterioration)라고 불리는 불량주거지역이다. 그리고 통근자지대는 대다수의 주민이 중심업무지구로 통근하는 교외지역이나 위성도시가 나타나는 지구이다. 이 지대는 주로 고소득층의 교외 주거지로서 승용차를 이용하여 주간에는 도심에서 일하고 야간에는 고속도로나 주요 간선교통망을 통하여 교외로 귀가하는 통행패턴을 보이는 지구이다.

(2) 선형지대이론

도시경제학자인 Homer Hoyt는 1939년 선형지대이론(扇型地帶理論)이라고 불리는 도시지역의 구조와 성장에 관한 독자적인 이론을 전개하였다. 그의 연구는 미국 내 142개 도시를 대상으로 조사한 분석을 통해 이루어졌다. 도시 내 주거지 분포가 도심으로부터 방사상으로 뻗어나가는 간선교통노선을 따라 형성되는 쐐기형 지구(wedge), 즉 부채꼴 모양의 지구별로 [그림 1-2]에서 보는 바와 같이 중심업무지구로부터 도매 · 경공업지구, 저급 주택지구, 중급 주택지구, 고급 주택지구들의 지역분화가 이루어진다고 설명하고 있다(대한국토 · 도시계획학회, 2009: 57).

그림 1-2 | Homer Hoyt의 부채꼴 구조

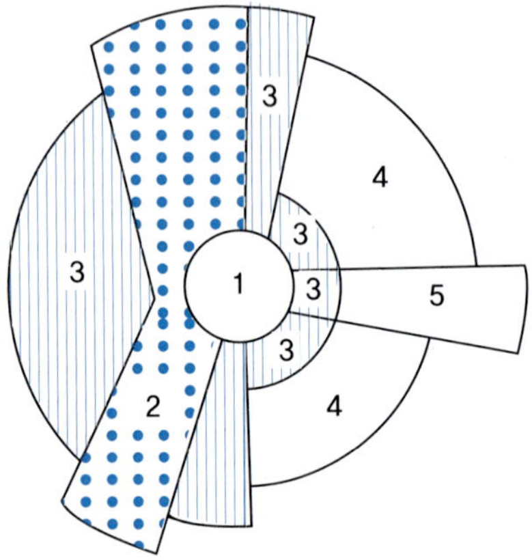

Homer Hoyt는 주택가격에 대한 지불능력, 즉 주거임대료를 도시주거공간의 유형을 결정하는 중요한 요인으로 파악하였다. 그가 임대료를 기준으로 설정한 지역은 동심원이론보다 선형지대이론의 패턴에 합치하는 경향이 크다고 기술하고 있다. 고급 주택지구는 접근성이 양호한 지역에 주거입지를 선정하며 홍수, 해일 등 자연재해의 위험이 적은 지역, 호수나 강변 등 자연경관이 뛰어난 지역, 구릉지나 밸리지역 등이 해당된다.

최고의 주거임대료지역은 하나 혹은 그 이상의 선형지대에 나타나는 경향을 보이며, 이 최고 임대료지역 이외에는 모든 방향에서 임대료가 감소하는 현상이 나타난다. 중급 주택지구는 고급 주택지구와 적어도 한 면 이상 접하고 있거나 고급 주택지구와 같은 부채꼴지대 내부에 입지하는 경향을 가지고 있다. 한편 임대료가 낮은 저급 주택지구는 도심으로부터 주변에 이르는 별도의 부채꼴지대를 점유하는 경향을 보이고 있다.

(3) 다핵심이론

Harris C. D.와 Ullman E. L.은 1945년 〈도시의 본질〉이라는 논문에서 도시의 공간구조에 관하여 다핵심이론이라 불리는 이론을 전개하였다. 그들은 많은 도시의 토지이용 패턴은 단일 핵심의 주변에서가 아니라 여러 개의 서로 떨어진 핵심들 주변에 형성되고 있다고 설명하였다. 그런데 이 핵심의 수는 도시의 역사적 발전과 집적의 정도에 따라 다양하지만 도시가 크면 클수록 핵심의 수가 많아지고 특화된다고 보고 있다. 미국의 도시를 대상으로 연구한 대부분의 도시에서는 [그림 1-3]에서 보는 바와 같이 중심업무지구(CBD), 도매 및 경공업지구, 중공업지구, 저급 주택지구, 중급 주택지구, 고급 주택지구, 주변업무지구, 교외지구 및 위성도시 등으로 분화하며 핵심 지역으로 발달한다고 주장하고 있다(대한국토 · 도시계획학회, 2009: 62).

다핵심이론에서는 이들 핵심 지역들이 다음과 같은 네 가지 요인들이 서로 조합하여 작용하는 과정을 통해 형성된다고 설명하고 있다.

첫째 요인은 특정활동은 특정편익을 필요로 한다는 관점에서 편익을 제공하는 시설이나 입지에 근접하여 기능이 집중된다는 것을 강조하고 있다. 상업이나 업무활동

그림 1-3 | Harris-Ullman의 다핵심구조

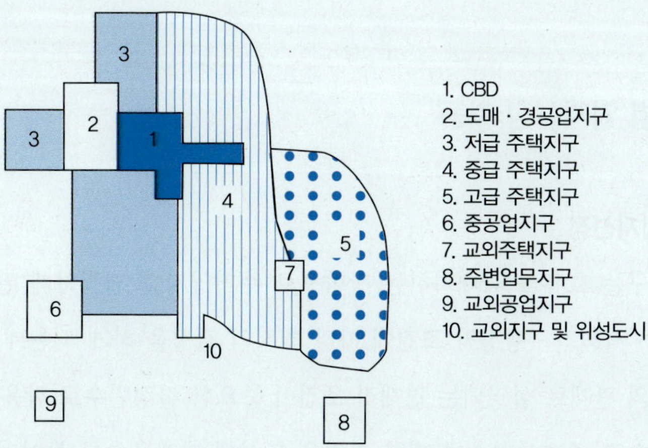

은 도시 내에서 가장 교통이 편리한 지역에, 항만활동은 접안이 용이한 수변에, 공업활동은 넓은 부지가 있고 해상교통 또는 철도와의 연결점에 입지하는 것이 좋은 예가 될 수 있다.

둘째 요인은 몇몇 유사한 활동은 응집에 의하여 이익이 증대되기 때문에 집중한다고 강조한다. 공장의 집적, 도매업과 소매업의 집단화, 금융 또는 사무소 기능의 집합 등이 좋은 예이다.

셋째 요인은 이질적 활동은 서로 집중하는 것이 불이익이 되는 경우가 있다고 하는 요인이다. 다시 말해서 이질적인 기능들이 서로 반발함에 따라 역으로 동질적인 기능끼리 서로 모이도록 작용한다는 원리이다.

넷째 요인은 어떤 활동은 지리적으로 가장 양호한 지점이기는 하지만 그곳의 높은 지가를 부담할 수 없기 때문에 별도의 핵을 형성한다는 요인이다. 예를 들면, 도매업이나 창고업의 경우에도 도심은 가장 유리한 입지이지만 넓은 용지를 필요로 할 뿐만 아니라 높은 지가를 감당할 수 없기 때문에 지가가 저렴한 곳에 별도의 핵심을 형성하게 된다는 것이다. 도시의 토지이용 패턴은 도시 성장과 함께 CBD, 공업지구, 주택지구 등 여러 가지 지구로 분화된다는 것이 다핵심이론의 요지라고 할 수 있다.

3) 용도별 입지선정 활동

(1) 주거입지선정

개별가구는 효용을 극대화하는 방향으로 주거입지를 결정하게 된다. 경제적 · 자연환경적 · 사회적 · 행정적 조건에 따라 최적의 결정을 하게 되는데, 주거비용과 교통비용과의 관계로 설명되는 경제적 조건이 중요한 결정변수로 작용한다.

일반적으로 주택서비스에 대한 가격은 도심에 가까울수록 높아져 도심에 가깝게 입지할 수 있는 주택서비스의 양은 작아지고 도심에서 멀어질수록 그 양은 커진다. 이와 반대로 교통비용은 도심에 가까울수록 적게 들고 도심에서 멀어질수록 많이 든다.

경제적 관점에서 최적의 주거입지를 선택하기 위해서는 한계주거비용과 한계교통비용의 개념을 적용하여 구하게 되는데, 주거입지는 한계주거비용과 함께 교통비용이 서로 만나 일치하는 지점에서 최적의 입지를 구하게 된다. 다시 말해, 단위거리당 도심에 가까워질수록 증가하는 주거비용과 도심에 가까워질수록 감소하는 교통비용이 서로 만나게 되는 지점이 개별가구 입장에서는 최적의 주거입지가 된다는 논리이다.

주거입지를 결정하는 요인에는 주거비용, 교통비용, 다른 재화와 용역의 구입비용 이외에도 무수히 많은 요인이 있을 수 있다. 주거입지의 자연환경적 관점에서 최고의 입지 기준은 주거 쾌적성과 생활의 편리성, 안전성이 확보되어야 한다. 쾌적성이란 정신적 · 물리적 만족도라고 할 수 있는데 단순한 만족도의 개념으로 보기보다 넓은 의미로 받아들일 필요가 있다. 물리적 조건으로서 지형, 지세, 기상상태, 지질, 지반 등을 고려하여야 한다. 지형 · 지세 측면에서의 조건은 남동쪽으로는 장애물이 없고 완만한 경사, 북서쪽에는 차가운 계절풍을 막아 주는 야산이나 숲이 있는 곳, 일조와 통풍이 잘되는 곳, 언덕이나 붕괴 위험이 없는 곳이라야 한다.

주거입지는 사회적 · 행정적 조건으로서 교육 · 의료 · 문화 등 공공시설과 시장 및 유통시설 등 생활환경시설의 정비상태가 우수해야 한다. 또한 통근, 통학, 쇼핑, 각종 시설 이용 측면에서 교통수단이 잘 갖추어져야 한다. 그리고 대기오염, 소음, 악취 등 공해 · 혐오시설로부터 격리되어야 한다. 재산권 행사에 있어서 각종 제한이 수반되는 공법상의 규제상태에 있는지의 여부도 잘 살펴보아야 한다.

(2) 상업입지선정

상업입지는 구매자에 대한 접근성이 매우 민감한 요인이라고 할 수 있다. 또한 구매자가 상업시설을 선택하는 행위는 상업시설이 가지는 매력과 그곳까지의 접근성이 서로 밀접하게 연관되어 있다는 점을 중시해야 한다. 접근이 쉬운 가로와 대상지 간의 관계를 분석하여 수익성과 매출액의 최대지점이 어디인가를 찾는 것이 입지선정의 목표가 되어야 한다. 상업입지의 선정에 있어서 상권의 영향력은 대단히 중요한데 시장권, 생활권, 역세권, 통근권, 통학권 등 배후지를 잘 관찰하여야 한다.

상업입지의 자연환경적 조건은 가로구조, 획지의 형상, 지반의 고저 등의 측면에서 살펴볼 수 있다. 상가의 가로구조에서 역이나 정류장을 향한 도로는 통근자의 귀가 시 하차역에서 우측통행이 보편화되어 있으므로 역을 향한 좌측이 일반적으로 유리하다. 상업입지는 상품의 전시를 위하여 가급적 가로와 접하고 있는 폭인 바깥길이가 넓은 것이 유리하다. 동쪽과 서쪽으로 통하는 가로에서는 일반적으로 일조량이 많은 것이 유리한 상품이면 서쪽이 유리하다. 획지의 형상은 직각형, 삼각형, 정형, 부정형 등이 있는데 형상에 따라 유용성에 차이가 있다. 상업용 빌딩이나 사무용 빌딩부지 등 하중이 큰 건물을 건축하는 곳은 지반에 대한 조사가 요구된다.

상업입지의 사회 · 경제적 조건은 상업활동의 배후지라고 할 수 있는 상권분석이 매우 중요하다. 배후지는 인구밀도와 지역면적이 크고 고객의 소득수준이 높아야 유리하다. 배후지의 분석은 매출액을 예측하는 입지선정 활동이므로 현재의 배후지뿐만 아니라 장래의 배후지로 발전할 가능성이 있는 후보지도 고려해야 한다. 또한, 고객의 교통수단과 접근성 측면에서 살펴볼 때 상권의 가치는 고객의 교통인구가 많은 곳이 좋다. 한편, 상권 번영의 정도는 당해지역의 지가, 임대료수준, 교통량, 매출액, 입지경쟁 등의 상태를 파악하면 잘 알 수 있다. 그리고 상권이 현재 어느 정도 번영하고 있는지에 대한 토지이용상태도 중요하게 살펴보아야 할 조건이다.

상업입지 내에는 백화점, 은행, 제과점, 농기구점 등과 같은 다양한 업종이 서로 경쟁하며 분포하고 있다. 입지 유형별로 업종을 구분하면 집심성 업종, 집재성 업종, 산재성 업종, 국부적 집중성 업종으로 열거할 수 있다(이내영 · 연규태, 2001: 257). ① 집심성 업종은 상권의 중심지에 입지하는 업종을 말하는데, 대표적 유형으로는 백화점, 도매상, 고급 음식점, 보석상, 화장품점, 대형서점, 영화관 등이 해당된다. ② 집재성 업종은 동일업종이 서로 한곳에 모여 입지하는 업종을 말하는데, 은행, 보험회사, 업무용 사무실, 관공서, 가구점, 전기부품점 등이 대상이 된다. ③ 산재성 업종은 한곳에 모이면 서로가 불리하여 서로 분산 입지해야 하는 업종을 말하는데, 잡화점, 제과점, 이발소, 세탁소, 공중목욕탕, 양화점 등이 해당된다. ④ 국부적 집중성 업종은 같은 업종끼리 국부적 중심지에 입지하는 업종을 말하는데, 농기구점, 석재상, 철공소, 종묘점, 기계기구점 등이 대상이 된다.

(3) 공업입지선정

공업입지의 선정은 원료의 주산지와 시장의 공간분포를 알고 있을 때 상품의 수송비가 최소화되는 지점에 입지를 결정하는 것이 기업이윤을 극대화할 수 있는 입지라고 보고 있다. 공업입지선정에 있어서 가장 관계가 깊은 항목은 원재료, 인건비, 수송비, 집적경제, 지대 등이다. 입지주체가 입지를 결정하기 위해서는 우선 입지조건을 평가할 필요가 있다. 이때 입지조건을 평가하기 위한 각각의 구성요소 또는 항목을 입지인자라고 한다. 공업입지의 입지인자를 분류하면 경제적 인자와 비경제적 인자로 구분할 수 있다.

첫째, 경제적 인자는 경제적 이익에 관한 것으로 원재료 수입인자와 비용인자로 크게 나눌 수 있다. 비용인자는 다시 운송인자와 임대료 · 택지비 등에 해당하는 비운송인자로 구분된다. 운송인자는 원재료운송비와 완제품이 된 제품운송비로 세분된다. 둘째, 비경제적 인자는 경제적 인자로 환원할 수 없는 가치에 관한 것으로서 정치적 · 사회적 · 심리적 가치와 개인적 기호, 각종 공업 관련 정책 등으로 열거할 수 있다.

공업입지는 원료지향형, 시장지향형, 노동지향형으로 크게 세 가지로 분류할 수 있다(이내영 · 연규태, 2001: 262). ① 원료지향형 입지업종은 시멘트공업, 제련공업 등의 중량감소산업, 부패하기 쉬운 원료 · 물품을 생산하는 공업으로서 원료의 주산지에 입지하는 경향이 큰 업종을 말한다. 원료 중에서도 보편원료보다는 편재원료를 많이 사용하는 업종은 원료지향형 입지를 하는 경향이 크다. 보편원료는 수송비와 무관하고, 편재원료는 특정 지역에 원료가 있으므로 수송비가 이동거리에 비례하기 때문이다. ② 시장지향형 입지업종은 청량음료, 맥주 등과 같은 중량증가산업, 중간재나 완제품을 생산하는 업종, 완제품의 부패성이 심한 산업은 시장지향형 입지를 하고 있다. 산출제품의 부피나 무게가 투입원료보다 큰 경우에는 시장지향형 입지업종이다. ③ 노동지향형 입지업종은 노동집약적이고 미숙련공을 많이 고용하는 의류산업, 신발산업, 가내수공업 등과 같은 업종으로서 저임금지역에 입지하는 경향이 크다.

(4) 공공서비스시설 입지선정

공공서비스시설은 그 특성을 고려하여 이용자의 편익이 극대화되는 지점에 입지하는 것이 최적의 입지선정이라고 할 수 있다. 공공서비스 이용자가 서비스시설까지 가야 하는 경우에는 통행거리나 비용이 입지선정의 중요한 요인이 될 것이다. 반면에 서비스 이용자에게 서비스가 제공되는 경우에는 서비스의 질이 입지선정의 중요한 요인으로 작용한다. 공공서비스 이용자들은 그들의 의식수준과 소득수준이 향상됨에 따라 보다 다양하고 양질의 공공서비스를 요구한다. 입지선정 문제와 관련된 공공서비스시설은 공공청사, 병원, 도서관, 우체국, 경찰서, 소방서 등 매우 다양한 형태로 나타난다. 이러한 시설들은 도시공간구조를 형성하는 중요 요소로서 언제, 어디에, 어느 정도 규모로, 몇 개소를 설치해야 하느냐에 따라 토지이용 패턴에 커다란 영향을 미치게 된다(대한국토 · 도시계획학회, 2009: 72).

지금까지 공공서비스시설의 입지는 이용자의 편의보다 공급자의 편의에 따라 결정되는 경우가 많았다. 즉 서비스시설이 어느 한 지역에 입지하게 되면 그것으로 서비스 수요가 충족되는 것으로 보았다. 이용자의 필요 또는 요구, 선호, 접근기회, 형평성 등을 소홀하게 다루는 측면이 컸다. 공급자 중심의 입지결정은 공공서비스로부터 얻는 혜택이나 피해를 따질 수 있는 주민참여제도가 정착된 사회에서는 설득력을 얻기가 어려울 것이다. 공공서비스시설은 입지장소, 종류, 규모와 수, 접근성 등에 따라 주민 간의 이해관계가 서로 다를 수 있다.

또한 공공서비스의 부재지역 또는 과도한 중복지역이 발생할 수 있으므로 공공서비스시설 입지에 대한 적절한 기준이 필요하다. 공공서비스시설의 입지기준은 다양하게 제시할 수 있으나 공간적 효율성과 공간적 형평성 개념이 가장 설득력 있는 기준이 될 것이다. 공간적 효율성 기준은 서비스 이용자와 서비스시설 간의 통행거리의 합을 최소화하는 지점을 최적 입지로 볼 것이다. 반면에, 공간적 형평성 기준은 서비스 이용자와 서비스시설 간의 최대 통행거리를 최소화하는 지점을 최적 입지로 생각할 것이다.

4) 도시지역 변화와 부동산가격

도시공간구조이론에서 살펴본 바와 같이 대도시의 성장은 도시지역의 외연적 확산으로 나타나는데, 이와 같이 도시지역 전체가 급격한 변화를 겪고 있다. 도시지역 변화를 야기하는 여러 가지 요인 가운데 가장 부각되고 있는 요인은 소득의 증가와 교통의 발달로 압축할 수 있다(안정근, 2009).

(1) 소득증가와 도시지역 변화

먼저 도시지역 변화와 소득증가요인을 살펴보기로 하자. 도시지역에 살고 있는 가구의 소득이 증가했을 때, 이것이 주거입지에 미치는 효과는 다음과 같이 요약할 수 있다. 소득의 증가는 주택서비스 소비량을 증가시킨다. 이뿐만 아니라 다른 재화의 소비량도 증가시킨다. 또한 소득이 증가함에 따라 개별가구는 더 넓은 주택을 원하게 되는데, 단위면적당 임대료를 감안하면 지가가 좀더 싼 도시 외곽지역으로 이전하는 경향을 보이게 된다. 왜냐하면 넓은 면적의 주택과 부속된 토지의 양이 많으면 많을수록 외곽지역으로 이전함으로써 얻게 되는 임대료 절약 효과가 더 커지기 때문이다. 즉 소비하는 주택면적이 넓을수록 도시 외곽 이전으로 인한 경제적 유인의 절대량이 커지게 되는 것이다. 소득이 증가하면 사람들은 더 많은 토지와 주택을 소비하려는 경향이 높다. 소득이 증가함에 따라 교외지역에 고급 주거지역이 형성되는 이유가 바로 이와 같은 논리에 근거한 것이다.

한편, 소득증가로 개별가구가 도시 외곽지역으로 이동하면 이들 가구들이 형성한 주거지역을 상대로 하는 특정 기업들도 도시 외곽으로 이동하게 된다. 이것은 해당 기업에 대한 수요가 공간적으로 이동하기 때문이다. 기업의 이동은 이들 기업을 상대로 하는 다른 기업의 입지에도 영향을 미친다. 이와 같은 연쇄작용으로 인하여 도시외곽에 부도심을 형성하는 경우를 볼 수 있다. 이러한 사실은 도시공간구조이론에서 살펴본 현상을 잘 대변하는 것이라고 할 수 있다. 도시 외곽지역의 부도심 형성은 외곽지역의 지가, 즉 부동산가격에 결정적 영향을 주고 있다.

(2) 교통의 발달과 도시지역 변화

다음으로, 도시지역의 변화와 교통의 발달요인을 살펴보기로 하자. 소득의 증가는 개별가구로 하여금 보다 넓은 주택을 선호하도록 하기 때문에 도시 외곽으로 이전하게 된다. 그러나 교통비용이 증가할 경우에는 반대의 효과가 나타난다. 자동차 교통의 발달과 고속도로의 확장은 교통비용을 상대적으로 낮게 만들어 많은 가구와 기업들을 도시 외곽으로 이전시키는 결과를 가져왔다. 교통비용의 증가는 주거지역을 도심 쪽으로 이전시키고, 교통비용의 하락은 주거지역을 도시 외곽으로 이전시킨다. 다른 조건이 일정할 경우, 교통비용의 상승은 개별가구나 기업을 보다 도심 가까이에 입지시키게 될 것이다.

지금까지 살펴본 바와 같이 도시공간구조는 인간의 생애가 변하듯이 항상 고정되어 있는 것이 아니라 변동한다. 도시공간구조의 변화는 사이클을 그리며 성장기, 성숙기, 쇠퇴기, 천이기, 악화기의 주기적 순환을 거친다. 이 주기는 동일한 형태로 계속적으로 나타나는 것이 아니라 개별가구의 소득 변화, 의사결정, 주변 환경의 변화에 따라 공간구조의 특성을 반영하여 반복적으로 변화한다. 그 과정에서 개별 가구의 행태가 결정되고, 의사결정의 행태에 따라 부동산활동이 정해진다. 그에 따라 부동산활동은 도시구조에 맞는 특성을 보이고 가격수준을 제시하며 부동산가격을 형성하게 된다.

3 부동산의 운영

1) 부동산관리의 개념과 종류

부동산관리란 부동산시설을 매입하여 운영하면서 자산적인 수익을 올리는 전반적인 것을 의미한다. 전세계에 흩어져 있는 거의 모든 부동산을 활용해서 지속적인 수익을 얻으려는 모든 행위들이 부동산관리의 내용이라고 볼 수 있다.

인류 역사는 부동산과 직결되어 있다. 전세계에 땅을 소유한 사람들은 땅 위에 다양한 형태의 부동산을 신축하고 이것을 관리해서 부를 축적해 왔다. 수천 년 동안의 인류의 기록역사는 부동산관리가 가장 중요한 이 세상의 부의 역사라는 것을 입증해주고 있다.

부동산관리는 크게 시설관리, 운영관리, 자산관리의 세 가지 분야로 나눌 수 있다.

첫째, 시설관리란 부동산시설을 신축해서 유지하는 것을 의미한다. 토지 위에 신축된 건물 형태의 시설물들을 관리하는 것이다.

둘째, 운영관리란 부동산시설물에 입주할 사람들을 모집해서 임대차계약을 맺고 그들이 원하는 다양한 부동산 관련 서비스를 제공하면서(임대면적, 주차장, 부속시설의 이용 여부) 그들로부터 임차료를 받는 것이다.

셋째, 자산관리란 부동산시설물을 담보로 해서 빌린 금융기관의 빚과 부동산시설물을 활용해서 얻게 되는 수익을 비교해서 순수익을 절대적으로 크게 만들기 위한 관리를 말한다.

미국에는 이와 같은 부동산관리를 전문적으로 할 수 있는 공인부동산관리자(Certified Property Manager: CPM)라는 제도가 있다. 우리나라는 이를 부동산관리 경험이 많은 개인들이 주로 하고 있으며, 최근에 부동산관리를 전문으로 하는 회사들이 등장하고 있는 상황이다.

다음에서는 이와 같은 부동산관리의 세 가지 측면을 운영 측면에 중점을 두어 설명하고자 한다.

2) 부동산운영의 내용

부동산운영(Real Estate Operation)이란 형태가 있는 기존 부동산을 적절하게 활용하여 수익을 얻는 것과 관련된 모든 활동을 의미한다. 부동산운영의 내용들은 주로 임대차계약과 관련된 것, 임대 관련 서비스 제공과 관련된 것들이다.

(1) 임대차계약관리

임대차계약과 관련한 것은 주로 가망임차인의 모집과 계약체결 과정이다. 임대용 빌딩이나 임대용 주택, 아파트의 경우에 공실률을 최소로 하는 것이 가장 중요한 목적이다. 임대용 공간을 최대로 활용하기 위해서는 외부에서 임차인들을 항상 불러들여 공실이 생길 때마다 임대를 바로바로 수행하는 시스템을 갖추어야 한다.

부동산중개업소를 통해 가망임차인을 발굴하고 그들과의 계약조건 협상을 지속하면서 임대계약을 추진해 나간다. 우리나라 현행법에 임대용 사무실은 보통 임대기간이 1년으로 규정되어 있고, 주택의 경우에는 2년으로 규정되어 있다.

사무실용 임차인을 모집할 때는 수익을 낼 수 있는 업종인지를 면밀하게 체크해야 한다. 계약 시에 받는 보증금과 매월 받아야 하는 월세를 낼 수 있는 상황인지를 체크해서 수익성이 나올 수 있는 업종을 선택하는 것이 가장 바람직하다. 지난 몇 년 사이에 우후죽순 생긴 커피전문점의 경우에는 전국적으로 포화상태에 이르렀기 때문에 수익을 지속적으로 낼 수 있는지 의심스러운 상황이라면 임대차계약 체결을 신중하게 판단해야 한다.

또한 임대차관리에서 중요한 것은 입주일이 서로 다르기 때문에 들어오고 나가는 상황에서 많은 일이 발생한다. 따라서 이것을 표준화시키는 시스템을 개발해야 한다. 사전에 정해진 계약서의 내용대로 계약만료 한 달 전에 지속계약인지 혹은 비울 것인지에 대한 의사를 명확하게 파악할 수 있어야 한다.

또한 부동산운영자와 관련 없이 전 임차인과 현 임차인이 변경되는 과정에서 권리금 분쟁이 일어나는 경우도 있다. 현재 입주해 있는 업체가 권리금을 내고 들어왔을 경우에는 새로 입주하려는 업체에게도 권리금을 요구하는 경우가 있다. 권리금은 건물소유주와는 상관없이 건물의 임차인들끼리 주고받는 것이므로 이것으로 인해 임대계약에 영향을 받아서는 안 된다.

주거용도로 임대관리를 할 경우에도 월세는 매달 월세를 성실하게 납부할 의사가 있는지를 사전에 잘 파악해야 한다. 전세는 전세기간이 만료된 이후 바로 계약대로 성실히 이행하리라는 확신이 들 때 입주계약을 하는 것이 바람직하다. 경우에 따라서는 갈 곳이 없다는 핑계로 계약기간이 만료된 이후에도 방을 비우지 않는 상황이 발생할 수 있다.

(2) 임대 관련 서비스관리

임대 관련 서비스 제공은 입주한 임차인의 요구서비스(Service Request)에 대응하면서 장기적으로 공실률을 최소화하는 것과 관련된 것이다. 임대와 관련해서 생기는 서비스들은 크게 인적 서비스와 물적 서비스로 분류된다. 이를 각각 설명하면 다음과 같다.

첫째, 인적 서비스에는 관리인이 거주하면서 빌딩이나 아파트를 관리해 줄 것이 전제되어야 한다. 관리인이 없을 경우에는 입주자 간의 주차문제나 입주자와 방문자 간의 주차문제로 시비가 붙는 경우 해결이 힘들어질 수 있다. 또한 관리인이 있어야 환경미화가 정기적으로 가능해지면서 안락한 시설을 유지할 수 있다.

임대 관련 다른 유형의 인적 서비스로는 방범이나 성희롱 같은 문제를 사전에 예방할 수 있는 준비가 되어 있어야 한다. 나이 어린 사람이나 노약자가 거주하는 경우에는 방범이 중요한 문제가 되고, 독신여성들이 거주하는 경우에는 성희롱 문제가 발생할 수 있다.

둘째, 물적 서비스는 임대와 관련해서 물리적 시설이나 기기와 관련되는 서비스 유형을 말한다. 외부 잡상인이 무상 출입하는 것을 통제하기 위해 별도의 출입통제 시스템을 만드는 경우도 근래에는 늘고 있다.

또한 주차 관련 시설을 완비해서 외부인이 함부로 시설 내부에 주차하는 것을 금지하는 것이 내부의 안락한 환경을 조성하기 위해 필요하다.

화재에 대비하기 위한 화재방지기나 방화관리를 위한 소방시설들이 완비되어 있어야 한다. 화재는 인명피해를 동반할 수도 있으므로 주기적으로 소화기나 소화시설을 점검하고 방화관리자를 임명해서 항상 만전을 기해야 한다.

3) 부동산운영의 관리

(1) 부동산운영의 주체

부동산운영은 외국에서는 외부 전문업체들이 하는 경우가 많으나, 우리나라는 대부분 부동산소유주가 하고 있다. 물론 대형 빌딩이나 입출입하는 사람들이 다수인 대형 부동산은 외부 전문업체가 운영하는 경우도 있으나 우리나라는 대부분 빌딩들이 층수가 낮고 바닥 면적이 적어, 이런 경우 소유주가 직접 관리하거나 고용인을 잠시 활용한다. 이를 자세히 살펴보면 다음과 같다.

① 직접관리

우리나라에서 90% 이상의 부동산은 소유주나 소유주가 고용한 1~2인의 관리자가 운영하는 것이 보통이다. 부동산은 월세나 월임대료와 같은 현금이 오가는 사업이다. 따라서 거의 모든 부동산의 소유주들은 현금을 매월 자신의 통장으로 입금 받는 것을 원칙으로 하고 있다. 자신의 통장에 찍힌 입금내역을 확인한 후 혹 임대료를 미룬 곳이 있으면 자신이 고용한 관리인을 통해 임차인의 입금을 요청한다.

임대료 이외에도 각종 주차나 방화관리 혹은 부동산 개보수와 같은 것은 부분적으로 문제가 발생할 때마다 관련된 전문업체를 고용한다. 장기간 동일한 업체와 지속관계를 유지하면서 문제가 생길 때마다 부동산의 다양한 서비스를 충족시켜 줄 것을 요구한다.

② 외부 전문업체 위탁관리

우리나라에서 평균 5층 이상이며 적어도 십여 개 이상의 외부 입주업체가 있는 대형빌딩 중 일부는 외부 전문업체에 위탁관리를 맡기기도 한다. 임차인모집과 임대차계약, 그리고 주차 관련 서비스의 전문적인 제공을 위해 관리를 맡긴다. 재벌이 운영하는 대기업들은 대부분 부동산관리 전문회사를 계열사로 가지고 있으면서 이러한 업체들이 재벌계열사 대부분의 빌딩관리를 도맡아서 한다.

귀금속이나 비밀장비들이 많이 있는 특수한 목적의 빌딩들은 세콤과 같은 전문적인 도난방지시스템을 적극적으로 활용하고 있다. 수익용 부동산이 아닌, 주거용 부동산의 경우에도 간혹 세콤과 같은 외부침입경보회사를 고용한다. 특히 부유층이 밀집해 있는 우리나라 부촌인 서울 한남동, 성북동, 평창동에는 이와 같은 별도의 시스템을 완비하고 매월 수수료를 지급하고 있다.

(2) 부동산운영 포트폴리오의 작성

부동산운영을 위해서 운영 포트폴리오는 사전에 작성하는 것이 필요하다. 운영을 위해서 무엇을 준비해야 하고 또한 준비한 것을 어떻게 수행해야 하는지에 대한 사전계획서를 치밀하게 만드는 것이 필요하다.

부동산운영에서 중요한 것은 공실이 생겼을 때 내부수리와 인테리어를 하는 것, 보험과 도난에 대비하는 것, 그리고 임차인이 들어왔을 때에 생기는 불만을 처리하는 것이다.

대형빌딩의 경우에는 옥상에 헬리콥터가 착륙할 수 있는 시스템을 완비하고, 화재 발생 시 엘리베이터가 작동하지 않을 경우에 대비하여 항상 비상계단을 유사시에 사용할 수 있도록 지속적으로 점검하는 일지를 작성하도록 하고 있다.

부동산 보유재산세와 취득세와 관련해서는 다양한 세금들이 부과된다. 특히 땅의 공시지가가 계속해서 올라가면서 부동산 관련 세금이 급증하는 경우도 나타난다. 부동산운영 포트폴리오에는 부동산과 관련한 각종 세금을 부동산소유주가 어떻게 다룰지에 대한 것도 포함시켜 사전에 준비해 놓는 것이 필요하다.

예를 들어, 단독 소유주인 경우에는 재산세를 소유주가 납부하면 되지만 부동산이 다수의 사람들에게 등기분양된 경우에는 많은 공동소유주가 발생하여 문제가 발생할 수 있다. 부동산과 관련한 재산세 부과가 되었을 때 영업성적이 좋은 사람들은 재산세를 바로 납부하는 것이 가능하지만 그렇지 못한 사람은 재산세를 납부하지 못해 재산세 부과 관청에서 나와서 다양한 제제를 가하는 경우가 있다. 이는 부동산 전체의 이미지에 악영향을 미칠 수 있다.

4) 임대료 산정과 수거방식

임대료 가액의 산정은 상당히 중요한 문제이다. 부동산은 건립 시 상당히 큰 자금이 투여되기 때문에 자금력이 충분한 업체들이 부동산사업에 나서는 것이 보통이다. 그러나 자금력이 충분하다고 할지라도 경우에 따라서는 주위 환경에 비해 자금회전이 열악한 경우도 생길 수 있고, 경기가 나쁜 경우에는 자금악순환이 지속되면서 부동산개발에 투입된 비용을 회복하는 기간이 길어질 수도 있다.

보통 임대료의 산정은 정액제와 정율제로 나뉜다.

먼저, 정액제란 우리나라 대부분 부동산운영에서 나타나는 것으로, 사전에 임대인과 임차인이 결정한 가액대로 지불하고 받는 것을 말한다. 계약기간을 결정하고 보증금과 월세 금액 혹은 전세금을 사전에 정하고 그대로 집행하는 것이다. 정액제란 사전에 합의된 대로 진행하면 되므로 가액결정이 끝나고 나면 별다른 문제가 발생하지 않는다.

반면, 정율제는 백화점 지하의 시식코너를 임대한 경우처럼, 수익에 따라 임대요금이 달라지는 것이다. 백화점의 작은 시식코너를 임대한 후, 한 달 매출액에 따라 이것의 몇 퍼센트를 백화점이 매장제공료로서 받아 가는 형태이다.

이와 같은 경우에는 백화점 운영이 잘되어 수익이 날 때에는 문제 없지만 영업이 잘되지 않으면 임차인이 운영 거부를 하는 경우도 있다. 시설인테리어 비용과 관련된 직접비도 충당하지 못하는 경우에는 영업 중단을 하면서 음식점 전체 이미지를 훼손시키는 경우도 있다.

Chapter 02

부동산경제론

Real Estate Principles & Practices

CHAPTER 02

부동산경제론

부동산경제론은 부동산시장을 경제학적 방법론으로 분석하여 그 작동기제를 들여다보고 이를 바탕으로 바람직한 부동산정책의 틀을 제시하는 분야이다. 즉 부동산경제론은 부동산정책론의 기초이자 전제라 할 수 있다. 부동산시장을 이해하기 위해서는 부동산이라는 재화의 특성을 먼저 파악해야 한다. 이번 장에서는 재화로서의 부동산의 특성을 살펴본 다음 부동산시장의 개념과 기능 및 분류를 고찰하고 부동산의 수요와 공급에 대하여 알아본다. 이어서 부동산경기변동론 및 금융시장과의 연관성을 들여다본다.

1 부동산 재화의 특성

1) 부동산은 얼마나 공공성이 있는 재화인가

부동산은 어떠한 성격의 재화(상품)인가? 부동산이 시장경제의 수많은 여타 재화 · 서비스와 구분되는 공통된 특징은 무엇인가? 경제학에서 재화의 특성을 분류하는 방법론을 사용하여 이 문제를 들여다볼 수 있다. 그런데 경제학적 틀과 무관하게 우선 흥미로운 현상은, 우리 국민들은 부동산이 시장경제에서 유통되는 그 어떤 재화보다도 공공 내지 공익적 성격이 있는 것으로 생각하는 경향이 강하다. 예를 들어 2006년 국토연구원이 실시한 〈토지에 관한 국민의식 조사〉에 의하면 우리 국민의 81.2%는 토지이용과 개발 시 공공성(公共性)의 강화가 필요하다는 의견을 가지고 있었으며, 2000년에는 공공성 강화 의견이 무려 94.2%에 달하였다. 이는 뒤에서 고찰할 부동산정책의 공공성 문제와도 직접적 연관이 있는 문제이다.

그림 2-1 | 토지의 공공성에 대한 견해 변화

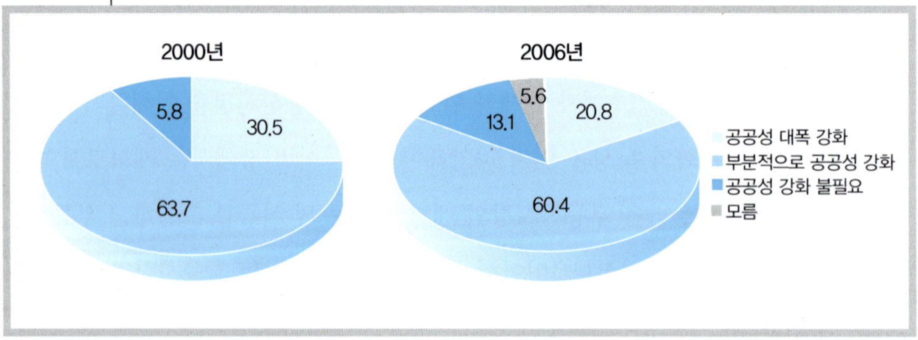

출처: 국토연구원.

이는 언론매체나 인터넷 토론 공간 등에서 자주 접할 수 있는 많은 부동산 관련 주장들과 크게 다르지 않은 결과이기도 하다. 그럼 부동산은 공공재(公共財)인가?

공공재(公共財, public goods)란 경제학에서 시장경제의 재화와 서비스를 분류하는 기준에서 도출된 특정한 부류의 재화를 뜻한다. 그 기준이란 한마디로 가격기능이 작동하는 재화인가 그렇지 않은가의 문제이다. 즉, 아무리 규제와 간섭이 없는 완전한 자유시장경제에서도 시장기능이 작동하지 않아 상품의 가격 형성이 어려운 경우가 발생하며, 이는 이른바 시장실패(market failure)라고 불리는 현상의 대표적 사례

가 된다.

어느 재화 혹은 서비스의 시장이 형성되지 않는다면 시장에서의 수요공급기제에 의한 가격 형성도 이루어지지 않는다. 그렇게 되면 이 영역은 시장경제에 맡겨놓을 수 없고 무언가 다른 해결방안이 제시되어야 한다(시장실패). 어떤 재화나 서비스가 시장을 통한 가격 형성이 가능한가의 문제를 판단하는 원리를 경제학에서는 '배제성(excludability)의 원리'라 부른다. 배제성의 원리란 쉽게 말해서 재화 · 서비스의 공급자가 수요자로부터 "대가를 주지 않으면 그 소유 · 사용을 '배제'시킬 수 있는가"의 문제이다. 우리가 시장경제에서 생산 · 소비하는 대부분의 재화와 서비스는 배제성을 갖고 있다. 우리가 일상에서 필요한 전화기, 음식, 의복, 자동차 어느 것도 공짜는 없으며 돈을 주지 않는 이상 쓸 수 없다는 의미에서 '배제성'이 있다.

그렇지만 특정한 재화나 서비스는 공짜이다. 예를 들어 태고 이래로 우리는 생존에 필수적인 공기와 물, 태양열을 대가 없이 사용해 왔다. 최근에는 물이 더 이상 공짜가 아니라 대다수 도시민들이 수도요금을 내야만 사용할 수 있지만 상수도가 닿지 않는 비도시지역에서는 아직도 물을 공짜로 쓰고 있는 가구가 많다. 과일이나 꽃, 열매 및 채소류는 과거에는 모두 공짜로 채취해서 먹었지만 지금은 대부분 배제성을 갖추어 상품화되었다. 인류 문명의 수많은 위대한 발명품들 역시 배제성이 없는 경우가 대다수였다. 바퀴, 종이, 화약, 나침반, 전기 등의 기술적 제조법은 대가 없이 복사되고 전파됨으로써 인류 문명의 확산에 기여하였다. 혁신과 발명에 대한 보상체계가 잘 정비된 현대에도 천재적 아이디어는 배제성 없이도 많은 이들에게 영감을 주고 생활수준을 개선하는 데 기여하고 있다.[1]

부동산과 관련하여 배제성이 없는 대표적인 재화 · 서비스로는 (포장)도로의 건설 및 통행서비스를 들 수 있다. 배제성을 갖춘 도로로 유료도로 혹은 고속도로가 있으나 이는 총 도로구간의 특정한 일부 구간에만 적용 가능한 시설이고 도시 내 · 도시

1 예를 들어 페이스북(facebook)이나 트위터(twitter) 같은 사회적 네트워크서비스(SNS)는 배제성 없이 누구에게나 열려있으며 다양한 계층과 세대 및 직종을 연결하는 아이디어 교류의 장이 되고 있다.

간의 '모든' 포장도로를 유료화하는 것은 물리적으로 불가능하다. 먼 미래에 자동차가 포장도로를 주행한 구간을 정확히 측정하여 그에 비례한 요금을 부과하는 기술적 장치가 제공되기까지 대부분의 도로는 배제성을 갖기 어려울 것이다.

배제성 이외에 재화와 서비스를 분류하는 또 하나의 기준은 '(소비에 있어서의) 경합성(rivalry in consumption)'이다. 이는 한 사람이 어느 재화 · 서비스를 소비할 때 다른 사람이 이 재화 · 서비스를 소비하는 데 경합 · 제한이 있느냐의 문제이다. 대부분의 재화와 서비스는 경합성이 있다. 그렇지만 아무리 많은 사람이 동시에 소비해도 소비에 불편함이 없는 경우가 발생할 수 있는데, 이는 재화 · 서비스의 특성에서 기인한다. 예를 들어 월드컵 경기를 시청 앞 광장에서 단체로 관전하는 축구팬들이 소비하는 생수와 맥주는 인근 편의점에서 경합성이 발생하여 일시 품절될 수 있고, 또 이들이 점유한 도로는 거의 통행이 불가능할 정도의 경합성이 발생하지만 이들이 시청하는 생방송 중계는 수천만 또는 수억의 수상기로 동시에 전파가 송출되더라도 영상 품질이 저하되지 않는다. 이때의 방송서비스에는 경합성이 발생하지 않는 것이다.

국방과 경찰 · 소방 서비스 역시 경합성이 없는 경우가 대부분이다. 국방서비스는 모든 국민이 동시에 누리기 때문에 경합성이 발생하지 않고, 경찰과 소방서비스 역시 일시적으로 경합성이 발생할 수 있지만 모든 지역에서 화재가 나거나 동시다발적으로 다량의 범죄가 일어나는 일이 거의 없기 때문이다. 이 서비스가 필요한 상황에서 기대되는 편익이 다른 사람의 이용 정도에 의해 줄어들지 않는 대부분의 경우 경합성이 없는 서비스에 속한다.

과거에는 경합성이 없었다가 최근에 경합성이 발행한 재화 · 서비스도 있다. 바닷속 물고기는 과거 인구가 많지 않고 어업기술이 수공업에 의존할 때는 한 사람이 아무리 많이 잡아도 다른 사람의 어류 소비에 영향을 주지 못하였기 때문에 경합성이 없었다. 그러나 어업이 기계화되고 대량으로 소비되는 현대에는 어민 간 그리고 국가 간에 경합성이 발생할 수 있다. 또 과거에는 지구 어디든 깨끗한 물과 공기를 마실 수 있었으나 요즈음은 환경의 오염도가 크게 증가하여 환경소비에 경합성이 발생하고 있다.

이상의 논의를 요약하면 시장경제의 재화와 서비스를 다음과 같은 네 가지 범주로 분류할 수 있다.[2] 배제성과 경합성의 두 기준을 놓고 배제성과 경합성이 모두 있으면 사적 재화, 배제성은 있으나 경합성이 없으면 자연독점이라 부른다. 배제성이 있으면 시장기능을 통한 가격 형성과 조절이 가능하기 때문에 특별히 시장실패를 불러오지는 않는다.

그림 2-2 | 재화와 서비스의 네 가지 유형

		경합성 있음	경합성 없음
배제성	있음	**사적 재화** • 아이스크림 • 옷 • 막히는 유료도로	**자연 독점** • 전화통화 • 케이블TV • 막히지 않는 유료도로
	없음	**공유자원** • 바닷속의 물고기 • 환경 • 막히는 무료도로	**공공재** • 태풍경보, 공습경보 • 국방, 소방, 경찰 • 막히지 않는 무료도로

배제성이 없으면 가격 형성이 불가능하고 따라서 고전적 의미의 시장도 존재하지 않는다. 그중 경합성이 없는 경우를 '공유자원(common resources)'이라 부르고 배제성과 경합성이 모두 없는 경우를 '공공재'라 부른다. 이렇게 배제성이 없는 재화 · 서비스는 소비자로 하여금 사용의 대가를 받아 낼 수 없기 때문에 누구나 공짜로 이용

2 그러나 이와 같은 네 가지 구분은 항상 모든 재화와 서비스에 대해 명확한 것은 아니다. 어느 재화 · 서비스가 배제 가능한지 아닌지, 그리고 소비에 있어 경합성이 있는지 없는지는 정도의 문제인 경우가 많다.

할 수 있다. 수요자는 많은데 공급자가 시장원리를 통한 가격부과를 할 수 없는 문제가 발생하고, 이 때문에 배제성이 없는 재화 · 서비스에서는 경제학에서 외부효과(external effect 또는 externality)라 부르는 문제와 직접 연결된다.

외부효과란 일반적으로 "경제적 후생을 변동시키는 행위에 대한 대가나 보상이 시장 내에서 이루어지지 않는 현상"을 의미한다. 시장 안에서 서로 주고받는 거래관계에 의하여 경제적 후생이 발생 혹은 감소하는 평상적인 범주에 들지 않고 시장의 '밖에서' 경제적 후생의 증가에 대하여 대가가 주어지지 않고 경제적 후생의 감소에 대하여 보상이 이루어지지 않기 때문에 외부효과라 불리는 것이다.

공공재와 공유자원은 대가를 지불하지 않는 사람에게도 효용가치를 주어서 경제적 후생을 증가시키기 때문에 외부효과와 같은 효과를 발생시킨다. 누군가가 (자기부담으로) 등대와 같은 공공재를 제공한다면 다른 사람들은 대가를 지불하지 않고도 혜택을 입게 되고(이런 사람들을 가리켜 경제학에서는 '무임승차자(free rider)'라 부르기도 한다.), 이는 '긍정적 외부효과'를 유발시킨다. 마찬가지로 남의 나라 해역을 침범하여 물고기를 많이 잡아가는 이웃나라 어선들 때문에 어획량 감소로 고통받는 어민들이 배제성은 없지만 경합성이 있는 재화(물고기)로 인해 손해를 보게 되지만 이에 대한 보상을 받지 못하게 된다면 이는 '부정적 외부효과'에 해당한다.

공공재와 공유자원, 그리고 무임승차자의 문제는 공공경제학에서 다루는 중요한 주제들로, 이러한 종류의 시장실패에 대하여는 국가가 국민 모두에게 강제로 부과한 세금을 기반으로 시장기제를 통하지 않고, 즉 시장 밖에서 직접 개입하여 해결하는 것 말고는 뚜렷한 방안이 없다. 때문에 도로건설, 전쟁을 비롯한 국방행위, 등대의 건설, 경찰력의 유지 등의 서비스는 시장원리가 아닌 국가의 재정집행에 의해 공급이 이루어지게 된다. 오직 국가라는 '공공'의 개입에 의하여만 '공공'의 수요를 충족시킬 수 있기에 '공공재'라는 이름도 붙여졌다. 여기서 한 가지 주의할 점은 국가가 전통적으로 수행해 온 경제적 행위 중 많은 분야가 '공공재'로 오해될 수 있다는 사실이다. 예를 들어 우리나라를 비롯한 대부분의 나라에서 전기, 통신, 상하수도, 철도교통 등의 사회기반시설은 국가가 공급해 온 역사가 있었고, 때문에 이러한 서비스들이 '공공재'에 속하는 것으로 알려진 사례가 적지 않다.[3] 하지만 배제성의 기준에서 판단하면 위에서 열거한 여러 기반서비스들은 명백히 배제성이 있는 서비스에 해당하며 따라서 공공재가 될 수 없다. 미국과 유럽의 여러 나라들에서는 전화 · 인터넷 등 통신뿐만 아니라 전기, 철도교통, 상하수도, 방송 등의 기간서비스가 시장원리에 의해 공급되고 있다. 이는 사회에 꼭 필요한 '기간시설'이라 해서 반드시 '공공'을 대표하는 국가가 시장을 대신해서 공급할 필요는 없다는 사실을 일깨워 주고 있다. 즉, 국가가 반드시 나서야 하는 상황은 배제성이 없어 무임승차의 문제가 제기되는 공공재에 한한다는 것이다.

공공재와 관련하여 부동산경제론의 입장에서 중요한 질문은, 부동산이 공공재 혹은 공유자원에 해당하느냐 하는 것이다. 부동산과 떼려야 뗄 수 없이 긴밀한 관계를 맺고 있는 (포장)도로는 배제성이 없어 공공재임을 앞에서 살펴보았다. 그러나 부동산, 즉 토지와 건물 그 자체는 공공재가 아니다. 명백히 배제성이 존재하는 재화이기 때문이다.

그렇다면 우리 국민 다수가 상정하는 부동산의 '공공성' 내지 '공익성'은 사회과학에서 어떠한 방법으로 표현되어야 하는가? 부동산의 공공성, 특히 토지의 공공성 개념은 동서양을 막론하고 수백 년 전부터 많은 이론적 · 역사적 전통을 가지고 있다. 우선 재화의 '공공성'에 대비되는 '사유재산'의 개념 자체가 '공유(公有)제'보다 훨씬 늦게 제도적으로 정비되었다. 서양에서는 로마제국에서 사유재산제가 일찍 확립되었다가 중세의 암흑기를 거친 근세사회에 이르러서 비로소 보편적인 법원칙으로 자리 잡았다. 동양에서는 19세기 말 이후 서양문물의 영향을 받아 사유재산권의 개념이 제도화되었으므로 '부동산 공유' 내지 '부동산 공공성'은 '부동산 재산권'에 비해 훨씬 장대한 역사적 연원을 가지고 있다고 볼 수 있다.[4] 실제 근대사회의 사상적 이

3 우리나라에서 이러한 서비스의 요금을 '공공요금'이라 부르는 것도 이러한 인식에서 나온 것이다.

4 중국과 조선에서 명목적으로 모든 국토는 황제 · 임금의 소유였으며, 관습적 · 실질적 소유권만이 농

정표가 되는 많은 사상가들이 사유재산제도의 확립과는 별개의 문제로 토지의 공공성을 주장하였다. 예를 들어 존 로크, 장 자크 루소, 에이브러햄 링컨, 토머스 제퍼슨, 존 스튜어트 밀, 바루크 스피노자, 토마스 칼라일, 허버트 스펜서 등 유명 인사들이 '토지의 공공성' 내지는 '토지의 사적재산권 보장에서의 예외'를 주장하였다(정우형, 2004).[5] 이렇듯 토지의 공공성 개념은 역사적으로 사상적 담론의 위치를 차지하고 있으며, 철학 · 법학에서의 정의론 · 형평론, 사회학에서의 계급 · 계층론, 정치경제학에서의 불로소득론과 노동가치설, 정치학에서의 복지국가론과 사회민주주의 등 여러 사상들과 관련되어 있다.

그렇지만 앞에서 고찰한 바와 같이 부동산을 도로나 국방과 같은 공공재로 분류할 수 없다는 사실이 근대경제학의 발전과 더불어 명확해졌기 때문에 부동산의 공공성을 다른 방식으로 표현할 수밖에 없다. 부동산의 공공성 내지 공익성을 명시적으로 표현한 제도적 개념은 먼저 헌법에서 찾아볼 수 있다. 우리 헌법은 부동산을 포함한 일반적 재산권의 공적 규제와 제한을 가능하게 하는 규정들을 두고 있으며, 부동산에 관한 직접적 규정은 없지만 국토에 관한 규정으로 부동산 재산권에 대한 추

지와 택지에 한해 인정되었다. 산지 · 임야에 대하여는 지역공동체의 공유로 오랜 기간 다루어졌고 개인의 소유권이 인정되지 않았기 때문에 조선시대에는 조상의 묘지터에 관한 쟁송[이른바 산송(山訟)]이 조선 전 기간을 걸쳐 민사 3대 소송의 하나를 이룰 정도로 빈번했다.

5 우리 민법은 일본 민법의 개념을 따라 토지와 건축물을 별개의 법적 객체로서 다루기 때문에 부동산의 공공성 역시 토지의 공공성과 건물(주택)의 공공성으로 나뉜다. 그러나 우리 민법의 토대를 이루는 독일의 민법은 우리와 달리 토지의 소유권과 독립된 건물의 소유권을 인정하지 않는다. 따라서 토지에 대한 소유권은 토지지상물에 대한 소유권을 포함하게 된다. 조선시대까지 한국인의 부동산소유제도는 토지와 건물을 분리하지 않았다. 한국과 일본의 근대법이 유래한 유럽대륙式 법제에서도 건물 기타 지상물(地上物)을 토지의 일부로 보고 독립된 부동산으로 하지 않고 있다. 즉 독일 민법, 스위스 민법은 건물 · 수목과 같은 정착물을 토지의 본질적 구성 부분으로 하고, 이 본질적 구성 부분은 독립된 권리의 목적이 될 수 없도록 한다(독일 민법 93조 · 94조, 스위스 민법 655조 · 667조). 프랑스 민법은 토지와 일체를 이루는 건물은 성질에 의한 부동산, 토지에 종속하는 부동산, 즉 종물과 같은 것으로 하고 있다(프랑스 민법 517조). 반면 일본의 민법은 19세기 말 근대적인 모습을 갖출 때 일본 고유의 관습과 관행을 고려하여 토지와 건물을 분리하는 독특한 이원적 부동산 소유 · 관리체계를 도입하였고, 이는 식민지 통치 종식 이후 우리 민법에 의해 그대로 받아들여져 오늘에 이르고 있다.

가 규제를 가능하도록 하고 있다. 이에 관련된 헌법 조문들을 살펴보면 다음과 같다.

- 헌법 제23조 제②항: 재산권의 행사는 공공복리에 적합하도록 하여야 한다.
- 헌법 제119조 제②항: 국가는 균형 있는 국민경제의 성장 및 안정과 적정한 소득의 분배를 유지하고, 시장의 지배와 경제력의 남용을 방지하며, 경제주체 간의 조화를 통한 경제의 민주화를 위하여 경제에 관한 규제와 조정을 할 수 있다.
- 헌법 제120조 제②항: 국토와 자원은 국가의 보호를 받으며, 국가는 그 균형 있는 개발과 이용을 위하여 필요한 계획을 수립한다.
- 헌법 제121조 제①항: 국가는 농지에 관하여 경자유전의 원칙이 달성될 수 있도록 노력하여야 하며, 농지의 소작제도는 금지된다.[6]
- 헌법 제122조: 국가는 국민 모두의 생산 및 생활의 기반이 되는 국토의 효율적이고 균형 있는 이용 · 개발과 보전을 위하여 법률이 정하는 바에 의하여 그에 관한 필요한 제한과 의무를 과할 수 있다.

우리 헌법에 표현된 이러한 법리는 이른바 '사회국가(Sozialstaat)' 또는 '사회복지국가(sozialer Wohlfahrtsstaat)', '사회적 법치국가(sozialer Rechtsstaat)'로 불리는 개념들로부터 유래하는데, 독일의 바이마르 헌법(1919년)에 기원하는 이 사회국가의 개념은 영국의 명예혁명 이후 서구의 사회질서를 주도한 (절대)자유주의적 기본권을 사회적으로 해석하고 새로운 유형의 사회적 기본권을 신설함으로써 사회정의와 사회복지를 실현하려는 원리이다. 이 사회국가의 개념에서는 토지재산권과 토지의 공익성 간의 갈등을 법적으로 규율하는 구체적 법리가 구성되는데, '정의롭지 못한' 재산의 취득과 사용, 소득과 재산의 '심한 불평등'을 막기 위해 재산권 간의 충돌 및 사회적 생산물의 분배에 대한 국가의 조정과 규제 · 계획이 인정되고 (방임)자유주의적

6 '경자유전(耕者有田)'이란 농지의 소유를 농민에게만 인정하고 다른 사람에게는 인정하지 않는다는 뜻으로, 근대적 사유재산권에 대한 중대한 제약이다.

사회질서에서 핵심적이었던 '재산질서'는 사법영역에만 속하는 것이 아니라 이제 국가의 지도와 형성의 대상으로 공법적 영역에도 속하게 된다. 즉, 부동산의 재산권 역시 '사회적 제약의 원리'하에 놓이게 되는 것이고, 이러한 법리가 독일 바이마르 헌법에 최초로 구현된 이후 시간을 두고 우리 헌법에까지 반영되기에 이르렀다. 19세기와 20세기를 거쳐 이러한 '부동산의 사회적 제약'이 현실화된 대표적인 사례는 용도지역을 포함한 도시계획의 법제화일 것이다.

우리 헌법에 직접 인용되지는 않았지만 부동산과 연관되어 헌법적 기본권으로 다루어지는 것 중 하나로 '정주권' 내지 '주거권'이 있다. 1996년 UN은 두 차례 해비타트(HABITAT) 회의를 개최하고, 주택은 인간의 기본적 삶의 조건이며 모든 사람의 안전하고 건강한 주거를 보장하기 위해 개별국가가 국제인권조약 등의 기준을 따라야 한다고 결의하였다. 이에 의거하여 주거권(housing rights)의 내용으로는 주택점유의 법적 안정성, 거주의 차별배제, 주택의 접근 가능성과 안정성 등이 거론된다. 이러한 주거권에서부터 '가치재'로서의 주택이라는 개념이 도출되는데, 가치재란 일반적으로 '특정 재화나 서비스가 일정수준까지 공급되어야 사회적으로 바람직하지만 여러 가지 사정으로 그렇지 못한 경우에 국가가 이 문제를 개선하기 위해 공급하는 재화나 서비스'라고 정의된다. 일부 학자들은 더 나아가 '사회재'로서의 주택 개념을 도출하기도 하는데, 즉 주택이 배제성과 경합성이 있는 사적 재화이면서도 내구재 · 투자재로서의 특성과 군집적 도시계획에의 심대한 영향을 감안할 때 사회재로 분류 가능하며 특히 한국적 실정에서 용도지역, 건폐율, 용적률, 국민임대주택 의무비율 등에 관한 규제는 주택이 사회재로 인정되고 있다는 증거라는 것이다(하성규, 2000).

'부동산이 얼마나 공공성이 있는 재화인가'라는 질문으로 돌아가서 결론을 도출해 보면, 우선 분명히 시장이 존재하는 부동산을 공공재로 분류할 수 없다는 점이 중요하다. 하지만 부동산의 공공성은 오랜 역사적 전통이 있는 개념이며 이것이 현재 여러 나라에서 법적 질서로 인정되고 있음을 알 수 있다. 다만 헌법에서 규정된 부동산 공공성의 구체적 내용이 무엇인지, 즉 개인의 부동산 재산권을 국가가 공익을 위하여 얼마만큼 제한 · 침해할 수 있는지에 관하여는 일반적으로 널리 받아들여지고 있는 원칙이 있다기보다는 각 나라와 지역, 시대별로 다른 해법이 존재할 수밖에 없을 것이다.

2) 일반재화로서 부동산의 특성

부동산은 배제성과 경합성이 존재하는 일반적 사적 재화이다. 그러나 다른 사적 재화와는 여러 측면에서 구별된다. 부동산의 이러한 특별한 성질은 비록 공공재가 아니더라도 부동산 재화와 서비스의 특수성을 강조하여 부동산시장을 여타 다른 시장과 별도로 다룰 것을 요구하는 주장들의 근거가 되기도 한다. 이러한 특성을 토지의 특성과 건물 중에서도 주택의 특성으로 나누어 고찰하기로 한다.

(1) 토지의 특성

① 감가상각률 = 0

토지는 시간이 지나도 원칙적으로 감가상각하지 않는 재화이다. 시간이 지날수록 낡아져 언젠가는 새것으로 교체해야 하는 다른 재화와는 구분되는 특성이다. 이는 부동산의 또 다른 축인 건축물과도 근본적으로 다른 성질이다. 건축물은 아무리 견고하게 지어져도 시간이 지나면 감가상각이 발생하게 마련이지만, 토지는 홍수 또는 지진 등의 자연재해에 의하여 토질과 토형이 일시적으로 훼손되는 것을 제외하고는 물리적인 감가상각을 배제할 수 있다.

② 고정성과 독점성

부동산이란 말 자체가 의미하듯 토지는 움직이거나 이동할 수 없는 재화이다. 건물 역시 토지와 마찬가지로 대부분 부동이지만 최근 건축기술의 발달로 등장한 이동식 건물은 부동산이 아닌 동산이 되었다. 또 댐 건설로 수몰되는 지역에서는 중요한 문화재들을 그대로 해체하여 다른 곳에 복원하기도 한다. 하지만 토지는 부동성에 어떠한 예외도 없으며 이는 지적과 토지등록제도에 의하여 뒷받침된다. 위치의 고정성은 위치의 독점성을 뜻하기도 하며, 이 때문에 토지개발 과정에서 '알박기'라는 현상이 등장하기도 한다. 알박기의 문제는 토지의 사유재산권을 얼마나 인정하느냐의 '토지 공공성' 개념과 직접 연관된 문제이다. 현재 우리 부동산 공법에서는 많은 법령으로 민간 토지개발 시 '강제 토지매수권'을 인정하여 알박기를 사회적 악으로 인식하고 개인의 토지재산권을 박탈할 수 있도록 하고 있으나 이에 대한 부작용과 선의의 피해사례도 만만치 않아 논란이 되고 있다.

이러한 고정성에서 토지의 이질성 또는 동질성의 제한 문제가 연결된다.

③ 동질성의 제한 = 이질성

동질성(homogeneity)이란 재화 · 서비스의 단위, 품질, 내용이 같다는 뜻이다. 대표적인 동질적 재화로는 쌀, 생수, 우유, 밀가루 등을 들 수 있다. 동질적인 재화는 눈으로 보기에 혹은 소비에 있어 구분되지 않거나 전문가가 아니면 구분할 수 없는 품질을 가지고 있는 것이 보통이다. 사실 시장경제의 재화와 서비스 중 동질성을 완전히 가지고 있는 재화는 많지 않으며 대부분의 재화들이 이질적(heterogeneous) 성격을 가지고 있어 비슷한 재화끼리 경쟁하면서도 저마다의 독특한 시장을 형성한다. 예를 들어 우리가 입는 의복은 저마다의 옷이 다 다르기 때문에 이질적인 재화이다.

토지는 이질적인 재화들 가운데서도 이질성이 큰 재화에 속한다. 이는 위치의 고정성을 바탕으로 하고 있다. 서로 멀리 떨어져 있는 두 토지가 설령 물리적 성질(토양과 토질)이 같더라도 '동질적'인 토지로 인정받기는 거의 불가능하다. 여기서 동질성의 여부는 토지의 가치 또는 가격으로 표현되며 또 현실적으로 가격에 의하여 판정된다. 두 토지의 경사도, 지목, 토지이용규제, 도심지와의 거리, 유동인구의 크기,

도로 및 지하철과의 거리, 인접도로의 폭, 일사량, 수목의 종류와 크기, 정착물의 종류와 크기, 인근에 들어선 시설 및 건물의 영향, 소음 및 오염물질의 정도 등 토지의 가치에 영향을 미치는 요인은 아주 다양하다. 실제 토지와 건물의 부동산은 그 어느 동산보다도 관련을 맺고 있는 요인들의 수가 많은 복잡한 재화라 할 수 있다. 그 결과 심지어 나란히 붙어 있는 두 필지의 토지라 하더라도 가치에 있어서는 큰 차이를 보이는 경우가 다반사이다. 이러한 토지의 이질성은 직접적으로 토지가 가지는 외부효과로 설명할 수 있다.

④ 외부효과

외부효과는 앞에서 '경제적 후생을 변동시키는 행위에 대한 대가나 보상이 시장 내에서 이루어지지 않는 현상'으로 정의되었다. 토지의 외부효과란 어떤 토지의 이용형태가 인접토지의 이용에 긍정적 · 부정적 외부효과를 발생시킨다는 뜻이다. 예를 들어 단독주택 옆에 소음과 악취를 유발하는 공장이 위치할 때 이 주택은 자신의 입지(토지)와 옆 공장의 입지(토지)가 가까운 것에서 오는 환경적 피해를 입게 된다. 이때 이에 대한 보상이 없다면 똑같은 크기와 모양의 단독주택이 있는 다른 토지와 비교하여 크게 낮은 가치를 갖게 되는 것이다. 이러한 입지의 부정적 외부효과는 근대적 토지이용규제(도시계획)가 시장경제체제에서도 광범위하게 인정되고 있는 현상을 설명해 준다.

어느 토지 옆에 갑자기 시청 등 관공서가 옮겨 오게 됨으로써 이 토지의 가격이 상승한다면 여기에는 긍정적 외부효과가 나타나 다른 토지와의 이질성이 발생한 셈이다. 이렇듯 토지는 위치의 고정성으로 인해 인근에 있는 토지와 필요불가결하게 여러 상호작용을 할 수밖에 없고, 그 상호작용이 대부분 눈에 보이지 않으며 시장거래가 불가능한 종류의 것이기 때문에 복잡한 외부효과가 나타나는 재화라 할 수 있다. 이렇게 복잡다단하게 발생하는 토지의 외부효과는 토지의 거래 시 필요한 관련 비용을 상승시키고 이에 따라 거래비용이 커지는 특징을 낳게 한다.

⑤ 불완전정보와 큰 거래비용

토지는 이질성이 크고 고정성에 의해 외부효과를 복잡하게 발생시키기 때문에 이에 관련된 정보를 모두 확보하는 것이 쉽지 않다. 재화 · 서비스의 품질과 판매조건 등에 대한 정보를 파악하는 데 필요한 비용을 경제학에서는 정보비용(information costs)이라 부른다. 과거에는 어느 재화 · 서비스이건 정보비용이 컸다. 공장에서 단일하게 생산되는 제조품이라 할지라도 '발품을 판다'라는 표현에서처럼 시장정보를 많이 확보하려면 직접 매장을 방문하고 사용자들의 소문을 수집하는 것과 같은 교통 · 시간비용이 들게 마련이었다. 최근에는 인터넷을 비롯한 정보기술(IT)의 발달로 공산품에 대한 정보비용은 크게 감소하였다. 따라서 물건의 가격과 기능, 사용후기 등의 정보는 이제 발품을 팔지 않고도 얻을 수 있는 것이 많아졌다. 하지만 부동산은 그렇지 않다. 외부효과로 인한 복잡한 상호관계, 그리고 이질성으로 인한 수많은 영향요인들은 어느 부동산의 '정체'에 대한 정보가 아주 다양하고 그 정보를 얻는 과정이 개방되기 어렵다는 점을 시사한다. 이는 토지와 건물 모두에게 해당한다. 어느 토지의 토질 · 기후 · 환경상 장점과 약점, 과거 거래 역사, 미래 가능성에 대한 세밀한 정보는 그 소유주와 인근 주민 몇몇에게만 알려진 제한적 성격의 것이 대부분이다. 건물의 경우에도 역시 용도지역, 금융권 대출관계, 교통 접근성, 학군 등 공개된 정보가 있는 반면 건축적 특징과 허점, 건축과정에서의 부실공사 여부, 유치권 성립 여부 등 민법적 · 공법적 권리관계, 이용 시의 장점과 단점, 층간소음 여부, 입주민의 사회 · 문화적 특성 등의 정보는 비공개되어 오래 사용해 본 입주민만이 알 수 있는 경우가 많다. 특히 이러한 비공개된 정보가 정보의 핵심적 부분을 차지할 때 경제학에서는 이를 가리켜 정보가 '비대칭적'으로 분포되어 있다고 부른다. 비대칭적 정보(asymmetric information) 문제는 중고자동차시장, 보험시장, 금융펀드시장 등 시장경제의 여러 분야에서 나타나는데, 부동산시장도 그중 하나이다. 즉, 토지시장과 주택시장에서 핵심 정보는 판매자에게 일방적으로 존재하고 이것이 구매자와는 공유되지 않기 때문에 구매자의 정보비용이 커지게 되며, 이것이 전체 거래비용

(transaction costs)을 상승시키는 효과를 낳는다. 거래비용은 시장경제에서 거래를 성사시키는 데 필요한 비용을 총칭하며 정보비용과 협상비용, 시간비용, 스트레스 등의 정신적 비용을 아우르는 개념이다. 관련된 정보가 워낙 다양하고 복잡하기 때문에 정보비용이 높아지고 여기에 비대칭정보의 문제까지 더해지기 때문에 부동산의 거래는 일반 공산품의 거래처럼 빈번하게 이루어지지 않는다. 특히 이질성과 외부효과 때문에 공산품 · 농산품처럼 시장가격이 쉽게 형성되지 못하는 경우가 많아 거래가격을 두고 매도자와 매수자가 밀고 당기기를 하는 과정이 오래 걸릴 수 있다. 따라서 거래 당사자들이 합의할 수 있는 기준가격을 찾는 것이 상대적으로 어렵고 당사자의 협상력에 따라 어떤 범위 내에서 가격이 형성되는 경우가 많다.

부동산처럼 거래빈도가 높지 않은 시장을 경제학에서는 '얇은 시장(thin market)'이라 부른다. 물론 부동산시장이 '얇다는' 것은 정보비용과 거래비용의 문제 이외에도 거래금액이 상당히 크다는 이유도 있다. 얇은 시장에서 논란이 되기 마련인 가치와 가격의 문제를 보완하기 위하여 각국은 부동산의 가치평가를 위한 전문적 평가사제도를 두고 있으며, 우리나라에서는 〈감정평가사〉가 이 기능을 수행한다. 또한 부동산의 거래비용에는 중개수수료와 세금(등록세) 등의 거래부대비용이 포함된다. 우리나라는 구미 선진국과 비교하여 중개수수료는 낮은 편이지만 등록세(거래세)가 비교적 비싸게 책정되어 있다.

⑥ 사용가치를 가진 소비재이자 생산요소이면서 동시에 수익자산

토지는 일차적으로 주거, 사무, 상업 및 레저 · 휴양에 필수적인 공간서비스를 제공하는 소비재로서의 기능을 시장경제에 제공한다. 또한 태고적부터 농경과 목축 · 산림의 생산에 필수적인 생산요소였으며, 문명이 시작된 이후에는 도로 · 철도 등 토목시설의 생산, 주택 및 비주거용 건물의 생산에 투입되는 생산요소로서 인간의 생산활동에 빠질 수 없는 요소로 기능하고 있다. 동시에 토지는 (건물 · 주택과 더불어) 이른바 '재테크'의 중요한 부분으로서 금융자산과 더불어 현대 자산운용의 양대 축을 이루는 재물이기도 하다. 앞에서 고찰하였던 '토지 공공성' 개념을 강하게 주장하는 논자들은 토지의 공적 성격이 강하기 때문에 부동산을 재테크의 대상으로 삼아서는 안 된다는 도덕적 입장을 견지하고 있다. 하지만 현실적으로 시장경제에서 부동산은 저축 · 주식 · 펀드와 대체재의 관계에 있는 자산이며 더욱이 우리나라를 비롯한 동양권은 서양과 달리 문화적으로 부동산에 대한 선호도가 강해 자산의 4분의 3 이상을 부동산으로 운용하고 있는 실정이기에 자산으로서의 부동산의 특성을 부인하기는 어렵다.[7]

그림 2-3 | 국가별 가구 자산에서 부동산이 차지하는 비중 (단위 : %)

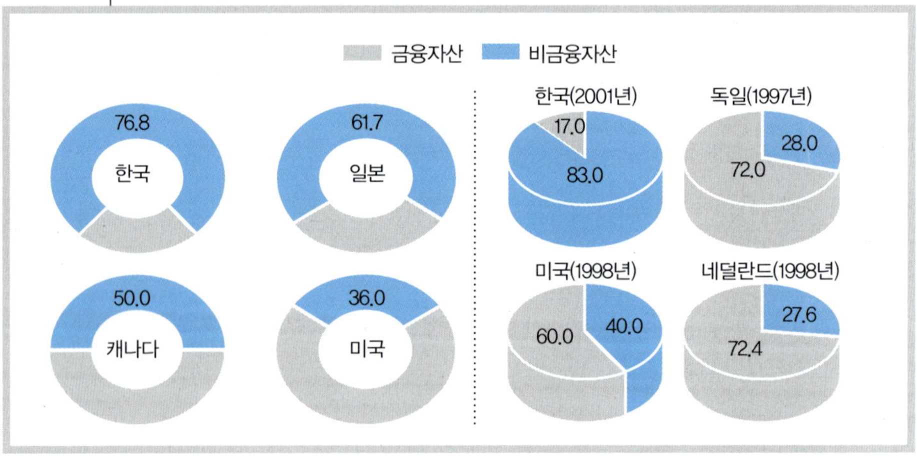

출처: 재정경제부; 한국은행.

⑦ 공급의 탄력성

앞에서 살펴본 부동산의 공공성 논의와 관련된 핵심적 논점이 바로 토지 공급의 탄력성 문제이다. 부동산의 공공성을 강조하는 대부분의 주장들이 토지는 그 공급이

7 서양 각국에서는 가계의 자산 중 부동산의 비중이 금융자산의 비중보다 낮게 나타난다. 부동산이 금융자산에 비해 도덕적으로 문제가 있는 자산인가라는 점도 사용가치의 측면에서 검토해 볼 수 있다. 부동산이 소비와 생산에 있어 인간에 필수적인 재화인데 반해 금융자산은 일부 산업자본의 금융조달기능을 하는 데 비해 파생상품 등의 일부 시장은 단순한 제로섬 게임으로서 생산기여도가 낮으며, 그럼에도 불구하고 관련된 세금은 거의 없다.

다른 재화와 근본적으로 다른 제한을 받는다는 사실, 즉 토지는 인위적인 생산 · 공급이 불가능하다는 사실에서 출발하고 있다(이정전 외, 2005; 이정우, 1991). 경제학적 개념으로 표현하자면 토지는 '공급의 탄력성이 0'인 재화인 것이다.

보충학습: 탄력성

토지공급의 제한 문제를 자세히 들여다보기 전에 먼저 탄력성의 개념을 짚고 넘어가야 한다. 탄력성의 개념 자체는 물리학과 공학에서 빌어 온 것으로, 경제학에서는 주로 재화 · 서비스의 시장가격이 어떠한 성질을 가지고 있는가를 표현하는 하나의 도구로 사용된다. 우선 탄력성(elasticity)은 "시장의 수요량이나 공급량이 그 결정 변수의 변화에 대하여 반응하는 정도를 나타내는 지표"로 정의된다. 즉 시장수요나 시장공급이 어떤 다른 변수와 얼마나 민감한 관계에 있는가를 표현해 줄 수 있는 지수인 것이다. 이를 일반적 용어로 표현해 보면 〈***X*의 *Y*탄력성**(*Y elasticity of X*)〉은 *Y*가 1% 변할 때 *X*가 몇 % 변하는 지를 하나의 지수로 나타낸다.[8] 수학적으로 표현하면 *X*의 *Y*탄력성은 다음과 같은 식으로 표현된다.[9]

$$\frac{\frac{\Delta X}{X}}{\frac{\Delta Y}{Y}} = \frac{\frac{X\text{의 변화량}}{X}}{\frac{Y\text{의 변화량}}{Y}} = \frac{X\text{의 \% 변화율}}{Y\text{의 \% 변화율}}$$

수요량 · 공급량과의 민감성 정도가 중요시되는 대표적인 변수는 시장가격이며, 경제학에서는 수요 · 공급과 가격의 관계가 가장 많이 탄력성으로 사용되기 때문에

8 탄력성의 정의에서 우리말과 영어의 어순이 다르기 때문에 그 해석에 주의를 요한다. X의 Y탄력성에서 먼저 변하는 것은 Y이고 이에 대해 반응하는 것은 X이다.

9 탄력성 공식의 분수 아래위 분모들은 원래 각기 변하기 전 *X*와 *Y*의 수량을 나타낸다. 그런데 이 분모들이 변하기 전의 수량이냐 아니면 변한 후의 수량이냐에 따라 탄력성 결과가 달리 도출되는데, 이에 따르는 개념적 혼란을 방지하기 위해 통상적으로 각 분모 *X*, *Y*는 중간점 공식에 의해 변하기 전과 변한 후의 산술평균으로 계산된다.

다른 변수들이 그다지 많이 사용되지 않는다.

먼저 수요와 가격과의 관계를 탄력성으로 표현해 보면 〈수요의 가격탄력성〉이라는 개념이 도출된다. 앞의 탄력성 정의로 이 개념을 풀어 보면 "가격이 1% 변할 때 수요량이 (그에 대한 반응으로) 몇 % 변하는가"를 나타내는 지표이다. 다른 말로 표현하면, "가격이 변할 때 수요량이 얼마나 민감하게 가격 변화에 대응하여 움직이는가"를 수치화하여 표현하고자 하는 것이다. 앞의 식에 대입하면 수요의 가격탄력성은 다음과 같이 표현할 수 있다.

$$\frac{\frac{\Delta \text{수요}}{\text{수요}}}{\frac{\Delta \text{가격}}{\text{가격}}} = \frac{\frac{\text{수요의 변화량}}{\text{수요량}}}{\frac{\text{수요의 변화량}}{\text{가격}}} = \frac{\frac{\Delta D}{D}}{\frac{\Delta p}{p}}$$

여기서 D는 어느 재화 · 서비스의 수요량, p는 이 재화 · 서비스의 시장가격을 나타내는 기호이다. 수요의 법칙에 의하여 시장가격이 상승하면 수요는 감소하기 때문에 수요의 가격탄력성은 분모가 (+)이면 분자가 (−)이고 분모가 (−)이면 분자가 (+)가 되어 어느 경우라도 전체적으로 음수(−)가 되기 마련이다. 우리가 관심을 가지는 것은 탄력성의 부호가 아니라 그 크기이므로 많은 경우 부호를 떼고 절대값으로 수요의 가격탄력성을 표시하기도 한다.

수요의 가격탄력성은 그 재화 · 서비스의 시장가격이 상승한 경우 소비자들이 그 소비를 얼마나 줄일 것인지를 나타낸다. 따라서 수요의 가격탄력성은 개인의 욕구를 형성하는 다양한 경제적 · 사회적 · 심리적 요인에 의해 결정되는데, 밀접한 대체재의 존재, 필수품과 사치품 여부, 시장의 범위, 시간 차원 등 여러 요인들의 영향을 받는다. 수요의 가격탄력성은 가장 많이 사용되는 탄력성 개념이기 때문에 '수요탄력성'으로 줄여 부르기도 한다. 수요의 가격탄력성을 알면 그 재화 · 서비스의 시장 특성을 대략적으로 파악할 수 있다.

공급의 가격탄력성은 수요의 가격탄력성과 같은 방식으로 정의할 수 있다. 공급의 가격탄력성(price elasticity of supply)은 가격이 1% 변할 때 공급량이 몇 % 변하는가를 나타내는 지표이다. 공급량은 보통 시장가격이 상승할 때 같이 상승하는 경향을 보이기 때문에 다음 식으로 표현되는 공급의 가격탄력성은 항상 양수(+)이다.

$$\frac{\frac{\Delta \text{공급}}{\text{공급}}}{\frac{\Delta \text{가격}}{\text{가격}}} = \frac{\frac{\text{공급의 변화량}}{\text{공급량}}}{\frac{\text{가격의 변화량}}{\text{가격}}} = \frac{\frac{\Delta S}{S}}{\frac{\Delta p}{p}}, \ (S = \text{공급량})$$

어느 재화 · 서비스의 공급량이 가격 변화에 대해 민감하게 반응하면 그 재화 · 서비스의 공급은 '탄력적'이라 부르며, 이 경우 공급의 가격탄력성은 항상 1보다 크다. 어느 재화 · 서비스의 공급량이 가격 변화에 대해 둔감하게 반응하면 그 재화 · 서비스의 공급은 '비탄력적'이라 부르며 이 경우 공급의 가격탄력성은 항상 1보다 작다. 공급의 가격탄력성이 1보다 크지도 작지도 않고 정확히 1일 때 공급은 '단위탄력적'이라 부른다. 가격이 변화하는 그만큼만 공급량이 변화하기 때문이다.

2차원 그래프에서 공급의 가격탄력성은 공급곡선의 기울기로 읽혀질 수 있다. 가격 변화에 대한 공급량의 변화는 공급곡선의 기울기와 밀접한 관계에 있기 때문이다. 도면에서 공급의 가격탄력성은 다음 그림과 같은 다섯 가지 유형으로 구분된다.

탄력성이 0이고 공급이 완전비탄력적인 극단적인 경우 공급곡선은 가격 변화에 무감한 수직선이 된다(모든 가격에 오직 하나의 공급량). 탄력성이 커질수록 공급곡선은 점차 완만해져서 가격 변화에 대한 공급량의 변화폭도 커진다. 반면 공급이 완전탄력적인 경우에는 탄력성이 무한대에 접근하고 공급곡선이 수평선에 가까운 모양이 된다.[10] 이 경우 가격이 조금만 변해도 공급량은 매우 큰 폭으로 변한다.

공급의 가격탄력성은 공급자(생산자)들이 가격변화에 따라 생산량을 얼마나 신축적으로 조절할 수 있는가에 좌우된다. 책, 휴대전화, TV, 자동차 등 공산품 대부분

10 공급의 가격탄력성이 무한대인 공급곡선은 완전한 수평선으로 해석하기보다는 약간 우상향하면서 수평선에 가까운 모양으로 해석하면 그 논리를 쉽게 이해할 수 있다.

그림 2-4 | 토지공급의 가격탄력성 유형

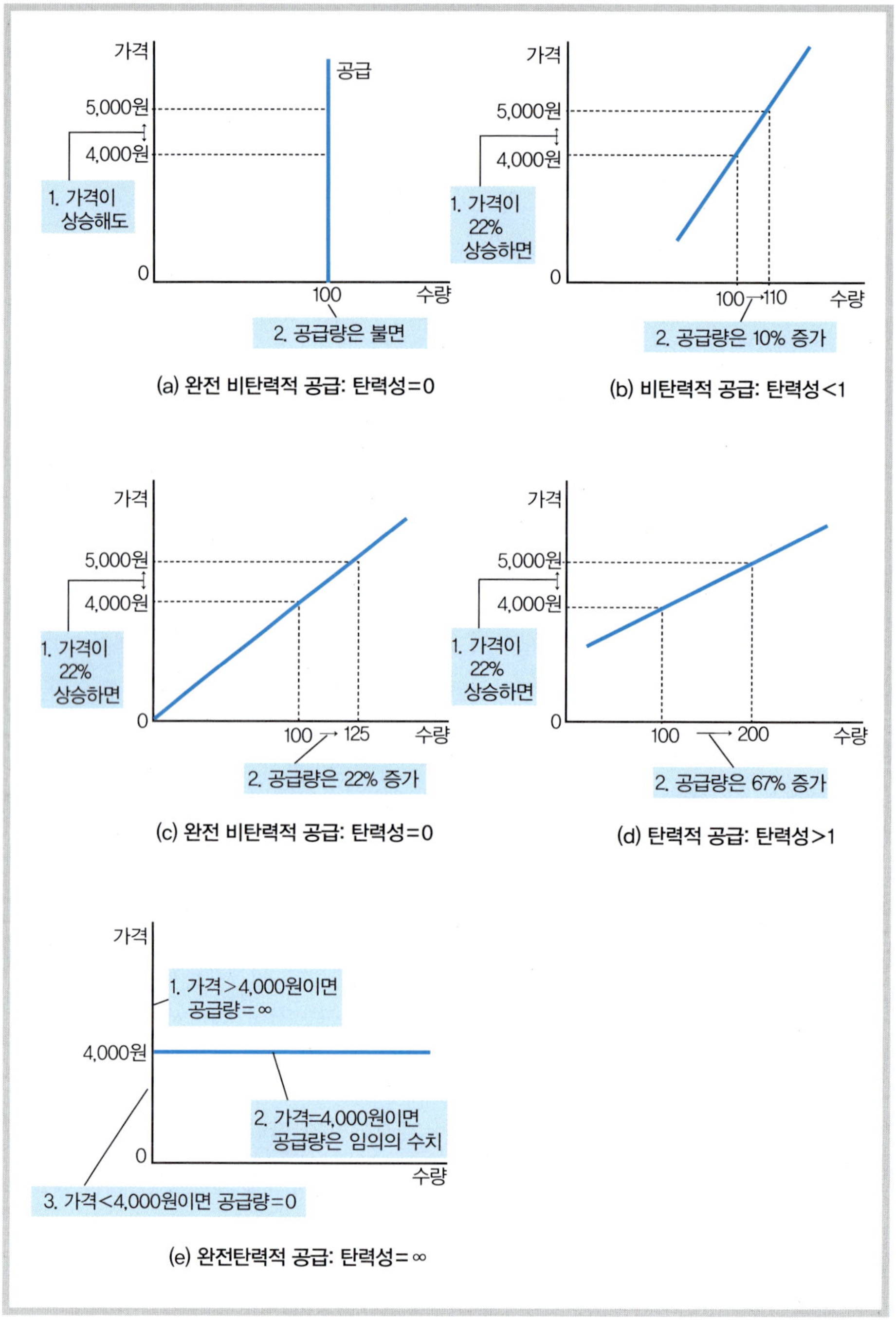

은 (원료와 노동력이 받쳐 주는 한) 가격이 올라가면 조업시간을 연장하고 공장을 풀가동하여 생산량을 빨리 늘릴 수 있기 때문에 공급이 탄력적이다.

토지와 주택으로 대표되는 부동산은 그 반대이다. 우선 주택은 짓는 데 시간이 많이 걸린다. 최신 공법의 개발로 조립식 주택, 이동식 주택 등이 선보이고 있기는 하지만 아직 대다수의 주택은 전통적인 공법으로 지어지며 인허가 과정까지 포함해서 단독주택은 6~12개월, 아파트는 2~3년의 시간이 소요된다. 가격이 상승하면 주택공급자들은 하루빨리 주택을 더 생산하고 싶은 마음이 굴뚝같지만 실제로는 수개월 내지 수년 후에나 새 주택을 시장에 내놓을 수 있으며 그때에도 지금의 가격 상승세가 유지될지는 아무도 모른다. 따라서 *주택은 공급의 가격탄력성이 낮은 대표적 재화이다.* 주택시장에 수요초과 현상이 나타나 집값이 급등하고 서민들이 아우성을 쳐도 정부나 주택공급자가 이를 미리 예상하고 수년 전부터 충분히 주택건설 과정을 밟아오지 않은 이상 갑자기 공장에서 아파트 수만 채를 만들 수는 없다. 주택공급의 이러한 비탄력성은 주택시장에서 주기적으로 비정상적인 과열과 침체가 반복되는 핵심적 원인을 제공한다.

주택 또는 건물이 설계 · 인허가와 시공이라는 기술적 한계에 의해 공급의 가격탄력성이 제한받는다면, 토지공급의 가격탄력성은 크게 물리적 차원과 제도적 차원의 두 가지 범주로 구분될 수 있다.

가. 토지의 물리적 공급에 관련된 가격탄력성

토지의 물리적 공급은 한 사회, 국가 또는 세계가 필요할 때 새로운 토지를 창조할 수 있는가의 문제이다. 한 국가가 물리적으로 사용 가능한 토지는 국토의 넓이로 정해져 있으며 이는 쉽게 바꿀 수 없다. 과거에는 전쟁행위를 통해서 국토가 넓어질 수 있었으나 현대에는 침략전쟁을 통한 국토확장이 정치적 · 외교적으로 거의 불가능하며 설사 전쟁으로 국경선이 달라지더라도 지구의 육지면적이 달라지는 것은 아니기 때문에 인류에게 주어진 토지의 양은 정해져 있다고 해도 과언이 아니다. 따라서 국가 또는 지구의 차원에서 토지의 물리적 생산은 불가능하기 때문에 토지공급의 가격탄력성은 0에 다름없으며, 이 경우 토지의 공급곡선은 수직선이다. 물론 간척공사 · 매립공사 등을 통해 바다가 육지로 바뀔 수 있으나 이는 전체 토지의 양에 극히 미미한 영향만을 줄 수 있는 부차적인 행위이고, 바다에서 새 땅이 솟아나는 지질학적 사건도 예측 가능한 것이 아니다. 따라서 토지는 그 가격이 상승한다 하더라도 새로 창조 · 생산해 낼 수 없기 때문에 '물리적' 탄력성이 0인 것은 분명하며 이로부터 토지의 공공성을 이끌어 내는 많은 이론들이 도출되었다.

이처럼 토지의 공공성이 주장되는 가장 근본적인 이유는 근대화 이전 인류의 경제활동이 농업에 한정되어 있고 인구폭발도 일어나지 않던 시절, 부족하지 않았던 토지가 산업화 · 근대화가 급속히 진전된 현대에 부족해졌기 때문이다. 현대사회는 많은 경우 토지가 부족하다. 그중에서도 어떤 토지가 부족한가? 인구밀도가 높고 국토가 작은 대한민국도 산지나 임야 또는 농지가 부족하지는 않다. 그렇다면 어떤 토지가 부족하여 항상 사회문제를 일으키는가? 바로 농지나 임야 같은 '비도시적 토지'가 아니라 집이나 공장, 빌딩을 지을 수 있는 '도시적 토지'가 부족하다. 그렇다면 토지공급의 가격탄력성으로 표현해 보면, 어떤 토지의 가격이 오르는가? 모든 토지의 가격이 오르는가? 그렇지는 않다. 대부분의 경우 '도시적 토지'의 가격이 오르고 또 이에 대한 '도시적 토지'의 공급문제가 제기되는 것이다. '도시적 토지'의 가격이 상승할 때 누군가 '비도시적 토지'를 공급하면 어떻게 될 것인가? '비도시적 토지'가 '도시적 토지'로 바뀌지 않는 이상 아무런 효과도 없을 것이다. 비록 물리적으로는 같은 토지일지라도 토지이용계획에 의해 그 용도가 달리 정해진 토지는 토지시장에서 같은 재화로 간주하기 힘들다. 즉, 도시화 · 산업화 이후 시장경제의 토지시장은 '도시적 토지시장'과 '비도시적 토지시장'으로 나눌 수 있고, 두 토지시장을 서로 대체성을 갖는 하나의 토지시장으로 묶는 것은 불가능하다. 현대 시장경제에서 도시적 토지시장은 인구 증가와 경제성장으로 인해 끊임없이 토지가격의 상승문제를 안고 있는 데 반해 비도시적 토지시장은 그 자체로는 자발적인 토지가격 상승요인이 부족하고 단지 도시지역에 얼마나 인접해 있는지, 개발계획 등으로 인해 새로운 도시지역으로 변화할 가능성이 얼마나 있는지에 의해 토지가격이 결정되는 경향을 보인다. 그렇기 때문에 항상 도시적 토지시장에 의존적인 존재라 할 수 있다. 즉, 전세계적으로뿐만 아니라 다른 나라에 비해 국토가 넓지 않은 우리나라도 경제활동에 비해 물리적 국토가 좁은 것이 아니며, 좁은 것은 시장경제활동이 활발이 일어나는 도시지역의 토지인 것이다. 따라서 도시지역의 토지가 모자랄 때 비도시지역의 토지를 어떻게 적절하게 도시지역이 쓸 수 있게 공급하느냐가 문제의 관건이 된다. 물론 모든 비도시지역의 토지를 도시지역화할 수 있는 것은 아니다. 지형과 지질학적 조건, 그중에서도 경사도가 도시지역화를 결정하는 가장 중요한 요건이다. 우리나라는 잘 알려진 대로 국토의 66%가 산지이기 때문에 이만큼의 국토는 인간이 경제생활을 활발히 영위하기 어려운 영역이다.[11] 나머지 약 34%가 도시적 시장경제활동의 무대가 될 수 있는 국토이다. **그런데 우리 국토에서 '도시적 용지'가 차지하는 비중은 7%를 넘지 않는다.**[12] 우리나라보다 산지가 더 많은 일본은 국토의 8.3%, 산지가 거의 없는 영국은 국토의 14.4%를 도시적 용도로 사용하고 있다. 이는 우리나라가 다른 나라보다 국토의 도시적 사용을 크게 제약하고 있다는 것을 나타낸다. 따라서 우리 사회의 토지문제는 국토가 좁고 인구가 많아서라기보다 도시적 토지의 공급을 제도적으로 규제하는 데 주요한 이유가 있음을 짐작하게 한다.

나. 토지의 제도적 공급에 관련된 가격탄력성

도시적 토지가 모자라 가격이 상승하는 현상이 발생하게 되면 비도시적 토지를 도시적 토지로 전환시키는 일이 현대사회에서 토지의 제도적 공급이다. 왜 제도적 공급인가? 국토의 이용은 시장경제에서도 주로 도시계획이라 불리는 토지이용규제제도에 의해 규율되고 있으며 비도시적 토지를 도시적 토지로 바꾸려면 관련된 행정

11 한반도 전체의 약 70%가 산지이며, 이중 북한은 국토의 74%, 남한은 국토의 66%가 산지이다.
12 2008년 기준으로 전 국토의 6.4%가 도시적 용도의 토지로 지정되어 있다.

적 절차(우리나라에서는 도시관리계획의 변경결정 고시)를 거쳐서 그 법적인 효력을 발생토록 해야 하기 때문이다. 토지이용규제의 제도적 변경이 시장상황에 맞게 잘 이루어진다면, 즉 도시적 토지가격이 상승함에 따라 비도시적 토지를 적절하게 도시적 토지로 바꾸어 준다면 이는 '토지공급이 탄력적'으로 이루어지는 것이고 토지공급의 가격탄력성은 1보다 크게 될 것이다. 반대로 도시적 토지가격이 상승함에 따라 요구되는 토지이용규제의 제도적 변경이 제때 이루어지지 못하거나 늦게 이루어져서 필요한 양 만큼의 비도시적 토지가 도시적 토지로 바뀌지 않는다면 이때에는 '토지공급이 비탄력적'이게 되며 토지공급의 가격탄력성이 1보다 작은 수치를 보일 것이다. 따라서 토지의 제도적 공급과 관련된 가격탄력성은 실상 토지제도, 정확하게는 토지이용규제 제도의 탄력성에 달려 있다고 해도 과언이 아니다. 도시와 비도시 간 토지 용도의 전환이 얼마나 활발하게 일어나는지는 토지이용규제제도의 규범적 · 관습적 내용과 강도에 의하여 결정되며, 이는 한 사회의 법제도 · 정치제도 그리고 사회적 문화에 따라 달라지는 요인이다. 우리나라의 경우 토지이용규제제도의 법적 · 정치적 · 사회문화적 탄력성이 다른 나라들에 비해 크지 않은 것으로 알려져 있다.

(2) 주택 및 주거서비스의 특성

① 내구성

주택은 토지와 달리 감가상각이 일어나는 재화이다. 그렇지만 감가상각이 일어나는 재화 중 가장 오래 사용할 수 있는, 즉 감가상각이 가장 천천히 일어나는 재화 중 하나이다. 석재를 건축에서 많이 사용하는 유럽 여러 나라에서는 수백 년이 넘은 집들을 많이 볼 수 있다. 목재를 건축자재로 주로 사용하는 동양에서는 수백 년된 주택이 유럽처럼 많지는 않지만 일본과 중국에 제법 남아 있다. 우리나라는 전쟁과 일제 식민지를 거치면서 많은 건축물이 파손되었고 주거문화가 아파트 중심으로 바뀐 이후로는 아파트를 20년만 살고 재건축하는 경우가 많아 다른 나라처럼 주택의 감가상각이 길게 일어나지는 않지만, 그래도 수십년을 사용할 수 있다는 점에서 '내구재'에 속한다. 내구재는 일반적으로 '장기간 사용함에 따라 그 사용으로부터 얻어지는 편익의 흐름이 서서히 소모되어 가는 재화'로 정의되며, 주택 등 건축물 외에 교량 · 철도 · 도로 등의 토목구조물, 비행기 · 선박 · 자동차 등의 대형 운송재화 등이 포함된다. 내구재는 그 크기가 있기 때문에 비내구재와는 달리 버리는 것도 쉽지 않아 상당한 철거비용이 필요하다는 특징도 있다.

② 공급의 비탄력성

주택이 내구재라는 사실에서 주택공급의 가격탄력성이 낮다(즉, 주택공급은 비탄력적이라)는 사실이 도출된다. 주택과 도로 · 교량 · 선박 등의 재화는 일단 규모가 크기 때문에 생산하는 데 상당한 시간이 소요되며, 이 생산기간은 보통 몇 달에서 몇 년에 이른다. 주택의 경우 수요는 아주 탄력적으로 움직일 수 있으며 이를 보여 주는 역사적 사례도 많이 있다. 예를 들어 집값이 갑자기 폭등하기 시작할 때 주택수요가 이에 따라 급격하게 상승하는 현상이 우리나라에서 여러 번 나타난 바 있다. 이는 주택수요와 관련된 재미있는 현상으로서, 가격이 상승할 때 수요가 감소하는 통상적인 '수요법칙'에 반하여 발생하는 독특한 현상이다. 이러한 현상은 여러 원인이 있지만 그중 공급의 비탄력성과 직접적인 연관을 갖는다. 옷이나 스마트폰처럼 유행심리 등의 이유로 수요가 극히 탄력적으로 반응할 수 있는 다른 재화의 경우 '밤샘 조업을 하여' 공급이 재빨리 따라가 주면 가격의 지속적 상승이 일어나기 어렵다. 반대로 주택 같은 내구재의 경우 수요가 어떠한 이유로 급격히 증가하여 시장에서 많은 물량이 부족하다 하더라도 그 물량이 시장에 공급되려면 수개월에서 수년의 시간이 필요하다. 이러한 수요와 공급의 시간차(time gap) 때문에 가격이 상승할 때 수요가 감소하지 않고 오히려 (새로운 공급물량이 시장에 등장할 때까지 기존 시장에 있는 물량에 대한) 가격의 추가 상승을 노린 투기수요가 더해져 전체 수요가 증가하는 현상이 발생하는 것이다. 여기에서 주택정책의 근원적 어려움을 엿볼 수 있다. 즉, 주택정책의 딜레마는 짧은 시간에 변화 가능한 주택수요와 내구재이기 때문에 물리적으로 비탄력적일 수 밖에 없는 주택공급 간의 시간적 불일치에 근본적으로 기인하고 있다. 물론 이러한 주택공급의 비탄력성은 '당장 사람이 들어갈 집이 필요한' 시각에서, 즉 시간적으로 '단기'에 한하여 유효하다. 몇 년의 긴 시간으로 보면 주택공급은 비탄력적인 것이 아니라 탄력적인 것이 된다. 이는 다른 재화 · 서비스에서도 마찬가지이다.[13]

주택정책과 관련하여 또 하나 중요한 사실은 주택시장에서 '새것', 즉 신규공급 주택과 '헌것', 즉 중고주택(재고주택)의 구분이다. 주택시장이 다른 시장과 구분되는 또 하나 독특한 가격현상은 중고의 가격이 새것의 가격보다 높을 수 있다는 것이다. 골동품과 예술품을 제외한 다른 모든 시장에서는 감가상각이 일어남에 따라 가격이 감가상각률만큼 떨어지게 되지만, 주택시장에서만큼은 감가상각에도 불구하고 가격이 오히려 상승하는 현상이 발생할 수 있으며, 이는 지난 수십 년간 우리나라에서 실제로 발생한 현상이기도 하다. 주택시장에서 주택의 기존 재고량과 신규 공급량의 관계를 보면[14] 1년간 신규로 시장에 공급되는 주택의 수가 기존 주택재고량에 비해 3% 이내라는 사실을 알 수 있다. 재고주택 대비 신규주택 비율은 미국이 2.2%(1960~70), 영국이 1%, 우리나라가 2~3% 수준이다. 즉 전체 주택의 97% 이상은 과거에 지어져 현재 사람이 살고 있는 재고주택이라는 뜻이다.

13 예를 들어 석유가격이 급격히 상승하면 석유의 공급은 전세계적으로 추가적 매장량이 발견되지 않는 이상 그만큼 빨리 증가할 수 없기 때문에 단기적으로 비탄력적이다. 하지만 장기적으로는 원유탐사가 진척되고 친환경에너지 · 셰일가스(shale gas) 등의 대체에너지 개발 또한 활발히 이루어지기 때문에 공급이 탄력적으로 된다.

14 기존주택 재고량은 스톡(stock)의 개념이고 1년간 신규주택 공급량은 플로우(flow)의 개념이다. 스톡이란 정해진 시점에서 측정된 덩어리의 수량, 플로우는 정해진 기간(1년, 1개월, 1일 등)안에 발생한 흐름의 수량을 뜻한다. 예를 들어 우리 가족의 일년 소득은 flow이고 우리 가족의 현재 부(富, 자산)는 stock이다. stock과 flow의 관계는 저수지와 (저수지로 흘러들어 가서 나오는) 개천으로 비유할 수 있다.

③ 이질성과 외부효과

주택의 이질성은 토지의 이질성과 유사한 성격을 가지고 있으나 토지보다 훨씬 더 복잡한 양상을 보일 수 있다. 왜냐하면 주택의 '입지적' 속성은 대지의 위치에 연유하기 때문에 토지의 이질성과 본질적으로 같지만, 주거서비스와 긴밀히 연결되어 있는 특성들이 추가적으로 중요한 의미를 가지게 되며, 여기에는 교육여건(학군 등), 환경요인(소음, 분진, 유해물질, 공원 및 공공체육시설), 치안여건(범죄율, 경찰력 등), 기반시설 여건(도시가스, 통신망, 지역난방 등)이 포함된다. 또한 주택의 '물리적' 속성은 건물의 형태, 재료, 디자인, 높이, 조망, 내부설계, 인테리어, 부대시설 등에 따라 천양지차로 달라지게 된다. 한 동네에 길을 마주하며 또는 길가에 나란히 붙어 있는 집들이 얼마나 다른 속성을 가지고 있는지는 우리 주위에서 쉽게 찾아볼 수 있다. 다만 현재 우리나라에 보편화된 아파트단지의 경우 입지적 속성과 물리적 속성에서 큰 차이를 보이지 않기 때문에 주택 중에서 가장 동질성에 가까운 형태를 지니고 있다고 할 수 있다.[15] 이러한 이질성은 주택시장에서 발생하는 외부효과의 한 원인이 된다. 주택시장에서의 외부효과는 토지시장에서와 마찬가지로 주택이 입지한 대지의 위치적 특성에서 기인한 것에 더하여 주택의 높이가 주위의 일조권 · 조망권을 침해하거나 바람길 · 그림자를 제공하는 등의 건축밀도적 특성을 포함한다.

기존 주택을 보수하거나 리모델링할 때 주택이 가지는 지역적 외부효과가 도드라지게 표현된다. 주택의 보수 · 수선 · 리모델링(이하 보수로 통칭)은 건축법에서의 증축 · 개축 · 재축 · 대수선 등으로 표현되며 신축 외에 주택을 공급하는 중요한 수단이다. 주택의 보수와 관련된 문제는 주택의 신축이 그 입지 때문에 유발하게 되는 외부효과와는 또 다른 외부효과를 유발한다는 데 있다. 주택의 신축에서는 건축허가

15 물론 아파트 같은 공동주택에서도 똑같은 크기의 아파트가 층수에 따라 가격 차이가 발생하는 경우가 있으며, 통상 시장에서는 이러한 이질성을 개념화하여 '로얄층'이라 부른다. 또 같은 아파트단지에서도 조망 위치에 따라 수억 원에 이르는 가격 차이가 발생할 수도 있는데, 한강변 아파트단지의 한강 조망 여부에 따른 시세 차이가 좋은 예이다. 골프장 조망 여부에 따라 가격 차이가 나는 아파트단지도 있다.

과정에서 외부효과를 고려한 행정적 마찰이 있을 수 있으나 건축허가 자체가 '기속적 행정행위'인 관계로 법적 요건을 갖춘 건축허가를 거부하는 것은 행정적 재량권 남용으로서 행정심판과 행정소송의 대상이 되기 때문에 이웃 주민의 의사가 반영될 여지는 크지 않다.[16] 그렇지만 주택의 보수에 있어서는 보수의 결정 자체가 제도적 · 행정적인 것에 머무르지 않고 이웃 주민과의 경제적 외부성을 고려하게 된다. 그 이유는 한 동네에서 한 집만 보수를 할 경우와 여러 집이 동시에 보수를 할 경우 동네 전체의 주거환경이 달라져 각각의 주택가격과 임대가격에도 영향을 미치기 때문이다. 한 집만 보수를 하고 다른 집들은 모두 수리를 하지 않으면 동네 전체가 주거환경이 열악해지고, 이른바 '깨진 유리창 효과(broken window effect)'[17]가 추가된다면 급격히 슬럼화될 가능성이 커진다. 그렇게 되면 그 동네의 주택은 모두 좋은 가격에 거래되거나 높은 임대료를 받기 어려워질 것이다. 이는 보수를 마쳐 깨끗하고 단정해진 집도 보수의 효과가 동네의 부정적 환경에 묻혀 결과적으로 부정적 외부효과가 발생하게 된다. 반대로 절반 이상의 많은 주택이 보수공사를 하는 경우에는 동네의 주거환경이 전체적으로 좋아져 집값 역시 전체적으로 상승하게 될 것이며, 보수한 주택들이 그 효과를 누리는 것과 동시에 보수를 하지 않은 주택들도 덩달아 매매가격 · 임대료가 상승하는 긍정적 외부효과를 누릴 수 있다. 이처럼 한 주택의 보수결정은 다른 인근 주택들의 보수결정에 따라 그 효과가 크게 달라지기 때문에 이웃과의 경제적 외부성이 발생한다. 이렇듯 거래자가 수없이 많은 일반적 시장상황에 비해 거래당사자가 소수이고 서로의 의사결정을 관찰할 수 있으며 서로의 의사결정에

16 건축허가 과정이 이미 외부효과를 고려한 용도지역 · 용도지구 등 제반 토지이용규제 상황을 반영하고 있다.

17 원래 유리창처럼 사소한 것들을 방치해 두면 나중에는 큰 범죄로 이어진다는 범죄심리학 이론이다. 건물 주인이 건물의 깨진 유리창을 그대로 방치해 두면, 지나가는 행인들은 그 건물을 관리가 안 되는 건물로 판단하고 돌을 던져 나머지 유리창까지 모조리 깨뜨리게 된다는 것이다. 나아가 그 건물에서는 절도나 강도 같은 강력범죄가 일어날 확률도 높아진다. 즉, 깨진 유리창 효과는 깨진 유리창과 같은 일의 작은 부분이 도시의 무법천지와 같은 큰 일을 초래할 수도 있음을 뜻한다. 이 이론은 건물뿐만 아니라 주차된 자동차에도 적용된다.

직접 영향력을 행사하는 상황을 경제학에서는 '게임이론(game theory)'으로 설명한다. 게임이론에서는 통상적인 수요공급곡선에 의한 단일한 균형의 도달이 발생하지 않고 여러 복잡한 경우의 수가 도출되는데, 가장 대표적인 사례가 이른바 '죄수의 딜레마(prisoner's dilemma)'라 불리는 모형이다. 이를 주택보수시장에 적용하여 앞에서 설명한 상황을 다음과 같은 두 이웃의 주택보수 시 기대이익표로 나타낼 수 있다.

주택 *B* \ 주택 *A*	보수	보수 안 함
보수	W_A: 1천만 원, W_B: 1천만 원	W_A: 2천만 원, W_B: −5백만 원
보수 안 함	W_A: −5백만 원, W_B: 2천만 원	W_A: 0원, W_B: 0원

여기서 W_A는 주택 *A*의 후생(집값 상승분 또는 연간 임대료 상승분)을 화폐단위로 표현한 것이고 W_B는 주택 *B*의 후생을 화폐단위로 표현한 것이다. *A*와 *B* 둘 다 보수를 선택하면 이들은 긍정적 외부효과에 의해 평균적으로 각각 5천만 원씩 후생의 증가를 얻게 되며 여기서 보수공사 비용 4천만 원씩을 공제하면 천만 원씩의 순 후생 증가가 남는다. *A*가 보수를 하지 않고 *B*만 보수하게 되면 둘 다 보수할 때보다 동네 환경이 좋아지지 않기 때문에 보수하는 주택 *B*의 후생 증가가 크게 줄어들게 되어 3,500만 원이 되며 반대로 보수하지 않은 주택 *A*는 *B*의 덕으로 2,000만 원의 후생증가를 기대할 수 있다. 다만 주택 *B*는 보수비용 4천만 원을 공제해야 하기 때문에 순수한 후생 증가는 없고 오히려 5백만 원만큼 후생이 감소하게 된다. 이 상황은 *A*가 보수하고 B가 보수하지 않는 반대의 경우에서도 마찬가지이다. 둘 다 보수하지 않으면 기대수익은 없다.

이 상황에서 *A*와 *B*의 최선의 결정은 각각 어떻게 내려져야 할까? 우선 *A*의 입장에서 고찰해 보자. *B*가 만일 보수를 한다면 *A*의 기대수익은 다음 중 하나로 결정된다.

B가 보수	W_A: 1천만 원, W_B:1천만 원	W_A: 2천만 원, W_B: −5백만 원

즉 이웃 *B*가 보수를 하는 선택을 할 때 *A*의 기대수익은 1천만 원과 2천만 원 두 가지이며, 이중에서는 2천만 원이 더 크기 때문에 *A*는 2천만 원을 얻을 수 있는 선택, 즉 보수를 하지 않는 선택이 더 이롭다. *B*가 만일 보수를 하지 않는다면 *A*의 기대수익은 다음 중 하나로 결정된다.

B가 보수 안 함	W_A: −5백만 원, W_B: 2천만 원	W_A: 0원, W_B: 0원

즉, 이웃 *B*가 보수를 하지 않는 선택을 하였을 때, *A*의 기대수익은 −5백만 원과 0원 두 가지이며, 손해를 보지 않는 선택을 하려면 *A*는 0원의 기대이익을 주는 선택, 즉 보수를 하지 않는 선택을 하는 수밖에 없다.

이처럼 어느 경우라도 *B*의 선택에 따른 *A*의 기대수익은 보수를 하지 않는 선택이 더 크게 나타난다. *이렇듯 상대방의 선택에 관계없이 항상 높은 기대수익을 가져다 주는 선택 또는 전략(strategy)을 게임이론에서는 '우월전략(dominant strategy)'이라 부른다.* *A*에게는 주택보수를 하지 않는 전략이 이 상황에서 우월전략인 셈이다. 그럼 입장을 바꾸어 *B*는 *A*의 선택이 주어졌을 때 어떤 선택이 우월전략일까? 앞에서 행별로 고찰한 방식을 열별로 고찰하는 방식으로 바꾸어 분석하면 *B*의 우월전략 역시 보수를 하지 않는 선택이라는 것을 알 수 있다.

그렇다면 앞의 주택보수 게임상황에서 균형은 *A*와 *B* 모두 집을 보수하지 않고 동네 환경이 피폐해지는 것을 수수방관할 수밖에 없는 선택이 될 것이다.

*A*와 *B*가 선의의 협약을 맺어 모두 같이 주택을 보수함으로써 서로의 기대수익도 높이고(천만 원씩) 동네 환경도 개선되는 선택을 시도할 수도 있다. 그렇지만 이 협약은 한쪽이 약속을 어길 경우, 즉 어느 한쪽이 신의를 지키지 않고 상대방이 보수한 후에 보수를 하지 않으면 2천만 원의 수익을 기대할 수 있기 때문에 배신의 인센

티브가 항상 존재한다. 이러한 배신의 인센티브를 극복할 수 없기 때문에 서로 바람직한 선택이 아닌 것을 알면서도 그 길로 갈 수밖에 없는 것이다. 이와 같은 딜레마[18] 상황은 게임이론의 대표적 균형모형이다.

④ 불완전정보와 큰 거래비용

재화의 이질성과 외부효과는 거래 시 정보의 불완전성, 특히 정보의 비대칭성을 유발시키기 쉬우며 이는 큰 거래비용으로 귀결됨을 앞에서 설명하였다. 토지와 마찬가지로 주택에서도 정보의 비대칭성이 거래의 투명성을 저해하는 큰 요인으로 작용하며, 때문에 주택시장도 토지시장과 마찬가지로 '얇은 시장'이라 할 수 있다. 토지에는 없는 주택의 거래비용으로는 이사비용을 들 수 있다. 다만 주택 가운데 아파트 같은 대규모 공동주택의 경우 면적 · 생활환경 · 학군 · 교통환경 등이 동일하기 때문에 정보비용이 다른 주택에 비하여 상대적으로 적다는 이점이 있다. 그렇기 때문에 큰 단지의 아파트는 시장에서의 정해진 공정가격대로 거래가 이루어지는 경우가 많아 주택거래가 활발할 때에는 "현금 못지않다."라는 평가도 존재하였다. 하지만 같은 단지 내의 같은 평수 아파트일지라도 시공하자, 층간소음, 시간적 특수소음,[19] 악취, 이웃과의 관계 등 비대칭적인 정보들은 여전히 존재한다. 또 주택시장이 불황일 경우 아파트의 환금성은 크게 떨어지게 된다.

18 죄수의 딜레마라는 명칭은 공범인 두 범죄 용의자가 서로 격리되어 심문을 받는 상황에서 다음과 같은 기대수익의 게임이 진행되기 때문에 붙여졌다.

죄수 B \ 죄수 A	자백하지 않고 끝까지 부인	자백
자백하지 않고 끝까지 부인	A: 1년형, B: 1년형	A: 석방, B: 10년형
자백	A: 10년형, B: 석방	A: 2년형, B: 2년형

19 예를 들어 일정한 시간에만 운행 · 가동하는 비행기 기지나 공장 근처에 있는 아파트의 경우, 그 시간에 방문하지 않은 거래당사자는 그 집이 아주 조용하다는 인상을 받을 수 있다.

2 부동산시장의 수요와 공급

앞에서는 부동산의 재화적 특성을 살펴보면서 부동산시장의 특성을 어느 정도 파악하였다. 여기에서는 먼저 매매시장과 임대시장을 구분한 다음 토지시장과 주택시장의 수요와 공급에 대하여 좀더 자세히 알아보기로 하자.

1) 매매시장과 임대시장

부동산시장의 거래는 우선 매매거래인가 아니면 임대거래인가에 따라 나눌 수 있다. 부동산의 매매시장이 부동산이 가진 자산으로서의 기능과 서비스로서의 기능[20] 모두를 포함하는 데 비해 부동산 임대시장은 부동산이 제공하는 제반 서비스[21]만이 거래되는 시장이다. 부동산의 매매시장에서는 매매가격이 형성되고 임대시장에서는 임대가격이 형성된다.

부동산의 매매가격과 임대가격은 서로 어떠한 연관관계에 있는가? 부동산시장은 그 '얇은' 성격 때문에 가격 형성에 있어 불확실성과 거래비용이 상당한 것이 보통이다. 따라서 매매가격과 임대가격의 특정 역시 쉽지 않음을 앞에서 지적한 바 있으며, 이러한 점은 매매가격과 임대가격의 관계가 일정한 공식에 의해 표현하기가 어렵다는 사실을 암시하고 있다. 실제 매매가격은 뒤에서 부동산시장의 경기변동에 의해 설명되는 것처럼 시기별로 변동폭이 상당하고 침체기와 과열기의 구분이 뚜렷한

20 이는 크게 부동산자산가치의 상승에서 발생하는 자산소득과 부동산자산을 임대하여 발생하는 임대소득으로 나눌 수 있다.

21 토지는 생산 및 유통업 · 농업 · 임업 · 주차장업 · 창고업 · 오락업 등에 필요한 입지서비스를 제공하고 건물은 주거 · 상업 · 공업 · 행정 · 경영 · 관리 등의 서비스를 제공한다.

특징을 가지고 있는 데 반해 임대가격은 해당 부동산의 사용가치만을 반영하여 비교적 변동폭이 크지 않고 일정하게 유지되는 특성을 띠고 있다. 따라서 부동산 매매가격과 임대가격의 관계는 시기별 · 지역별로 일관성을 지니는 인과관계로 나타나기 어려운 측면이 있다. 그럼에도 불구하고 부동산 매매가격과 임대가격의 관계를 단순화시켜 본다면 다음과 같은 공식이 가능하다.

$$P_E = \frac{R}{i}, \qquad i \times P_E = P$$

여기서 P_E는 부동산의 매매가격(Price of real estate), R은 부동산의 임대가격(임대료, Rental), i는 이자율을 나타낸다. 즉 부동산의 매매가격에 그 사회에서 통상적으로 사용되는 평균적 대표 금리(이자율)를 곱하면 그 부동산의 임대가격이 도출된다는 것이다. 이 공식에는 몇 가지 가정이 전제되어 있는데, 과거와 현재뿐만 아니라 미래에 대하여도 완전한 정보가 거래당사자 모두에게 주어져 있다는 것, 부동산시장과 자본시장이 완전경쟁상태에 있다는 것, 금리 i가 완벽한 평균적 대표 이자율일 것 등의 (현실적이지만은 않은) 가정들이 그것이다. 이 공식이 말하는 바는 무엇인가? 부동산의 임대가격은 결국 부동산의 매매가격이 일 년간 그 사회에서 일반적으로 기대할 수 있는 자산의 수익률, 즉 이자율과 같아진다는 것이다. 왜 그렇게 되는가? 앞의 공식이 들어맞지 않는다고 가정해 보자. 예를 들어 부동산시장의 평균 매매가격이 1억 원이고 사회적 평균 이자율이 10%인데 부동산시장의 평균 임대료는 1년에 2천만 원이 되는 상황을 생각해 보자(부동산시장의 평균 수익률 20%). 그러면 완전한 자본시장과 완전경쟁하에서 부동산시장 밖에 있던 다른 자본들이 부동산시장에 계속해서 진입하게 될 것이다. 다른 모든 시장에서는 1년 수익률이 10%인데 비해 부동산시장의 수익률은 20%이기 때문에 더 많은 수익을 좇아 자본이동이 일어나는 것은 당연한 것이다. 완전정보이기 때문에 누구나 이 소식을 알고 있고 완전경쟁이기 때문에 누구나 어떠한 제도적 · 경제적 장벽 없이 부동산시장에 신규로 진입할 수 있다. 그렇게 되면 부동산시장에서 새로 들어오는 많은 자본에 의해 매매가격이 상승할 것이다. 이러한 움직임은 평균 매매가격이 2억 원이 될 때까지 계속될 것이다. 매매가격이 2억 원에 미치지 못하는 이상 부동산시장의 수익률이 10%를 초과하여 다른 어떤 시장보다 매력적이기 때문이다. 이렇게 되면 부동산시장의 평균 수익률은 사회적 이자율 10%로 맞추어지게 된다.

반대로 부동산시장의 평균 매매가격이 1억 원이고 사회적 평균 이자율이 10%인데 부동산시장의 평균 임대료는 1년에 5백만 원인 경우를 상정해 보자(부동산시장의 평균 수익률 5%). 부동산시장의 수익률이 다른 시장에서의 수익률보다 5%나 낮기 때문에 부동산시장의 자본들은 고수익을 좇아 다른 자산시장으로 이동을 시작할 것이다. 이 움직임은 부동산시장의 평균 매매가격이 5,000만 원이 될 때까지 계속되고, 결국 부동산시장의 평균 수익률은 10%로 조정될 것이다.

이는 부동산시장뿐만 아니라 다른 모든 자산시장 및 산업생산 · 자영업 부문에도 공통적으로 적용된다. 완전정보와 완전경쟁의 가정하에 모든 경제적 활동은 위와 같은 메커니즘을 거쳐 경제 전체적으로 적용되는 단일한 수익률=이자율을 형성할 것이다. 완전정보와 완전경쟁이 실현되지 않는 현실 경제에서는 각 부문마다 그리고 시기마다 수익률이 상이하게 되고 또 더 나은 수익률을 찾아 자본이 이동하는 현상이 빈번히 일어날 것이다. 현실의 부동산시장에서도 앞에서의 공식은 정확히 적용될 수 없음은 자명하다. 그러나 매매가격과 임대가격 간의 근본적 관계를 나타내는 공식으로서는 중요한 의미를 가지고 있다. 일반적으로 경제학적 모형으로 부동산시장을 논할 때 매매가격과 임대가격은 이 공식에 의해 서로 대체 가능한 것으로 볼 수 있다. 따라서 토지시장과 주택시장에 관한 다음의 설명에서 가격은 매매가격을 의미하기도 하고 임대가격을 의미하기도 한다.[22]

---

22 토지시장의 임대가격은 보통 '지대(地代, rent)'라 불리기도 하며 주택시장의 임대가격은 전세계적으로 월세가 보편적으로 사용되고 있으나 일주일 단위의 주세(週貰) 또는 일 년 단위의 년세(年貰)도 있으며 전세(傳貰)는 우리나라에만 있는 임대가격이다.

2) 부동산시장의 수요와 공급

(1) 부동산의 수요

앞에서 설명한 대로 토지와 주택은 공공재가 아니기 때문에 일반적 사적 재화와 같은 수요함수와 수요곡선에 의해 설명할 수 있다. 수요함수란 어떤 재화 · 서비스에 대한 수요를 결정하는 요인들을 함수관계 $f(x)$로 표현한 것이다. 즉, 종속변수인 수요(량)에 대하여 어떠한 독립변수들이 얼마만큼의 영향을 어떻게 미치는가를 함수로 나타내고자 하는 것이다. 보통은 독립변수의 종속변수에 대한 복잡한 구체적 영향관계 대신 추상적 관계만을 일반적으로 표시함으로써 함수를 표기하기도 한다. 예를 들어 토지와 주택의 수요를 다음과 같이 나타낼 수 있다.

> 토지의 수요 = f(토지가격, 산업활동, 농업생산성, 인구증가율, 건축허가건수……)
> 주택의 수요 = f(주택가격, 가구 소득, 가구 증가율, 인플레이션……)

수요곡선은 수요함수 중 통상 가장 중요한 독립변수인 가격과 수요의 관계를 그래프로 나타내는 것이다. 부동산의 수요곡선은 다른 재화와 마찬가지로 우하향하는 모습으로 나타나는데, 이를 수요의 법칙(law of demand)이라 부르기도 한다. 즉, 부동산 가격이 상승(하락)하면 부동산 수요는 감소(증가)하게 된다. 개별수요곡선을 수평으로 합하면 시장수요곡선이 도출된다.

수요곡선의 이동은 가격 아닌 다른 독립변수가 변동하여 수요가 변할 때 발생한다. 즉, 가격 변화에 따른 수요의 변화는 수요곡선상에서 발생하고 기타 독립변수가 수요에 미치는 영향은 수요곡선이 상하(또는 좌우)로 이동하는 현상으로 표현된다.

다만 부동산시장의 어떠한 국면에서는 앞에서 지적한 대로 수요법칙이 거꾸로 작용하기도 한다. 부동산 가격이 오르는 활황기에 수요가 같이 증가하고, 부동산 가격이 지속적으로 떨어지는 침체기에는 수요가 동반 감소하는 경우가 빈번히 있다. 물론 이러한 예외적 상황은 언제까지나 지속될 수 없다. 가격이 너무 오르면 따라가던

수요도 이를 담당하지 못하고 다시 감소하기 시작할 것이고, 침체기가 오래 지속되더라도 가격이 바닥이다 싶으면 수요가 다시 증가하기 시작할 것이다.

그림 2-5 | 수요의 법칙과 수요곡선의 이동

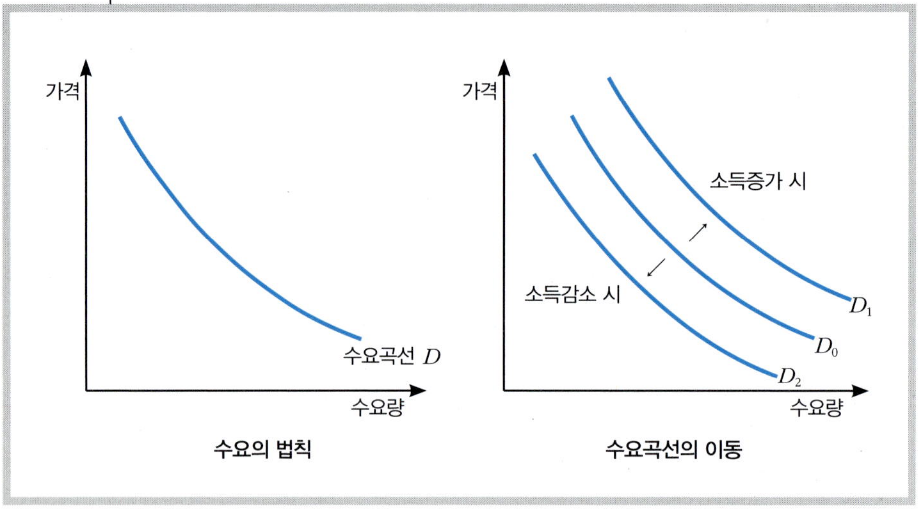

(2) 부동산의 공급과 균형가격 형성

부동산의 공급 역시 수요와 마찬가지로 함수관계로 나타낼 수 있다. 토지와 주택의 공급함수는 수요함수와 비슷한 독립변수들로 구성될 수 있으며 추가적으로 토지이용규제 · 정부정책 등의 제도적 요인과 (주택의 경우) 철근 · 시멘트가격 등 원자재 요인을 생각할 수 있다.

먼저 앞에서 설명한 토지의 공급을 그래프로 표시하면 다음과 같은 모양으로 나타낼 수 있다.

토지의 물리적 공급곡선은 수직선 S로 나타난다(완전비탄력적 공급). 주어진 토지의 양(넓이) $\overline{S}$에 가격의 변동에 무관하게 토지의 공급이 고정되어 있다. 반면 토지의 제도적 공급곡선은 우상향하는 모양을 가진다. 시대와 장소에 따라 토지의 제도적 공급탄력성은 달라진다. 토지의 제도적 공급이 비탄력적이면 S_1, 탄력적이면 S_2와 같은

그림 2-6 | 토지의 물리적 공급과 제도적 공급

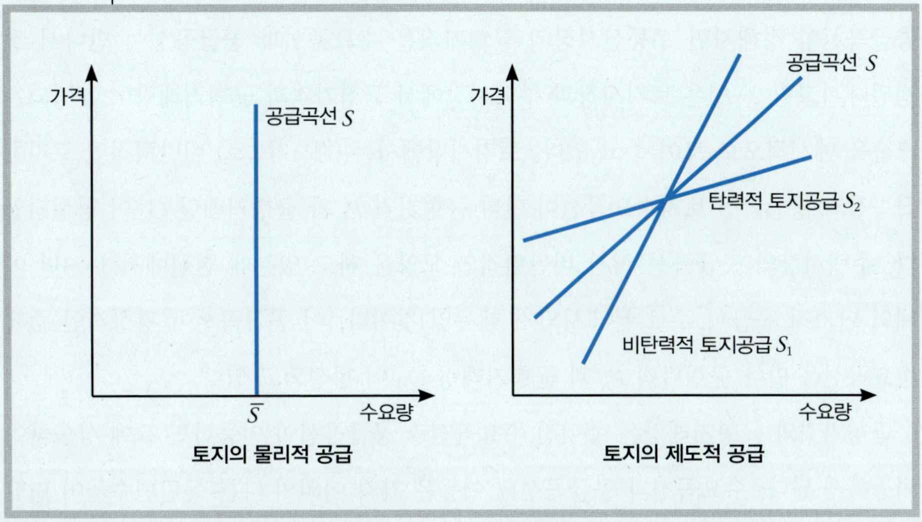

공급곡선이 될 것이다. 실제 토지시장에서 의미 있는 토지의 공급은 제도적 공급이다.

주택의 공급은 앞에서 설명한 대로 단기적으로는 비탄력적, 장기적으로는 탄력적이다. 이를 그래프로 보이면 [그림 2-7]과 같다.

그림 2-7 | 주택의 단기적 공급과 장기적 공급

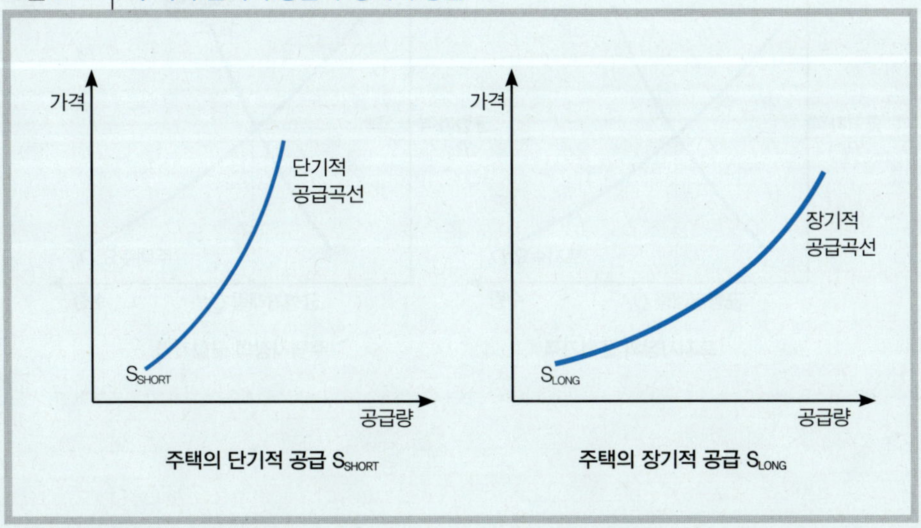

부동산의 수요와 공급이 어떠한 가격 대비 스케줄을 가지는지에 관한 수요곡선과 공급곡선이 정해지면 부동산시장의 균형가격은 수요곡선과 공급곡선이 만나서 결정된다. [그림 2-8]은 토지시장과 주택시장에서 균형가격과 균형거래량이 결정되는 모습을 예시적으로 보여 주고 있다. 토지시장에서는 (제도적으로) 비탄력적인 토지공급곡선과 평상적인 토지수요곡선이 만나 균형가격 P_L^*과 균형거래량 Q_L^*이 형성되었다. 주택시장의 공급곡선 역시 비탄력적인 모양을 하고 있는데 현실에서 1~3년 이내의 단기적 공급이 주로 문제시되기 때문일 것이다. 이 공급곡선이 평상적인 주택수요곡선을 만나 균형가격 P_H^*과 균형거래량 Q_H^*이 형성되고 있다.

균형가격과 균형거래량은 주어진 수요곡선과 공급곡선이 이동하면 그에 상응하여 이동하게 된다. 수요곡선과 공급곡선의 이동은 가격 이외의 다른 독립변수들이 변할 때 발생하기에 수요곡선 또는 공급곡선이 단독으로 이동하거나 수요 · 공급곡선이 동시에 이동함으로써 새로운 균형가격과 균형거래량이 결정될 것이다.

그림 2-8 | 부동산시장의 균형가격

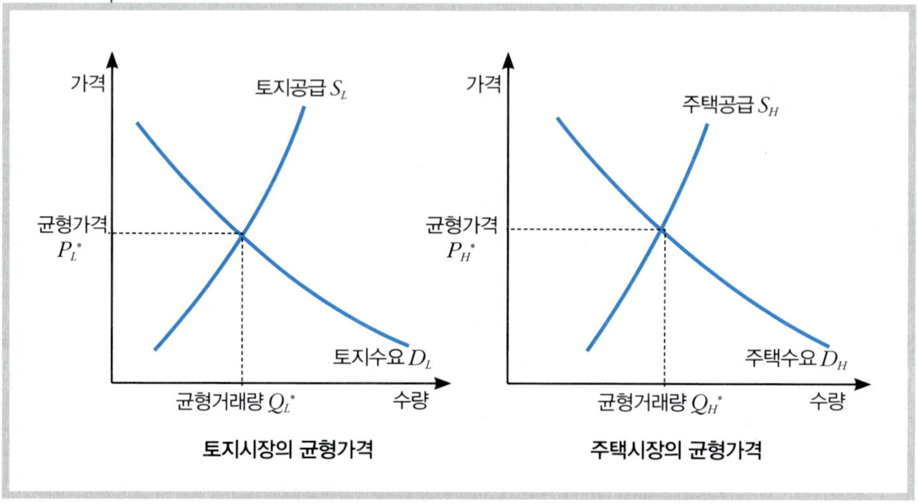

3 부동산시장의 경기변동

시장경제에는 오래전부터 경기변동 또는 경기순환(business cycle)이라는 현상이 알려져 왔다. 거시경제 차원의 이러한 순환적 변동(cyclical movement)은 통상적으로 생산, 고용, 물가수준 등이 동시적으로 또는 어떤 시차를 가지고 상승 · 증대 및 하락 · 감소를 거듭하는 현상, 즉 호경기와 불경기가 계속적으로 번갈아 나타나는 현상을 지칭하고 있다. 역사적으로 거시경제에서 경기변동은 물가 · 성장 · 고용 · 금리 · 유동성 · 투자 등 여러 변수들이 동시에 같은 방향으로 움직이는 것에 의해 표현되었다.

경기변동이 규칙적으로만 발생한다면, 즉 일정한 주기로 호황과 불황을 거듭한다면 경기변동은 그리 큰 문제가 아닐 수도 있다. 그러나 완전히 규칙적인 경기변동이란 역사적으로 경험된 바가 거의 없다. 불규칙적인 경기변동의 본질에 대하여는 이론적으로 완전히 파악되었다고 하기 어려우며, 가장 최근의 대표적 경기변동이었던 2008년의 글로벌 금융위기(global financial crisis) 이후 세계 각국이 아직도 그 후유증에 시달리고 있다는 점은 경기변동이 사실 경제의 근본적 작동원리와 깊숙이 관계된 심오한 문제라는 것을 시사하고 있다.

1) 거시경기순환과 부동산시장의 경기순환

거시적 시장경제의 순환은 계절적으로 일어나기도 하고 수년 또는 수십 년을 고비로 발생하기도 한다. 또 지역과 국가에 따라 경기변동의 사이클이 달라질 수도 있고, 글로벌화된 환경에 따라 경기변동의 힘이 전세계적으로 미치기도 한다. 때로는 천재지변이 경기순환의 흐름을 갑자기 바꾸어 놓기도 한다. 경제의 여러 영역들은 거시경제의 전체 순환과 일치하는 경우가 많지만 반드시 일치하는 것은 아니며 역행하기도 한다. 부동산시장 역시 마찬가지이다. 부동산시장은 한 나라의 거시경제 중 건설 · 주택거래 · 택지개발 · 토지보상 등과 관련된 여러 분야에 걸친 커다란 비중을 차지하기 때문에 시장경제 전체의 경기변동에 의해 영향을 받으며 부동산시장 고유의 경기순환 사이클을 보이기도 한다. 또 역으로 부동산시장의 경기변동이 거시경제의 순환적 변동에 영향을 주기도 한다. 글로벌 금융위기 이후에는 금융시장과 부동산시장의 밀접한 상관관계가 특히 주목을 받고 있다.

부동산시장을 구성하는 여러 시장들(토지시장, 주택시장, 상가시장, 오피스시장, 건축자재시장, 공장시장 등)은 서로 같은 경시순환 양상을 보이기도 하고 상대적으로 독립된 경기변동 모습을 보이기도 한다. 부동산시장의 경기변동은 거시경제와 마찬가지로 장기, 단기, 초장기 등 여러 시간적 사이클을 가질 수 있다.

부동산시장의 경기변동, 즉 부동산경기는 일반적 거시경제와 마찬가지로 호황기, 후퇴기, 불황기, 회복기의 4개 국면을 반복하는 것으로 알려져 있다. 호황기는 정점(peak)에 도달한 후 후퇴기로 전환되며 불황기는 저점(trough)을 지나면서 회복기로

그림 2-9 | 경기변동

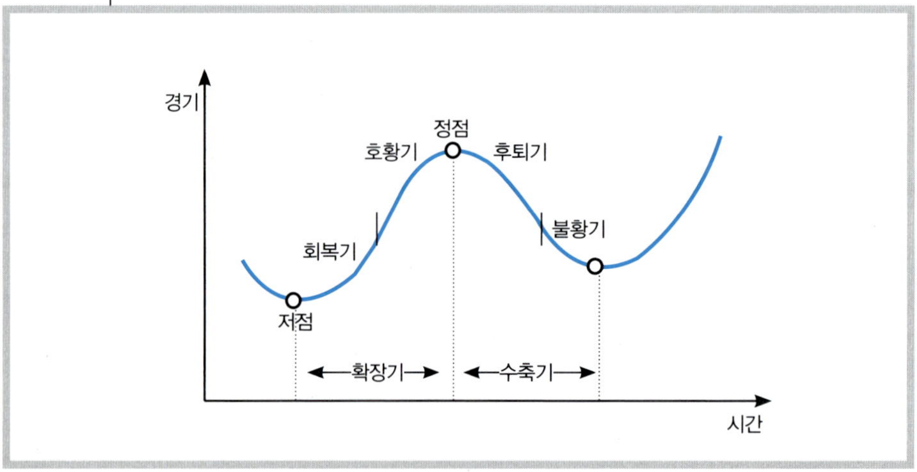

전환되게 된다. 이때 정점과 저점을 기준으로 확장기와 수축기의 두 개 국면으로 나눌 수도 있다. 이를 그림으로 표현하면 [그림 2-9]와 같다.

과거 거시적 경기변동의 주기를 연구한 학자들에 의해 3~4년 주기의 키친(Kitchen) 순환, 9~10년 주기의 쥐글라르(Juglar) 순환, 50~60년 주기의 콘드라티에프(Kondratiev) 순환 등이 알려져 있는데 부동산시장과 관련해서는 건축순환이라고도 불리는 17~18년 주기의 한센(Hansen) 순환과 주택투자와 관련된 20년 주기의 쿠즈네츠(Kuznets) 순환이 있다.

2) 경기변동의 시간적 선후관계

거시경제의 전체적 경기변동과 부문시장 경기변동의 시간적 관계 혹은 부문시장 경기변동끼리의 시간적 관계는 전순환적(pre-cyclical), 동시순환적(equi-cyclical), 후순환적(post-cyclical), 역순환적(counter-cyclical)의 네 가지로 분류할 수 있다. 전순환이란 부문별 경기변동이 전체 경기변동에 앞서서 발생하는 것을 뜻하고, 동시순환이란 동시에, 후순환이란 뒤처져서 발생한다는 뜻이다. 역순환이란 부문별 경기가 일반적 전체 경기와 반대로 나타난다는 뜻이다.

통상 주식시장은 선순환적이며 부동산시장은 후순환적이라고 알려져 왔으나 이를 법칙화할 수는 없으며 현실의 경기변동은 이러한 단순화를 쉽게 허용하지 않는다. 또 부동산시장을 구성하는 여러 하위 시장들, 즉 주택시장, 토지시장, 상업용 부동산시장, 공업용 부동산시장 등이 서로 다른 시간적 선후관계를 보일 수도 있다.

3) 부동산경기의 측정지표

일반적 거시경제의 경기변동과 마찬가지로 부동산경기는 시장의 거래량에 의해 먼저 측정될 수 있다. 호황기에는 거래량이 늘어나고 가격 역시 상승하는 경향이 있으며, 공급의 탄력성이 큰 공장제조품과 달리 단기적인 공급이 비탄력적인 주택시장의 경우 수요가 증가하고 거래량이 늘어남에 따라 가격이 일시적으로 크게 폭등할 여지가 많다. 특히 부동산시장은 자산시장이기도 하기 때문에 가격의 상승세가 계속된다는 확신이 시장에 확산되면 거래차익을 노리는 투기적 수요가 가세해 가격 상승세를 가속화시킬 수 있고 이는 이른바 부동산가격의 '거품(bubble)'을 형성케 하는 계기가 된다.

부동산시장의 경기변동을 불러오는 요인으로는 수많은 사회적 · 경제적 · 문화적 · 행정제도적 요인들을 거론할 수 있다. 인구의 증가 · 정체, 생산가능인구의 변동, 자가 혹은 임대 등과 같은 주거문화와 주거의식의 변화, 실질소득의 변화, 기술혁신과 창의성의 변화, 등록세와 양도세 등 조세제도의 변화, 지역지구제 등 토지이용계획의 변화, 주택공급규칙 등의 행정적 · 규제적 변화 등 많은 변수들이 부동산시장의 장단기적 경기순환을 결정한다. 이러한 변수들의 복잡다단한 상호작용은 건축허가건수나 부동산거래실적(토지와 주택의 거래량, 택지분양실적 등) 등의 구체적 지표로 표현되어 부동산경기를 측정하는 데 사용되고 있다.

4 거미집 모형

부동산의 공급이 비탄력적이라는 사실은 다른 말로 하면 공급과 수요의 시간차

(time lag)로 표현될 수 있다. 주택은 건축기간 때문에 단기적으로 공급이 비탄력적이고, 토지는 제도적으로 공급이 탄력적일 수 있으나 실제 토지공급제도가 운영되는 정도에 따라 비탄력적이 될 수도 있다. 이러한 수요와 공급의 시차 때문에 통상적인 균형가격 결정과정이 아닌 독특한 형태의 균형가격 결정과정을 생각해 볼 수 있는데, 이 가격모형을 그 생김새를 본따 '거미집 모형(cobweb model)'이라 부른다.

거미집 모형에서는 수요와 공급의 시간적 지속성에 관하여 서로 다른 가정이 세워진다. 즉, t기의 수요량은 t기 가격의 함수이지만 t기의 공급량은 t기가 아닌 그 전기, 즉 $t-1$기 가격의 함수라는 가정이다. 이 가정은 부동산시장에서 공급의 비탄력성을 뒷받침하고 있다. 이로부터 거미집 모형은 가격의 변화에 따라 수요 또는 공급이 '즉각적으로', 즉 시차를 두지 않고 반응하는 것을 전제로 한 [그림 2-8]과 같은 일반적인 균형가격 결정과정이 아닌 좀더 복잡한 가격 결정과정을 보이게 되는데, 이는 [그림 2-10]과 같이 발산형과 수렴형 두 가지 형태로 나타난다.

그림 2-10 | 거미집 모형

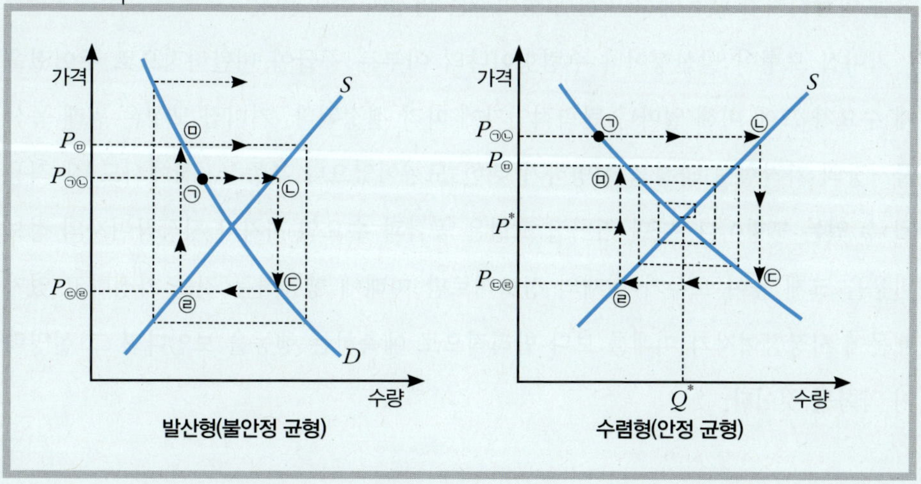

먼저 발산형 · 수렴형 거미집 모형 공통으로 출발점인 ㉠에서 공급자는 현재 t기의 가격 $P_{㉠㉡}$에 맞추어 ㉡만큼의 공급을 계획하여 다음기인 $t+1$기에 실현시킬 것이

다. 그런데 $t+1$기에 공급량은 ㉡인 데 비해 수요는 ㉢만큼만 받쳐 주기 때문에 가격이 하락하여 $P_{㉢㉣}$에 이르게 된다. 이 가격에서 공급자는 공급량을 크게 줄여 $t+2$기에 ㉣만큼 공급이 감소하게 된다. 낮은 가격에서는 수요가 증가하게 마련이므로 초과수요(수요>공급)가 발생하고 가격이 수요곡선상의 ㉤점까지 상승하여 가격은 $P_{㉤}$이 된다. 이 가격에서 공급자는 다시 $t+3$기의 공급량을 결정하여 시장에 내놓게 되고 전과 같은 과정이 반복되는 것이다. 발산형과 수렴형의 차이는 발산형의 경우 $P_{㉤}$이 $P_{㉠㉡}$보다 커져 앞으로 순환이 반복될수록 새로 형성되는 가격이 공급곡선과 수요곡선의 접점인 장기균형가격 P^*와 장기균형거래량 Q^*에서 멀어지기 때문에 현실에서 형성되는 균형가격에 안정성(stability)이 없는 반면, 수렴형의 경우 $P_{㉤}$이 $P_{㉠㉡}$보다 작기 때문에 계속적으로 순환이 반복될수록 새로 형성되는 가격이 장기균형가격 P^*에 가까워진다. 마찬가지로 거래량 역시 장기균형거래량 Q^*으로 수렴되기 때문에 일단 P^*와 Q^*에 도달하면 더 이상 움직임이 없이 안정적으로 자리 잡기 때문에 안정적 균형이 된다. 두 경우 모두 시차에 따른 가격형성 과정을 선으로 표시하면 거미줄을 연상시키기 때문에 거미집 모형이라는 명칭이 붙여졌다.

거미집 모형이 발산형이냐 수렴형이냐의 여부는 공급이 비탄력적으로 주어졌을 때 수요가 그에 비해 얼마나 탄력적인가에 따라 결정된다. 거미집 모형은 원래 농산물시장의 가격형성 과정을 설명하기 위한 모형이었으나 부동산시장에서도 잘 적용될 수 있는 모형이다. 다만 거미집 모형은 공급과 수요의 시차가 시장참여자의 정보비용을 크게 높여 모두가 현재의 정보대로만 미래에 행동하는 것을 가정하고 있기 때문에 시장참여자가 미래를 보다 합리적으로 예측하는 행동을 보인다면 그 설명력이 약화될 것이다.

보충학습: 효율적 시장가설

거미집 모형은 부동산시장에서 시장참여자들의 합리성이 다른 시장보다 낮게 나타나는 것을 전제로 한다. 여기에서의 비합리성은 앞에서 거론한 정보의 불완전성, 정보의 비대칭성, 높은 거래비용 등으로부터 도출될 수도 있다. 그렇다면 부동산시장의 가격 변동이 얼마나 합리적인 범위에서 이루어지고 있는가 하는 질문을 던질 수 있다. 이에 관한 하나의 답변으로 '효율적 시장가설'(Efficient Market Hypothesis: EMH)이 있다. 시장경제에서 새로운 정보가 얼마나 빨리 가격에 반영되는가 하는 것이 시장의 효율성을 측정하는 하나의 지표라면, 이러한 시장을 '효율적 시장'이라 부른다. 즉 효율적 시장가설은 시장이 효율적이라면 누군가가 우수한 정보로 인한 초과수익(이윤)을 얻을 수 없다는 가설을 의미하며 원래 증권시장의 정보 효율성과 관련된 가설이었다. 효율적 시장가설에는 현재의 시장가격이 과거의 역사적 추세만을 반영한다는 약형 효율적 시장가설(weak EMH), 공식적으로 이용 가능한 정보가 공표되는 즉시 시장가격에 반영된다는 준강형 효율적 시장가설(semi-strong EMH), 공식 · 비공식, 공표 · 비공표를 불문하고 모든 이용 가능한 정보가 이미 시장가격에 반영된다는 강형 효율적 시장가설(strong EMH)이 있는데 각각의 경우 해당되는 정보의 질에 비추어 정상이윤을 초과하는 초과수익의 획득이 불가능하다는 가설을 핵심으로 하고 있다.

증권시장과 자본시장에서의 효율적 시장가설을 부동산시장에 적용할 수 있는가? 부동산의 고유한 이질성, 지역성, 정보의 불확실성, 정보의 비대칭성, 높은 거래비용 등은 부동산시장에의 효율적 시장가설 적용을 어렵게 만드는 요인들이다. 또한 2008년의 글로벌 금융위기 이후로는 증권시장이 효율적 시장이라는 가설 자체가 상당히 의심받게 된 바, 효율적 시장가설을 부동산시장에 적용하기는 힘들어 보인다.

Chapter 03

부동산 입지선정

Real Estate Principles & Practices

CHAPTER

03 부동산 입지선정

1 부동산 유형과 입지

1) 부동산 유형 분류

부동산 유형은 주거용, 상업용, 공업 · 산업용 및 기타 부동산으로 구분할 수 있다(박원석, 2011: 12-21). 유형별 구분과 상관없이 모든 부동산은 토지 위에 부착된 정착물로서 개별입지를 갖는다. 부동산 유형에 따른 개별 부동산은 도시기능 및 토지이용용도에 따라서도 구분될 수 있는데 우선 부동산 유형별 특성을 살펴보면 다음과 같다.

(1) 주거용 부동산

'주거용 부동산'은 사람이 거주하고 생활하는 공간, 즉 주택을 말한다. 산업화 이전의 주택들은 저층의 단독주택이 대부분이었으나, 최근 건축 및 엔지니어링 기술의 발달과 소비자의 니즈(needs)의 다양화에 따라 주택 유형도 다양해지고 있다. 특히, 특수한 거주 목적으로 개발된 특수형태의 주택도 새롭게 등장하고 있다. 주거용 부동산은 ① 일반적인 형태와 법적 구분에 따라 단독주택과 공동주택(연립, 다세대, 아파트)으로 구분할 수 있다. ② 특수형태로서의 주택은 이동식 주택, 고령자주택, 코업주택, 복합용도 개발주택 등이 있다.

(2) 상업용 부동산

'상업용 부동산'은 소매용 부동산과 업무용 부동산으로 구분될 수 있다. 이들 부동산들이 용도지역(zoning)상 상업지역에 주로 입지하기 때문이다. '소매용 부동산'은 고객을 대상으로 하는 판매업을 영위하는 부동산을 포괄적으로 의미한다. 이러한 소매용 부동산에는 백화점, 몰(mall), 근린상가 등 판매 및 유통시설이 포함된다. 소매시설의 경우, 최근 들어 새로운 개념의 업태가 등장하면서 다양한 유형의 소매시설이 개발되고 있다. 소매용 부동산은 ① 업태별로는 백화점, 할인점, 아울렛, 카테고리전문점, 슈퍼마켓, 쇼핑센터, 서비스소매업체로 분류할 수 있고, ② 입지유형별로는 집심성 점포,[1] 집재성 점포,[2] 산재성 점포[3]로 분류할 수 있으며, ③ 판매상품별로는 편의품점, 선매품점, 전문점으로 분류할 수 있다.

(3) 산업용 부동산

'산업용 부동산'이란 제품의 생산과정에 활용되는 부동산을 말한다. 산업용 부동산의 대표적인 유형은 공장이다. 전통적으로 산업용 부동산에는 공장과 그 부속시설은 물론 물류시설, R&D시설 등이 포함된다. 그러나 최근 들어 산업구조의 변화와

1 배후지의 중심지에 입지하여야 유리한 점포를 말한다. 도매점 · 백화점 · 고급음식점 · 요리점 · 보석가게 · 귀금속가게 · 미술품점 · 포목점 · 고급의류점 · 장식품점 · 화장품점 · 시계점 · 약국 · 대형서점 · 영화관 · 극장 등이 있다.

2 동일한 업종이 서로 한곳에 모여서 입지해야 경제적으로 유리해지는 점포를 뜻한다. 은행, 보험회사, 상가의 사무실, 관공서, 서점, 기계점, 공구점, 가구점 등이 이에 해당된다.

3 한곳에 집재하면 불리하기 때문에 서로 분산입지 해야 하는 점포를 말한다. 소매점이 대표적인데 소매점포는 입지하는 배후지 크기가 한정되어 있기 때문에 동종업종끼리는 분산입지하는 것이 유리하다. 잡화점 · 어물점 · 모자점 · 조미료점 · 양화점 · 주방용품점 · 이발소 · 공중목욕탕 · 세탁소 · 기타 일용품점포 · 동업종의 소매점포 등이 이에 해당된다.

경제 패러다임의 변화 등으로 인해 아파트형 공장을 비롯해 산업용 부동산의 유형도 다양해지고 있다. 공업 · 산업용 부동산은 ① 시설유형별로는 공장, 아파트형 공장, 산업단지, R&D시설, 물류시설 등이며, ② 입지형태별로는 개별입지와 계획입지로 분류할 수 있다.

(4) 기타 부동산

기타 부동산에는 '숙박용 부동산', '의료건강용 부동산', '기타 특수목적용 부동산'이 있다. 숙박용 부동산의 대표적 유형으로는 호텔이 있으며, 이외에도 모텔, 취사 기능을 갖춘 레지던스 호텔 등이 있다. 의료건강용 부동산에는 병원, 요양시설, 스포츠센터 등이 있다.

이외에도 다양한 유형의 부동산이 존재하는데 이를 기타 특수목적용 부동산으로 구분할 수 있다. 기타 특수목적용 부동산에는 ① 레저 및 여가시설(리조트, 골프장, 스키장, 테마파크 등), ② 문화시설(영화관, 공연장, 박물관, 전시컨벤션센터 등), ③ 행정시설(정부 및 자치단체 청사, 각종 유틸리티 시설, 교도소 등), ④ 종교시설(교회당 등), ⑤ 교육시설(학교, 연수원 등), ⑥ 자기보관용 창고 등이 있다.

표 3-1 부동산 유형

<table>
<tr><th colspan="3">유형</th><th colspan="2">내용</th></tr>
<tr><td colspan="2" rowspan="2">주거용</td><td>주택형태별</td><td>• 단독주택</td><td>• 공동주택</td></tr>
<tr><td>특수형태별</td><td>• 이동식 주택
• 코업주택</td><td>• 고령자주택
• 복합용도 개발주택</td></tr>
<tr><td rowspan="2">상업용</td><td rowspan="2">소매용</td><td>업태별</td><td>• 백화점
• 아울렛
• 슈퍼마켓
• 서비스소매업체</td><td>• 할인점
• 카테고리전문점
• 쇼핑센터</td></tr>
<tr><td>입지유형별</td><td>• 집심성 점포
• 산재성 점포</td><td>• 집재성 점포</td></tr>
</table>

상업용	소매용	판매상품별	• 편의품점 • 전문점	• 선매품점
	업무용	기능별	• 경영통제 기능 • 후선업무 기능	• 고객지향 기능
		입지별	• 도심형 • 교외형	• 부심형
		등급별	• 투자급 • 투기급	• 기관투자가급
공업 · 산업용		시설유형별	• 공장 • 산업단지 • 물류시설	• 아파트형 공장 • R&D시설
		입지형태별	• 개별입지	• 계획입지
숙박용			• 호텔 • 레지던스 호텔	• 모텔
의료건강용			• 병원 • 스포츠센터	• 요양시설
기타 특수목적용			• 레저 및 여가시설 • 행정시설 • 교육시설	• 문화시설 • 종교시설 • 자기보관용 창고

출처: 박원석 (2011). 부동산입지론. p. 14 재구성.

2) 부동산 입지

입지란 주택, 공장, 상점, 학교, 사무실, 공항, 도시 등이 자리 잡고 있는 장소라고 할 수 있다(박문각 부동산연구소 편, 2013: 119). 부동산 입지는 개별 부동산이 자리 잡고 있는 부지(site)의 위치(situation)적 여건이라고 할 수 있으며 부지 또는 위치로서의 입지는 부동산 유형에 따라 각기 다른 이론에 근거하며 입지선정 및 결정과정 또한 다르다.

부동산에서 입지가 중요한 이유는 첫째, 부동산을 생산하여 필요로 하는 사회경제활동의 서비스로 투입하기까지 소요되는 시간지체, 공간조정 및 사용자 변경과 관련한 높은 거래비용으로 인해 부동산시장은 일반적인 다른 시장과 다르게 작동한다. 이러한 시장 작동 메커니즘의 차이는 모든 부동산이 최소한 입지 속성에서 다른 모든 부동산과 다르기 때문이다. 즉 입지 차이에 따라 같은 부동산상품이 있을 수 없다. 둘째, 마음에 들지 않는 입지조건이라고 하더라도 소유자는 보다 유리한 시장이나 입지로 부동산을 곧바로 이동시킬 수 없다. 셋째, 고정된 입지 때문에 부동산은 주변에 입지하고 있는 부동산에 민감할 수 밖에 없다. 넷째, 부동산의 고정된 입지는 시장참여자들의 정보이용(information costs)을 증가시킨다. 국가 및 지역시장요인에 대한 정보만이 아니라 이자율, 인구이동 패턴에 대한 정보도 필요하며, 대상부동산, 인접 부동산, 경쟁 부동산의 국지적 시장 및 특수한 부지요인 등 가능한 모든 정보를 알아야 한다. 다섯째, 부동산시장은 정부나 사전에 알려지지 않은 참가자의 갑작스런 개입으로 왜곡되기 쉽다. 이러한 경우 보다 우월한 입지에 있는 부동산은 예기치 않은 손실이나 변동을 최소화하고 최선의 결과를 가져다줄 수 있는 유리한 시장지위를 유지할 수 있다. 이상과 같은 이유로 모든 부동산은 입지독점(location monopoly)을 갖는다고 할 수 있다(강원철 외, 2004: 41).

입지론의 경우 공장과 기업 등 산업용 부동산의 입지문제를 다룬 산업입지론과 쇼핑센터 등의 소매용 부동산의 입지문제를 다룬 상업입지론을 중심으로 발달되어 온 만큼 주요 분석대상은 산업용 부동산과 소매용 부동산이 된다. 그러나 산업입지론과 상업입지론에서 개발된 이론과 분석기법들은 다른 유형의 부동산에 확대 적용할 수 있다(박원석, 2011: 15).

산업입지론의 경우 현대 산업입지론이 공장뿐만 아니라 다양하게 발전되어 온 기업조직 전체의 입지를 다루기 때문에 업무용 부동산의 입지와 관련해서 확대 적용할 수 있다. 특히 대표적인 산업입지이론인 클러스터이론의 경우 기업 본사, 공장, R&D센터 등 기업활동 전반의 입지와 집적문제를 다루기 때문에 산업용 부동산뿐만 아니라 업무용 · 소매용 부동산의 입지를 분석하는 데도 활용할 수 있다.

상업입지론의 경우 소매용 부동산의 입지분석에 초점이 맞춰 있지만, 고객지향 기능을 가진 업무용 부동산이나 호텔, 병원, 문화시설, 여가시설 등 기타 특수목적용 부동산에도 활용 가능하다. 특히, 중력모형과 같은 입지분석 방법은 직장과 주거지 간의 통근 제약이 있는 주택의 입지론에도 적용 가능하다.

도시토지이용론은 개별 도시를 중심으로 공업, 상업, 주거, 오피스 등 토지이용 간의 입지경쟁의 관점에서 부동산 유형 전반의 입지문제를 다루고 있기 때문에 대부분의 부동산 입지분석에 활용할 수 있다. 즉, 도시토지이용론은 부동산 전반의 입지이론이라고 할 수 있다.

여기서는 부동산 입지와 관련해 부동산 상품별 입지와 도시기능에 따른 입지조건으로서의 도시기능 입지와 용도별 부동산 입지 등에 대해 살펴보고자 한다.

2 부동산 입지요인과 입지선정

1) 부동산 입지요인

(1) 입지요인과 입지여건

기업이나 개인 상관없이 입지를 선정하는 주체는 특정 상품의 부동산 입지를 선정할 때 별도의 기준에 따라 결정한다. 기업활동이든 상업활동이든 주거활동이든 각 부동산 기능들은 나름대로의 활동 목표를 갖고 있으며 이러한 목표를 달성할 수 있는 입지를 선정해야 하기 때문이다. 즉, 기업활동, 상업활동, 주거활동, 업무활동 등 개별적인 부동산활동의 목표에 부합하고 목표를 극대화할 수 있는 장소적 특징을 입지선정 시 고려해야 한다. 다시 말해 기업 또는 개인이 특정 장소에 입지하는 것은 일반적으로 그 장소가 다른 장소보다 그 기업 또는 개인이 가지고 있는 목표에 비추어 유리한 조건, 즉 장소적 특성을 제공하기 때문이다. 이러한 의미에서 '입지요인(location factor)'이란 입지결정 주체가 입지를 결정할 때 영향을 미치는 장소가 갖는 다양한 특성을 의미한다. 즉, 기업활동, 상업활동, 주거활동, 업무활동 등을 수행하는 데 영향을 미치는 요인 중에서 장소에 따라 변화하는 요인이라 할 수 있다.

모든 장소는 나름대로의 장소적 특성을 갖고 있다. 따라서 도시활동을 담는 기반으로서의 개별 부동산은 지리적 위치가 고정되어 있기 때문에 동일한 부동산은 있을 수 없으며 따라서 모든 부동산은 차별적인 입지로서의 특정 입지를 갖게 된다. 부동산이 갖는 이러한 특성 때문에 개별 부동산의 입지요인은 차별적이다. 이러한 의미에서 개별 부동산이 갖는 모든 입지요인적 성격의 총합을 '입지여건(location condition)'이라 할 수 있다.

입지요인이 모든 부동산이 갖추고 있는 입지적 특성들을 요소화하고 기능화하여 분리한 것이라면, 입지여건은 개별 부동산 관점에서 이러한 요소화된 입지요인들을 개별 부동산이 얼마나 갖추고 있는지를 살펴본다는 측면에서 입지요인과 입지여건은 동전의 양면과 같다고 할 수 있다. 따라서 입지요인이 개별 부동산이 갖고 있는 입지여건을 기능적으로 요소화한 것이라면 입지여건은 개별 부동산의 관점에서 입지요인들의 상태를 종합화한 것이라고 할 수 있다.

(2) 입지요인 분석

입지요인은 다양한 접근이 가능하다. ① 공간적 스케일 차원에서는 지역요인과 부지요인으로, ② 개별 부동산에의 적용 가능성 차원에서는 모든 부동산에 적용 가능한 보편적 입지요인과 특정 부동산에만 적용 가능한 특정 부동산 입지요인으로, ③ 입지요인의 성격에 따라서는 경제적 요인과 비경제적 요인으로 구분할 수 있다.

① 지역요인 vs 부지요인

부동산 입지요인은 공간적 스케일 차원에서 지역요인과 부지요인으로 구분할 수 있다. '지역요인'은 특정 부동산의 입지에 대한 도시지역 및 근린지역 차원에서 개별 부동산의 입지적 특징과 관련되며, '부지요인'은 특정 부동산 자체가 갖고 있는 입지요인으로서의 특성이라고 할 수 있다. 따라서 지역요인은 거시적 관점에서의 입지요인을 의미하며 부지요인은 미시적 관점에서의 입지요인이라고 할 수 있다. 지역요인에서 다루는 지역의 단위는 크게 하나의 도시단위, 작게는 근린지역단위를 포함한다. 지역요인은 도시계획 차원에서 이루어지는 도시기능별(대한국토 · 도시계획학회 편저, 2008: 271)[4] 입지배분과 밀접한 상관성을 갖는다고 할 수 있는데 이에 대해서는 '도시기능의 입지'에서 보다 구체적으로 언급하고자 한다.

가. 지역요인

입지(location)는 부지(site)와 위치(situation)의 관점에서 접근할 수 있다. 상대적 공간입지를 의미하는 위치는 도시 중심지나 기타 경제활동 입지까지의 거리 또는 접근성을 의미하는데, 이는 지역요인과 매우 밀접한 관련이 있다. 일반적으로 지역요인에는 ① 지역경제 여건, ② 지역산업구조, ③ 지역 내 인구특성 및 소득, ④ 지역 내 경쟁시설, ⑤ 공급 및 구매처와의 접근성, ⑥ 부동산활동에 영향을 주는 도시 인프라 및 네트워크의 접근성, ⑦ 각종 편의시설과의 접근성, ⑧ 정부정책 등이 있다.

나. 부지요인

부지요인은 개별 부동산의 부지 특성과 밀접한 관계가 있다. 개별 부동산의 등기부등본상의 공간 · 지리적 특성과 관련된다. 부지요인에는 ① 부지의 물리적 특성, ② 부지 및 부변지역의 토지이용 현황, ③ 부지의 교통량 및 진출입 접근성, ④ 부지

4 도시 내 기능지역(functional area)은 상업 · 업무지역, 주거지역, 공업지역, 녹지지역 및 점이지역 등으로 분류된다.

의 가로조건 등이 있다.

② 보편적 입지요인 vs 특정 부동산 입지요인

부동산 입지요인은 개별 부동산에의 적용 가능성 차원에서 모든 부동산에 적용 가능한 '보편적 입지요인'과 특정 부동산에만 적용 가능한 '특정 부동산 입지요인'이 있다. 예를 들면 기업의 경우 기업 본사는 기업의 전략을 수립하고 전반적인 통제를 하기에 가장 적합한 입지를, 공장은 비용 효율적이면서 생산활동을 하기에 기술적으로 문제점이 없는 입지를 선정하려 할 것이다. 또한 쇼핑센터와 같은 소매시설의 경우에는 많은 고객들이 쉽게 이용 방문 가능해 매출을 최대한 올릴 수 있는 입지를 선호할 것이다. 주택의 경우 가구 구성원들이 가장 쾌적하고 만족스러운 주거활동을 할 수 있는 입지를 선정하려 할 것이다.

가. 보편적 입지요인

보편적 입지요인은 모든 부동산에 적용 가능한 입지요인이다. 기업, 소매, 주거활동들은 경제적 이익이 극대화되고 부동산활동을 수행하기에 보다 쾌적하고 편리한 장소를 원한다. 즉, 모든 부동산활동에서 공통적으로 고려하는 입지요인이 존재한다. 따라서 보편적 입지요인은 부동산활동이 갖는 보편적인 목적과 관련된 입지요인이라 할 수 있다.

보편적 입지요인의 예로는 ① 지역경제 여건, ② 인구, ③ 지가(임대료), ④ 경쟁여건, ⑤ 각종 부동산활동에 영향을 주는 도시 인프라 및 네트워크, ⑥ 각종 편의시설에의 접근성, ⑦ 환경요인, ⑧ 정부정책 등이 있다. 즉, 부동산을 매개로 하는 대부분의 경제활동은 ① 지역경제가 활성화되고, ② 풍부한 인구와 노동력이 존재하고, ③ 지가(임대료)가 저렴하며, ④ 해당 경제활동에 위협을 줄 만한 경쟁자가 없어야 한다. 또한 ⑤ 경제활동에 도움이 되는 도시 인프라와 각종 정보 및 인적 네트워크가 잘 구축되어 있고, ⑥ 각종 편의시설의 접근성이 좋으며, ⑦ 경제활동을 하기에 쾌적한 환경이 제공되고, ⑧ 경제활동을 하기에 유리한 정책적 뒷받침이 되는 지역에 입지하기를 원한다고 할 수 있다.

나. 특정 부동산 입지요인

특정 부동산 입지요인은 특정 부동산 유형에 적용되는 입지요인을 말한다. 예를 들어 제조업, 쇼핑센터, 주택의 입지요인은 각기 다를 수밖에 없다. 이러한 입지요인은 도시기능의 용도별 특성에 따른 토지이용 배분에 따라 달라질 수도 있지만 동일한 용도의 동일한 업종에서도 업종의 종류 및 경영형태 등에 따라 우선적으로 고려하는 입지요인은 차별적이라고 할 수 있다.

예를 들면 산업용 부동산의 경우, 원료, 노동력, 운송비, 기술수준, 용수 등 각종 제조업 인프라 등이 주요 입지요인이 된다. 산업용 부동산 내에서도 업종의 성격에 따라 원료를 가장 중요하게 고려하는 업종, 노동력을 가중 중요하게 고려하는 업종, 기술수준을 가장 중요하게 고려하는 업종이 있을 수 있다. 쇼핑센터의 경우 역세권 여부 등 고객의 접근성, 고객의 선호와 행태 등이 주요 입지요인이 된다. 주거용 부동산의 경우 학군, 편의시설의 입지 여부, 거주 주민의 사회경제적 동질성 등의 특성이 입지요인이 될 수 있다.

③ 경제적 요인 vs 비경제적 요인

입지요인은 경제적 요인과 비경제적 요인으로 구분할 수 있다. '경제적 요인'은 금전적 이익과 관련된 요인으로 기업 및 가계의 각종 경제활동 과정에서 발생하는 매출 · 수입 · 비용 등에 직접적인 영향을 미치는 입지요인들이다. '비경제적 요인'은 비금전적인 개인의 심리 · 신념 · 취향 등과 관련된 입지요인들이다.

가. 경제적 요인

경제적 요인은 금전적 · 재무적 이익과 관련된 요인이다. 개별 부동산활동은 형태는 다르지만 각각의 경제활동을 통해 경제적 이득(매출 또는 비용 등)이 발생한다. 제조업의 경우 생산량, 생산비용, 이윤 등이다. 소매활동의 경우 매출액과 이윤, 주거활동의 경우 주거비용을 들 수 있다. 따라서 경제적 요인이란 이렇게 금전적으로 측정되는 이익에 직접적으로 영향을 미치는 입지요인이다. 사실상 경제활동이 재무적인 목표를 가지고 있는 만큼, 대부분의 입지요인들은 경제적 요인이라 할 수 있다.

나. 비경제적 요인

비경제적 요인은 비금전적인 입주주체의 심리나 신념 등과 관련된 입지요인들이다. 특정 입지가 다른 입지에 비해 금전적 이익이 적더라도 입지주체의 선호 · 행태 · 신념 등에 비추어 만족도가 높다면 입지주체의 만족도가 높아지고, 적절한 입지로 결정될 수 있을 것이다. 예를 들어 기업주가 자신의 고향 발전을 위해 비용 최소화 지점이 아니더라도 고향에 공장을 세우는 행위를 들 수 있다. 이러한 의미에서 비경제적 요인은 개인의 심리적 소득(psychic income)이라고도 명명한다.

이러한 비경제적 요인으로는 개인의 선호, 행태, 종교, 사상적 신념, 친분, 고향 등 연고주의 등의 입지요인을 들 수 있다. 비경제적 요인은 일견 비합리적으로 보이나 행태주의 입지이론에서 강조하는 개인의 만족감이라는 차원에서는 충분히 이해 가능한 입지요인으로 볼 수 있다.

표 3-2 **입지요인의 유형 및 특성**

기준	유형	내용
공간스케일 기준	지역요인	• 지역경제 여건 • 지역산업구조 • 지역 내 인구특성 및 소득 • 지역 내 경쟁시설 • 공급 및 구매처와의 접근성 • 각종 편의시설과의 접근성 • 정부정책

<table>
<tr><td>공간스케일 기준</td><td>부지요인</td><td>• 부지의 물리적 특성
• 부지 및 주변지역의 토지이용 현황
• 부지의 교통량 및 진출입 접근성
• 부지의 가로조건</td></tr>
<tr><td rowspan="2">부동산 적용 가능성 기준</td><td>보편적 입지요인</td><td>• 지역경제 여건
• 인구
• 지가(임대료)
• 경쟁 여건
• 도시 인프라 및 네트워크
• 각종 편의시설과의 접근성
• 환경요인
• 정부정책</td></tr>
<tr><td>특정 부동산 입지요인</td><td>• 산업용 부동산: 원료, 노동력, 운송비, 기술수준, 용수 등
• 소매용 부동산: 고객의 접근성, 고개의 선호와 행태
• 주거용 부동산: 학군, 편의시설의 입지 여부, 거주 주민의 사회경제적 동질성 등</td></tr>
<tr><td rowspan="2">입지요인의 성격 기준</td><td>경제적 요인</td><td>• 운송비, 노동비, 집적이익 등 비용최소화 요인
• 인구, 매출액 등 수요극대화 요인</td></tr>
<tr><td>비경제적 요인</td><td>• 개인의 선호, 행태
• 종교, 사상적 신념
• 친분, 고향 등 연고주의</td></tr>
</table>

출처: 박원석 (2011). 부동산입지론. p. 21.

2) 부동산 입지선정

(1) 도시기능의 입지

부동산은 '토지 위에 부착된 정착물'로서 도시 내 용도지역에 따라 개별적인 입지선정과정을 거쳐 입지하게 된다. 부동산학에서의 입지선정은 '입지주체가 추구하는 입지조건을 갖춘 토지를 발견하는 것'을 말하며, 입지선정 과정은 입지선정자가 점유하기 위한 위치를 선정하는 일련의 작업과정을 말한다. 입지선정 과정에서 더 유리한 입지를 선점하려는 입지경쟁이 전개되고, 그 결과는 토지이용을 집약화시키며, 토지의 단위면적당 노동과 자본의 투입량을 높인다. 따라서 이러한 집약적 토지이용의 결과는 지가를 상승시키고, 건물의 고층화를 불가피하게 하며 용도적 토지부족 등 도시토지이용에서 발생하는 부동산 문제의 원인으로 작용한다.

각기 다른 용도로서의 기능지역을 갖는 도시는 그 자체로서 하나의 실체(single entity)이고 그 실체는 기능적 차이를 지닌 지역들의 집합으로 이루어져 있다. 기능적 차이를 가진 지역(또는 근린)들이 도시 내에서 공간적 단위가 되어 도시의 구성인자가 되며, 이들 공간적 단위들은 보다 균질적인 기능적 특성을 지닌 하부지역들에 의해 구성됨으로써 도시의 내부구조가 조직된다. 다시 말해 도시의 내부구조는 기능적 동질성을 지닌 크고 작은 공간단위들의 집합이라고 할 수 있다.

도시 내에서 이와 같은 특정 기능을 가진 지역의 형성과정을 기능분화(functional differentiation)라 하며, 기능분화의 결과로 형성되어 기능적 특성을 드러내는 공간적 단위를 기능지역(functional area)이라 부른다. 부동산 상품별 입지는 이러한 기능지역의 용도에 따라 업종별로 개별입지하게 된다.

도시 내 기능은 여러 가지 이유로 분화되며 그 결과 또한 다양하게 나타난다. 같은 종류의 기능들은 함께 모이고 서로 다른 기능들은 분리되는 용도분리현상이 나타나기도 하고, 상호보완적 관계를 가진 기능들이 집단을 이루어 나타나기도 하며, 입지조건이 유사한 여러 기능들이 함께 모여 형성되기도 한다. 따라서 도시 내의 기능지역은 매우 다양하게 나타나며 분류 기준에 따라 표현 형식도 달라질 수 있다. 여기서는 개별 부동산의 입지를 결정하는 도시기능의 입지조건을 살펴보고, 도시기능의 입지와 개별 부동산 입지요인 간의 관련성을 파악해 보고자 한다. 도시 내의 기능지역을 상업 · 업무지역, 주거지역, 공업지역, 녹지지역 및 점이지역으로 분류하나 부동산활동과 직접적인 연관성이 적은 녹지지역 및 점이지역은 제외하였다. 각 기능지역의 개념과 입지 특성은 다음과 같다(대한국토 · 도시계획학회 편저, 2008: 271-281).

① **주거지역**

주거지역은 도시지역 내에서 면적상 가장 큰 비중을 차지하며 도시의 성장구조를 주도해 나간다. 주거용지가 도시면적에서 차지하는 비율은 미개발 공지를 포함한 전 도시면적을 기준으로 하느냐 혹은 시가화 구역만을 기준으로 삼느냐에 따라 다르다. 대체로 도시 내의 주거지역은 도시 전체 면적의 30~40%, 개발지역 면적의 50~60%를 점하는 것이 일반적이다.

주거지역은 일반적으로 주택과 함께 학교(초등학교, 중학교), 구매시설, 운동시설 및 오픈스페이스로 구성된다. 이곳은 거주기능 외에도 기본적인 개인적 · 사회적 욕구, 즉 안정성, 애착심, 자긍심 및 사회적 접촉욕구 등을 충족시키는 기능을 가지고 있다. 이러한 기능을 지닌 도시 주거지역의 입지는 주거 형식, 거주밀도 및 거주자의 소득계층에 따라 차이가 나지만 보편적으로 거주환경의 쾌적성과 생활의 편익성 도모에 비중을 두어 결정된다.

도시 중심부는 생활의 편익성 면에서는 양호하지만 높은 지가로 인해 충분한 공간 확보가 어려울 뿐만 아니라 주변이 혼잡하고 소음과 대기오염 등이 심하여 거주환경의 쾌적성 면에서는 바람직하지 못하다. 따라서 주거지역은 점차 교외지역으로 확산하게 되고, 그 결과 도시공간은 빠른 속도로 팽창되고 있다.

도시지역은 주민들의 소득계층에 의해 고급 주거지대, 중급 주거지대 및 저급 주거지대 등으로 세분되며, 주거 형식과 거주밀도에 따라 단독주택지대, 저층 집합주택지대 및 고층 집합주택지대 등으로 구분된다. 일반적으로 도심에서 가까운 곳일수록 저소득층 · 고밀도의 주거지대가 형성되고 교외지역으로 갈수록 고소득층 · 저밀도의 주거지대가 형성된다. 미국 등 서구지역에서는 이 현상이 명확하게 드러나는 경우가 많으나 우리나라에서는 아직까지 소득계층에 의한 동심원적 주거지 분화현상이 뚜렷하게 나타난 징후가 없다.

주거지역의 입지배분은 주거지역에 대한 수요의 경향을 따르는 것이 일반적이나, 주거지역의 입지결정이 지나치게 수요에 근거할 경우 도시개발이 유효수요, 특히 경제력이 높은 계층의 기호에 맞춰 이루어질 가능성이 크며 이 경우 도시공간 전체의 체계적 관리 측면에서도 문제가 될 수 있다. 따라서 주거지역의 입지배분은 수요자의 선호도와 사회적 가치가 실린 공급자의 계획 의지를 함께 조합하여 균형점을 찾아 이루어져야 한다. 도시 내 주거지역의 입지조건은 입지인자 면에서 지형조건 · 접근성 · 주변환경 · 도시기반시설 등이 고려되어야 한다.

가. 지형조건

- 평지보다는 재해의 위험(홍수, 붕괴 등)이 적고 저습지가 아닌 완만한 경사지
- 지형의 경사도는 4% 내외가 이상적이며, 25%까지도 개발이 가능하나 10%를 넘지 않는 것이 바람직
- 지형의 표고는 당해 도시의 기반시설이 입지해 있는 지역의 표고보다 50m를 넘지 않는 것이 좋음(일반적으로 경사도의 최소한계는 강우 시 배수조건에 의해, 최대한계는 교통수단의 접근 용이성에 의해 결정되고, 표고의 최대한계는 상수공급 용이성 등에 의해 결정됨)

나. 접근성

- 도시 내 주요 고용지, 주변의 편익시설 및 휴식공간과의 접근성이 용이한 지역
- 도시 내 주요 간선도로와 연계되어 있거나 장차 연계될 예정으로 있는 지역

다. 주변환경

- 주변의 공업시설이나 교통시설 등에 의한 대기오염 · 소음 · 진동 등의 피해가 적은 곳
- 주변에 녹지 등 경관이 좋은 오픈 스페이스와 연계되어 있는 것이 바람직하며, 특히 하천 · 호수 · 바다 등의 주변경관과 연계된 남경사지이면 이상적인 주거지역이 될 수 있음

- 주변에 위험지대가 있는 등 사회적으로 병들어 있는 곳은 바람직한 주거지역이 될 수 없음

라. 도시기반시설

- 각종 편익시설 · 도로 · 가스 · 전기 등 도시기반시설이 갖추어져 있거나 새로운 설치가 용이한 지역
- 주변에 직접 이용 가능한 편익시설이 갖추어져 있는 지역은 입지조건상 유리하게 평가

② 상업 · 업무지역

상업 · 업무지역은 도시 내의 판매기능과 업무기능이 집적하여 형성된 대표적 기능지역이다. 이들 기능은 도심부에 집약적으로 집중하여 입지하거나 주변부에 소군집 형태로 집단을 이루어 입지하며, 종류에 따라 도시 전역에 산재하기도 한다. 이들은 주민들의 이동 동선과 깊은 관계가 있기 때문에 주거지역의 분포형태에 따라 영향을 받으며, 여타 상업 · 업무기능이나 공업기능 등과도 입지적으로 독립하여 존재하지 않는다. 따라서 토지이용계획 과정에서 상업 · 업무활동과 시설에 대한 배치는 복합적으로 접근하는 것이 필요하다. 현재와 장래의 주거지역 형성 형태 및 도시의 경제활동을 고려하여 도시공간구조의 골격을 형성시켜야 하며, 개개 상업 · 업무지역의 배치 결과를 재검토하여 이들을 도시 전체의 총체적 공간구조의 부분으로 체계화시키는 것이 요구된다.

그러나 경우에 따라 단일기능 중심으로 개발된 지역이 후에 타 기능이 입지하여 복합기능 중심지가 되기도 한다. 특히 미국의 경우 대규모 쇼핑센터가 들어선 지역에 업무시설, 위락시설 및 기타 서비스시설들이 입지함으로써 복합기능 중심지로 바뀐 곳이 많다. 따라서 도시 내의 상업 · 업무기능의 분포 특성에 관한 분류도 시대에 따라 다소 차이점이 드러난다. 1937년 Proudfoot(1937)는 도시 내의 상업 · 업무지

역을 도심상업 · 업무지구(CBD), 지역중심상업 · 업무지구(outlying business center), 간선도로변 상업 · 업무지구(principal thoroughfare) 및 근린상업지구(neighborhood store cluster)로 분류했고, 1967년 Berry(1967)는 중심형 상업지구(nucleation), 가로변 상업지구(ribbon) 및 특화지구(specialized area)로 분류했다. 이에 비해 1979년 Chapin과 Kaiser(1979)는 중심상업 · 업무지구(CBD), 위성형태의 상업 · 업무중심지(satellite business center), 고속도로변 중심지(highway-oriented center) 및 기타 중심지로 구분하고 있다. 이들은 다시 기능적 등질성에 따라 소매지구, 업무 · 서비스지구 및 도매 · 유통지구 등으로 구분되기도 한다.

우리나라에서는 상업 · 업무지역을 통상 상업지역으로 부르고 있다. 1980년대 초반까지 '도시계획법'에서 상업지역은 세분되지 않았으나 1980년대 중반 이후 상업 · 업무의 기능적 위계 및 서비스의 공간적 범위와 다양성에 따라 크게 네 가지로 세분하였다. 그 구체적 내용은 ① 도시 전역은 물론 광역도시지역(경우에 따라 전국)을 서비스의 대상으로 하며 이들 지역의 상업 및 업무기능의 확충을 목적으로 한 '중심상업지역', ② 도시 내의 한 권역을 서비스의 대상으로 하는 부도심적 성격을 지니며 일반적인 상업 및 업무기능을 담당하는 '일반상업지역', ③ 근린생활권 내지 인접생활권의 중심지 기능을 수행하는 '근린상업지역' 및 ④ 도시 내 및 지역 간 유통기능의 증진을 위해 화물교통과 유통업의 중심지로서의 역할을 지닌 '유통상업지역'으로 나누어진다.

가. 중심상업 · 업무지역: 도심(대도시의 주요 부도심 포함)

중심상업 · 업무지역은 도심(CBD)과 대도시에 형성된 주요 부도심(major subcenter)을 포함하는 지역으로 정의한다. 여러 형태의 상업지역 중에서도 특히 중심상업 · 업무지구가 도시 내에서 차지하는 역할은 매우 중요하다. 이곳은 도시 내 어느 곳보다 재화와 서비스활동이 집중되어 있어 자본주의적 사적 이윤추구의 중심이 되며, 도시 내 전 지역은 물론 도시 주변지역까지를 대상으로 공급하는 중심서비스 기능이 집적된 곳이다. 이곳에 입지되는 대표적인 기능으로는 기업관리 기능, 금융 · 투자 기능, 판매기능, 위락기능 및 문화 · 서비스 기능 등이 있다. 중심상업 · 업무지역의 입지조건은 다음과 같다.

- 도시 내에서 접근성이 가장 좋은 도시공간의 기하학적 중심지에 입지
- 교통망의 중심지나 대중교통 수단이 집중된 곳에 입지
- 도시공간구조의 중심부를 형성할 뿐만 아니라 도시활동의 구심점이 되는 지역에 입지

나. 일반상업 · 업무지역: 부도심

도시의 규모가 커짐에 따라 중심상업 · 업무지역(CBD)과 주변 주거지역에 입지한 근린상업 · 업무지역 사이에 양 지역의 중간적 성격의 부도심(subcenter)이 형성된다. 이 장에서는 이 부도심적 성격의 상업 · 업무지대를 일반상업 · 업무지역으로 명명한다. 다만 대도시의 주요 부도심은 중심상업 · 업무지역에 포함되기 때문에 일반상업 · 업무지역에서는 제외한다.

일반적으로 이러한 부도심은 도시 규모가 일정 수준에 이르게 되면 단일 중심부가 도시 전체의 상업 · 업무서비스를 감당하는 데 무리가 생기며, 도심과 교외 주거지역 간의 거리가 멀어져 중간지대에 새로운 상업 · 업무 중심지에 대한 수요가 나타남에 따라 형성된다. 공급의 측면에서는 도심부 입지지향적인 상업 · 업무기능이 도심부의 고지가와 혼잡을 피함과 동시에 주변부에서 요구되는 새로운 입지수요에 부응하여, 도심보다는 상대적으로 지가가 낮은 외곽지역으로 분산 · 입지됨으로써 부도심이 생겨난다. 이와 같은 일반상업 · 업무지역은 복합기능 중심지로 형성되는 것이 일반적인 특징인데 경우에 따라 소규모 소매지구, 위락지구 혹은 업무지구 등 단일기능 중심지로 개발되기도 한다. 그러나 단일기능 중심지로 개발되는 지역도 그 규모가 클 경우 여타 기능이 뒤따라 입지하여 복합기능 중심지로 바뀌는 예가 많다. 일반상업 · 업무지역의 주요 입지지역은 다음과 같다.

- 도시 내 주요 간선도로의 교차점
- 대규모 주거지역의 중심부
- 도시 외곽에 입지한 주요 도시시설(자동차 종합터미널, 전철역 혹은 철도역, 대규모 관공서, 고등교육시설 등)의 주변
- 대규모 공업단지 인근
- 지역 간 간선교통망과 도시 내 교통망의 결절점
- 기타 대규모 시설을 입지시키기 위해 개발되는 지역

이상과 같은 일반 상업 · 업무지역의 주요 입지지역은 국가에 따라 다소 차이점이 드러난다.

- 일본(대중교통의 의존도가 높은 국가): 교외전철의 터미널에 복합기능을 지닌 상업 · 업무지역이 주로 형성
- 미국(자동차 교통의 의존도가 높은 국가): 도시 근교 고속도로의 교차지점에 쇼핑센터나 업무중심지의 형태로 주로 개발
- 영국: 도시 근교에 신도시를 개발하여 계획적인 분산정책에 의한 분산 · 배치되는 경우가 많음

이에 비해 지금까지 우리나라에서는 부도심이 도시 내 주요 간선도로 교차지점이나 대규모 공업단지 인근, 혹은 도시 내 주요시설 인근에 자연 발생적으로 형성된 경우가 많았다. 그러나 앞으로는 자동차 보급률의 증가에 영향을 받아 도시 근교의 교통요충지에 단일기능(소매업, 업무 · 서비스, 위락기능 등)의 대규모 상업 · 업무지구 개발이 보다 보편화될 것으로 전망된다.

다. 근린상업 · 업무지역: 근린센터

여기서는 주거지역 중심부에 형성되어 주변 주거지역에 일상용품과 서비스를 제

공하는 기능을 지닌 근린센터(center of residential area)를 근린상업 · 업무지역으로 정의한다.

근린상업 · 업무지역에서는 주로 일상생활에 필요한 각종 편익시설이 입지하는데, 다른 상업 · 업무지역과는 달리 사적 영리목적의 상업 · 업무시설 외에도 공공서비스의 성격을 지닌 비영리성 시설이 다량 입지하는 것이 특징이다. 이곳에 입지하는 주요 편익시설의 종류는, 영리목적의 시설로서 구매시설 · 상업서비스시설 · 일반업무시설 등이 있고, 비영리시설로서 공공행정서비스시설 · 사회복지시설 · 교육문화시설 · 공공휴식시설(공원, 광장, 체육시설 등) 등이 있다. 근린상업 · 업무지역의 주요 입지조건은 다음과 같다.

- 주변 주거지역에서 접근성이 양호한 지역으로 주거지역의 지리적 중심부나 진입부에 입지
- 도시 내 주요 간선도로와 직접 연결이 가능한 지역으로 장래의 교통계획과 토지이용계획을 고려
- 근린공원 등 주변 녹지공간과 연계개발이 가능한 지역으로, 근린상업 · 업무지역은 중심상업 · 업무지역이나 일반상업 · 업무지역과 비교하여 보다 많은 오픈스페이스를 확보하고 주변 녹지공간의 연계성을 제고시킴으로써 상대적으로 양호한 도시환경을 보유하도록 함
- 이곳에 입지하는 여러 편익시설들을 상호 연계해서 개발할 수 있는 입지조건을 갖추고 있는 지역
- 하나의 근린상업 · 업무지역이 입지하기 위한 최소 이용인구는 일반적으로 인구 3만~5만 명 규모의 주거지역을 배경으로 입지하는 것이 바람직함
- 근린상업 · 업무지역의 위치 및 규모는 이용인구의 규모 · 구매력 및 공간적 분류형태와 상호영향을 미치기 때문에 근린상업 · 업무지역의 위치와 규모는 장차 시가지의 확장형태와 가로망구조의 변화를 고려하여 결정

라. 유통상업 · 업무지역: 도매 · 운송 관련 지역

여기에서 유통상업 · 업무기능은 제조업과 소매업을 제외한 모든 상업용도(commercial use)를 말하며, 유통상업 · 업무시설은 크게 도매업과 도매 관련 시설, 운송업과 운송 관련 시설 및 기타 시설로 분류된다.

도매업과 도매 관련 시설은 상품을 수집 · 저장 · 분배하는 것과 같은 도매상을 위한 시설과, 제조업자가 도매상을 거치지 않고 상품을 직접 판매하기 위해 설치한 지점과 그 관련 시설로 나누어진다. 여기에는 중아도매시장과 농수산물도매시장이 포함된다.

운송업과 운송 관련 시설은 주로 트럭 관련 시설로 트럭터미널, 관련 창고 및 기타 서비스시설을 의미하는데, 일반적으로 제조업자들과 도매업자들을 광범위하게 지원하는 기능을 가지고 있다. 이상과 같은 기능들이 입지하게 되는 유통상업 · 업무지역의 주요 입지조건은 다음과 같다.

- 경사도 5% 이하의 평탄한 지형을 가진 지역
- 지역 간 고속교통체계나 철도교통과 연계되면서 동시에 도시 내 주요 간선도로와 직접적으로 연결되는 지역으로, 지역 간 고속교통과 도시 내 주요 교통망이 만나는 지역
- 종합유통센터의 건설에 적합한 규모와 형태를 지닌 지역
- 인접지역의 환경의 질, 특히 쾌적성을 저하시키거나 도시 내부교통에 지장을 초래하지 않는 지역
- 도매업 관련 시설과 운송업 관련 시설은 상호 연계되도록 입지
- 도매업 관련 시설은 도시 내 주요 소매상가와의 접근성이 높은 지역에 입지

③ **공업지역**

공업시설의 입지는 시설의 종류와 입지시기에 따라 많은 차이가 있다. 우리나라의 경우 1960년에 중반 이전까지만 하더라도 대부분의 공업시설이 중소규모의 경공

업 중심이었으며 도시 시가화구역 내부나 시가지 인접지역에 입지했었다. 1960년대 중반 이후는 중화학공업 중심의 대단위 공업단지가 임해지역과 일부 대도시 주변에 형성되기 시작했으며, 1970년대에 들어와 대도시 주변과 지역 간 교통이 양호한 지방도시의 외곽에 공업단지가 활발하게 조성되었다.

도시 내 공업지역은 생산활동을 통해 지역 경제기반을 강화시켜 도시에 활력을 주지만 다른 한편으로는 대기오염 · 수질오염 · 소음 · 진동 등 공해발생의 근원이 된다. 따라서 공업지역의 입지결정은 도시의 산업발전 측면과 환경보전 측면을 동시에 고려하여 이루어져야 한다. 그 세부적인 입지조건은 다음과 같다.

- 부지는 경사도 5% 이하의 평탄한 지형조건을 가지는 것이 바람직하며, 제조활동에 필요한 제반시설이 들어서는 데 요구되는 최소 규모 이상의 토지가 확보될 수 있는 지역
- 화물수송에 관련된 도시 내외의 주요 교통수단과 직접적으로 연결이 가능한 지역
- 도시 내 주요 주거지역과 간선교통수단을 통해 직접적 연결이 가능하며, 지역 내에서 거주하는 고용자들의 출퇴근이 용이한 지역
- 장래 시가화구역 확장 등의 도시발전에 지장을 초래하지 않을 지역으로, 이는 도시 전체의 개발축과 기본 골격을 파악하고 도시계획 등에 근거하여 앞으로의 도시발전 방향을 전망함으로써 달성될 수 있음
- 주변지역의 토지이용에 지장을 초래하지 않는 지역으로, 계획대상 부지의 주풍방향으로는 시가화구역이 일정거리 이상 떨어져 있거나 시가화구역의 사이에 완충녹지(buffer zone)를 설치할 수 있는 등, 인접한 주변지역에 부정적 영향을 최소화할 수 있는 지역
- 토기가격 면에서 투자의 효율을 극대화할 수 있고, 단지조성과 시설물 설치에 경제적 이점을 기할 수 있는 지형조건을 지닌 지역
- 부지 주변에 고용자들의 수요를 충족시킬 수 있는 편익시설이 있거나 새로운

편익시설의 개발이 가능한 지역

- 산업폐수와 산업폐기물의 처리가 원활하고, 공업용수와 동력의 확보가 용이한 지역
- 중화학공업의 경우는 많은 원료와 동력을 필요로 하고, 또한 제품을 반출하기 위해 교통운수시설의 편리한 이용이 요구되므로 대량의 원료와 제품을 저렴한 운임으로 운발할 수 있도록 수상교통이 유리한 곳, 즉 바다나 하천에 면한 지대가 유리. 바다나 하천을 이용할 수 없는 도시에서는 철도나 간선도로를 따라 대상(帶狀)의 공업지역을 형성
- 첨단기술(high-technology)을 요하고 고부가가치를 창출하는 신산업의 입지는 고급 노동력을 유치할 수 있는 양호한 자연환경과 도시적 문화시설을 동시에 갖추면서 지역 간 교통이 좋은 대도시 근교에 고속도로와 연계하여 대규모 단지 형성
- 장래의 공업지역은 산업시설 위주로 형성된 기존의 공업단지 개념을 탈피하여 산업공원(industrial park)의 성격을 지닌 지대로 조성될 수 있도록 입지결정 과정에서부터 적극적 자세로 접근하는 것이 요구

(2) 부동산 유형별 입지분석

① 주거용 부동산의 입지분석

가. 1단계: 입지 목표 및 전략 수립

1단계는 새로운 주택의 입지를 선정하고자 하는 개인과 조직의 입지선정 목표 및 전략을 수립하는 단계이다. 새로운 주택 또는 주택단지 개발 및 입지선정을 통해서 개인과 기업이 달성하고자 하는 최종 목표가 무엇인지를 분명히 하여, 그에 맞는 입지 전략과 컨셉을 우선적으로 수립해야만, 목표에 적합한 입지분석 과정을 설정하고 입지분석 방법을 선택할 수 있다(박원석, 2001: 382-386).

나. 2단계: 지역분석 및 대상지역 선정

입지의 대상이 되는 후보지역에 대한 지역분석을 실시하고 대상지역을 선정하는 단계다. 주거용 부동산의 경우 지역분석을 위한 스케일은 국가단위 분석부터 실시하는 산업용 부동산보다는 분석범위가 좁다. 통상적으로 ① 광역단위→② 도시단위→③ 근린지역단위 순으로 분석의 공간적 스케일을 좁혀 나가는 것이 일반적이다.

표 3-3 주거용 부동산의 입지조건

주거용 부동산의 지역요인	주거용 부동산의 개별요인
• 지역의 기상상태 • 지역의 사회적 환경 • 가로의 폭 · 포장 등의 상태 • 도심과의 거리 및 교통수단의 상태 • 공공 및 생활시설의 정비상태 • 위험 · 혐오시설 등의 유무 • 공해발생의 상태 • 재해발생의 위험성 • 지역의 자연적 환경 • 획지의 면적과 배치 및 이용 등의 상태 • 토지이용에 관한 공법상의 규제상태 • 상점가의 배치상태	• 획지의 면적 · 형상 · 일보 · 건습 • 교통시설에의 거리 • 공급처리시설의 상태 및 접근의 정도 • 획지의 고저, 각(角) 획지, 기타 접면 가로와의 관계 • 전면가로의 계통 · 구조 등의 상태 • 공공시설 등에의 접근 정도 • 상점가와의 접근 정도

출처: 박문각 부동산연구소 편 (2013). 부동산학개론. p. 202.

다. 3단계: 주택시장분석

3단계는 2단계에서 선정된 대상지역 내에서 후보가 되는 주요 부지를 중심으로 주택시장을 분석하는 단계다. 주택시장분석은 주택의 수요와 공급 측면의 요인들을 분석하는 과정이다. 주택시장분석단계는 주택수요자 또는 공급자가 주택입지를 결정하는 단계이기도 하지만, 주택수요자와 공급자의 투자수익성을 평가하기 위한 단계이기도 하다.

주택수요에 영향을 주는 요인으로는 ① 주택가격, ② 인구(가구) 규모 및 특성, ③

가구 소득, ④ 금리, DTI(총부채상환비율), LTV(담보인정비율)와 같은 주택대출 관련 금융환경 및 조건, ⑤ 주택거래세, 보유세, 양도소득세 등과 같은 주택 관련 세금, ⑥ 주택정책 등이 있다. 특히 주택수요의 경우 가구단위로 수요가 발생하기 때문에 인구와 동시에 가구의 특성을 분석하는 것이 중요하다.

주택공급에 영향을 주는 요인으로는 ① 주택가격, ② 경쟁 주택의 양과 질(기존 주택 재고, 향후 건축예정량), ③ 주택건설 비용, ④ 주택정책 등이 있다. 주택시장분석은 주택입지에 따른 사업성을 평가하기 위한 목적이 강하기 때문에 특히 주택공급자의 입장에서는 중요한 과정이 된다. 주택시장분석을 통해 사업성이 확인된다면 신규입지로서 대안이 될 수 있는 것이다.

표 3-4 주거용 부동산의 시장분석 내용

단계	분석 내용
수요분석	• 주택가격 • 인구(가구) 규모 및 특성 • 가구 소득 • 금융환경[금리, DTI(총부채상환비율), LTV(담보인정비율 등)] • 주택 관련 세금(거래세, 보유세, 양도소득세 등) • 주택정책
공급분석	• 주택가격 • 경쟁 주택의 양과 질(기존 주택 재고, 향후 건축예정량) • 주택건설 비용 • 주택정책

출처: 박원석 (2011). 부동산입지론. p. 384.

주택수요와 공급 측면에서 추가적으로 고려해야 할 요인들을 살펴보면 주택수요는 인구 · 금융 · 구매의사 등의 요인에 따라 파악할 수 있으며, 주택공급은 기존 주택 수와 신규주택 공급량에 따라 결정된다. 이러한 수요와 공급 측면의 고려 요인들이 기존 주택의 가격과 거래량, 그리고 미분양 물량 등에 영향을 미치며 역으로 기존 주택시장의 가격과 거래량 등이 수요과 공급요인에 영향을 주는 배경으로 작용한다.

그림 3-1 | 주택수요와 공급 관점에서의 고려요인

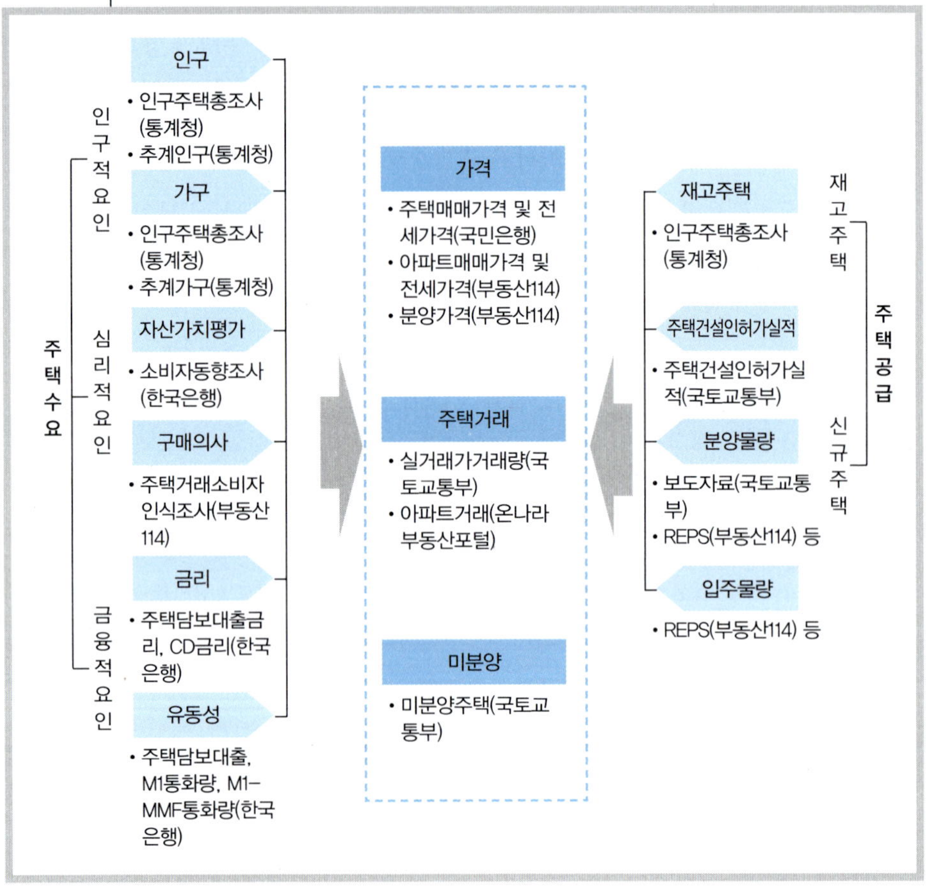

라. 4단계: 부지분석 및 최종 입지선정

4단계에서는 2단계에서 실시한 지역분석과 3단계에서 실시한 주택시장분석의 내용을 토대로 대상 부지 대안별로 체크리스트를 작성하고 이를 통해 최종 입지를 선정한다. 여타 부동산과 마찬가지로, 최종 입지를 단일안으로 선정할 수도 있고, 최

종 의사결정자의 낙점을 위해 제도적 · 물리적 · 경제사회적으로 아무런 문제가 없는 2~3개의 대안을 최종 대안으로 선정할 수도 있다.

〈표 3-5〉는 주거용 부동산의 부지 대안 비교를 위한 체크리스트의 내용이다. 체크리스트에 포함되어야 할 사항은 부지의 제도적 요인, 물리적 요인, 경제적 요인과 관련이 있다. 아무리 좋은 입지여건을 가진 부지라도 제도적 · 법률적으로 목표로 하는 특정 부동산활동을 할 수 없는 여건이거나 부지의 물리적 형상과 규모가 주택이 입지하기에 부적절할 경우, 혹은 부지 구입비용이 가계와 기업의 예산 한계를 넘어선다면 주거용 부동산이 입지할 수 없을 것이다.

표 3-5 주거용 부동산의 체크리스트 내용

기준	유형	내용
제도적 요인	토지이용	• 용도지역제상의 용도 제한 • 건축법상의 건축행위 제한 • 재개발 · 재건축에 대한 규제
	행정	• 지역사회 여론 및 민원발생 여부
물리적 요인	부지 및 주택특성	• 부지의 크기, 고도, 토양, 지질 • 주택단지의 규모, 질 • 단지 내 편의시설 • 부지의 유틸리티 이용 가능성 • 부지의 일조권, 조망권
	부지의 접근성	• 주요 간선도로 및 지하철과의 접근 가능성 • 대중교통수단의 노선 수 • 부지 주변의 교통량
	부지의 출입	• 주차장으로의 진 · 출입 용이성 • 주차공간 • 주변도로의 통행 속도의 적정성
사회적 경제적 요인	거주자 특성	• 거주자의 사회경제적 지위 • 거주자의 생애주기
	투자비	• 지가(임대료) • 건설비용

출처: 박원석 (2011). 부동산입지론. p. 385.

따라서 주거용 부동산에 있어서 체크리스트의 활용에는 두 가지가 있다. ① 각 항목에 대한 평점제(1~5점)를 활용하여, 대안별로 총점수를 합산하여 최적 입지를 선정하는 방법이 있고, ② 대안 부지별로 결격사유가 있는 항목을 체크하여 부적합한 대안을 배제하는 방편으로 사용할 수도 있다. 이렇게 대안 부지별 체크리스트 작업을 통하여 제도적 · 물리적 · 경제적으로 아무런 문제가 없는 부지를 최종 입지로 선정하게 될 것이다.

그림 3-2 | 주거용 부동산 입지분석 과정

1단계: 입지 목표 및 전략 수립

- 입지선정 목표 및 전략 수립: 입지 목표, 콘셉트 등
- 주택의 기능 · 형태 · 규모 결정
- 특수주택의 경우: 배후 인구 수, 고객의 성향과 행태 등

2단계: 지역분석 및 대상지역 선정

- 지역 스케일에 따른 대상지역 범위의 연쇄적 압축 선정(광역 → 도시 → 근린지역)
- 지역분석 항목: 경제성, 주거환경, 접근성, 행태적 요인 등

3단계: 주택시장분석

- 주택시장분석을 통한 사업성 평가
- 수요요인: 주택가격, 인구/가구 특성, 소득/부, 금융환경 등
- 공급요인: 주택가격, 주택재고, 주택건설비용, 주택정책 등

4단계: 부지분석 및 최종 입지선정

- 대안 부지별 체크리스트 작성: 제도적 · 물리적 · 경제적 기준
- 최종 입지선정: 단일 또는 2~3개 대안 선정
- 최종 입지결정자가 최종 결정

출처: 박원석 (2011). 부동산입지론. p. 386.

② 소매용 부동산의 입지분석

가. 1단계: 입지전략 수립 및 현 소매시설의 분석

1단계는 새로운 소매시설의 입지를 선정하고자 하는 개인과 조직의 입지선정의 목표 및 전략을 설정하고 현재 운영 중인 소매시설을 분석하는 단계이다. 새로운 소매시설의 출점 및 입지선정을 통해서 기업이 달성하고자 하는 최종 목표가 무엇인지를 분명히 하여, 그에 걸맞은 입지전략과 콘셉트를 우선적으로 수립해야만, 목표에 적합한 입지분석 과정을 설정하고 입지분석 방법을 선택할 수 있을 것이다. 특히 소매시설의 경우 최근 들어 그 유형과 콘셉트가 매우 다양하게 발전하고 있고, 표적시장의 그룹도 다양하기 때문에 개인과 조직의 입지 목표에 걸맞은 콘셉트와 전략 수립이 매우 중요하다(박원석, 2011: 341-345).

예를 들어 쇼핑센터를 개발 및 입지하려고 하는 경우, 우선 개발하고자 하는 쇼핑센터의 콘셉트를 정확하게 잡는 것이 중요하다. 쇼핑센터는 테마별로 파워센터, 패션/전문센터, 아울렛센터, 페스티벌센터, 라이프스타일센터 등 다양한 형태로 분화되고 있는데, 이에 입지 목표를 달성하기 위해서는 경쟁력을 가지는 콘셉트를 개발하고 선택하는 것이 중요하다.

한편, 1단계에서는 새로운 소매시설의 분석에 앞서, 현재 영업 중인 유사 소매시설의 분석부터 시행하는 것이 필요하다. 이를 통해 고객의 성향과 행태를 파악할 수 있으며, 대략적으로 한 개 매장의 수익성을 보장하기 위해 필요한 배후인구 수 등의 소매시설 운영에 대한 정보를 얻을 수 있다. 이러한 정보는 새로운 소매시설의 콘셉트 설정과 향후 지역분석에 활용할 수 있다.

나. 2단계: 지역분석 및 대상지역 선정

2단계는 입지의 대상이 되는 후보지역에 대한 '지역분석'을 실시하고, 대상지역을 선정하는 단계다. 통상적으로 ① 광역단위 → ② 도시단위 → ③ 근린지역단위로 분석의 공간적 스케일을 좁혀 나가는 것이 일반적이다.

〈표 3-6〉은 소매용 부동산의 지역분석 내용을 정리한 것이다. 앞서 검토한 입지요인 중 지역요인들이 지역분석에서 주로 고려해야 되는 항목이 된다. 즉, ① 인구 및 고객의 특성, ② 지역경제 여건, ③ 경쟁 여건 및 소매시설의 포화도, ④ 교통, 편의시설, 자연환경, 기술 여건 등의 환경요인, ⑤ 도시 인프라 등의 집적경제, ⑥ 정부정책 등이 주요 분석 내용이 되는 것이다.

표 3-6 소매용 부동산의 지역분석 내용

항목	내용	
인구 및 고객	• 인구 규모 • 인구성장 및 인구이동 추세	• 연령별 · 성별 인구구조 • 고객의 선호 및 행태
지역경제	• 지역경제 기반(GRDP) • 소득	• 지역산업구조
경쟁 여건	• 경쟁 점포 현황	• 소매시설의 포화도
환경	• 교통환경 • 자연환경	• 편의시설 • 기술환경
직접경제	• 도시 인프라	• 동종업종의 집적
정부정책	• 토지이용제도	• 조세, 인텐시브

출처: 박원석 (2011). 부동산입지론. p. 342.

소매업 등의 상업지는 소비자의 구매력이 기초되어야 한다는 점에서 소비자 또는 번화가에의 입지 등이 요구된다. 이에 따른 지역요인 및 개별요인을 추가적으로 정리하면 다음과 같다.

표 3-7 소매용 부동산의 지역분석 내용

구분	내용
상업지의 지역요인	• 배후지 및 고객의 양과 질 • 고객의 교통수단과 접근성 • 영업의 종류 및 경쟁의 상태 • 해당지역 경영자의 창의와 자력 • 번영의 정도 및 성쇠의 상태 • 토지이용에 대한 공법상의 규제 정도
상업지의 개별요인	• 접면 너비, 획지의 형상 · 면적 · 기반 • 고저 · 각 획지, 기타 접면 가로와의 관계 • 고객의 통행 패턴 및 적합성 • 인접 부동산 등 주의 상점 · 부동산 등의 상태

출처: 박문각 부동산연구소 편 (2013). 부동산학개론. p. 203 재구성.

다. 3단계: 상권분석

3단계는 2단계에서 선정된 대상지역 내에서 후보가 되는 주요 부지를 중심으로 상권분석을 하는 단계다. 상권의 범위와 특성을 살펴보기 위한 상권분석은 소매용 부동산의 입지분석에 있어서 가장 중요한 과정이다. 상권분석은 개별성이 강하기 때문에 소매점포의 유형에 따라 적합한 분석방법이 각각 다를 수 있지만, 그 근저에는 일반적으로 적용 가능한 상권분석의 원리가 존재한다. 소매용 부동산의 상권분석의 내용과 절차, 분석방법은 〈표 3-8〉과 같이 정리할 수 있다.

표 3-8 소매용 부동산의 상권분석 내용

단계	분석 내용	분석방법
1단계: 상권의 정의 및 지리적 경계 설정	• 상권의 특성 정의 • 상권의 지리적 경계 설정 • 부분시장별로 지리적 경계 설정	• 고객위치구현법 • 티센다각형모형 • Converse의 분기점모형 • 서베이법
제2단계: 경쟁 공급시설 평가	• 경쟁시설의 분포 확인 • 경쟁시설의 경쟁력 평가	• 2차 자료 분석 • 서베이법

제3단계: 수요 추정	• 수요 추정을 통한 상권의 잠재력 평가 • 대상 매장의 잠재매출액 추정	• Reilly의 소매중력법칙모형 • 허프모형 • MCI모형(수정 허프모형) • 유사매장법 • 비율법 • 회귀모형
제4단계: 최종 결과물 작성 및 피드백	• 최종 결과물 작성 • 결과의 피드백	

출처: 박원석 (2011). 부동산입지론. p. 343.

라. 4단계: 부지분석 및 최종 입지선정

4단계에서는 3단계에서 실시한 상권분석의 내용을 토대로 대상부지 대안별로 체크리스트를 작성하고, 이를 통해 최종 입지를 선정한다. 산업용 부동산과 마찬가지로 최종 입지를 단일안으로 선정할 수도 있고, 최종 의사결정자의 낙점을 위해 제도적 · 물리적 · 경제적으로 아무런 문제 없는 2~3개의 대안을 최종 대안으로 선정할 수도 있다.

표 3-9 소매용 부동산의 체크리스트 내용

항목	내용	
제도적 요인	토지이용	• 용도지역지구제상의 용도 제한 • 건축법상의 건축 제한
	행정	• 지역사회 여론 및 민원발생 요지
물리적 요인	부지	• 부지의 크기 및 고도 • 부지의 토양 · 지질 · 지반의 강건도 • 건물 높이 및 유형
	부지의 접근성	• 주요 간선도로와의 접근 가능성 • 교통차로의 수 • 개점기간의 교통 혼잡도 • 부지 주변의 교통량

	부지의 진출입	• 주차장으로의 진출입 용이성 • 주차공간 • 통행 속도의 적정성 • 신호등의 근접성
	매장의 외관	• 디자인, 분위기 • 방향별 가시성 • 표지판의 노출 정도
경제적 요인	경쟁 여건	• 인접 시설과의 보완적 관계 • 직접적인 경쟁관계
	투자비	• 지가(임대료) • 건설비용
근린지역의 특성	근린지역의 특성	• 주민의 인구적 특성 • 근리지역의 여건과 추세 • 인구밀도
	인접 부동산의 특성	• 주변 부동산과의 적합성(다목적 통행의 용이성, 동종업종의 집적도) • 주변 부지의 환경 및 여건(개발 정도)
	접근성	• 고용 집적지와의 접근성 • 공공기관(학교, 병원, 여가시설)과의 근접성 • 주요 교통유발시설과의 근접성

출처: 박원석 (2011). 부동산입지론. p. 344.

소매용 부동산의 체크리스트에 포함되어야 할 사항은 제도적 요인, 물리적 요인, 경제적 요인, 근린지역의 특성과 관련이 있다. 아무리 좋은 입지여건을 가진 부지라도 제도적 · 법률적으로 목표로 하는 소매시설을 영위할 수 없는 여건을 가지고 있거나 부지의 물리적 형상과 규모가 소매용 부동산 입지에 부적절한 경우, 혹은 부지 구입비용이 기업의 예산 제약을 넘어선다면 소매용 부동산이 입지할 수 없을 것이다.

따라서 소매용 부동산에 있어서 체크리스트의 활용은 두 가지가 있다. ① 각 항목에 대한 평점제(1~5점)를 활용하여, 대안별로 총점수를 합산하여 최적 입지를 선정하는 방법과 ② 대안 부지별로 결격사유가 있는 항복을 체크하여 부적합한 대안을 배제하는 방법이 있다. 이렇게 대안 부지별 체크리스트 작업을 통하여 제도적 · 물리적 · 경제적으로 아무런 문제가 없는 부지를 최종 입지로 선정하게 된다.

그림 3-3 | 소매용 부동산 입지분석 프로세스

1단계: 입지전략 수립 및 현 소매시설 분석

- 입지선정 목표 결정: 입지 목표, 콘셉트 등
- 소매시설의 기능 · 형태 · 규모 결정
- 현 소매시설 분석: 배후인구 수, 고객의 성향과 행태 등

↓

2단계: 지역분석 및 대상지역 선정

- 지역 스케일에 따른 대상지역 범위의 연쇄적 압축 선정 (광역 → 도시 → 근린지역)
- 지역분석 항목: 인구/가구 특성, 지역경제, 경쟁 여건 등

↓

3단계: 상권분석

- 4단계 상권분석 (상권경제 설정 → 경쟁 여건 분석 → 수요분석 → 피드백)
- 상권분석기법: 소매인력법칙, 허프모형, 유사매장법 등

↓

4단계: 부지분석 및 최종 입지선정

- 대안 부지별 체크리스트 작성: 제도적 · 물리적 · 경제적 기준
- 최종 입지선정: 단일 또는 2~3개 대안 선정
- 최종 입지결정자가 최종 결정

출처: 박원석 (2011). 부동산입지론. p. 345.

③ 업무용 부동산의 입지분석

가. 1단계: 입지 목표 및 전략 수립

1단계는 다른 유형의 부동산과 마찬가지로, 새로운 오피스의 입지를 선정하고자 하는 개인과 조직의 입지선정 목표 및 전략을 수립하는 단계다. 새로운 오피스 입지 선정을 통해서 기업이 달성하고자 하는 최종 목표가 무엇인지를 분명히 하여, 그에 걸맞은 입지전략과 콘셉트를 우선적으로 수립해야지만, 목표에 부합하는 입지분석 과정을 설정하고 입지분석 방법을 선택할 수 있을 것이다. 특히 오피스의 경우, 기능(경영통제, 고개지향, 후선업무)에 따라 입지요인과 입지분석기법이 다르기 때문에

기업이 지향하는 오피스의 기능과 콘셉트를 명확히 한 후에 입지분석에 들어가는 것이 필요하다(박원석, 2011: 407-411).

나. 2단계: 지역분석 및 대상지역 선정

2단계는 입지의 대상이 되는 후보지역에 대한 지역분석을 실시하고, 대상지역을 선정하는 단계다. 통상적으로 ① 광역단위 → ② 도시단위 → ③ 근린지역단위로 분석의 공간적 스케일을 좁혀나가는 것이 일반적이다.

〈표 3-10〉은 업무용 부동산의 지역분석 내용을 정리한 것이다. 앞서 검토한 입지요인 중 지역요인들이 지역분석에서 주로 고려해야 되는 항목이 된다. 즉, ① 지역경제 여건, ② 노동력, ③ 교통, 업무지원시설, 편의시설, 행정기관의 접근성 등과 같은 환경요건, ④ 지역의 명성과 같은 행태적 요인, ⑤ 경쟁 여건, ⑥ 도시 인프라 및 정보 네트워크에의 접근성과 같은 집적경제, ⑦ 정부정책 등이 주요 분석 내용이 된다.

표 3-10 업무용 부동산의 지역분석 내용

항목	내용	
지역경제	• 지역경제 기반 • 지역의 경기주기 및 성장 가능성	• 지역의 산업구조 • 오피스 가격/임대료
노동력	• 가용인력의 풀 • 인건비	• 숙련 노동력의 질
환경	• 교통환경 • 업무지원시설 접근성 • 공공기관의 접근성	• 자연환경 • 편의시설 접근성
행태	• 지역의 사회경제적 명성	
경쟁 여건	• 경쟁 오피스 재고	• 향후 건설 중인 오피스
집적경제	• 도시 인프라 • 정보 및 네트워크 접근성	• 동종 오피스의 집적
정부정책	• 토지이용제도	• 조세 및 보조금제도

출처: 박원석 (2011). 부동산입지론. p. 408.

다. 3단계: 오피스시장 분석

오피스시장 분석은 오피스의 수요와 공급측면의 요인들을 분석하는 과정이다. 오피스시장 분석은 주택수요자 또는 공급자가 주택입지를 결정하는 문제이기도 하지만, 오피스 수요자와 공급자의 투자수익성을 평가하기 위한 단계이기도 하다.

〈표 3-11〉은 오피스시장 분석의 주요 내용을 정리한 것이다. 오피스 수요에 영향을 주는 요인으로는 ① 오피스 가격(임대료), ② 화이트칼라(사무, 행정, 관리인력)의 고용 현황 및 성장 추세, ③ 지역경제 여건 및 산업구조, ④ 금융환경(금리, 담보금 여건), ⑤ 정부정책 등을 들 수 있다. 특히 오피스 수요의 경우, 화이트칼라 고용자 수에 비례하는 경향이 강하기 때문에 지역경제 여건 분석에 있어서도 화이트칼라 고용현황과 전망을 추정하는 것이 중요하다.

오피스 공급에 영향을 주는 요인으로는 ① 오피스 가격(임대료), ② 경쟁 오피스의 양과 질(기존의 주택스톡, 향후 건축예정량), ③ 오피스 건설 비용, ④ 금융환경(금리, 프로젝트 금융 여건), ⑤ 정부정책 등이 있다. 오피스시장 분석은 오피스 입지에 따른 사업성을 평가하기 위한 목적이 강하기 때문에 특히 오피스 공급자의 입장에서는 중요한 분석과정이 된다. 오피스시장 분석을 통해 사업성이 확인된다면 신규입지로서 대안이 될 수 있다.

표 3-11 업무용 부동산의 시장분석 내용

단계	분석 내용
수요분석	• 오피스 가격(임대료) • 화이트칼라(사무, 행정, 관리인력)의 고용 현황 및 성장 추세 • 지역경제 여건 및 산업구조 • 금융환경(금리, 담보금융 여건) • 정부정책

공급분석	• 오피스 가격(임대료) • 경쟁 오피스의 양과 질(기존의 오피스 재고, 향후 건축예정량) • 오피스 건설 비용 • 금융환경(금리, 프로젝트 금융 여건) • 정부정책

출처: 박원석 (2011). 부동산입지론. p. 409.

업무용 부동산 가운데 특히 오피스시장을 파악하기 위해서는 오피스 연면적, 총 종사자 수 및 사무직 종사자 수 등의 기초자료를 중심으로 오피스 공급 및 수주 관련 지표를 파악해야 하며 현재의 공실률 및 임대료 수준, 오피스 가격 등을 통한 투자수익률, 자본수익률 및 소득수익률의 수익지표를 확인해야 한다. 이 가운데 오피스시장 관련 핵심 지표는 오피스 연면적, 총 종사자 수, 오피스 공급 및 수주 현황, 공실률, 투자수익률 등이다.

그림 3-4 | 업무용(오피스) 부동산시장 관련 검토 항목 및 핵심 관리 지표

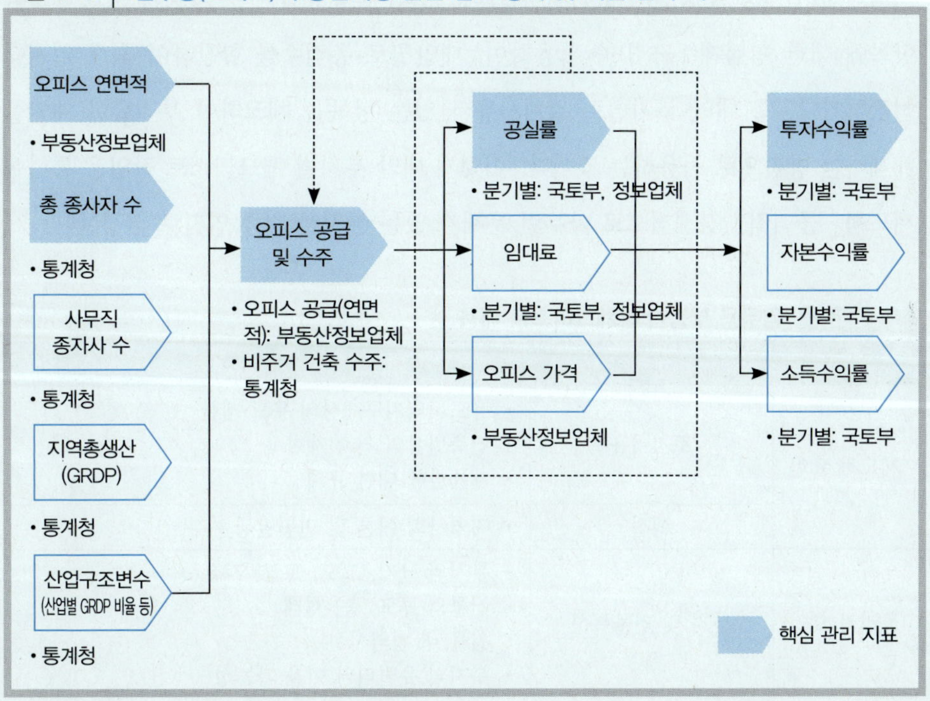

라. 4단계: 부지분석 및 최종 입지선정

4단계에서는 2단계에서 실시한 지역분석과 3단계에서 실시한 오피스시장 분석의 내용을 토대로 대상 부지 대안별로 체크리스트를 작성하고, 이를 통해 최종 입지를 선정하는 단계다. 여타 부동산과 마찬가지로 최종 입지를 단일안으로 선정할 수도 있고, 최종 의사결정자의 낙점을 위해 제도적 · 물리적 · 사회경제적으로 아무런 문제가 없는 2~3개의 대안을 최종 대안으로 선정할 수도 있다.

〈표 3-12〉는 업무용 부동산의 부지 대안 비교를 위한 체크리스트의 내용이다. 체크리스트에 포함되어야 할 사항은 부지의 제도적 요인, 물리적 요인, 경제적 요인과 관련이 있다. 양호한 입지여건을 가진 부지라도 제도적 · 법률적으로 오피스가 입지할 수 없는 여건을 가지고 있거나 부지의 물리적 형상과 규모가 이러한 오피스를 입지하기에 부적절할 경우, 혹은 부지 구입비용이 기업의 예산 제약을 넘어선다면 업무용 부동산이 입지할 수 없을 것이다.

따라서 업무용 부동산에 있어서 체크리스트의 활용방법은 두 가지가 있다. ① 각 항목에 대한 평점제(1~5점)를 활용하여, 대안별로 총점수를 합산하여 최적 입지를 선정하거나, ② 대안 부지별로 결격사유가 있는 항목을 체크하여 부적합한 대안을 배제하는 방편으로 사용하는 것이다. 이렇게 대안 부지별 체크리스트 작업을 통하여 제도적 · 물리적 · 경제적으로 아무런 문제가 없는 부지를 최종 입지로 선정한다.

표 3-12 업무용 부동산의 체크리스트 내용

항목	내용	
제도적 요인	토지이용	• 용도지역지구제상의 용도 제한 • 건축법상의 건축 제한 • 재개발에 대한 규제
	행정	• 지역사회 여론 및 민원발생 여부
물리적 요인	부지 및 건물특성	• 부지의 크기, 고도, 토양, 지질 • 건물의 규모, 층, 형태 • 건물 내 편의시설 • 부지의 유틸리티 이용 가능성

	부지의 접근성	• 주요 간선도로 및 지하철과의 접근 가능성 • 대중교통수단의 노선 수 • 부지 주변의 교통량
	부지의 진출입	• 주차장으로의 진 · 출입 용이성 • 주차공간 • 주변도로의 통행 속도의 적정성
경제사회적 요인	투자비	• 지가(임대료) • 건설비용
	명성 및 입주자 구성	• 건물의 명성 • 입주자의 구성 • 관리회사의 우수성

출처: 박원석 (2011). 부동산입지론. p. 411.

그림 3-5 | 업무용 부동산 입지분석 과정

1단계: 입지전략 및 전략 수립

- 입지선정 목표 및 전략 수립: 입지목표, 콘셉트 등
- 오피스의 기능 · 형태 · 규모 결정
- 기능과 콘셉트의 결정: 경영통제, 고객지향, 후선업무 여부

2단계: 지역분석 및 대상지역 선정

- 지역 스케일에 따른 대상지역 범위의 연쇄적 압축 선정 (광역 → 도시 → 근린지역)
- 지역분석 항목: 지역경제, 노동력, 환경, 행태적 요인 등

3단계: 오피스시장 분석

- 오피스시장 분석을 통한 사업성 평가
- 수요요인: 오피스 가격(임대료), 화이트칼라 고용 현황 등
- 공급요인: 오피스 가격(임대료), 경쟁 여건, 건설비용 등

4단계: 부지분석 및 최종 입지선정

- 대안 부지별 체크리스트 작성: 제도적 · 물리적 · 경제적 기준
- 최종 입지선정: 단일 또는 2~3개 대안 선정
- 최종 입지결정자가 최종 결정

출처: 박원석 (2011). 부동산입지론. p. 345.

④ 산업용 부동산의 입지분석

가. 1단계: 입지전략 및 의사결정조직 결정

산업용 부동산 선정을 위한 입지분석 과정의 1단계는 기업이 새로운 공장 등 산업입지를 결정하기 위한 '입지전략'과 '의사결정조직'을 결정하는 단계다. 기업이 새로운 공장을 건설하기 위해 신규입지를 선정하려는 경우는 기존 공장이 생산능력을 초과하여 장기적인 수요 증대에 대처하기 위한 추가 공간 확보가 필요한 경우와 사업다각화 및 신규 산업 진출을 통한 새로운 공장 신설에 나서는 경우를 들 수 있다. 이러한 필요에 의해 신규 공장 입지선정에 나서는 경우, 신중한 입지전략이 필요하다(박원석, 2011: 244-249).

수요 예측을 통해 기존 생산능력 이상의 공간이 필요할 것으로 예측되는 경우, 추가적인 공간 확보 계획을 세우는 것이 필요하지만 새로운 공장 신·증설에 따른 재무적 부담이 크기 때문에 동일한 부동산에 생산라인을 효율적으로 재배치한다거나 기존 건물을 확장하는 대안을 충분히 검토한 이후에 신규 입지선정에 나서는 것이 필요하다.

나. 2단계: 필수적 입지요인 선정 및 공간범위 압축

산업입지를 위한 입지전략 및 의사결정조직이 결정되었다면, 2단계는 산업 업종에 따른 필수적 입지요인을 선정하고 그에 따른 입지대상 공간범위를 압축하는 단계이다. 산업용 부동산의 경우, 입지요인은 해당 산업입지에 반드시 필요한 '필수적 입지요인'과 상대적으로 여건이 갖춰지면 유리한 '상대적 입지요인'이 있다. 예를 들면 시멘트산업의 경우에는 석회석, 청량음료산업의 경우에는 풍부한 수량, 반도체산업의 경우에는 진동이 없는 안정적인 지반, IT산업의 경우 고급 연구인력 등을 들 수 있다.

이에 따라 입지를 희망하는 산업의 업종에 따른 필수 입지요인을 분석해 우선적으로 입지를 선정하는 작업이 필요하다. 필수 입지요인을 선정하게 되면 그러한 입지요인을 갖춘 지역을 대상입지로 공간적 범위를 축소할 수 있어 입지선정 시 소요되는 시간과 노력을 대폭 줄일 수 있다.

표 3-13 산업용(공업지)의 입지조건

구분	내용
산업용(공업지) 평가 지역요인	• 제품판매시장 및 원료 구입시장과의 위치 • 간선도로, 항만 · 철도 등 수송시설의 정비상황 및 인접성 • 동력 자원 및 용 · 배수 관련 비용 • 노동력 확보 여건 • 관련 산업과의 위치관계 • 온도 · 습도 · 풍설 등 기상상태 • 수질의 오탁, 대기오염 등 공해발생의 위험성 • 행정 및 규제 정도
산업용(공업지) 평가 개별요인	• 면적, 형상 및 지반 • 항만 · 철도, 간선도로 등의 수송시설과의 위치관계 • 용 · 배수 등의 공급, 처리시설의 정비상황 및 정비의 필요성

출처: 박문각 부동산연구소 편 (2013). 부동산학개론. p. 203 재구성.

다. 3단계: 지역분석 및 대상지역 선정

3단계는 2단계에서 필수적 입지요인 선정 작업을 통해 축소된 공간범위하에서 산업입지를 위한 지역분석을 하고, 이를 토대로 대상 국가 및 지역을 선정하는 단계이다. 지역분석에서 지역의 스케일은 ① 국가단위 → ② 국가 차하위의 지역단위 → ③ 도시단위 → ④ 근린지역단위 순으로 큰 지역에서 작은 지역으로 좁혀 나가게 된다.

물론, 이러한 지역분석 과정은 기업의 목표와 산업 유형별로 차별적일 것이다. 다국적기업이나 공장을 해외로 이전하려는 목적을 가진 기업이라면, 당연히 국가단위에서 지역분석을 실시해야 할 것이다. 그러나 해외 공장 유치 의사가 없는 기업의 경우 국가 차하위 지역단위에서 분석을 시작할 수 있다. 특히 지역연고를 가진 지장기업의 경우, 도시단위에서 지역분석을 시작할 수도 있을 것이다(〈표 3-14〉 참조).

표 3-14 산업용 부동산의 지역분석 내용

구분	국가단위	지역(도시)단위	근린지역단위
입지 목표	수요극대화	비용최소화	심리적 소득 극대화 불확실성 최소화
주요 분석 항목	• 경제환경 • 시장 • 노동생산성 • 정부정책 • 정치적 안정성	• 생산요소 비용 (자원, 노동력, 자본) • 운송비 • 교통기반시설 • 조세, 인센티브 • 지역경제 환경 • 기후, 지형	• 노동력의 양과 질 • 근린환경 • 지역주민 태도 • 편의시설 • 지역 내 교육수준 • 에너지, 용수 등 유틸리티 • 토지이용 현황

출처: 박원석 (2011). 부동산입지론. p. 247.

라. 4단계: 부지분석 및 최종 입지선정

4단계는 3단계에서 선정된 대상지역 내에서 부지분석을 통해 최적 입지로 유력한 부지 대안을 선정하고, 체크리스트 작성 및 검토를 통해 최종적으로 입지를 선정하는 단계이다. 최종 입지는 물론 하나이지만 입지결정조직이 최종 의사결정자의 낙점을 위해 제도적 · 물리적 · 기술적으로 아무런 문제가 없는 2~3개의 대안을 최종 대안으로 선정할 수도 있다.

〈표 3-15〉는 산업용 부동산의 부지 대안 비교를 위한 체크리스트의 내용이다. 체크리스트에 포함되어야 할 사항은 제도적 요인 · 물리적 요인 · 기술적 요인 · 경제적 요인과 관련이 있다. 체크리스트 작성과정은 좋은 대안을 선정하는 과정이기보다는 부적합한 대안을 배제하는 과정이라 할 수 있다. 이렇게 부지별 체크리스트를 통한 배제작업을 함으로써, 제도적 · 물리적 · 기술적으로 문제가 없는 부지를 최종 입지로 선정하게 된다. [그림 3-6]은 산업용 부동산의 입지분석 프로세스를 도식화한 것이다.

표 3-15 산업용 부동산의 체크리스트 내용

항목	내용
제도적 요인	• 용도지역지구제상의 제한 • 건축법상의 건축 제한 • 지역사회 여론 • 회사 이미지 • 각종 환경규제, 폐기물 처리규제
물리적 요인	• 부지의 크기 및 고도 • 부지의 토양 · 지질 · 지반의 강건도 • 건물 높이 및 유형
기술적 요인	• 각종 유틸리티(전기, 가스, 상하수도, 연료 등)의 활용 가능성 • 대형 차량(선박)의 진출입 가능성 • 부지의 가시성 • 환경문제의 발생 가능성
경제적 요인	• 부지 구입비용 • 주변 부동산과의 적합성(동종업종의 집적 등) • 직원의 통근 가능성

출처: 박원석 (2011). 부동산입지론. p. 248.

그림 3-6 | 산업용 부동산의 입지분석 과정

1단계: 입지전략 및 의사결정조직 결정

- 입지선정 목표 결정: 생산능력 증설, 신규사업 진출 등
- 부동산의 기능 · 형태 · 규모 결정: 토지비축 여부 결정 등
- 입지분석 조직의 결정

↓

2단계: 필수적 입지요인 선정 및 공간범위 압축

- 필수적 입지요인 선정
  (필수적 입지요인 vs. 상대적 입지요인)
- 필수적 입지요인을 기준으로 대상입지의 공간적 범위 압축

↓

3단계: 지역분석 및 대상지역 선정

- 지역 스케일에 따른 대상 지역범위의 연쇄적 압축 선정
  (국가 → 국가 차하위지역 → 도시 → 근린지역)
- 지역분석: 공간단위별 차별적 지역분석

↓

4단계: 부지분석 및 최종 입지선정

- 대안 부지별 체크리스트 작성: 제도적 · 물리적 · 경제적 기준
- 최종 입지선정: 단일 또는 2~3개 대안 선정
- 최종 입지결정자가 최종 결정: 재무적 · 심리적 소득 극대화

출처: 박원석 (2011). 부동산입지론. p. 412.

Chapter 04

부동산개발론

Real Estate Principles & Practices

1. 부동산개발의 과정과 절차
2. 부동산개발사업의 위험과 투자분석
3. 부동산개발 관련 법규 · 금융 · 세무

CHAPTER

04 부동산개발론

1 부동산개발의 과정과 절차

1) 부동산개발의 개념과 특성

(1) 부동산개발의 개념

부동산개발은 어느 다른 산업보다도 높은 고용창출 효과를 지니고 있다. 그뿐만 아니라 토목 · 건축활동을 통하여 수많은 건설자재를 소비하는 산업, 즉 내수산업을 활성화시키는 산업으로서 경제활동 전반에 걸쳐 매우 중요한 위치를 차지하고 있다. 우리나라의 부동산개발은 선분양 후개발이라는 독특한 형식을 취하고 있다. 대부분의 경우 건축물을 착공할 시점이나 완공되기 전에 분양이 완료되어 부동산개발사업 초기에 개발이익(capital gains)을 추구하는 구조로 되어 있다. 이와는 대조적으로 대부분의 선진국시장의 부동산개발은 완제품시장, 즉 공산품과 같이 건축물을 완공한 후에 매각하는 후분양제도를 택하고 있다. 부동산개발에 있어 이와 같은 차이는 부동산 관련 법규 및 제도, 부동산 거래관행, 대내외적 경제여건 등이 서로 다르게 반영되어 나타나기 때문이다.

부동산개발이라는 분야가 학문적으로 논의되기 시작한 것은 최근의 일이다. '부동산개발업의 관리 및 육성에 관한 법률'이 2007년에 제정 공포된 것을 감안하면 지금까지 부동산개발 개념에 관한 논의가 다양하게 전개되어 왔음을 알 수 있다. 몇 가지 대표적 개념을 정리하면 다음과 같다. 부동산개발이란 부동산개발 주체가 대상부동산을 둘러싼 공간적 · 물리적 환경을 개선하여 경제성과 쾌적성의 효과를 증진시키고, 그 과정에 참여한 참가자들에게 부가적인 가치를 배분하는 경제적 활동과정이라고 정의하는 학자가 있으며 또 다른 학자는 부동산개발이란 인간생활에 필요한 공간을 제공하기 위하여 토지를 개량하는 활동이라고 정의한다. 토지를 개량하는 활동을 건축물의 건축과 토지조성활동을 포함하는 개념으로 설명하고 있다(이재웅, 2010: 20).

부동산개발의 개념을 협의의 개념과 광의의 개념으로 구분하여 설명하는 학자도 있다. 협의의 개념은 택지나 공장부지를 조성하기 위해 도로나 상수도와 같은 사회기반시설(infrastructure)을 먼저 설치하는 단계, 이른바 건축활동의 전 단계로 정의하고 있다. 광의의 개념은 보다 일반적인 개념으로 토지와 건축물을 결합하여 실제로 운영할 수 있는 부동산을 생산하는 활동이라고 정의하고 있다. 또한, '부동산개발업의 관리 및 육성에 관한 법률'에서는 부동산개발 개념을 타인에게 공급할 목적으로 토지를 건설공사의 수행 또는 형질변경의 방법으로 조성하거나, 건축물을 건축 · 대수선 · 리모델링 또는 용도변경하거나 공작물을 설치하는 행위로 규정하고 있다(윤영식, 2012: 25).

이상과 같이 살펴본 부동산개발의 개념을 종합해 보면, 부동산개발이란 인간에게 필요한 공간을 제공하기 위하여 택지 등을 조성하거나 토지와 건축물을 결합하여 판매나 임대 또는 직접 사용할 수 있는 부동산을 생산하는 활동이라고 정의할 수 있다.

(2) 부동산개발사업의 특성

'부동산투자회사법'에서 부동산개발사업이라 함은 토지를 택지 · 공장용지 등으로 개발하거나 건축물 그밖의 공작물을 신축 또는 재축하는 사업을 말한다. 이것은 건축법상의 신축, 증축, 개축, 수선 등을 포함한 개발이라는 과정을 통해 부동산의 가치를 증대시키는 일련의 사업을 지칭한다고 규정하고 있다. 이를 요약하면 부동산개발사업은 대상 부동산의 개발을 통하여 부동산의 가치를 증대시키는 사업이라고 볼 수 있다.

한편, 부동산개발사업을 전담하여 그 업무과정을 총괄하여 지휘하는 자를 부동산개발업자라고 한다. 우리나라에서 부동산개발업자는 일명 시행사 또는 디벨로퍼라는 이름으로 불리고 있으며, 이와 같은 부동산개발업자는 개인이나 스폰서기업, 부동산개발회사 등을 지칭한다. 글로벌화하고 있는 최근의 부동산개발에서는 과거에 비해 부동산개발업자에게 더 많은 경험과 지식을 요구하고 있다. 부동산시장이 공급자 중심의 시장에서 수요자 중심의 시장으로 전환됨에 따라 새로운 사업기획 · 구상에 대한 발굴 수요가 높아지고 있기 때문이다. 부동산개발업자는 명확한 비전을 제시하여야 하고, 꿈이 실현될 수 있음을 각인시킬 수 있는 확고한 신념도 갖추고 있어야 한다.

지금까지 살펴본 내용을 바탕으로 하여 부동산개발사업의 특성을 살펴보면 다음과 같다(윤영식, 2012: 41). 첫째, 부동산개발사업은 사회 전반에 지대한 영향을 미치며, 효율성뿐만 아니라 형평성도 고려하여야 하기 때문에 개발업자의 의식 개혁과 전문성이 요구된다. 둘째, 부동산개발사업은 소요기간이 길고 복잡하며 막대한 초기 투자비용으로 인해 리스크가 다른 어떤 사업보다도 큰 편이다. 리스크가 큰 반면 수익 또한 큰 고위험, 고수익사업이라고 할 수 있다. 셋째, 부동산개발사업은 건설과 금융 등이 합쳐진 종합사업이므로 국가경제 전반에 미치는 파급효과가 클 뿐만 아니라 개발사업에 필요한 지식도 법률적 지식, 경제적 지식, 그리고 기술적 지식 등 다양한 지식이 필요하다. 넷째, 부동산개발사업은 한정된 토지자원을 효율적으로 활용해야 하므로 어느 다른 사업보다 공공의 역할이 중요하며 건전한 개발사업은 정부 또는 지방자치단체의 적극적인 지원이 필요하다. 끝으로, 부동산개발사업은 부동산시장이 세분화되고 시장분석의 범위와 요구가 확대되고 있기 때문에 부동산개발업자는 건설과정뿐만 아니라 건설과 관련된 각종 법규 및 사회적 환경에 대한 예리한 통찰력과 적극적인 마음가짐이 요구된다.

2) 부동산개발사업의 분류

부동산개발사업은 사업주체, 개발주체, 개발형태에 따라 크게 세 가지 형태로 분류할 수 있다(정용식, 2012: 91~105).

(1) 사업주체에 의한 분류

부동산개발사업은 사업주체가 누구이냐에 따라 사업의 진행과 방식이 달라진다. 사업추진방식에 따라 디벨로퍼 직접개발방식, 지주 공동사업방식, 개발신탁방식, 대물교환방식으로 세분할 수 있는데 각 방식별 세부내용은 다음과 같다.

① 디벨로퍼 직접개발방식

이 방식은 디벨로퍼가 직접 사업부지를 매입하여 소유권을 확보한 상태에서 개발을 진행하는 방식을 말한다. 일반적으로 디벨로퍼가 사업부지 전체를 매입할 수 없으므로 부지가격의 10% 정도의 계약금과 초기 투자비의 일부를 투입하고, 잔여토지비의 중도금, 잔금과 공사비는 시공사에서 대여하거나 금융기관에서 PF차입을 통하여 자금을 충당한다. 이와 같이 디벨로퍼가 주도적으로 개발사업을 진행할 수 있으므로 사업추진이 빠르고 개발이익 전체를 향유할 수 있는 이점이 있다.

② 지주 공동사업방식

이 방식은 역할 분담에 의하여 지주는 사업부지를 제공하고 디벨로퍼는 사업개발에 대한 전문적 지식을 제공하여 지주와 공동으로 개발하는 방식을 말한다. 사업부지를 제공하는 지주는 개발이익과 세금 등의 절세효과를 누릴 수 있고, 디벨로퍼나 건설사는 비용을 들이지 않고 사업부지를 확보할 수 있는 이점이 있는 개발방식이다. 즉, 지주와 디벨로퍼가 함께 상생할 수 있는 공동사업방식이라 할 수 있다. 따라서 입지여건이 좋고 대규모의 토지를 가진 소유자라면 이 방식을 통해 아파트 등의 공동주택사업을 추진할 경우 많은 개발이익을 얻을 수 있다. 그러나 이 방식은 장시간의 개발기간이 소요되며, 자금흐름이 여의치 않아 부도가 날 경우에는 담보 등에 대한 권리관계 설정이 복잡해지는 불리한 점이 있다.

③ 개발신탁방식

이 방식은 사업부지 및 개발사업에 관한 일체의 권한을 믿을 수 있는 신탁회사에 위임해서 추진하는 사업방식을 말한다. 이 방식은 디벨로퍼를 활용하여 개발하는 경우보다 비용을 좀더 지급하더라도 사업경험, 자산규모, 신뢰도 측면에서 보다 안전한 신탁회사에 개발사업에 관한 일체의 권한을 위임하는 것이다. 개발사업의 안전한 추진을 위해 최근 들어 많이 활용하고 있는 사업방식이다. 그러나 사업부지의 입지, 사업의 규모 등으로 인하여 사업성이 좋지 않은 프로젝트의 경우에는 신탁수수료의 비용지출이 부담되는 불리한 점도 있다.

④ 대물교환방식

이 방식은 사업부지를 소유하고 있는 지주가 개발이 완료된 이후 디벨로퍼나 시공사에게 공사대금을 완공된 일부의 건물로 변제하고 나머지는 분양하거나 소유하는 형태의 개발방식을 말한다. 디벨로퍼나 시공사 입장에서는 부지 매입비용을 부담하지 않기 때문에 개발사업에 대한 위험부담이 적고, 지주의 입장에서는 공사대금 변제 이후 개발로 인한 부동산 자산가치 상승의 효과를 독점할 수 있는 이점이 있다.

(2) 개발주체에 의한 분류

부동산개발사업은 개발주체에 따라 다양하게 구분할 수 있다. 공공기관이 주체가 되는 방식, 민간이 주체가 되는 방식, 민간과 공공이 공동으로 주체가 되는 방식, 주민조합과 공공법인 또는 민간법인이 주체가 되는 방식으로 세분할 수 있다. 각 방식별 세부내용은 다음과 같다.

① 공공개발방식

이 방식은 국가, 지방자치단체, 공공법인, 정부투자기관 등 공공기관이 개발의 주체가 되어 개발하는 방식을 말한다. 이 방식은 공공성과 공익성을 추구하는 사업이 주요 대상이 되며, 사업의 대부분이 사회간접자본시설(social overhead capital: SOC)로 구성된다. 국토개발과 관련된 공공사업, 공공택지조성공사, 지역개발사업공사 등이 대표적인 공공개발방식에 속한다. 공공개발사업은 정부의 예산사업으로 추진되므로 사업승인과 관련한 많은 절차를 거쳐야 한다. 따라서 시간이 많이 소요되며 사업 규모가 크고 경쟁이 치열하여 이 사업에 참여하는 건설사 입장에서는 사업 리스크가 크다고 볼 수 있다.

② 민간개발방식

이 방식은 개인 또는 법인 형태의 부동산 소유자, 건설업체, 전문개발업체, 금융업체 등이 개발주체가 되어 개발하는 방식을 말한다. 일반적으로 지주나 디벨로퍼가 직접 개발하거나 신탁회사 등이 개발하는 방식으로 민간개발의 대표적 개발방식이다. 민간개발방식은 크게 토지개발사업과 그 토지 위에 건설하는 건축개발사업으로 구분하여 사업이 이루어지고 있다. 토지개발사업은 대부분 공공개발로 추진되고 있으며, 조성된 토지 위에 건설하는 건축개발사업에는 민간이 참여한다. 특별한 경우로서 토지개발사업에 민간기업이 참여하는 경우는 대지조성사업, 취락지구사업, 소규모 도시개발사업, 관광휴양단지개발사업 등이 그 대상이 될 수 있다.

③ 민 · 관 합동개발방식

이 방식은 민간기업이 자본과 기술을 제공하고 공공부문인 국가 · 지방자치단체 등이 토지와 인허가의 행정적 부분을 담당하여 공동으로 개발하는 방식을 말한다. 민 · 관 합동개발방식은 제3섹터 개발방식이라 부르기도 한다. 이와 같은 개발방식은 공익성을 추구하면서도 민간기업에도 이익이 되는 장점이 있다. 공공부문인 정부는 사회간접자본시설에 대한 예산이 부족하여 민간의 자본과 기술을 끌어들여 공공 · 공익사업의 수행은 물론, 민간의 공공참여를 통한 상호보완적인 공동개발의 이점을 가지고 있어 비교적 많이 활용되고 있는 사업방식이다.

④ 주민조합, 공공 및 민간개발방식

주민조합, 공공개발사업은 지역주민조합과 공공법인이 사업주체가 되어 공동으로 개발하는 사업을 말한다. 또한 주민조합, 민간개발사업은 지역주민과 민간법인이 사업주체가 되어 공동으로 개발하는 사업을 말한다. 주민조합, 공공개발사업방식은 제4섹터 개발사업이라고 하며 주요 대상사업으로는 도시재개발사업을 들 수 있다. 주민조합, 민간개발사업방식은 제5섹터 개발사업이라고 하며 주요 대상사업으로는 도시개발사업, 관광단지개발사업 등이 있다.

(3) 개발형태에 의한 분류

부동산개발사업은 개발형태에 따라 크게 신개발사업과 재개발사업으로 구분할 수 있다. 신개발사업은 관련법에 따라 택지개발사업 · 도시개발사업 · 형질변경사업 등으로 세분할 수 있고, 재개발사업은 토지 중심의 재개발사업과 건축 중심의 재개발사업으로 구분한다.

① 신개발사업

신개발사업은 토지 위에 건설되는 건축물의 규모와 용도 등에 따라 토지의 가치가 변화되는 개발로서 대지조성사업, 택지개발사업, 도시개발사업, 형질변경사업 등으로 세분할 수 있는데 그 내용은 다음과 같다. ① 대지조성사업은 대지 이외의 지목을 대지로 변경하는 개발사업을 말한다. 일반적으로 대지조성사업은 임야, 논, 밭 등의 다른 지목의 토지를 매입하여 건축이 가능한 토지로 변경하는 사업이며 도시계획구역 밖에서 시행되는 경우가 많다. ② 택지개발사업은 주택공급의 일환으로서 정부나 지방자치단체 또는 민간기업이 택지를 조성하여 공급하는 사업을 말한다. 임지, 농지 등을 택지화하여 주거지역, 상업지역 등의 용도지역계획을 수립하여 건축이 가능하도록 하는 사업을 말한다. ③ 도시개발사업은 '도시개발법'에 따라 도시개발구역 지구지정을 받아서 사업을 시행하는 개발방식을 말한다. 다시 말해서 도시개발사업은 도시개발구역 안에서 주거, 상업, 정보, 문화, 복지 등의 기능을 가지는 단지 또는 신시가지를 조성하기 위해서 시행하는 신개발사업을 말한다. ④ 형질변경사업은 '지적법'에 의한 28개의 지목을 다른 지목으로 변경하는 사업을 말한다. 형질변경의 주된 목적은 대지로의 형질변경에 있다. 형질변경사업의 주체는 정부 · 공공기관 · 조합 · 개인 등이 가능하며, 그 사업은 토지 또는 산림의 원형 · 지표 · 지질 등을 변경하는 일체의 행위를 말하며, 개간 · 매립 · 성토 · 토지굴착 및 기타의 형질변경사업을 포함한다.

② 재개발사업

재개발사업은 토지나 건물 · 시설 등이 노후화하여 정비가 불가피한 상태에서 이를 합리적 · 효율적으로 개발하기 위해 시행하는 개발사업을 말한다. 일반적으로 도시재개발사업은 토지 중심의 재개발사업과 건축 중심의 재개발사업으로 구분한다. 토지 중심의 재개발사업에는 도시 및 주거환경개선사업, 시장재개발사업 등이 있고, 건축 중심의 재개발사업은 주택재건축사업으로 분류할 수 있는데 그 내용은 다음과 같다.

먼저, 도시 및 주거환경개선사업은 정비구역 안에서 도시기반시설을 정비하고 주택 등의 건축물을 개량하거나 건설하는 사업을 말한다. 정비사업을 계획적으로 시행하기 위해서는 정비구역을 지정고시하여야 한다. 이 방식의 개발사업은 네 가지 사업, 즉 주거환경개선사업, 주택재개발사업, 주택재건축사업, 도시환경정비사업으로 구성되어 있다. 다음으로 시장재개발사업은 '중소기업의 구조개선과 재래시장 활성화를 위한 특별조치법'에 의한 개발사업을 말한다. 사업추진 시 총사업비의 일정 범위 내에서 상당한 금융지원이 가능하고 취득세 · 등록세의 면제 등 세제지원 조치가 이루어진다.

3) 부동산개발사업의 추진절차

부동산개발사업의 추진절차는 부동산개발 과정의 적절한 분석체계를 제공할 뿐만 아니라 부동산개발사업을 정확히 평가하는 구조적 환경도 제공하는 이점이 있다. 이로 인하여 부동산개발업자는 부동산개발 과정의 세부단계별로 프로그램을 수정할 수 있고, 다음 단계로 진행해야 할지의 여부도 판단하게 된다. 부동산개발사업의 초기 단계에 큰 문제가 없다면 부동산개발 과정의 후반부 단계로 진행하고, 후반부 단계에서는 초기 단계의 사업내용을 집행하는 과정을 진행하는 것이 바람직하다.

부동산개발사업은 토지 자원의 개발과 보전이라는 측면에서 합리적이고 효율적이어야 한다. 합리적이고 효율적인 개발행위를 하기 위해서는 계획적이고 공정한 기준으로 일정한 절차에 따라 업무를 수행해야 한다. 부동산개발사업의 추진절차에 대하여 많은 학자들마다 다양한 절차를 제시하고 있다. Wofford Larry E.는 부동산개발사업의 추진절차를 7단계로 구분하고 있다(Wofford, 1983: 561-568). 부동산개발사업의 절차에 대한 다양한 이론 가운데 Wofford의 7단계이론을 중심으로 살펴보면 다음과 같다.

(1) 사업구상단계

사업구상단계에서는 일정한 위치에 있는 대상부지를 무엇으로 개발할 것인가를 주변의 여건과 전체적인 부동산 동향을 파악하여 그에 부합하는 아이디어를 찾는 단계이다. 이 단계에서는 대상부지와 관련한 토지대장, 등기부등본, 토지이용계획확인서 등 각종 공부서류를 검토하고 현장을 방문하여 어떤 종류의 개발사업이 적합한지를 많은 지식과 경험에서 형성되는 직관을 통해 구상한다. 먼저, 사업대상부지에 법률적으로 어떤 용도의 시설들이 가능한지를 개략적으로 구상해 보기 위해 토지이용계획확인서에 기재된 지역 · 지구 등의 지정과 행위제한 내용을 검토하여야 한다. 또한 대상부지의 해당 용도지역별 용적률, 건폐율, 토지대장의 토지면적과 지적도의 토지형상을 검토하여 개략적인 건축 규모를 예측해 볼 수 있다.

현장을 찾고자 하는 경우에는 지형도와 지적도의 축적을 동일하게 하여 지형의 모양과 대상지의 지적형상을 비교하면 쉽게 인식할 수 있다. 특히 지형도는 등고선으로 지형의 모양이나 고저, 경사의 정도를 나타내기 때문에 모든 개발계획 시 활용되고 있다. 예산의 규모는 어느 수준으로 하는가의 문제, 자금조달은 어떤 방법으로 할 것인가의 문제, 장래개발사업 완료 후 마케팅단계에서 표적시장의 대상을 어느 계층으로 할 것인가의 문제 등 부동산개발의 전체 과정에서 일어날 수 있는 각종 과제를 최초의 구상단계에서 방대한 자료를 수집한 후 예측하고 분석해야 한다.

(2) 예비적 타당성 분석단계

예비적 타당성 분석단계는 사업구상단계에서 그 구상이 실제로 이루어졌을 때 나타나는 예상수입과 지출을 개략적으로 살펴보면서 수익성을 산출하는 단계라고 할 수 있다. 이 단계에서는 대상부지를 확보하기 전에 상당히 구체화된 사업구상을 하기 위하여 관련 법규 검토, 시장조사 및 분석, 개략적인 설계 및 수지분석을 하여 초기 단계의 사업을 구체화해 가는 과정이다. 관련 법규뿐만 아니라 상위법규와 상위계획도 검토해야 하는데 수도권지역인 경우 '국토의 계획 및 이용에 관한 법률'뿐만 아니라 그 상위법인 '수도권정비계획법'도 검토할 필요가 있다. 관련 법규에서는 가능하지만 상위법규에서 불가능한 경우가 종종 있기 때문이다.

시장조사분석은 거시경제학과 미시경제학, 그리고 지역경제학에 관한 지식이 필요하다. 수익성의 근거는 투입한 토지매입비, 건축비, 부대시설비, 개발사업자의 적정이윤 등을 포함한 총비용을 말한다. 수익은 부동산개발 완성품이 시장에서 거래되었을 때 나타나는 시장가치에 근거한다. 시장가치의 파악은 원가방식, 비교방식, 수익방식 등이 적용된다. 건설 후 시장에서 팔리는 시장가치보다 투자가치가 더 높아야 개발업자의 입장에서는 사업타당성이 있다고 볼 수 있다.

(3) 부지확보단계

예비적 타당성 분석단계에서 투자가치가 시장가치보다 높다고 판단되면, 부지확보단계에서 사업부지의 확보를 위한 조치가 취해진다. 일반적으로 부지를 먼저 매입한 후 사업을 추진하는데, 부동산개발사업이 다른 어떤 사업보다도 리스크가 크기 때문에 사업성과 인 · 허가 절차가 완전히 검증되기 전까지는 조건부 또는 옵션계약을 통하여 부지를 확보함으로써 리스크를 줄이는 것이 바람직하다. 또한 부지매입 시 공부서류검토단계에서 등기부등본에 나타난 토지소유권과 기타 제한사항 등에 관하여 물권법의 소유권, 용익물권 및 담보물권에 관한 지식을 갖추고 있어야 한다.

이 단계는 부동산개발사업에 대한 여러 가지 대안 중에서 가장 적합한 부지를 비교 · 분석하여 선택하는 과정이라 할 수 있다. 그러므로 대상부지가 목표로 하는 사업에 적합한 용도로 개발 가능한 것인지 혹은 다른 용도로 전환이 가능한 부지인지의 여부, 주변의 편익시설과의 접근성은 용이한가의 여부 등을 구체적으로 판단하여야 한다.

(4) 타당성 분석단계

부동산개발사업에서의 타당성 분석은 법률적 · 물리적 · 사회적 · 경제적 타당성을 분석하는 것이다. 타당성 분석단계는 개발사업의 시행 여부를 판단하는 대단히 중요한 단계이다. 예비적 타당성 분석단계에 대응하는 실질적이고 완전한 의미의 타당성 분석단계라고 할 수 있다. 타당성 분석을 실행가능성 분석이라고 하는 이유도 바로 이 때문이다. 부동산개발사업의 타당성 분석단계는 최종적 의사결정을 할 수 있는 판단기준이 되기 때문에, 어느 단계보다도 중요한 단계로서 철저한 검토가 필요하다. 법률적 · 물리적 · 사회적 · 경제적 측면의 타당성 분석내용을 살펴보면 다음과 같다(윤영식, 2012: 113-118).

① 법률적 분석은 대상부지의 각종 규제에 대하여 개발업자가 어떤 종류의 공간을 어느 정도로 유용하게 사용할 수 있는가의 제약조건을 분석하는 과정이다. 타당성 분석 가운데 가장 먼저 파악해야 할 분석과정으로서 관련 법규와 관련 계획을 함께 검토하여야 한다. '국토기본법'에 의한 각종 계획, '국토계획법'에 의한 용도지역 · 지구 · 구역의 지정 또는 변경에 관한 계획 등의 분석이 대단히 중요하다. 개발사업이 관련 법규 또는 관련 계획상 시설입지의 행위제한에 직접적인 영향을 주기 때문이다. 또한 토지이용규제관련법, 도시개발법, 건축법에 관한 후속적 제한규정도 반드시 숙지해야 한다.

② 물리적 분석은 지형 · 지세 · 토양 · 토질 등 대상부지가 지니고 있는 물리적 요인들이 사업대상 건축물의 유지, 발전 여부, 또는 이와 같은 요인들의 구조적 · 기술적 문제야기 여부를 분석하는 과정이다. 대상부지분석뿐만 아니라 인근지역, 주변지역의 입지적합성 여부에 관한 분석도 필요하다. 또한 토양 · 토질이 건축하기에 적합한지에 관한 검토, 홍수와 재난재해 시 지형적으로 안전한가의 여부 등에 관한 검토가 수반되어야 할 것이다. 구조적으로 안전하고 기능적으로 편리하며 에너지를 절약할 수 있도록 해야 하며, 형태 측면에서도 아름다움을 추구하는 개발사업이 되기 위해서는 토목 · 건축 · 조경 관련 분석도 필요하다.

③ 사회적 분석은 법률적 · 물리적 · 경제적 요건이 적합하더라도 대상부지 주변의

지역사회가 추구하는 목표에 부합되지 않는다면 타당성에 결함이 있다는 전제로부터 시작되는 분석과정이다. 인근지역의 소득수준, 연령구조, 인근지역 간의 경쟁, 인구의 동태적 분석 등이 필요하다. 소득 및 연령계층 간의 갈등 가능성, 소득편차로 인한 빈부의 대립, 통학학군 간의 격리, 범죄발생 가능성 등에 관한 폭넓은 현장분석이 수반되어야 할 것이다.

④ 경제적 분석은 크게 공공부문과 민간부문으로 나눌 수 있다. 공공부문은 비용 · 편익분석으로 형평성과 효율성의 적절한 조화를 모색하는 데 비해, 민간부문은 주로 재무적 타당성 분석으로 수익성 분석과 현금흐름분석을 중시한다. 수지분석의 구성요소로서 수입이나 비용을 추정하는 경우, 수입은 주로 분양가 또는 임대가로 추정한다. 시장조사에 의하여 수집된 자료를 이용하여 시장접근법으로 평가하거나 비용접근법이나 소득접근법으로도 분양가 또는 임대가를 산출할 수 있다. 비용추정에 있어서 토지가격은 시장접근법으로 평가한다. 토지취득에 따른 취득세와 등록세는 조세론의 지식이 필요하고, 건축비는 건축설계에 의한 견적으로 산정되기 때문에 적산과 견적에 대한 기술적 지식이 필요하다. 또한 수지분석을 위해서는 회계에 관한 기본지식을 필요로 한다.

(5) 금융단계

타당성 분석단계의 세부내용 분석 결과가 투자 결정 방향으로 정해지면, 건설을 위한 자금이 필요하게 된다. 자기자본으로 전체의 개발사업을 이끌 수 있다면 별 문제가 없으나 사정이 그렇지 못하다면 타인자본이 개발과정에 개입하게 된다. 이와 관련하여 금융기관으로부터 사업자금을 대출받게 된다. 그 유형은 개발사업을 착공하고 완공하는 데 드는 비용을 대출받는 건설대부 형식과 개발사업이 완공되어 사용검사를 받은 후 부동산을 담보로 대출받는 저당대부 형식이 있다.

이 과정에서 건설자금대부계약, 장기대출계약, 시공계약, 보험계약, 사전임대계약 등의 계약을 체결하게 되므로 계약법과 부동산금융에 관한 지식, 건축과 토목 등 건설공사에 관한 지식이 필요하다. 부동산개발 자금조달 측면에서 살펴보면 필요한 자금조달방식은 개발사업방식에 따라 다양하다. 전통적인 저당금융 방법으로부터 부동산신탁을 이용하는 방법, 자산담보부증권(Asset-backed Security: ABS)과 주택저당담보부증권(Mortgage-backed Security: MBS)의 발행에 의한 방법, 프로젝트 파이낸싱에 의한 방법 등이 있다. 특히 부동산시장을 유동화하여 자본시장으로 결합시켜 주는 부동산펀드와 리츠(Real Estate Investment Trusts: REITs) 등에 의한 방법이 있다.

(6) 건설단계

건설단계는 금융기관으로부터 자금을 융통하여 사업을 집행하는 가장 중요한 단계라고 할 수 있다. 추구하는 사업목표와 최대의 사업성과를 위해 최단시간과 최소비용을 투입하여 목표로 하는 결과를 가져와야 하기 때문이다. 개발업자는 자신이 직접 사업을 수행하는 일반계약자가 되기도 하고, 일정한 요건의 자격자를 일반계약자로 선정하기도 한다. 일반계약자는 사업의 설계에서 준공에 이르는 과정을 전적으로 책임지고 수행하는 사람을 말한다.

건설공사를 수행하는 동안 전체의 공정을 관리해 주는 건설관리기법인 건설사업관리제도에 관한 지식이 필요하다. '건설산업기본법'에서 규정하고 있는 건설사업관리(Construction Management: CM)는 건설기간 전체 과정에 걸쳐 통합적으로 관리하는 방법을 설명하여 준다. 이에 관한 지식을 습득하고 잘 활용한다면 건설사업관리제도의 최종 목표인 공사비 절감, 공기 단축, 품질 향상 등의 효과를 얻을 수 있다. 건축물 준공 시에는 준공검사에 필요한 서류와 하자담보책임에 관한 서류를 필요로 한다. 하자담보책임에 대한 하자보증이행증권을 준공검사에 필요한 서류와 함께 제출하면 지방자치단체가 이를 보관한다.

(7) 마케팅단계

마케팅단계란 부동산을 건설한 후에 분양이나 임대를 통하여 시장성을 확보하려는 활동을 말한다. 분양기간이나 임대완료기간이 예상보다 길어질수록 공실에 따른 추가 비용이 높아진다. 마케팅단계에서는 신속한 분양과 임대가 완료되는 것이 관건이므로 이에 대한 집중적인 시장분석이 요청된다. 대규모 건설일수록 수요계층을 타겟화하고 특수한 방법으로 마케팅을 시도하여야 한다.

마케팅은 시장분석을 토대로 전략을 세우기 때문에 시장분석에 관한 지식과 마케팅에 관한 지식을 동시에 필요로 한다. 시장조사 및 분석은 부동산의 특성과 밀접한 관계가 있으므로 부동산의 속성을 잘 숙지하여 활용하여야 한다. 그뿐만 아니라 마케팅에는 제품의 차별화도 필요하기 때문에 프로젝트 초기에 실시되는 단지 및 건축설계 시에 마케팅 전문가를 참여시키는 것이 대단히 중요하다.

2 부동산개발사업의 위험과 투자분석

1) 부동산개발사업의 위험

부동산개발사업은 반드시 효용만 안겨다 주는 수익사업이 아니다. 기회가 제공됨과 동시에 반드시 위험도 존재한다. 특히 부동산개발이 주변의 여건변화와 너무나 밀접하게 관련되어 전개되기 때문에 변화에 민감하게 대응하여야 한다. 부동산개발사업의 궁극적 목적은 리스크를 최소화하고 수익률을 극대화하는 것이다. 리스크의 최소화와 관련된 요인을 살펴보면 손해의 발생 가능성과 불확실성으로 압축할 수 있는데, 부동산개발사업의 위험을 '부동산개발 프로젝트를 수행함에 있어서 장래 불확실성으로 인한 손해가 발생할 가능성'으로 정의할 수 있다(윤영식, 2012: 94).

부동산개발에는 개발업자가 손실을 입을 리스크가 항상 존재한다. 이자율의 상승, 비용과 수익 추계 간의 괴리, 기후 · 기상상태의 악화, 시장상황의 변화 등은 개발업자의 수익성을 파괴할 수 있다. 부동산개발사업의 리스크는 개발업자가 통제할 수 있는 것도 있지만, 통제할 수 없는 것도 있다. 세금강화와 대출제한 등과 같은 부동산정책의 변화는 개발업자가 통제할 수 없는 리스크에 속한다. 통제할 수 없는 리스크라 할지라도 이를 무시하지 말고 과거의 정책변화 등을 참고하여 향후의 정책변화 가능성을 예측하고 대비하여야 한다. 이와 같이 개발업자는 여러 가지 위험요소를 파악하여 분석하고 있어야 하며, 이러한 분석 결과를 개발사업의 의사결정에 적절히 반영해야 한다. 부동산개발의 위험은 크게 법 · 제도적 리스크, 시장환경적 리스크, 비용 리스크로 대별할 수 있으며 그 내용은 다음과 같다(안정근, 2009: 310-313).

(1) 법 · 제도적 리스크

부동산개발에는 여러 가지 법 · 제도적 제한이 수반된다. 개발사업에서 시설용도를 결정하거나 중앙정부 · 지방자치단체로부터 인 · 허가 등을 얻고자 할 때 여러 가지 법률과 제도적 규제를 받게 된다. 이러한 규제는 개발사업을 계획하고 관계기관의 승인을 받는 데 지불해야 하는 비용을 증가시킨다. 그리고 관계기관으로부터 필요한 승인을 얻지 못할 경우에는 사업 자체를 포기해야 하기 때문에 엄청난 손실을 입을 수 있다. 이와 같이 부동산개발에 따른 여러 가지 법 · 제도적 리스크를 평가하는 것은 개발사업의 타당성 분석에 있어서 매우 중요한 위치를 점하고 있다.

개발사업을 추진하고자 하는 경우에는 최우선적으로 사업 관련 계획과 법규, 그리고 지방자치단체의 조례 등을 검토하여 사업용도의 적합성과 인 · 허가에 소요되는 시간을 체크하고 일정이 지연되지 않도록 대비해야 한다. 시장분석이나 수지분석보다 우선하여 관련 법규 및 제도 등을 검토하는 것은 아무리 시장성과 수익성이 있는 사업이라 하더라도 법률에 위배되어 인 · 허가가 어렵다면 사업 자체가 불가능하기 때문이다.

개발사업에 대한 공공의 여론이나 인근 주민의 감정문제 등도 조심스럽게 접근하여야 한다. 개발사업에 대한 여론의 향방이나 인근 주민들로부터 예상되는 반대의견의 제기에 대해서도 주의 깊은 평가가 필요하다. 대규모 개발사업은 관련 법률이나 제도적 규제뿐만 아니라 지역주민들과도 직 · 간접적인 관련이 있기 때문에 철저히 대비해야 한다. 개발업자는 지역주민들과 잦은 회합을 통하여 개발사업의 본질과 개발사업이 지역에 미치는 영향 등에 대한 설명과 답변을 충실하고 성의 있게 해야 한다. 이 과정에서 개발업자는 민원문제 처리에 대한 선례로는 어떤 것이 있었는지, 유사 개발사례에 대한 최근의 결정은 어떻게 이루어졌는지에 대하여 세심하게 대비할 필요가 있다.

(2) 시장환경적 리스크

부동산개발사업은 그 과정에 많은 시간이 소요된다. 개발사업을 구상하여 건축물을 완공하고 분양이나 임대를 할 수 있도록 하는 데 짧게는 수개월에서 길게는 수년 이상이 걸린다. 사업 초기에는 사업성이 충분하였더라도 개발기간 중에 시장상황이 변동할 수 있다는 점을 유의하여야 한다. 그러므로 개발기간이 길면 길수록 리스크는 그만큼 더 커진다고 할 수 있다. 개발업자들은 개발을 착수하기 전에 부동산을 매수하거나 임차할 고객을 먼저 확보하려고 하는 경우가 많다. 이러한 경향은 많은 자본을 필요로 하는 대규모 사업의 경우에 특히 강하게 나타난다. 이와 같이 사전에 부동산을 매도하거나 임대하는 것은 개발에 수반되는 리스크를 줄일 수 있는 이점이 있기 때문이다. 반면에 개발사업의 가치에 합당한 가격으로 거래를 성사시키기가 어렵다는 불리한 점도 동시에 존재한다. 매수자나 임차자도 개발사업이 완성되기도 전에 투자결정을 한다는 것이 자신들에게 리스크를 증가시키는 행위라는 것을 잘 알고 있기 때문이다. 따라서 그들은 자신들이 부담하는 리스크만큼 매수가격이나 임대료의 할인을 요구한다.

부동산시장은 끊임없이 변화한다. 시장이자율도 계속 변하고 있다. 이자율의 상승은 개발업자에게 추가적 금융비용을 부담시킨다. 이와 같이 시장의 불확실성이 개발업자에게 지우는 부담을 시장 리스크라고 한다. 부동산가치와 리스크는 서로 상충관계에 있다. 부동산 리스크는 완료 시점으로 옮겨 갈수록 줄어드는 대신에 부동산가치는 반대로 상승하게 된다. 그러므로 개발업자는 분양이나 임대전략을 세우는 경우 사업 초기에 분양이나 임대를 하고자 한다. 이렇게 하는 것은 바로 공실에 따른 리스크와 사업지연에 따른 이자비용을 줄일 수 있기 때문이다. 초기에 분양이나 임대를 실시하는 경우에 리스크나 이자비용을 줄일 수 있으나 그만큼 분양가격이나 임대료를 낮은 수준에서 결정해야 하기 때문에 반드시 개발업자에게 유리하다고 볼 수는 없다. 그러므로 개발업자는 어느 시점에서 분양이나 임대를 실시해야 리스크는 최소화하고 수익은 극대화할 수 있는지 세밀하게 검토해야 한다.

(3) 비용 리스크

부동산개발사업에 있어서 개발업자가 생산된 공간에 대한 수요, 임대료, 시장가치 등을 정확하게 평가했다고 하더라도, 개발사업으로부터 적정한 수익을 얻을 수 있느냐의 여부는 생산에 투입된 비용에 따라 좌우되는 경우가 많다. 인플레이션이 심한 시기에는 개발기간 중에도 비용이 자주 변동된다. 따라서 개발기간이 길어질수록 비용 리스크도 아울러 커진다. 부동산개발사업에서 비용은 크게 토지비와 건축비, 그리고 기타 판매 · 관리비, 설계비 등으로 분류할 수 있다. 이들 중 제일 크게 작용하는 비용은 토지비와 건축비가 될 것이다. 여기서 토지비는 사업초기에 지불하는 비용이므로 크게 문제가 되지 않지만, 건축비는 사업진행 도중에 발생하고 사업기간에 걸쳐 지불해야 하므로 그만큼 개발업자에게는 큰 부담이 된다.

개발업자는 비용 리스크를 줄이기 위하여 시공회사와 사업에 소요되는 최고 가격을 명시하여 계약을 맺는 경우가 많다. 개발사업에 실제로 든 비용이 계약금액을 초과하더라도 개발업자는 추가적 비용을 부담하지 않는 조건이기 때문이다. 이것은 예기치 못한 비용 리스크를 줄일 수 있다는 장점이 있는 반면, 최소비용으로 개발사업을 완성할 수 없다는 단점도 있다. 왜냐하면 건설비용이 실제비용을 초과할 경우, 시공회사는 손실을 감수해야 하므로 이와 같은 리스크를 비용에 반영하여 계약금액을 높이기 때문이다.

개발사업에서 건축비를 정확하게 추계한다는 것은 쉬운 일이 아니다. 경기전망이 불투명하거나 건설환경이 급변하게 되면 개발기간 중에도 자재비와 인건비 변동으로 인해 건축비가 자주 변동하게 되기 때문이다. 이러한 경우에 시공회사는 어떠한 구실을 만들어서라도 설계변경을 시도하여 건축비를 올리려 할 것이다. 만약 개발업자가 이와 같은 리스크를 줄이고자 시공회사와 도급계약을 할 때, 천재지변을 제외한 어떠한 상황이 오더라도 도급금액을 변경하지 않는다는 조건으로 계약을 체결한다면 건축비 변동에 따른 리스크는 고스란히 시공회사에게 넘어가게 된다. 그러므로 시공회사도 건축비 산정 시 리스크를 포함한 건축비로 계약을 체결하여 비용 리스크를 줄이려고 할 것이다.

2) 부동산개발사업의 수익분석

부동산개발사업은 대상부지의 토지조건과 관련한 시설계획을 수립하고 자금조달을 검토한 후에 개발사업의 수익을 분석하는 과정을 거쳐야 한다. 사업수익분석은 초기의 투자계획이나 자금조달계획, 차입금상환계획 등을 입안할 경우에 그 개발사업을 경제적 가치의 관점에서 판단하는 중요한 평가자료가 되기 때문이다. 부동산개발에 있어서 사업수익분석은 손익계산서 등의 자료를 개발사업이 시행되기 전에 작성하게 된다. 이러한 자료는 투자 또는 자금조달 측면에서 의사결정의 근거가 되고, 사업전략의 지침으로서 큰 역할을 한다.

부동산개발에 있어서 사업수익분석의 목적은 대상이 되는 개발사업에 따라 목적과 관점이 다르다고 하지만 개발사업에서 발생할 수익을 예측하고 그 수익을 가장 효과적으로 얻기 위한 투자를 계획한다는 측면에서는 공통점을 가진다고 볼 수 있다. 어떤 의미에서는 부동산개발사업에서 수익을 예측한다는 것은 현금흐름을 예측한다는 것을 의미한다. 부동산개발에 있어서 사업수익분석은 미래의 투자성과를 검토하기 위해서 투자기간 중의 미래수익과 미래비용을 예측한다. 이와 같이 예측한 수익과 비용을 바탕으로 현금흐름을 검토하여 투자의사결정을 위한 기초자료로 활용한다.

부동산개발사업은 일반적으로 투자형 개발사업과 운용형 개발사업으로 크게 구분할 수 있다(이재웅, 2010: 380). 상업용 빌딩, 오피스빌딩, 임대아파트 등과 같은 투자형 개발사업은 초기투자에 대한 수익을 어느 정도 기대할 수 있는가의 여부가 그 개발사업의 최대 주안점이 된다. 투자형 개발사업의 목적은 어디까지나 자산운용인 만큼 투자형 개발사업의 수익이나 리스크의 비교대상은 다양한 금융상품과 비교하며 이루어진다. 그러므로 부동산개발에 있어서 사업수익분석도 투자 리스크를 평균이율로 이해할 필요가 있다. 투자형 개발사업에서는 예상수익을 비교적 안정적으로 파악할 수 있었으나 최근에는 입지환경이나 설비내용에 따라 예상수익을 조정하지 않으면 안 될 정도로 불안정한 상황이 되었기 때문이다.

반면에 레저시설 등과 같은 운용형 개발사업은 수익, 고용 확보, 기업의 이미지 제고 등 시설운용을 통해 얻어지는 다양한 이익을 주안점으로 한다. 운용형 개발사업에서는 차입금의 상환을 포함한 개발자금조달과 수익 · 비용의 균형이 사업수익분석의 목적이 된다. 더욱이 대형 부동산개발사업인 경우는 경상수익이나 순수익 누계의 흑자전환 연도도 중요한 요소가 된다. 그 이유는 운용형 개발사업에서는 평균수익보다 사업운용을 계속할 수 있는가의 여부를 중시하기 때문이다. 운용형 개발사업의 경우에 이용고객 수는 시장경기, 계절, 날씨, 유행, 홍보, 업종 간 경쟁, 서비스의 비용, 이용료 등과 같은 자연적 · 사회적 · 경제적 시장요인에 따라 변동한다. 이러한 시장요인은 경상수익을 좌우하게 된다. 따라서 수익은 시장과 보다 밀접하게 연관성을 가져야 하고, 시장조사는 수익을 확보하기 위해 존재한다고 해도 과언이 아닐 정도로 개발사업의 경영에 반드시 필요한 요소라 할 수 있다.

부동산개발에 있어서 사업수익분석은 시장조사를 토대로 예상수익을 추계하기 위한 가장 효과적인 투자를 계획하는 과정이라고 말할 수 있다. 특히 토지의 이용 및 활용을 계획하거나 새로운 부동산개발사업을 계획하는 경우에 예상수익의 추계는 매우 중요한 작업이다. 예상수익을 추계하는 데 있어서 반드시 필요한 시장조사를 무시하거나 경시하기 때문에 결과적으로 과다한 투자가 되어 경영상의 손실을 보는 경우를 많이 볼 수 있다(이재웅, 2010: 381).

사업수익분석의 기본적 흐름은 다음과 같다. 첫째, 시장분석 전문가는 부동산개발사업의 규모나 내용을 결정한 후, 개발사업을 시행할 경우에 필요한 총투자액을 산정하는 투자계획을 수립한다. 둘째, 투자계획과 연동하여 감가상각비를 산정하고 부동산개발사업의 내용에 부합하는 추가투자의 필요성을 검토한다. 셋째, 투자계획의 내용을 토대로 자금조달계획을 수립하고 조달방법을 검토한다. 넷째, 투자계획에 의해 도출된 부동산개발사업의 규모나 내용에 적합한 수익계획을 수립한다. 끝으로, 투자계획과 수익계획을 고려하여 그에 부응하는 비용지출계획을 수립한다.

앞에서 살펴본 바와 같이 사업수익분석의 기본적 흐름을 바탕으로 하여 투자형 개발사업과 운용형 개발사업을 추진할 때 유의할 점을 살펴보면 다음과 같다.

먼저 투자형 개발사업의 경우는 부동산개발사업의 투자계획을 기준으로 사업수익분석을 하게 된다. 상업용 빌딩, 오피스빌딩 또는 임대아파트 등과 같은 투자형 개발사업에서는 사업 규모의 설정과 투자액이 중요하다. 그 때문에 개발부지의 현황을 충분히 파악하고 건폐율이나 용적률 등의 제약요인도 개발계획에 구체적으로 반영하여야 한다. 도입업종이나 지역에 따라서는 각종 규제를 받게 될 경우가 있는데, 이러한 개발계획부지의 특성을 감안한 개발계획이 아니면 의미가 없다고 할 만큼 그 특성이 부각된 계획이 중요하다. 또한 투자형 개발사업에서는 자금조달계획도 매우 중요하다. 특히 상업용 빌딩, 오피스빌딩 등과 같은 부동산임대사업에서는 초기의 임차인 보증금이 자금조달계획에서 중요한 요소가 된다.

한편, 운용형 개발사업의 경우는 부동산개발사업의 수익계획을 기준으로 사업수익분석을 수립하게 된다. 이러한 관점은 투자형 개발사업이 투자계획을 기준으로 사업수익분석을 수립하는 관점과는 크게 차이가 있다. 그러나 계획대상부지의 여러 가지 인 · 허가기준을 확인해야 하는 점은 투자형 개발사업과 동일하다. 운용형 개발사업의 경우에는 부동산개발사업의 건전성 · 안전성 · 계속성을 도모해야 하기 때문에 보다 정확한 산정기초가 되는 구체적 수치를 가지고 수익분석을 할 필요가 있다. 운용형 개발사업을 추진하는 경우에 토지의 조건, 시장조건, 경영조건에 근거한 시뮬레이션을 실행해 보는 것도 수익분석을 훨씬 구체화하는 방법이 된다.

3) 부동산개발사업의 투자타당성 분석

부동산개발에 있어서 부동산분석의 궁극적인 목적은 사업대상부지에 대해 가장 경제성 있는 개발대안을 찾는 것이다. 이와 같은 목적을 수행하기 위하여 개발업자들은 개발사업을 수행할 특정 부지를 찾고, 해당 부지의 개발사업이 투자자의 목적을 충족시킬 수 있는가의 여부를 분석한다. 특정 부지를 찾는 과정에 속하는 분석으로는 지역경제분석 · 시장분석 · 시장성 분석이 있는데 이들을 입지적 시장분석으로 통칭하기로 한다. 또한 투자자의 목적 충족과정에 속하는 분석으로는 타당성 분석 · 투자분석이 있는데 이를 경제적 타당성 분석으로 통칭하기로 한다.

입지적 시장분석과 경제적 타당성 분석에 속하는 다섯 가지 부동산분석의 유형을 자세히 살펴보면 다음과 같다(안정근, 2009: 313-327).

첫째, 지역경제분석(regional economic analysis)은 특정 지역 또는 특정 도시의 부동산 전체에 대한 기본적인 수요를 분석하는 과정이라고 할 수 있다. 그 지역의 인구, 고용, 소득, 교통, 상하수도 등에 관한 통계지표는 지역경제분석의 필수적인 요인이 된다.

둘째, 시장분석(market analysis)은 속성상 지리적 · 공간적 범역으로 한정된다. 부동산개발업자는 개발하고자 하는 대상부지의 외곽경계를 확정해야 하기 때문이다. 일반적으로 그 범역은 대부분의 경우 경쟁부동산이 위치하고 있는 지역단위 전체 혹은 근린지역 정도의 수준이 된다. 시장분석은 특정 부동산에 대한 시장지역의 수요와 공급 여건을 분석하는 것을 말한다. 시장분석에는 시장 특성에 따라 차별화와 세분화가 포함되는데, 시장차별화는 공급제품의 특성에 따라 대상 부동산을 범주화하여 다른 부동산과 구별하는 것을 말한다. 시장세분화는 소비자의 특성에 따라 잠재적 수요자를 범주화하여 다른 소비자와 구별하는 것을 말한다.

셋째, 시장성 분석(marketability analysis)은 개발된 부동산이 현재 또는 미래의 시장상황에서 매매되거나 임대될 수 있는 능력을 조사하는 것이다. 대상 개발사업의 현재 경쟁력과 미래 경쟁력을 면밀히 분석해야 한다. 시장성 분석에는 특정 사업부지자체와 그것의 입지적 특성에 대한 분석도 포함된다. 이와 같은 입지적 특성이 대상부동산의 잠재적 수요자에게 얼마나 수용될 수 있는지 평가해야 하기 때문이다. 시장성 분석은 부동산의 입지, 유형, 양과 질 등에 따라 구체적으로 수행되어야 한다.

넷째, 타당성 분석(feasibility analysis)은 대상 개발사업이 성공적으로 수행될 수 있을지의 여부를 분석하는 것이다. 다시 말해서 대상 개발사업이 투자자의 자금을 유인할 수 있을 만큼 충분히 매력적인가를 살펴보고자 하는 것이다. 대상 개발사업의 수익성 여부가 관건이 되는데, 타당성 분석을 할 경우에는 시장상황에 대한 분석뿐만 아니라 대상 개발사업의 공실률, 영업경비, 세금, 이자 등 현금수지를 기준으로 분석하여야 한다.

끝으로, 투자의사결정을 위한 투자분석(investment decision analysis)은 보유기간을 기준으로 분석하는데, 매 기간의 세후 현금수지와 기간 말의 세후 지분복귀액을 추계하여 분석한다. 그리고 리스크와 수익의 관점에서 면밀하게 평가하고, 수용할 수 있는 위험수준 한도 내에서 최고의 수익을 내는 대안을 선택하여야 한다. 이 과정에서 투자자나 개발업자는 순현가, 내부수익률, 수익성 지수 등 여러 가지 척도를 사용한다. 경제적 타당성이 있다는 말의 의미는 대상 개발사업이 투자자들에게 만족할 만한 투자이윤을 제공한다는 것을 의미한다. 그런데 투자자들은 만족할 만한 이윤을 제공하는 대안을 선택하는 것이 아니라, 그중에서 최대의 이윤을 제공하는 대안을 선택한다. 투자분석이란 대상토지나 건축물의 여러 가지 이용대안 중에서 최유효이용(highest and best use)을 평가하고 확인하는 과정이라고 할 수 있다.

지금까지 살펴본 다양한 부동산분석 과정은 분석목적에 따라 크게 네 가지 역할을 수행하는데, 그 내용을 살펴보면 다음과 같다.

첫째, 입지적 시장분석[1]은 주어진 부지를 어떤 용도로 이용할 것인가를 결정하는 역할을 한다. 어떠한 특정 부지를 개발하려고 할 때에는 시장상황이 토지를 매수했던 당시와는 크게 달라져 있는 경우가 많다. 이러한 경우, 입지적 시장분석은 주어진 부지에 대한 법적 · 물리적 · 경제적 제약조건 등을 분석하여 가능한 대안을 제시해 준다. 또한 특정 부지를 어떠한 용도로 사용할 것인가에 대한 입지적 시장분석은 주변의 토지이용이 대상부지의 사용에 어떠한 영향을 주고 있는가를 파악하는 데 중점을 둔다. 대표적인 사례로, 안양 평촌신도시 내 법원 · 검찰청이 들어섬으로써 청사 근처에 산재해 있던 많은 공지들이 변호사 · 법무사 사무실 용도의 업무용 건물들로 개발된 경우를 들 수 있다. 이와 같이 주변의 토지이용이 특정 부지의 용도에 미치는 영향을 입지효과라고 한다.

둘째, 입지적 시장분석은 특정 용도에 어떠한 부지가 적합한 것인가를 결정해 주는 역할을 한다. 부동산분석은 주어진 부지를 무엇으로 이용할 것인가를 결정하는 데도 필요하지만, 주어진 용도에 적합한 부지를 어떻게 선택할 것인가를 결정하는 데 더 큰 비중을 둔다. 많은 투자자들은 사용목적에 부합되는 적절한 부지를 찾

1 입지적 시장분석은 지역경제분석 · 시장분석 · 시장성분석을 통합하는 광의의 개념을 지칭한다.

기 위해 노력하고 있다. 이와 관련하여 시장분석가는 특정 용도에 적합한 부지를 비교 · 분석하여 투자자가 최적의 부지를 선택하는 데 도움을 주고 있다. 시장분석가는 다양한 부지들 가운데 각 부지별 특성, 장단점 등을 검토한 후 부지 선택의 기준들을 적용하여 개별 투자대안의 우선순위를 정하고 이를 투자자에게 제시한다.

셋째, 입지적 시장분석은 주어진 자본을 어디에 투자할 것인가를 결정하는 역할을 한다. 다시 말해서 주어진 자본을 투자할 대안을 찾고 있는 투자자를 위해 수행되는 분석과정이라 할 수 있다. 이러한 투자자들은 대체로 세후현금수지의 극대화에 관심이 많다. 입지적 시장분석은 투자대안에 대한 영업수지분석과 시장가치의 분석 등에 많은 비중이 주어진다. 시장분석가는 투자수익률과 리스크에 영향을 미치는 여러 변수들의 시장자료를 수집하여 미래의 현금수지와 미래가치를 가능한 한 정확하게 예측하여 투자자에게 제시한다.

끝으로, 경제적 타당성 분석[2]은 주어진 개발사업이 현재 시장에서 어떤 위치를 점하고 있는가를 결정해 주는 역할을 한다. 다음과 같은 분석요인, 즉 기존 개발사업의 시장경쟁력, 계약임대료의 적정수준, 계약임대료와 시장임대료 간의 격차, 적절한 관리 여부, 수선 · 유지보수의 필요성 등에 관한 분석이 면밀하게 이루어져야 한다. 시장분석가는 시장상황을 정확히 평가하여 어떻게 하면 현재의 개발사업이 시장에 가장 잘 부합할 수 있는가를 끊임없이 분석해야 한다. 시장분석가는 과거에 시장에서 일어났던 현상, 그리고 현재 일어나고 있는 변화에 주목하여 기존의 개발사업의 시장경쟁력에 영향을 주는 요인을 분석하고 그 추세를 파악해야 한다.

지금까지 살펴본 바와 같이, 경제적 타당성 분석은 입지적 시장분석에서 수집된 자료를 활용하여 개발사업에 대한 수익성을 평가하는 것이다. 입지적 시장분석 과정이 어떤 개발사업의 시장에서의 채택 가능성을 평가하기 위해 고안된 것이라고 한다면, 경제적 타당성 분석은 보다 구체적으로 개발사업의 수익성 여부를 평가하

2 경제적 타당성 분석은 타당성 분석, 투자분석을 통합하는 광의의 개념을 지칭한다.

기 위해 고안된 것이라고 할 수 있다. 어떤 사업이 시장에서는 비록 충분히 타당성이 있다고 판단되더라도, 투자자의 입장에서는 다른 투자 대안과 비교하여 수익성이나 리스크의 측면에서 우월하지 않는 한 채택되기 어렵다는 점을 강조하는 분석 과정이다.

3 부동산개발 관련 법규 · 금융 · 세무

1) 부동산개발 관련 법규

(1) 상위 및 관련 법규의 공간계획체계

우리나라의 전 국토를 대상으로 하는 공간계획체계는 '국토기본법'에 의한 국토계획과 '국토의 계획 및 이용에 관한 법률'에 의한 도시계획이 있으며, 도시 내 특정 지역은 도시관리계획에 의한 지구단위계획이 수립된다. 또한 수도권 또는 국토의 일부 지역을 대상으로 하여 '수도권정비계획법'에 의한 수도권정비계획이 있고, '제주특별자치도 및 국제자유도시조성을 위한 특별법'에 의한 제주도 내의 특정 지역계획, 그리고 '건축법'에 의한 도시 내 특수지역 또는 개별 건축물을 대상으로 하는 건축계획이 있다.

'국토기본법'에 의한 국토계획은 국토종합계획, 도종합계획, 시군종합계획, 지역계획, 그리고 부문별 계획으로 구분하고 있다. 국토종합계획은 국가가 주체가 되어 전 국토를 대상으로 공간계획과 관련된 모든 부문에 걸쳐 공간 배분문제를 다루는 지침적인 최상위 종합계획이다. 한편 '국토계획법'에 의한 도시계획은 광역도시계획, 도시기본계획, 도시관리계획으로 구분하고 있다.

국토종합계획의 구성체계는 수직적 · 수평적 성격의 연관체계로 되어 있다. 수직적 체계라 함은 하위계획이 상위계획과 내용이 서로 상충되지 않도록 수립되어야 함을 의미한다. 수평적 체계는 계획 상호 간에 토지이용을 상호 조정하여 개발과 보전의 조화를 모색하고 국토공간의 효율적 · 합리적 이용을 목표로 해야 함을 강조한다. 국토종합계획은 모든 공간계획의 최상위에 위치하면서 각종 공간계획에 대한 지침을 명시하며, 수도권정비계획과 제주도 내 특정지역계획 등은 국토종합계획의 지침을 수용하고, 하위계획인 도시계획에 대하여 그 방향을 제시한다. 도시계획은 상위계획의 지침을 수용하고, 하위계획인 건축계획에 대하여 세부기준이 되는 여러 가지 방향을 명시한다. 상위 및 관련 법규의 공간계획체계를 요약하면 [그림 4-1]과 같다(김영모 외, 2011: 323).

모든 부동산개발사업에서 공통적으로 적용되는 법규는 '국토계획법'이다. 개발 대상부지가 속한 용도지역 · 지구 · 구역이 국토계획법에 의한 용도지역 · 지구 · 구역상 어느 곳에 속하는지, 각각의 용도지역 · 지구 · 구역별 행위제한사항이 무엇인지를 검토해야 한다. 또한 수도권지역인 경우에는 상위법규인 '수도권정비계획법'을 검토해야 하고, 제주도와 같은 특정 지역은 '제주특별자치도 및 국제자유도시조성을 위한 특별법'을 검토해야 한다. 개별법 해당사항으로서 택지개발예정지구인 경우에는 '택지개발촉진법', 또한 전원개발사업구역인 경우에는 '전원개발에 관한 특례법'을 적용하는 등 각 개별법이 정하는 바에 따라 검토해야 할 것이다.

또한 대상부지의 지목이 임야인 경우, '산림자원의 조성 및 관리에 관한 법률'과 '산지관리법', 지목이 전, 답 등의 농지이면 '농지법'이 검토되어야 한다. 대상부지가 공원 내에 속해 있다면 '자연공원법' 또는 '도시공원 및 녹지 등에 관한 법률', 개발제한구역 내라면 '개발제한구역의 지정 및 관리에 관한 특별조치법', 상수원보호구역이라면 '수도법', 군사시설 관련 구역 내라면 '군사기지 및 군사시설보호법', 그외 기타 대상부지 및 시설물과 관련 있는 개별법을 검토해야 할 것이다.

그림 4-1 | 공간계획의 체계

공간범위	관련법	계획의 유형	계획의 내용
국토 및 지역계획	국토기본법(02)		
	국토계획	국토종합계획 도종합계획 시군종합계획 지역계획 부문별계획	주요개발계획 및 하위계획의 지침과 방향설정
	수도권정비계획법(82)	수도권정비계획	수도권의 과밀해소 및 기능재배치계획
	지역균형개발 및 지방 중소기업육성에 관한 법률(94)	광역개발사업계획 개발촉진지구개발사업계획 특정지역개발사업계획	
도시 및 단지	국토의 계획 및 이용에 관한 법률(02)		
	도시계획		
	광역도시계획 도시기본계획 도시관리계획	지역 · 지구 · 구역계획	용도지역, 용도지구 및 용도구역
		기반시설설치 · 정비 · 개량계획	도시계획시설의 배치
		도시개발사업계획	주거, 상업, 공업, 녹지 등의 조성 및 도시재개발사업
		지구단위계획	
	도시개발법(00)	도시개발사업	단지 또는 시가지조성
	도시 및 주거환경정비계획법(02)	주거환경개선사업계획 주택재개발사업계획 주택재건축사업계획 도시환경정비사업계획	
	택지개발촉진법(80)	택지개발사업계획	택지조성
개별필지	건축법	건축계획	건축구조 · 설비 · 용도 · 규모

지금까지 토지이용규제와 관련된 인 · 허가 관련 법률을 자세하게 살펴보았다. 사업승인과 관련된 인 · 허가 관련 법률로는 20세대 이상의 공동주택 건설 시 적용되는 '주택법', 일반 숙박시설인 경우 '공중위생관리법', 관광숙박시설은 '관광진흥법', 재건축 및 재개발은 '도시 및 주거환경정비법', 묘지 등은 '장사 등에 관한 법률', 실버타운의 경우에는 '노인복지법' 등이 있다. 또한 각종 지침과 고시 등의 법규가 수반된다.

(2) 수도권정비계획법

전체 국민의 48%가 국토면적 대비 12%에 못 미치는 수도권지역에 인구와 산업이 집중되어 있다는 사실은 부동산개발사업을 하고자 하는 대부분의 사람들이 한 번쯤은 규제를 거치게 되는 관심지역이라 할 수 있다. 국토균형개발과 수도권 과밀현상을 해소하기 위하여 정부는 지금까지 집중적으로 수도권 집중억제시책을 펴오고 있다. '수도권정비계획법'에 의한 두 가지 축, 즉 행위제한이라는 규제의 축과 수도권 정비계획에 의한 권역 및 공간구조 조정이라는 정비계획을 통한 규제의 축을 통하여 추진하고 있다.

'수도권정비계획법'에 의하면 수도권을 과밀억제권역, 성장관리권역, 자연보전권역의 세 가지 권역으로 지정하여 권역별로 행위제한을 받도록 규정하고 있다. 과밀억제권역은 인구 및 산업이 과도하게 집중되거나 집중될 우려가 있어 그 이전 또는 정비가 필요한 지역을 말한다. 성장관리권역은 과밀억제권역으로부터 이전하는 인구 및 산업을 계획적으로 유치하고 산업의 입지와 도시의 개발을 적정하게 관리할 필요가 있는 지역이며, 자연보전권역은 한강 수계의 수질 및 녹지 등 자연환경의 보전이 필요한 지역이다.

'수도권정비계획법'에서는 인구집중 유발시설을 별도로 규정하여 규제를 특별히 강화하고 있다. 세 가지 권역별 행위제한 규정이 각각 다르게 나타나지만 과밀억제권역의 행위제한 규정이 가장 강하게 적용된다. 종합대학의 이전 금지, 공공청사의 신축 금지, 판매 · 업무시설의 신축 시 과밀부담금의 부과 등이 과밀억제권역의 대표적 행위제한 규정이다. 일정 규모의 택지조성, 공업용지조성, 관광지조성 등에 있어서도 수도권정비위원회의 심의를 반드시 거친 후 허용하는 수준이다. 이와 같이 '수도권정비계획법'은 '국토계획법'의 상위법률이기 때문에 이 법에 의하여 개발 규제를 받는다면 '국토계획법'에서 허용된다 하더라도 개발사업이 불가능하다는 것이 이 법의 특별한 성격을 잘 반영하고 있다.

(3) 국토의 계획 및 이용에 관한 법률

'국토기본법'에 대하여는 하위법의 성격을 지니지만 다른 부동산공법에 대해서는 상위법으로서의 성격을 지닌다. 따라서 이 법에 의한 도시계획은 특별시, 광역시, 시 또는 군의 관할구역에서 수립되는 다른 법률에 의한 토지의 이용, 개발 및 보전에 관한 계획의 기본이 된다. 이 법의 주요 구성내용은 광역도시계획, 도시(군)기본계획, 도시(군)관리계획, 지구단위계획, 도시(군)계획사업으로 구분된다(정용식, 2012: 299-363).

각각의 내용을 살펴보면 다음과 같다. 첫째, 광역도시계획은 국토종합계획의 하위계획이나 광역계획권 전체를 하나의 계획 단위로 보고 장기적인 발전 방향과 전략을 제시하는 도시계획상의 최상위계획으로서, 광역계획권 내 시 · 군들의 도시기본계획과 도시관리계획에 대한 지침이 된다. 광역도시계획의 수립권자는 국토교통부 장관, 광역시 · 도지사, 국토교통부 장관과 광역시 · 도의 공동수립의 형태를 취한다.

둘째, 도시기본계획은 국토종합계획, 광역도시계획 등의 상위계획 내용을 수용하여 시 · 군이 지향해야 할 발전 방향을 제시할 수 있는 계획이 되어야 한다. 도시기본계획은 시 · 군의 관할구역에 대하여 기본적인 공간구조와 장기 발전 방향을 제시하는 종합계획으로서 시 · 군 관리계획의 수립지침이 되는 계획을 말한다. 목표연도 토지수요를 추정하여 산정된 면적을 기준으로 시가화용지, 시가화예정용지, 보전용지로 토지이용을 계획한다. 시가화용지는 현재 시가화가 형성된 기존 개발지로서 기존의 토지이용을 변경할 필요가 있을 때 정비하는 용지이며, 주거용지 · 상업용지 · 공업용지 · 관리용지로 구분하여 계획한다. 시가화예정용지는 당해 도시의 발전에 대비하여 개발축과 개발 가능지를 중심으로 시가화에 필요한 개발공간을 확보하기 위한 용지이며, 장래 계획적으로 정비 또는 개발할 수 있도록 도시적 서비스의 질적 · 양적 기준을 제시한다. 보전용지는 지역의 환경보전 및 시가지의 무질서한 확산을 방지하여 양호한 도시환경을 조성하도록 개발억제지, 개발불가능지, 보전이나 개발을 유보해야 할 지역으로 구분한다.

셋째, 도시관리계획은 시 · 군의 개발 · 정비 · 보전을 위하여 수립하는 토지이용 · 교통 · 환경 · 경관 · 산업 · 보건 · 문화 · 방재 등에 관한 계획을 말한다. 도시관리계획은 ① 용도지역 · 지구 · 구역의 지정, 변경에 관한 계획 ② 도시계획시설의 설치, 정비, 개량에 관한 계획 ③ 도시개발사업, 정비사업, 시 · 군계획시설사업 ④ 지구단위계획구역의 지정에 관한 계획으로 구성된다. 도시관리계획이 결정되면 토지소유자는 그 지정목적에 따라 건축행위를 비롯한 일정한 토지이용행위에 대하여 공법상의 제한을 받게 된다. 이러한 공법상의 행위제한은 전국의 모든 토지에 적용된다. 용도지역 · 지구별 건축제한, 즉 건축물의 용도 · 종류 및 규모제한은 도시의 계획적 · 단계적 개발 및 정비를 목적으로 이루어지며, 이와 같은 건축제한에 적합한 경우에도 다시 개별 건축물의 구조안전 · 기능 · 미관을 위한 건축법상 건축물의 대지 · 구조 및 설비의 기준 등에 관한 건축제한을 별도로 받는다.

넷째, 지구단위계획은 도시계획수립 대상지역 안의 일부지역에 대하여 토지이용을 합리화하고 그 기능을 증진시키며 미관을 개선하고 양호한 환경을 확보하며 당해지역을 체계적이고 계획적으로 관리하기 위하여 규제와 인센티브를 동시에 제공하여 입체적으로 수립하는 도시관리계획을 말한다. 지구단위계획으로 규제하는 세부내용은 ① 용도지역 · 지구를 세분하거나 변경하는 사항 ② 기반시설의 배치와 규모 ③ 도로로 구획된 일단의 토지 규모와 조성계획 ④ 건축물의 용도, 건폐율 또는 용적률, 높이 최고한도 또는 최저한도 ⑤ 건축물의 배치 · 형태 · 색채 또는 건축선에 관한 계획을 포함한다.

끝으로 도시계획사업은 시 · 군의 도시계획시설사업, '도시개발법'에 의한 도시개발사업, '도시 및 주거환경정비법'에 의한 정비사업과 함께 도시계획사업의 일종인 도시관리계획을 시행하기 위한 사업으로서 도시계획시설을 설치 · 정비 또는 개량하는 사업을 말한다. 시 · 군의 도시계획시설사업은 '국토계획법'에서 그 집행절차와 방법을 규정하고 있으나, 도시개발사업과 정비사업은 각각 '도시개발법'과 '도시 및 주거환경정비법'에서 따로 그 절차와 방법을 규정하고 있다. 도시계획사업의 시행방식을 살펴보면 다음과 같다. ① 도시계획시설사업은 수용방식으로 시행되고, ② 도시개발사업은 수용방식, 환지방식 가운데 선택적으로 시행되며, ③ 정비사업은 수용방식, 환지방식, 환권방식 중 선택적으로 시행된다. 환권방식이란 정비사업을 시행하기 위해 타인의 토지 및 건축물에 관한 권리를 강제적으로 교환 · 변경하여 사용할 수 있는 방식을 말한다. 또한 정비사업은 주거환경개선사업, 주택재건축사업, 주택재개발사업, 도시환경정비사업으로 구분된다.

2) 부동산개발 관련 금융

(1) 부동산개발 금융의 성장과 변천

부동산개발사업에 있어서 가장 중요한 요소 중 하나는 자금조달 부분이라 할 수 있다. 시장에서 가능성 있는 상품을 기획하고 이를 수행하기 위한 자금을 확보해야 사업을 추진할 수 있기 때문이다. 부동산개발 금융은 부동산개발사업과 관련하여 토지매입 및 건축자금 등을 지원받고 개발한 부동산을 분양하는 경우에는 분양수입금으로 대출금을 상환하고, 임대하는 경우에는 개발한 부동산을 담보로 대출하여 단기대출자금을 상환하는 금융을 의미한다. 대부분의 부동산개발사업에서 부동산개발업자가 자기자본 외에 타인자본을 적절하게 구성하여 소요자금을 조달하고 있다.

부동산개발 금융은 고층 빌딩의 신축, 백화점 등과 같은 상업용 건축물의 건축과 같은 부동산개발사업을 시행하고자 할 때 부동산개발업자가 금융기관으로부터 자신의 신용에 따라 금융대출을 받거나 개발대상 부동산을 담보로 하여 금융대출을 받아 부동산개발사업을 수행해 왔다. 이러한 부동산개발 금융시스템에서는 특정한 부동산개발사업에서 발생하는 수익성이 매우 높은 개발사업이라 하더라도 부동산개발업자의 신용도가 낮거나 부동산개발업자가 담보로 제공할 부동산을 보유하고 있지 못한 경우에는 금융대출서비스를 받기 어려운 상황이었다. 그러나 최근에는 특정한 부동산개발사업의 수익성만으로도 자금조달이 가능한 부동산개발 금융시스템이 도입되었다. 부동산개발 금융은 특정한 부동산개발사업에서 미래에 발생하는 현금흐름을 담보로 하여 당해 부동산개발사업을 수행하는 데 필요한 개발자금을 조달하는 금융기법이다(이재웅, 2010: 329-331).

부동산개발 금융은 자금을 조달하는 방법에 따라 크게 직접조달 방법과 간접조달 방법으로 분류할 수 있다(홍선관, 2009: 145-189). 직접조달 방법은 다시 직접투자방식과 간접투자방식으로 구분되는데, 직접투자방식의 대표적 금융기법으로는 REITs, 부동산펀드가 있다. 간접투자방식의 금융기법은 프로젝트 파이낸싱과 담보대출에 의한 기업금융기법이 있다. 간접조달 방법으로는 ABS, MBS, 부동산신탁 등의 금융기법이 있다. 이를 자세히 살펴보면 다음과 같다.

(2) 직접조달방법에 의한 부동산개발 금융

부동산개발에 필요한 자금을 시행사 또는 지주가 직접 조달하는 직접투자방식이 있다. 그리고 대형 부동산개발사업이나 자원개발사업과 같이 막대한 초기 투자자금이 필요한 경우에는 전체 자금의 일부분만 지분으로 투입하고, 나머지 자금과 사업운영자금을 간접투자방식으로 조달하는 경우가 있다. 직접투자방식의 금융기법인 REITs, 부동산펀드 그리고 간접투자방식의 금융기법인 프로젝트 파이낸싱을 살펴보면 다음과 같다.

① REITs(Real Estate Investment Trusts)

1998년 IMF 이후 새로운 대안으로 도입된 금융기법 중 하나이다. 소수 부유층의 소유집중문제를 해결하고, 일반 소액 투자자들에게도 부동산의 일부를 주식의 형태로 보유하게 함으로써 수익을 창출할 수 있는 길을 열어 주는 수단인 REITs제도가 도입되었다. 이와 같이 부동산개발을 위한 새로운 자금조달수단의 제공, 부동산개발의 전문성 제고, 부동산개발 공급확대, 건설사에 대한 지원방안 등의 수단으로 REITs제도가 활용된다. REITs는 상법상 주식회사의 형태를 가지며 투자자들은 주주로서 자본출자를 통해 자본금을 조성한다. 부동산에 대한 투자행위는 주주총회 및 이사회를 통하여 이루어진다.

우리나라에서는 은행신탁계정에 부동산투자를 허용하면서 1998년 처음 도입되었으며, 2001년 부동산투자회사법이 시행되면서 REITs를 구체적으로 규정하게 되었다. 우리나라의 REITs는 미국의 REITs에 근간을 두고 있지만, 투기적 거래방지를 위해 개발사업이나 단기매매 등을 제한하거나 법인세 면제혜택이 부여되지 않는다는 점 등에서 차이가 있다. 그러나 최근 부동산투자 활성화를 위한 '부동산투자회사법' 개정안이 통과됨으로써 여러 가지 제한적 조치로 인하여 운용실적이 저조했던 부동산투자회사의 설립이 활성화되고 있다.

✤ REITs의 장점

- 주식의 처분을 통한 유동성의 확보 용이
- 주주총회를 통해 투자자의 권한행사 가능
- 회사공고를 통한 부동산시장의 투명성 제고
- 지역적 분산투자를 통한 위험 분산 용이

✤ REITs의 단점

- 투자대상 부동산의 다양화로 인한 수익률 예측 곤란

• 주식회사형태의 운용으로 인한 관리비용 부담 증가와 수익률 저하 우려

② **부동산펀드**

부동산펀드는 투자자들로부터 자금을 모아 자산운용회사의 펀드매니저가 엄선한 부동산상품, 즉 부동산개발사업 · 수익형 부동산 · 프로젝트 파이낸싱 및 ABS 등에 투자하여 운영관리하고 여기서 발생되는 수익을 투자자에게 분배하는 투자상품이다. 2003년 말까지 주식과 채권에만 투자할 수 있었던 펀드의 투자대상이 2004년 '간접투자자산운용업법'이 제정됨과 동시에 부동산펀드, 실물펀드 등 거의 모든 자산에 투자가 가능하게 되었다. 이와 같이 부동산펀드는 '간접투자자산운용업법'에 근거하여 만들어진 상품으로, 원금보장이나 수익보장형 금융상품은 아니다. 투자대상인 부동산상품의 수익성이 떨어지면 펀드의 수익성에도 타격을 줄 수 있을 뿐만 아니라 원금손실을 볼 수도 있다. 주식형 펀드가 주식의 편입비율에 따라 기대수익과 위험이 반비례하듯 부동산펀드도 이와 유사한 성격을 가진다.

부동산펀드의 종류는 임대형 · 대출형 · 혼합형으로 구분할 수 있는데, 그 내용을 살펴보면 다음과 같다. 첫째, 임대형 부동산펀드는 부동산을 매입하여 임대를 주고, 그 임대료를 펀드투자자에게 분배하는 방식이다. 둘째, 대출형 부동산펀드는 시행사의 초기 사업자금이나 시공회사의 시공자금을 대여하고, 그 대출이자를 받아서 펀드투자자에게 배당하는 상품이다. 끝으로 혼합형 부동산펀드는 앞에서 설명한 임대형과 대출형의 혼합된 방식이다.

부동산펀드의 구조는 자산운영회사, 판매회사, 수탁회사로 구성되어 있다. 자산운용회사는 상품성이 있는 펀드를 기획하여 투자자를 모집하고 자금을 운용하는 핵심적 위치에 있는 회사이다. 최소 5인 이상의 펀드매니저를 보유해야 한다. 판매회사는 은행 · 증권회사 · 보험회사 등으로서 부동산펀드를 판매하는 곳이다. 판매회사는 투자자에게 각각의 성향에 맞는 적합한 펀드를 추천한다. 수탁회사는 주로 공신력이 높은 은행이 그 역할을 담당한다. 수탁회사는 펀드매니저의 지시에 따라 투자

를 집행한다.

최근 사모형 부동산펀드(Private Equity Fund: PEF)가 주목을 받고 있는데, 이는 자금을 모집하는 방법에 따라 사모형 펀드와 공모형 펀드로 구분된다. 사모형 부동산펀드가 되기 위해서는 투자자가 30인 이하이거나, 투자자의 수와 관계없이 모든 투자자가 기관투자자로 구성되면 가능하다. '간접투자자산운용업법'에 따르면 사모형 부동산펀드의 경우에는 부동산펀드에 적용되는 자산운용제한사항이 적용되지 않는 특수성을 가지고 있다. 한편, 공모형 펀드는 적용되는 투자자 보호장치와 기업조직에 대한 규제를 받으며 수익분배 등에 있어서 자율성이 제한된다는 점에서 차이가 있다.

③ 프로젝트 파이낸싱

프로젝트 파이낸싱은 대규모의 부동산개발사업에 대한 자금조달방식 가운데 하나이다. 프로젝트를 추진하는 사업주의 신용이나 물적 담보에 초점을 두지 않고, 프로젝트 자체의 경제성에 자금조달의 초점을 두는 금융기법을 말한다. 은행 등 금융기관들이 특정사업의 경제성을 담보로 대출해 주고, 사업이 진행되면서 얻게 되는 수익금으로 자금을 되돌려받는 선진 금융기법 중 하나이다. 일반적인 금융방식과 같이 대출해 줄 회사의 전체적 신용도를 감안해 이루어지는 방식과는 달리 회사의 신용과는 무관하게 회사와 사업을 분리하여 특정 개발사업의 경제성만을 분석하여 자금조달이 이루어진다는 점이 특징이다. 국내에서 은행, 상호저축은행, 보험회사 등에서 고속도로, 공항철도, 특수교량 등 사회간접자본시설에 많이 활용되어 온 대형 개발사업의 주요한 자금조달방식으로 활용되고 있다.

선진국에서는 이 제도가 활성화되어 있지만 우리나라 금융시장에서는 제한된 범위 내에서 시공회사의 대출에 대한 신용연대보증, 책임준공 이행각서, 부동산신탁회사의 이자보증과 자금관리를 조건으로 하는 등 여러 가지 수단을 통한 안정적 형태로 이 제도가 운영되고 있다. 따라서 진정한 의미에서의 프로젝트 파이낸싱이 운영되고 있다고는 볼 수 없다.

프로젝트 파이낸싱의 특징을 살펴보면 첫째, 독립된 프로젝트회사의 설립을 주요한 특징으로 들 수 있다. 둘째는 대출원리금 상환부담이 프로젝트의 내재가치와 예상현금수입의 범위 내로 한정(non-recourse)되고, 출자자 등의 일정 범위 내 추가부담으로 제한(limited recourse)된다는 특징을 가지고 있다. 셋째, 프로젝트 파이낸싱의 담보는 프로젝트회사의 자산으로 한정되어 있으며 넷째, 현금 수지에 기초한 여신에 국한된다는 점이 특징이다. 다섯째, 프로젝트 파이낸싱은 구조화 금융으로서의 특징을 가지고 있다. 끝으로, 복수의 금융기관이 차관단(syndicated loan)을 구성하여 필요한 자금을 대출해 준다는 점이다.

(3) 간접조달 방법에 의한 부동산개발 금융

간접조달 방법 금융기법에 속하는 부동산투자신탁, ABS, MBS에 대하여 살펴보면 다음과 같다.

① 부동산투자신탁

부동산투자신탁은 신탁계정을 통해 투자자를 모집한다. 조성한 수탁자금을 부동산개발, 부동산대출, 임대사업 및 부동산 관련 유가증권에 투자한다. 이와 같이 부동산투자신탁은 투자자로부터 수탁된 자금을 부동산에 투자운용하고, 그 부동산으로부터 발생되는 임대 · 관리 · 개발 운용수익과 부동산 관련 대출이나 ABS, MBS 등 부동산 유동화증권에 투자하여 발생한 수익금을 투자자에게 배당하는 불특정 금전신탁의 일종이다. 부동산투자신탁 관련법인 신탁업법이 '간접투자자산운용업법'에 통합되면서 은행이 부동산신탁을 하기 위한 조건이 까다로워졌다고 할 수 있다. 향후에는 부동산펀드가 그 자리를 대체할 가능성이 높아졌기 때문이다.

부동산투자신탁은 계약형 리츠라고도 하는데 다음과 같은 장단점을 가지고 있다. 장점으로는 첫째, 프로젝트별 개별 펀드의 선택을 통한 투자대상 부동산의 사전확정으로 수익률 예측이 용이하다. 둘째, 단순한 수익증권의 취득에 의한 투자방식으로 인하여 다른 유형의 금융수단보다 관리비용이 절감된다. 셋째, 조성된 수탁자금의 펀드 운용기간별 정산이 가능하다. 넷째, 신탁계정으로 운용되기 때문에 금융감독기관의 관리 · 감독이 용이하다.

한편, 단점으로는 첫째, 수익증권의 환매가 불가능하기 때문에 유동성 확보에 곤란을 겪는다. 둘째, 수익증권의 단순한 취득에 의한 투자이기 때문에 투자자의 권한 행사가 불가능하다. 셋째, 신탁경영은행의 투자전문성이 부족하다. 넷째, 계약기간 만료에 따른 청산으로 인하여 투자의 지속성이 제한된다. 끝으로 시장진입의 제한이라는 큰 장벽이 단점으로 작용한다.

② **자산담보부증권**(Asset Backed Securities: ABS)

자산유동화의 개념은 대출기관이 보유하고 있는 대출채권을 기초로 하여 자금을 조달하는 다양한 금융기법을 총칭한다고 할 수 있다. 자산유동화를 넓은 의미에서 살펴보면 비유동성 자산을 현금화하는 모든 금융행위라고 할 수 있는데 이것은 자금조달의 중심이 전통적인 은행차입에서 직접금융으로 옮겨 가는 현상이라고 볼 수 있다. 또한, 좁은 의미에서 살펴보면 유동성이 없는 자산을 증권으로 전환하여 자본시장에서 현금화하는 일련의 행위라 할 수 있다. 일반적으로 말하는 자산유동화는 후자를 말하는 것으로서 대출채권, 부동산 등 비유동성 자산을 결집하여 그 자산을 기초로 유가증권을 발행하고 이를 통해 자본시장에서 자금조달을 하는 과정이라고 할 수 있다.

자산유동화의 특성 및 장단점을 살펴보면 다음과 같다. 자산유동화에 있어서 가장 중요한 특성은 자산보유자의 위험을 담보자산으로부터 완전히 분리시키는 것이라고 할 수 있다. 다시 말해 자산보유자는 자산 또는 미래의 현금흐름에 대한 권리를 특정목적기구(Special Purpose Vehicle: SPV)에 완전히 이전시키며, 이를 통해 신용등급을 향상시키거나 자산담보부증권의 가치를 제고시킨다는 특성을 지니고 있다.

자산유동화의 장점을 열거하면 첫째, 대출채권을 유동화할 경우 회수자금은 예금의 성격을 띠지 않으므로 지급준비금의 적립 또는 예금보험의 가입 등이 필요 없게 되어 자금조달비용이 절감된다는 점이 있다. 둘째, 자산유동화는 자산을 양도하는 방식으로 자금을 조달하기 때문에 금융기관은 자체적 매각분을 대차대조표의 자산에서 공제받을 수 있으므로 재무구조를 개선하는 데 효과가 있다. 셋째, 은행의 대출채권이 증권화되면 비은행권의 여유자금이 은행권으로 쉽게 유입될 수 있어 자금부족 문제를 해결할 수 있다. 넷째, 대출채권을 유동화시키게 되면 금융기관은 자산구조의 변화를 통해 자금의 고정화를 방지할 수 있고, 자금을 운용할 수 있다. 끝으로 대출자산을 매각할 경우 매각으로 얻은 자금을 다시 운용하여 수익을 증대시킬 수 있으며, 각종 대체업무를 금융기관이 직접 담당함으로써 수수료 수입 등이 발생하게 되어 수익성 향상을 도모할 수 있다.

자산유동화의 단점을 열거하면 첫째, 자산관리의 노하우가 충분하지 않은 때에는 신용보강을 위한 추가비용이 불가피하다는 점이 있다. 둘째, 자산보유자가 특수목적기구(SPV)에 자산을 양도하는 것이 담보의 제공으로 비칠 때 채권의 담보가 되는 일반재산이 줄어든다는 이유로 자산유동화의 비효율성과 분배의 불평등을 문제 삼을 수 있다는 법적 리스크부담이 있다.

③ **저당담보부증권(Mortgage Backed Securities: MBS)**

저당담보부증권은 금융기관이 유동화 대상자산으로 저당담보채권을 기초자산으로 하여 발행하는 유동화증권을 말한다. 저당대출기관, 저당회사, 기관투자가 등이 자신들이 설정하거나 매입한 저당을 담보로 하여 발행하는 증권을 의미한다. 이는 1차 대출기관, 2차 대출기관, 저당담보증권발행 전문회사 등이 발행할 수 있다. 저당담보부증권의 종류는 크게 세 가지 유형, 즉 지분형, 채권형, 지분 · 채권 혼합형으로 구분되는데 각각의 내용을 살펴보면 다음과 같다(임재현 외, 2009: 347-352).

첫째, 지분형 저당담보부증권은 모기지 풀(pool)에서 발생되는 현금흐름의 지분권과 저당대출의 소유권이 모두 투자자에게 매각되는 유형이다. 저당이체증권(Mortgage Pass-through Securities: MPTS)이 있는데 저당채권유동화 중 가장 중심적인 상품이다. 저당채권창출자는 보증기관이 보증하는 저당채권을 집합적으로 모은 후 이를 신탁기관에 신탁하고 공유지분권을 표시하여 증권을 발행한 뒤 투자자에게 매각하는 과정을 거친다. 따라서 저당이체증권은 저당채권집합에 대한 지분권적 성격을 가진 증권이다. 저당이체증권의 대표적 사례는 미국의 연방주택대부저당공사가 발행한 프레디맥채(Freddie-Mac Bond)가 있다. 이것은 글로벌 경기침체를 유발하는 원인이 된 것으로 미국의 주택가격이 급격히 하락함에 따라 금융시장에서 거의 활용이 불가능하게 된 증권이라고 할 수 있다.

둘째, 채권형 저당담보부증권은 저당대출의 현금흐름과 소유권을 발행기관이 보유하면서 저당대출을 담보로 하여 자신의 부채 일종인 CP를 발행하여 자금을 조달하는 증권이다. 채권형 저당담보부증권의 대표적 유형으로는 저당담보채권(Mortgage Backed Bond: MBB)을 들 수 있다. 저당담보채권은 민간담보 대출자들이 창출하는 저당채권들을 집합하여 이를 근거로 새로이 발행한 유동화채권이다. 자산보유자가 저당채권의 소유권을 보유하며 저당채권의 현금흐름과는 달리 투자자에게 별도의 계획에 의해 원리금을 상환하도록 되어 있다. 저당담보채권은 저당이체증권보다 오히려 회사채와 비슷한 특징을 지닌다.

셋째, 지분 · 채권 혼합형 저당담보부증권은 주택저당권집합의 현금흐름은 투자자에게 이체되지만 주택저당대출의 소유권은 발행기관이 가지는 금융수단이다. 대표적인 것으로 저당지불이체채권(Mortgage Pay-through Bonds: MPTB)을 들 수 있다. 저당지불이체채권은 기본적으로 채무자가 저당채권집합을 담보로 발행한 채권이며, 원차입자의 상환금은 그대로 최종 채권소지자에게 전달되는 구조를 가진다. 발행자는 초과담보를 유지하도록 하고 있으며, 초과분은 국채나 기타의 유가증권으로 출자가 가능한 것이 특징이다. 저당지불이체채권은 저당이체증권이나 저당담보채권을 담보로 하여 발행되는 저당채권의 재가공 상품으로서 저당이체증권과 저당담보채권의 특징을 합쳐 놓은 것과 같다.

3) 부동산개발 관련 세무

부동산개발사업의 궁극적인 목적은 당해 개발사업을 통해서 수익률을 극대화하는 데 있다. 부동산개발사업의 전체 비용 가운데 세금이 차지하는 비중이 상당하기 때문에 개발사업의 수익률을 극대화하기 위해서는 세무 관련 부분에 대한 검토가 필요하다. 부동산에 부과되는 세금은 취득단계, 보유단계, 처분단계별로 구분하여 부과된다(윤영식, 2012: 171-173). 취득단계, 보유단계, 처분단계에서 부과되는 세금은 부동산, 즉 토지 또는 건축물 그 자체를 대상으로 부과된다. 그러나 부동산개발사업을 시행하는 과정에서 발생하는 세금, 즉 부동산개발단계의 인허가 과정에서 부과되는 각종 부담금과는 세금의 성격이 서로 다르다. 각 단계별로 세무 관련 내용을 살펴보면 다음과 같다.

(1) 취득단계의 세금

부동산취득단계의 세금으로는 취득세가 있고, 무상취득의 경우 상속세와 증여세가 추가로 과세될 수 있다. 또한 수도권과밀억제권역에서 설립 후 5년 이내의 법인이 부동산을 취득하는 경우에는 취득세의 3배를 중과하는 제도가 있다. 등록면허세는 수수료적인 성격을 가지는 세금으로서 인허가, 신고, 등록 등의 행정행위가 그 과세대상이 되며, 부동산개발 관련 면허세의 종류는 토지형질의 변경허가, 건축허가, 산림벌채 등에 부과되는 세금이 있다.

(2) 보유단계의 세금

부동산보유단계의 세금으로는 재산세와 종합부동산세가 있고, 목적세로서 도시계획세, 공동시설세, 지방교육세 등이 있다. 종합부동산세는 국세이고, 그외의 세금은 모두 지방세이다. 재산세 중 토지의 경우는 모든 토지에 대하여 부과되며 세율은 대부분 누진과세로서 부과기준일은 매년 6월 1일 현재 지적공부상의 소유자로 등재되어 있는 자에게 부과된다. 분리과세 중 농지나 공장용지의 세율은 매우 낮으나 사치성 재산용 토지는 매우 높다. 재산세 가운데 건물에 부과되는 세금의 세율은 건물의 종류에 따라 다르게 계산된다.

(3) 처분단계의 세금

부동산처분 관련 세금으로는 개인의 경우 양도소득세가 부과되고 법인인 경우에는 법인세 이외에 양도소득에 대하여 별도로 산출한 법인세 상당액을 추가로 납부하는 경우가 있다. 개인의 양도소득세 세율은 등기 여부와 보유기간 및 주택보유수에 따라 다르고, 2년 이상 보유 시에는 금액에 따라 6% 내지 35%로 누진과세된다.

(4) 부동산개발사업 시행 시 각종 부담금

부동산개발사업 시행 시 개발사업 관련 인허가 과정에서 납세의 의무가 발생한다. 인허가 시에 세금과 똑같은 효력을 미치는 각종 부담금이 있는데 이는 준조세로 분류한다. 여기에는 인허가 시의 세무 관련 제도로서 보존등기비, 과밀부담금, 학교용지부담금, 농지전용허가, 산지전용허가, 개발부담금 등이 있다(홍선관, 2009: 338-343). 그 내용을 살펴보면 다음과 같다.

① 보존등기비

부동산개발사업을 통해 대상부지 위에 건축물이 새로 건축되었을 때 이를 등기부에 처음으로 등기하는 것을 보존등기라 한다. 이때 부과되는 세금이 보존등기세이다. 보존등기세는 취득세와 등록세로 구분되며 각각 표준공사비에 일정한 세율이 곱해져서 부과된다.

② 과밀부담금

과밀부담금은 대표적인 준조세로서 수도권정비계획법에 의해 과밀억제권역에서 일정한 용도, 일정 규모 이상의 개발사업에 대해서 부과되는 부담금이다. 서울지역에 한하여 부과 중이다.

③ 학교용지부담금

부동산개발사업에 있어서 사업원가 상승의 요인으로 작용하고 있으며 2001년부터 부과되고 있다. 300가구 이상의 공동주택 건설 시 분양가의 0.8%, 단독주택의 경우 1.5%를 학교용지 확보를 위해 부담해야 한다.

④ 광역교통시설부담금

주택건설사업을 시행할 때 주상복합시설 포함 20가구 이상 건설 시, 표준건축비의 6%에 해당하는 부담금을 납부해야 하며, 택지조성사업 시에는 표준건축비의 30%를 납부해야 한다.

⑤ 농지보전 및 산림훼손부담금

값싼 토지를 부가가치가 높은 토지로 개발하는 과정에서 농지나 임야를 대지로 형질변경하는 경우가 많다. 이때 발생하는 부담금이 농지보전부담금과 산림훼손부담금이다. 전국별로 지역에 따라 세액에 차이가 있으므로 해당지역의 조례를 참고하는 것이 좋다.

⑥ 개발부담금

개발부담금의 법적근거는 '개발이익환수에 관한 법률'에 의해서 책정되어 부과되고 있다. 개발부담금의 부과대상이 되는 부동산개발사업은 택지개발사업을 비롯하여 공업단지조성사업, 관광단지조성사업, 도시환경정비사업, 유통단지조성사업, 온

천개발사업 등의 사업과 이와 유사한 사업들이다. 개발부담금이 부과되는 사업을 법령에서 열거하고 있으므로 법령에 열거되지 않은 사업은 개발이익이 발생하더라도 부과대상이 되지 않는다. 다만, 국가가 시행하는 개발사업과 지방자치단체가 공공의 목적을 위해 시행하는 택지개발사업, 공업단지조성사업, 도심재개발사업, 관광단지조성사업 등의 개발사업에 대해서는 개발이익에 대한 부담금 전액을 면제받는다.

Chapter 05

부동산투자론

Real Estate Principles & Practices

1. 부동산투자의 의의
2. 부동산투자분석

CHAPTER

05 부동산투자론

1 부동산투자의 의의

1) 부동산투자이론

투자(investment)란 장래의 현금수입과 현재의 현금지출을 교환하는 행위이다. 즉, 투자란 장래의 불확실한 수익을 위해 현재의 확실한 소비를 희생하는 것이다. 이처럼 불확실한 장래의 현금수입을 위해 현재의 현금을 지출한다는 것은 위험(risk)이 수반되는 일이다. 부동산투자의 개념 역시 다르지 않다. 투자의 대상인 부동산의 경우가 바로 부동산을 매개로 현재의 현금지출을 통해 장래의 현금수입을 교환하는 것이라고 할 수 있다.

부동산투자는 보유기간 동안 임대료 등의 수입이나 양도 시 매매차익 등의 자본이득, 그리고 부동산개발 등을 통한 사업이윤의 확보를 통한 장점이 있는 반면 환금성 등 위험부담에 따른 단점 등 보유와 처분과정을 통해 장 · 단점이 존재한다(방경식 외, 2004: 703-707; 박문각 부동산연구소 편, 2013: 318).

부동산투자의 장점은 자본이득과 소득이득을 향유한다는 점이다. 자본이득(capital

gain)이란 처분 시 자산가치 상승으로 발생하는 양도차익, 매매차익 등을 말한다. 소득이득(income gain)은 부동산 보유기간 동안에 타인에게 빌려주거나 소유자 자신이 직접 사용하여 얻은 지대(地代)나 임대료 수입 등을 말한다. 이처럼 지렛대효과(leverage effect)를 향유할 수 있는데 이것은 이자율이 낮은 타인자본을 이용하여 자기자금의 수익률을 극대화하는 것을 말한다. 또한 세제상 감가상각, 낮은 세율, 세액공제, 면제 등의 기회가 있어 세금을 줄이거나 최소화하는 등의 절세효과가 있다. 이외에 부동산은 인플레이션에 대한 방어(인플레이션 헷지[1])효과가 있으며 부동산을 소유함으로써 얻는 소유의 긍지를 통한 만족은 많은 투자자에게 중요한 구실을 한다. 부동산은 증권이나 채권 등과 같은 투자재산과 마찬가지로 투자자에게 인적 통제의 기회를 부여하며 부동산을 개발하여 이익을 얻기도 하고, 부동산에 투자하여 이윤을 얻기도 한다.

반면에 부동산투자의 단점은 환금성과 투자에 따르는 위험부담, 보유를 통한 소유자의 노력과 거래비용 등 추가비용의 부담이 크다는 점을 들 수 있다. 환금성(換金性)은 자산을 현금으로 바꾸기 쉬운가에 따라 판단하며, 자산은 그것이 시장가격과 동일한 현금으로 속히 팔리면 환금성이 좋다고 한다. 부동산은 일반적으로 예금, 주식, 채권보다 환금성이 낮은 편이며 위험부담이 따른다. 부동산투자 시 사업위험부담이나 금융위험부담이 발생할 수 있다. 사업위험은 계획하거나 예측한 수준의 수입이 실현되지 않을 가능성을 말하는 것이며, 금융위험은 금융부채로 발생하는 부가적인 위험을 말한다. 이에 따라 부동산자산 소유자는 투자기간 동안 계속 임대를 유지하고 부동산을 적절한 상태로 유지해야 하는데, 이러한 업무에는 돈 · 시간 · 노력 등이 많이 소모된다. 부동산투자에는 많은 행정적 통제가 발생하며, 이러한 정부의 통제와 규칙은 구매비용이나 소유에 대한 거래비용 등 추가비용을 부담시킨다.

1 인플레이션에 의한 화폐가치의 하락으로 비롯되는 손실을 막기 위하여 화폐로서 일정한 가치를 갖는 상품 등으로 바꾸어서 보유하는 것을 말한다. 인플레이션 헷지(inflation hedge) 대상으로 선호되는 것은 귀금속, 토지, 건물 등이 있다.

부동산투자의 특징은 부동산투자가 다른 일반 투자와 달리 투자 정보를 수집하고 투자대상을 찾기 위한 정보비용 혹은 탐색비용이 많이 든다는 것이다(조주현, 2003: 106-107). 부동산은 투자단위가 크기 때문에 투자에 신중을 기할 수밖에 없으며, 환금성이 적어 장기간의 가격동향을 신중하게 예측해야 하기 때문에 많은 정보가 필요하다.

부동산투자는 소유권 이전에 수반되는 각종 수수료와 세금 등 현금으로 지출되는 거래비용도 다른 투자재에 비하여 상대적으로 많이 소요된다. 부동산투자 의사결정에 있어서는 소유를 할 것인가 혹은 임차를 할 것인가 하는 점유형태에 대한 의사결정이 소비량에 대한 의사결정과 함께 고려되어야 한다. 부동산의 감가상각에 대한 조세혜택은 부동산투자와 다른 금융자산에 대한 투자의 차이를 나타내는 핵심적인 부분이다. 매년 회계상 이루어지는 감가상각 금액은 과세대상 소득을 축소시킴으로써 세금감면의 혜택을 준다.

표 5-1 부동산투자와 투기의 비교

구분	투자	투기
목적	실수요자의 정당한 기대이익 행위	관리 · 이용 개념이 아닌 양도차익으로 인한 가수요자의 불로소득 행위
범위	최적면적(적정면적)	최적면적 이상
대상	아파트, 빌딩 등 항구적 용도의 자산	미성숙지, 양도차익을 획득할 수 있는 부동산
안정성 기간	합리적인 자유시장에서 안전성을 보장받을 수 있음(장기)	상당한 위험부담, 불로소득을노린 투기적 심리(단기)
가격	시장가격(자연 · 정상 · 균형가격)	소유자 희망가능가격(투기가격)
생산성	생산적(이용 · 관리의사 있음)	비생산적(이용 · 관리의사 없음)
정책	정책적으로 조장	정책적으로 규제

출처: 박문각 부동산연구소 편 (2013). 부동산학개론. p. 320.

부동산투기는 부동산을 구입하는 목적이 단순히 자본차익을 기대하는 것이며, 따라서 보유기간 중에는 부가가치를 증진시키는 아무런 행위를 하지 않고 불로소득을 얻고자 하는 행위라고 정의된다. Barlow 교수는 "투기는 자본이득을 얻는 것을 목적으로 스스로의 위험부담으로 금전을 투입하는 것을 의미한다."고 정의하고 있다. 그러나 현실적으로 투자와 투기를 구분하기는 매우 어렵다. 투자자의 의도를 가진 투자와 투기를 구분하는 것은 개념적으로는 가능할지 모르나 현실적으로는 불가능한 일이다.

2) 부동산투자 목적과 유형

(1) 부동산투자의 목적

투자가는 투자대상 부동산에서 임대료 등 수익이 발생하여, 필요한 경비를 제외하고도 순수익이 발생하기 때문에 이러한 투자수익을 기대하고 투자하게 된다. 즉, 통상소득의 기대는 부동산의 운용에 따라서 발생하는 매기의 현금흐름(cash flow)을 말한다. 통상소득을 소득수익이라고도 하며, 통상소득에는 '소득세법'의 체계상 종합소득세가 과세된다(이성근 외, 2012: 360-362).

투자가는 일정한 투자기간 종료 후 대상 부동산을 전매하게 되는데, 보통 부동산은 시간이 흐를수록 가격이 상승하는 속성이 있다. 따라서 부동산투자는 대부분 인플레이션 헤징 기능을 가지고 있으며, 이와 같은 특성으로 인해 부동산투자가 이루어지기도 한다. 자본이득에는 '소득세법'의 체계상 양도소득세가 과세된다.

투자가의 포트폴리오(portfolio)의 하나로서 부동산을 선택하는 것으로, 위험을 분산하기 위한 목적이다. 포트폴리오란 투자에서 여러 개의 자산을 소유함으로써 하나에 집중되어 있을 때 발생할 수 있는 불확실성을 제거하여 분리된 자산으로부터 안정된 결합편익을 획득하도록 하는 자산관리의 방법을 말한다. 한편, 자산3분법이란 자기의 재산을 부동산 · 주식 · 예금에 각각 배분투자하여, 투자에서 발생되는 위험을 분산시키고 수익성 · 환금성(유동성) · 안전성 등을 균형 있게 검토하여 자산을 관리하는 것이다.

일반적으로 부동산은 환금성이 낮고, 주식은 안전성이 낮으며, 예금은 수익성이 낮다. 또한 투자의 편리성도 고려하여야 한다. 각 자산의 특징과 수익은 다음과 같다.

표 5-2 자산의 특징과 수익의 비교

자산	수익성	환금성 (유동성)	안전성	편리성	수익의 내용	세금
부동산	중	소	중	소	임대료 (소득수익)	사업소득세 (종합과세)
					매매차익 (자본이득)	양도소득세 (분류과세)
주 식	대	중	소	중	배당금 (소득수익)	배당소득세 (종합과세)
					매매차익 (자본이득)	원칙적 비과세
예 금	소	대	대	대	이자 (소득수익)	이자소득세 (종합과세)

출처: 이성근 외 (2013). 현대부동산의 이해. p. 361.

다른 투자대상(주식, 예금 등)에는 없는 특성으로 부동산투자에는 세금회피 목적이 있다. 개인의 경우 소득세의 손익통산제도, 시세보다 낮은 과세표준으로 인한 증여세의 세금혜택을 얻을 수 있으며, 법인의 경우는 감가상각으로 인한 세금의 혜택 등이 있다.

부동산은 운영관리를 잘하면 투입원가 이상으로 부가가치가 발생한다. 자본이득과는 달리 부동산의 운영 및 관리에 따른 수익발생이라는 점에서 부동산에서 발생하는 부가가치라고 한다. 이외 기타 이점으로 비재정적 수익으로 소유 및 이용에 따른 민족 또는 심리적 안정 등이 있다.

3) 부동산투자의 유형

부동산투자의 유형은 크게 부동산보유형 · 부동산전매형 · 부동산개발형 · 부동산금융형으로 구분할 수 있다.

첫째, 부동산보유형은 자가사용을 목적으로 부동산을 취득하여 이용하거나, 해당지역의 거점형성이나 시장진출을 목적으로 부동산을 취득하는 형태이다. 이들 부동산보 유형은 주로 통상소득을 추구한다.

둘째, 부동산전매형은 부동산에서 발생하는 자본이득의 수취를 목적으로 하는 투자형태로, 부동산가격의 지속적인 상승이 예상되는 시기나 장소에서 가능한 투자방법이다. 따라서 부동산전매형은 부동산개발에 대한 사전정보수집 · 부동산경기변동에 대한 예측과 분석 · 투자지의 위치선정 등이 중요하다.

셋째, 부동산개발형은 부동산을 구입한 후 형질변경 · 건축 등 개발하여 분양 또는 임대하는 투자형태이다. 이 유형은 투자에 따른 수익이 높은 반면에 그에 따른 위험도 높은 편이다. 따라서 충분한 시장조사와 위험관리전략이 필요하다.

넷째, 부동산금융형은 투자가가 자기자금 또는 펀드자금을 모집하여 부동산금융상품에 투자하는 방식이다. 이는 부동산 간접투자방식으로 자본시장과 부동산시장이 결합되어 있는 선진국에서 주로 사용하는 방식이며, 부동산의 증권화가 선행되어야 활성화될 수 있다.

한편, 부동산투자자본의 형태에 따라 자기자본투자와 타인자본투자로 구분할 수 있다. 자기자본에서 재원을 조달하는 투자가 자기자본투자이고, 금융기관 등의 차입금으로 재원을 조달하는 투자가 타인자본투자이다. 실제에 있어서는 자기자본과 타인자본을 병용하는 경우 가 많고, 타인자본을 적절히 활용함으로써 투자수익을 극대화할 수도 있다.

4) 부동산투자 위험과 수익

(1) 부동산투자 위험의 개념과 유형

모든 의사결정은 예상되는 결과를 기대하고 행해진다. 그러나 실현된 결과가 예상한 결과와 정확하게 일치하는 경우는 그리 흔하지 않다. 실현된 결과가 예상한 결과로부터 벗어날 가능성을 불확실성(uncertainty) 또는 위험이라 한다. 불확실성이란 기대한 장래의 수익이 실현된 수익과 달라지는 정도를 지칭한다. 달라지는 정도가 클수록 불확실성은 커지고, 달라지는 정도가 작을수록 불확실성은 작아진다. 현대의 부동산투자이론에서도 기대소득에 대한 변동가능성(variability)을 위험으로 파악하고 있다(박문각 부동산연구소 편, 2013: 321-327).

사업상의 위험(business risk)이란 부동산사업 자체로부터 연유하는 수익성에 관한 위험이다. 사업상의 위험에는 시장상황으로부터 야기되는 것이 많이 있는데, 이를 시장위험이라 한다. 일반경제의 위축, 인구구조나 기술수준의 변화로 인한 부동산 수급에 대한 영향 등이 그것이다. 예를 들어 독신자의 증가는 단독주택에 대한 수요보다 소형 아파트나 임대주택에 대한 수요를 증대시킨다. 운영위험(operating risk)이란 사무실의 관리, 근로자의 파업, 영업경비의 변동 등으로 인해 야기될 수 있는 수익성의 불확실성(uncertainty)을 폭넓게 지칭하는 개념이다. 부동산의 위치고정성도 투자자에게 또 다른 위험을 제공하는 원천이 된다. 부동산의 위치고정성 때문에 사업상 안게 되는 위험을 위치적 위험(locational risk)이라 한다. 위치적 위험은 모든 사업에 공통되는 문제이기는 하나, 부동산업의 경우에는 특히 그 정도가 심하다.

어떠한 투자를 막론하고 투자재원의 전부를 자기자본으로 하는 경우는 그리 많지 않으며, 부동산투자의 경우도 마찬가지이다. 많은 부동산투자자도 부채를 투자재원의 일부로 사용한다. 부채는 사채인 경우도 있으나, 보다 일반적인 것은 대상 부동산을 담보로 하는 저당대부(mortgage loan)이다.

전체 투자자산 중 부채분을 제외한 나머지 자기자본의 몫을 '순자산의 지분', 또는 그냥 지분(equity)이라 한다. 부채를 투자재원의 일부로 사용하게 되면, 매 기간마다 원금과 이자를 지불해야 된다. 전체 수입에서 경비, 이자, 세금 등을 제외하고 남은 부분이 바로 지분에 대한 대가가 된다. 지분에 대한 대가가 투자지분에서 차지하는 비율을 지분수익률(rate of return on equity)이라 한다. 부채를 사용하여 투자를 하게 되면 자기자본에 대한 수익률, 즉 지분수익률이 증가할 수 있다. 예를 들어 10억 원을 투자하면 2억 원의 수익이 생기는 사업이 있다고 가정해 보자. 그런데 이 사업을 4억 원은 지분으로 하고, 나머지 6억 원은 이자율 10%의 부채로 했다고 한다면 이 사람의 지분투자(equity investment)에 대한 수익은, 원래의 수익 2억 원에서 이자로 지불되는 6,000만 원을 제한 1억 4,000만 원이 된다. 그리고 이 경우의 지분수익률은 35%(=1억 4,000만 원/4억 원)가 된다. 전체 투자에 대한 수익률이 20%(=2억 원/10억 원)인 것에 비교하면, 지분수익률이 크게 증가하고 있음을 알 수 있다. 이처럼 부채의 사용이 지분수익률에 미치는 영향을 '지렛대효과(leverage effect)'라 한다. 그러나 수익률 지렛대효과의 전제 조건은 부동산에서 발생하는 수익률보다 타인자본 이자율이 낮아야 한다. 따라서 이자율의 크기에 따른 지렛대효과를 비교해 보면 다음과 같다.

㉮ 전액 자기자금 투자	부채 6억 원 투자		
	㉯ 이자율 10%	㉰ 이자율 20%	㉱ 이자율 25%
$\frac{2억}{10억} = 20\%$	$\frac{2억-6{,}000만\ 원}{4억} = 35\%$	$\frac{2억-1억2{,}000만\ 원}{10억} = 20\%$	$\frac{2억-1억5{,}000만\ 원}{4억} = 12.5\%$

앞의 표에서 ㉮의 경우 전액 자기자금으로 투자하고 타인자본이 없으므로 지렛대효과도 없다. 그러나 ㉯의 경우처럼 총자본수익률보다 차입이자율이 낮으면 지분수

익률은 높아지며, 이러한 경우를 '정(正)의 지렛대효과'라 한다. 반면 ㉣의 경우는 총자본수익률보다 차입이자율이 높기 때문에 타인자본을 이용할수록 자본수익률은 낮아지며, 이러한 경우를 '부(負)의 지렛대효과'라 한다. 일반적으로 지렛대효과란 정(正)의 지렛대효과를 말한다.

또한 ㉢의 경우처럼, 총자본수익률과 차입금리가 같은 경우에는 자기자본수익률과 총자본수익률도 같아진다. 이와 같이 부채비율이 변해도 자기자본수익률이 변하지 않은 경우를 '중립적 레버리지' 또는 '영(0)의 레버리지'라 한다.[2] 결국 차입이자율에 따라 지렛대효과는 달라지며, 수익률 지렛대효과란 이자율이 낮은 타인자본을 이용하여 자기자금의 수익률을 극대화하는 것을 말한다.

부채의 비율이 크면 지분수익률이 커질 수 있지만, 마찬가지로 부담해야 할 위험도 그만큼 커진다. 즉, 부채가 많으면 원금과 이자에 대한 채무불이행의 가능성도 높아지며, 파산할 위험도 그만큼 더 커지게 되는데 이것을 금융적 위험(financial risk)이라 한다. 투자금액을 모두 자기자본으로 조달할 경우 금융위험을 제거할 수 있다.

법적 위험도 존재한다. 투자자들이 부동산에 대해 가지는 재산권은 법적 환경(legal environment)에 많은 영향을 받는다. 정부의 여러 가지 정책, 지역지구제, 토지이용규제 등은 법적 환경의 중요한 구성요소가 된다. 부동산에 관한 의사결정은 이 같은 법적 환경하에 이루어지는 것이므로, 법적 환경의 변화는 부동산투자에 대한 위험을 변화시킨다. 부동산세제나 감가상각 방법의 변경, 부동산의 사용이나 임대료에 관한 법령의 변경도 부동산수익에 관한 불확실성을 야기시키는 원천이 된다. 정부의 화폐정책이나 재정정책은, 시장이자율을 변화시켜 부동산의 수익성에 영향을 준다.

---

2 지렛대효과를 알기 쉽게 정리하면 다음과 같다.
정(正)의 지렛대효과: 차입이자율 < 총자본수익률 < 지분수익률
중립적 지렛대효과: 차입이자율 = 총자본수익률 = 지분수익률
부(負)의 지렛대효과: 차입이자율 > 총자본수익률 > 지분수익률

'인플레'란 물가의 전반적인 상승을 의미한다. 연례적인 인플레는 부동산 의사결정의 환경을 극적으로 바꾸어 놓았다. 인플레가 심하게 되면, 대출자는 원금의 실질적인 가치가 하락하는 위험을 안게 된다. 따라서 대출자는 이 같은 위험을 피하기 위해 고정이자율(fixed rate)로 대출하는 대신, 변동이자율(variable rate)로 대출하기를 선호하는데 이 경우 채무자들은 이자지불과 원금상환에 가중한 부담을 안게 된다. 한편, 투자자도 인플레에 대한 적절한 보상이 주어지기를 원하므로, 투자에 대한 요구수익률도 그만큼 상승하게 된다. 따라서 부동산 임대차계약이나 관리계약 등 모든 장기적인 계약에는 장래의 인플레위험(inflation risk)에 대한 세심한 배려가 필요하다.

유동성위험(liquidity risk)이란 투자부동산을 현금으로 전환하는 과정에서 발생하는 시장가치의 손실 가능성을 의미한다. 얼마나 빠른 시간 내에 얼마나 손해받지 않고 현금으로 바꿀 수 있는지의 정도를 '유동성(流動性)'이라고 한다. 따라서 유동성이 가장 높은 자산은 현금이라 할 수 있다. 부동산은 원하는 시기에 현금화하는 것이 일반 금융상품에 비해서 용이하지 않고, 급매를 할 경우에는 많은 가격 양보를 해야 하는 유동성위험이 매우 높은 투자상품이다.

(2) 부동산 투자수익률

투자에는 대가가 따르기 마련인데 이것을 수익률(rate of return)이라 한다. 수익률이란 투자원금에 대한 수익의 비율을 말한다.[3] 수익률을 구성하는 대가에는 두 가지가 있다. 하나는 현재의 소비를 희생한 대가로서 시간에 대한 비용이며, 다른 하나는 불확실성에 대한 대가로서 위험에 대한 비용이다.

수익률의 종류에는 기대수익률과 요구수익률 그리고 실현수익률이 있다. 기대수익률(expected rate of return)이란 투자로부터 기대되는 예상수입과 예상지출로부터

3 투자수익률 $= \dfrac{\text{투자수익}}{\text{투자원금}}$

계산되는 수익률이다. 기대수익률은 다른 말로 예상수익률 또는 사전수익률이라고 도 한다. 예를 들어, 어떤 토지를 현재 5,000만 원에 매매하여 일 년 후에 비용을 제하고도 5,500만 원에 팔 수 있다고 한다면 이것에 대한 기대수익률은 10%가 된다.

요구수익률이란 투자에 대한 위험이 주어졌을 때, 투자자가 대상 부동산에 자금을 투자하기 위해 충족되어야 할 최소한의 수익률을 의미한다. 요구수익률에는 시간에 대한 비용과 위험에 대한 비용이 들어 있다. 투자자는 적절한 요구수익률이 충족되지 않는 한 투자를 하려고 하지 않는다. 다른 조건이 동일할 경우, 투자자는 투자대안 중에서 가장 수익이 높은 곳에 투자하려 할 것이다. 투자자가 다른 곳에 투자하여 얻을 수 있는 대안적 수익률을 '요구수익률'(required rate of return)이라 한다. 따라서 요구수익률은 해당 투자에 대한 기회비용(opportunity cost)이 된다.

실현수익률(realized rate of return)은 투자가 이루어지고 난 후에 현실적으로 달성된 수익률을 의미한다. 실현수익률을 다른 말로 실제수익률(actual rate of return) 이라고도 한다.

앞의 예에서 5,000만 원에 구입한 토지가 일 년 후에 6,000만 원에 팔렸다면, 이 투자의 실현수익률은 20%가 된다. 실현수익률은 투자가 이루어진 후에야 알 수 있으므로 실현수익률은 사후수익률, 즉 역사적 수익률(historical rate)이 된다.

투자결정은 기대수익률과 요구수익률을 비교함으로써 이루어진다. 투자에 대한 위험이 크면 투자자는 그만큼 더 많은 대가를 요구하고, 균형상태에서는 개별투자에 대한 기대수익률과 요구수익률이 같게 된다.[4] 예를 들어, 어떤 부동산에 대한 투자자의 요구수익률이 25%인데, 이것이 제공할 수 있는 기대수익률은 20%라면 기대수익률이 요구수익률보다 낮으므로 어떠한 투자자도 대상 부동산에 기꺼이 투자하려 하지 않을 것이다. 따라서 수요가 줄어들게 되고, 대상 부동산의 가치는 점점 하락하게 된다. 가치가 하락하게 됨에 따라 대상 부동산에 대한 기대수익률은 점차 증가하

4 균형상태(요구수익률 = 기대수익률).

게 된다. 부동산의 가치가 충분히 하락하여 기대수익률이 요구수익률과 다시 일치하는 수준에 이르게 되면, 투자자는 대상 부동산에 투자를 하려고 할 것이다.

그러나 기대수익률이 요구수익률보다 높을 경우에는, 이것과는 반대의 현상이 나타난다. 예를 들어, 이번에는 기대수익률이 20%가 아니라 30%라고 가정해 보자. 투자자들의 요구수익률은 25%인데 대상 부동산의 기대수익률은 30%이므로, 많은 투자자들이 이 부동산을 사려고 할 것이다. 대상 부동산에 대한 수요의 증대는 가치의 상승을 가져온다. 대상 부동산의 가치가 상승함에 따라 기대수익률은 점차 하락하게 되고, 결국은 요구수익률과 기대수익률이 같아지는 선에서 균형을 이루게 된다.

수익에 대한 기대로서의 투자가치와 시장가치는 다르다. 투자가치는 부동산 소유로부터 기대되는 미래의 편익이 특정한 의사결정자에게 주는 현재의 값어치(present worth)이며, 대상 부동산이 의사결정자인 투자자에게 부여하는 주관적인 가치이다. 시장가치는 공정한 매매를 보장할 수 있는 모든 조건이 충족된 공개경쟁 시장에서 성립될 가능성이 가장 많은 가격을 말하며, 대상 부동산이 시장에서 가지는 객관적인 가치이다. 시장가치와 투자가치의 비교는 순현가법으로 이루어진다. 순현가가 0보다 크거나 같을 경우, 투자가치≥시장가치가 되고 투자를 채택한다. 순현가가 0보다 작을 경우에는, 투자가치<시장가치가 되고 투자를 기각한다. 매년 일정 순수익이 영구히 나오는 경우 투자가치는 투자에 대한 예상순수익을 요구수익률로 나눈 것[5]이 된다.

5 $\text{투자가치} = \dfrac{\text{투자에 대한 예상순수익}}{\text{요구수익률}}$

2 부동산투자분석

1) 부동산분석을 위한 수학적 기초

(1) 개요

화폐의 시간가치에 관한 수학적 기초지식은 비용과 편익을 분석하는 데 필수 불가결한 도구가 된다. 시간가치에 대한 명확한 이해 없이는 부동산 평가 · 투자 · 금융 · 개발 등에 관한 여러 가지 이론이나 기법에 대한 접근이 사실상 거의 불가능하기 때문이다. 화폐의 시간가치를 계산하는 공식에는 다음 여섯 가지가 있으며, 이중 전자의 셋은 미래가치를 계산하는 공식이며, 후자의 셋은 현재가치를 계산하는 공식이다(박문각 부동산연구소 편, 2013: 348-357).

그림 5-1 | 화폐의 시간가치 계산

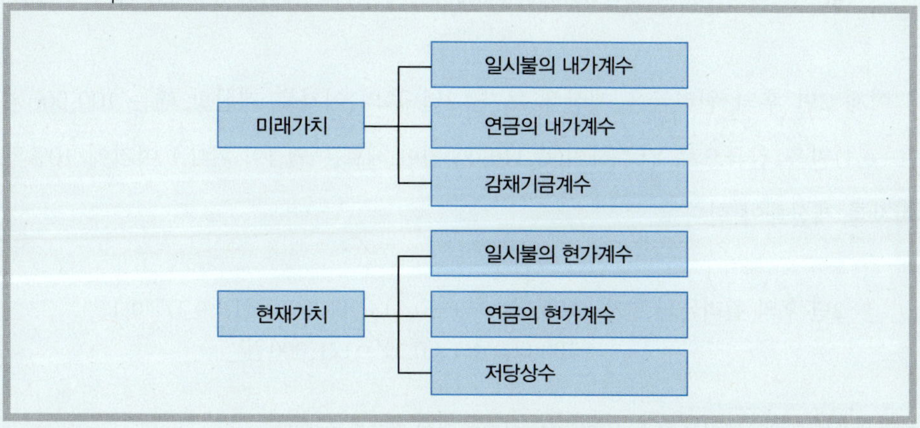

현재의 1,000원이 내년의 1,000원과 같을 수 없고, 내년의 1,000원이 현재의 1,000원과 같을 수 없다. 이것이 서로 일치하도록 조정 역할을 하는 것이 '이자율'과

'할인율'이다. 현재가치를 미래가치로 환산하기 위해서는 적절한 이자율(수익률)로 합산해야 하며, 미래가치를 현재가치로 환산하기 위해서는 적절한 할인율로 할인해야 한다.[6] 결국 이자율과 할인율은 보는 방향에 따라 이름만 다를 뿐 본질은 같은 것이다.

(2) 복리에 의한 이자계산

이자를 주는 방법에는 단리법과 복리법이 있다. '단리법'이란 원금에 대해서만 이자를 주는 것이고 '복리법'은 원금뿐만 아니라 이자에도 이자가 붙어서 이자를 받게 되는 방법이다. 현재가치와 미래가치를 이해하는 데에는 우선 복리(Compounding)에 의한 이자계산 방법을 알고 있어야 한다. 복리에 의한 이자계산을 알아보기 위하여 다음과 같은 경우를 생각해 볼 수 있다.

100,000원을 3년 동안 은행에 저금하는 데 연 이자율이 10%이다. 이때 1년 후의 원리금은 다음과 같이 된다.

$$\text{1년 후 원리금의 합계} = 100{,}000 + (100{,}000 \times 0.1) = 100{,}000 \times (1 + 0.1)$$

이제 2년 후의 원리금을 계산해 보자. 2년 후의 이자를 계산할 때는 100,000×(1+0.1)원을 원금으로 간주하여(즉, 110,000원이 새로운 원금이 된다.) 여기에 10%의 이자를 계산해야 한다.

$$\begin{aligned}\text{2년 후의 원리금의 합계} &= 100{,}000 \times (1 + 0.1) + 100{,}000 \times (1 + 0.1) \times 0.1 \\ &= 100{,}000 \times (1 + 0.1)^2 = 121{,}000\text{원}\end{aligned}$$

6 현재가치에 대한 할인과 할증 적용사례는 아래와 같이 적용할 수 있다.

현재가치(현금)	할증과 할인: 10% 적용	미래가치(어음)
100원 ⇨	100×(1+할증률)	⇨ 110원
100원 ⇦	$\frac{110}{(1+\text{할인율})}$	⇦ 110원

이와 같은 방법으로 3년 후의 원리금의 합계를 계산하게 되면 다음과 같다.

$$3년\ 후의\ 원리금의\ 합계 = 100,000 \times (1+0.1)^2 + 100,000 \times (1+0.1)^2 \times 0.1$$
$$= 100,000 \times (1+0.1)^3$$
$$= 133,100원$$

원금 100,000원을 저금하는 경우 3년 후의 원리금 합계가 $100,000 \times (1+0.1)^3$, 즉 133,100원이 되는데 이와 같이 다음 기간의 이자계산 시 그 이전까지 발생한 이자를 원금에 추가시켜서 이자를 계산하는 방법을 복리계산이라 한다. 결국 복리계산 시 원리금의 합계는 다음과 같다.

$$원금\ A의\ n기간\ 후\ 원리금의\ 합계 = A(1+r)^n$$
r= 이자율, $(1+r)^n$: 내가계수

구분	단리법		복리법	
	원금	원금	원금	원금
다음 해	100,000원	10만 원×0.1=1만 원	100,000원	10만 원×0.1=10,000원
두 번째 해	100,000원	10만 원×0.1=1만 원	110,000원	11만 원×0.1=11,000원
세 번째 해	100,000원	10만 원×0.1=1만 원	121,000원	121,000원×0.1=12,100원

(3) 미래가치의 계산

① 일시불의 미래가치

어떤 부지의 지가가 매년 10%씩 상승한다면 3년 후에는 얼마나 될까? 매년의 상승분은 10%이지만, 다음 해는 그 전 해의 몫에서 다시 10%가 상승하게 되므로 복리로 계산해야 된다. 이 부지의 현재 지가가 5,000만 원이라면, 3년 후의 지가는 다음과 같다.

$$3년\ 후의\ 지가 = 5,000만\ 원 \times (1+0.1)^3 = 6,655만\ 원$$

'일시불의 내가계수'(future value of lump sum factor)란 1원을 이자율 r로 저금했을 때, n년 후에 찾게 되는 금액이다. 별다른 언급 없이 그냥 내가계수라 하면 일시불의 내가계수를 의미한다.

$$\text{일시불의 내가계수}(r\%,\ n\text{년}) = (1+r)^n$$

기간 단위가 연수 대신에 월수일 때는 n 대신 $12n$을, r 대신 $r/12$을 대입하면 된다. 이것은 이하 나머지 공식에서도 마찬가지이다. 물론 그 이하의 단위도 사용할 수 있다.

$$\text{월복리에 의한 내가계수} = (1+0.1/12)^{36} = 1.3482$$
$$\text{일복리에 의한 내가계수} = (1+0.1/365)^{1095} = 1.3498$$

② 연금의 미래가치

어떤 정년 퇴직자가 연금으로 매년 2,000만 원씩 받는다고 할 경우 이 사람이 이것을 쓰지 않고 이자율 10%로 3년 동안 계속해서 적립한다면, 기간 말에는 얼마나 될 것인가? 이때 기간 말에 달성되는 적립액을 '연금의 미래가치'라 하고, 이처럼 일정기간 동안 계속해서 정기적으로 지불받는 동일액을 연금(annuity)이라 한다.

매 기간 말에 받는 연금을 정규연금(regular annuity)이라 하고, 매 기간 초에 받는 연금을 만기연금(annuity due) 또는 사전연금이라 한다. 그러나 연금은 기간 말에 받는 것이 보통이므로 별다른 언급 없이 그냥 연금이라고 하면 정규연금을 가리킨다.

'연금의 내가계수'란 매년 말 1원씩 받게 되는 연금을, 이자율 r로 계속해서 적립했을 때 n년 후에 달성되는 금액이다. 연금의 미래가치를 계산하기 위해서는 매년 지불받는 염금액수에 연금의 내가계수를 곱하면 된다.

$$\text{연금의 내가계수} = (r\%,\ n\text{년}) = \frac{(1+r)^n - 1}{r}$$

매년 말 4,000만 원씩 지불받는 연금의 3년 후 적립액은 다음과 같다. 계산결과 연금의 내가계수(10%, 3년)는 3.310이 된다.

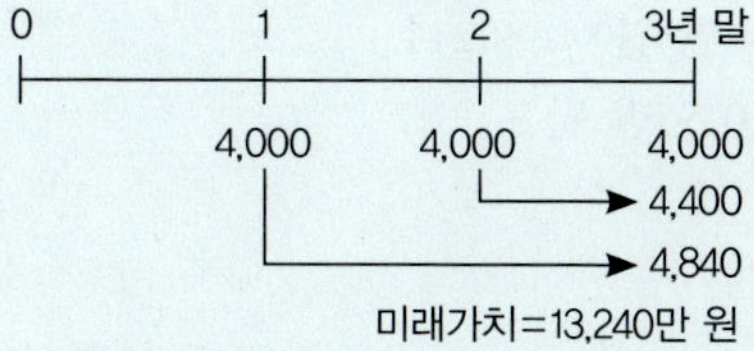

연금의 미래가치 = 연금액 × 연금의 내가계수(10%, 3년)
= 4,000만 원 × 3.310
= 13,240만 원

매년 초에 일정액을 적립할 경우에는, 연금의 내가계수에 $(1+r)$을 곱하면 된다.

연금의 미래가치 = 연금액 × $(1+r)$ × 연금의 내가계수(r%, n년)

③ **감채기금계수**

주택자금을 마련하기 위하여 3년 만기로 5,000만 원짜리 적금을 들었다고 가정하여 보자. 그렇다면 매년 얼마씩 불입해야 하는가? 이자율은 마찬가지로 10%이다.

매 기간 불입액 = 연금의 미래가치 × 감채기금계수(r%, n년)

'감채기금계수'란 n년 후에 1원을 만들기 위해서 매년 불입해야 할 액수를 위미한다. 따라서 감채기금계수는 연금의 내가계수의 역수가 된다. 감채기금계수는 다른 말로 상환기금계수(amortization fund factor)라고도 한다. 주택연금(역저당)에서 매 기간의 연금액을 구하는 경우 감채기금계수를 적용한다.

감채기금계수 = (r%, n년) = $\frac{r}{(1+r)^n-1}$

매 기간 불입액은 다음과 같다.

$$\begin{aligned}\text{매 기간 불입액} &= 5{,}000\text{만 원} \times \text{감채기금계수}(10\%,\ 3\text{년}) \\ &= 5{,}000\text{만 원} \times 0.30211 \\ &= 1{,}510.55\text{만 원}\end{aligned}$$

(4) 현재가치의 계산

① 일시불의 현재가치

일시불의 미래가치와 반대되는 개념이다. 3년 후의 5,000만 원은 현재 얼마만큼의 가치가 있을까? 사람들은 현재의 유동성(liquidity)을 더 선호하므로 미래의 5,000만 원의 가치가 현재의 5,000만 원과 같을 수 없다. 따라서 적절한 값으로 할인해야 한다. 미래가치를 현재가치와 같게 만드는 적절한 값을 할인율(discount rate)이라 한다.

$$\text{일시불의 현가계수}(r\%,\ n\text{년}) = \frac{1}{(1+r)^n} = (1+r)^{-n}$$

'일시불의 현가계수'란 n년 후의 1원이 현재 얼마만 한 가치가 있는가를 나타내는 계수이다. 별다른 언급 없이 현가계수라 하면, 일시불의 현가계수를 나타낸다. 만약 할인율이 10%라 한다면 3년 후 5,000만 원의 현재가치는 다음과 같다.

$$\begin{aligned}\text{현재가치} &= 5{,}000\text{만 원} \times \text{일시불의 현가계수}(10\%,\ 3\text{년}) \\ &= 5{,}000\text{만 원} \times 0.751315 \\ &= 3{,}756.57\text{만 원}\end{aligned}$$

② 연금의 현가계수

어떤 정년 퇴직자가 매년 연금으로 4,000만 원씩 20년 동안 받게 된다고 할 때 퇴직 시에 이것을 일시불로 받을 수 있다면, 이 사람은 얼마나 받게 되는가?(할인율은 10%) 퇴직시의 일시불은 매년 받게 되는 연금의 현재가치를 전부 합한 것이 된다. 연금의 현재가치의 계산과정은 다음과 같다.

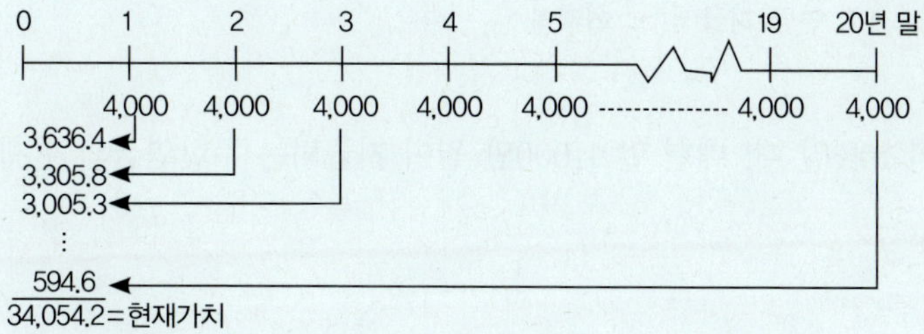

'연금의 현가계수'는 이자율이 r이고 기간이 n일 때, 매년 말 1원씩 n년 동안 받게 될 연금을 현재의 일시불로 환원한 액수 이다.

$$\text{연금의 현가계수}(r\%,\ n\text{년}) = \frac{(1+r)^n - 1}{r(1+r)^n}$$

앞의 예를 연금의 현가계수를 사용해서 계산하면 다음과 같다. 연금의 현가계수(10%,20년)는 8.51356이다.

$$\begin{aligned}\text{연금의 현재가치} &= \text{연금액} \times \text{연금의 현가계수}(10\%,\ 20\text{년})\\ &= 4{,}000\text{만 원} \times 8.51356\\ &= 3\text{억 } 4{,}054.24\text{만 원}\end{aligned}$$

매년 초에 연금액을 지급받게 될 경우에는 연금의 현가계수에 $(1+r)$을 곱하면 된다.

$$\begin{aligned}\text{연금의 현재가치} &= \text{연금액} \times (1+r) \times \text{연금의 현가계수}(r\%,\ n\text{년})\\ &= 4{,}000\text{만 원} \times 1.1 \times 8.51356\\ &= 3\text{억 } 7{,}459.66\text{만 원}\end{aligned}$$

무한연금이란 일정한 간격을 두고 무한기간 동안 발생하는 일정한 현금흐름을 말한다.

> 무한연금의 현재가치 = A/r
> A: 1회 연금 지급액, r: 이자율

이자율이 10%일 때, 매년 말 1,000만 원이 지급되는 무한연금의 현재가치는 얼마인가?

> 무한연금의 현재가치 = 1,000만 원 / 0.1 = 1억 원

③ 저당상수

아파트를 분양받을 때 흔히 발생하는 것으로, 주택융자금의 상환문제가 있다. 어떤 사람이 한국주택금융공사로부터 1억 원의 모기지론(mortgage loan)을 얻어 아파트를 분양받았다고 가정하여 보자. 그렇다면 이 사람은 원금과 이자를 포함하여 매월 얼마씩을 상환해야 하는가? 기간은 10년이고 이자율은 10%이다.

저당상수(mortgage constant: MC)란 자신의 주택을 저당 잡아 금융기관으로부터 1원을 빌렸을 때, 매 기간마다 갚아야 할 원금과 이자의 합계를 말한다. 즉, 저당상수에 대출원금을 곱하면 매년(또는 매월) 갚아야 할 상환액이 계산된다. 저당상수는 연금의 현가계수의 역수이며, 저당상수를 저당승수(mortgage multiplier)라고도 한다.

또한 기간 단위가 연일 경우의 저당상수는 연저당상수, 월일 경우에는 월저당상수라 한다. 저당상수는 각각 연저당상수(r%, n년), 월저당상수(r/12%, 12n월)로 표시되며, 별다른 언급이 없을 경우에는 연저당상수를 의미한다.

$$\text{연저당상수}(r\%,\ n\text{년}) = \frac{r}{1-(1+r)^{-n}}$$

$$\text{월저당상수}(r/12\%,\ 12n\text{월}) = \frac{r/12}{1-(1+r/12)^{-12n}}$$

저당지불액(mortgage payment)이란 매 기간 갚아야 할 원금과 이자지불액을 말한다. 저당지불액을 다른 말로 부채서비스액(debt service)이라고도 한다. 월을 단위로 저당지불액을 계산할 경우에는, n대신에 $12n$을 r대신에 $r/12$을 대입한다.

월저당지불액 = 1억 원 × 월저당상수(10/12%, 120월)
= 1억 원 × 0.01322
= 132.20만 원

④ 잔금비율

만기가 도래하기 전에 주택융자금을 조기상환하는 수가 있다. 만기 전에 융자금을 상환하기 위해서는 그 시점을 중심으로 미상환된 원금을 계산해야 한다. 저당대부액(mortgage loan) 중 미상환 원금을 잔금이라 하고, 잔금이 차지하는 비율을 잔금비율이라 한다. 미상환원금은 연금현가계수를 이용해 구할 수 있다.

대출기관 입장에서 볼 때, t시점의 미상환원금은 저당기간 n년 중 남은 기간 $(n-t)$년 동안 매년 받게 될 저당지불액을 현재가치로 환원한 값이 된다. 따라서 t시점의 잔금은 매년 또는 매월의 저당지불액에 연금의 현가계수를 곱한 값이 된다. 10년이 경과한 시점의 잔금을 계산해 보면 다음과 같다.

10년 후의 잔금 = 저당지불액 × 연금현가계수(10%, 20−10년)
= 117.46 × 6.144567
= 721.74만 원

2) 부동산투자분석 과정

(1) 시장참여자와 투자환경

시장참여자는 '마켓 플레이어(market player)'로서 부동산투자와 관련해 시장에 참여하고 있는 대상 부동산과 관련된 의사결정의 주체들이라고 할 수 있다. 부동산투자와 관련된 중요 시장참여자들은 지분투자자 · 저당대출자 · 임차자 · 정부 등이 있으며, 기타 시장참여자들로는 부동산중개인 · 감정평가사 · 회계사 · 세무사 등이 있고, 이들은 대상 부동산과 관련된 의사결정 주체들 상호 간을 지원한다(박문각 부동산연구소편, 2013: 358-361).

지분투자자(equity investor)는 부동산투자에 대한 궁극적인 의사결정을 하는 주체이며, 보통의 일반투자자를 지칭하는 말이다. 일반투자자를 특히 지분투자자라 부르는 것은, 이와 저당투자자(mortgage investor)를 구별하기 위해서이다.

저당대부를 해주는 대출자(lender)도 투자자금의 일부를 제공하고 있으므로 이들도 간접적으로 대상 부동산에 투자를 한 셈이 된다. 따라서 간접적으로 투자를 하고 있는 대출자를 저당투자자라 하고 직접적으로 투자를 하는 주체를 지분투자자라 한다.

지분투자자의 형태에는 여러 가지가 있을 수 있다. 개인일 수도 있으며 주식회사나 합자회사와 같은 기업일 수도 있다. 어느 형태를 취하느냐에 따라 자금의 수집, 세제감면, 투자에 대한 규제 정도, 소유권 이전의 상대적 용이성 등에 차이가 난다. 지분투자자는 부동산으로부터 연유하는 여러 가지 이익을 향유할 수 있다.[7] 투자자가 대상 부동산에 대해 가지는 권리를 부동산권(property right)이라 한다.

부동산 시장의 두 번째 중요한 참여자는 저당대출(mortgage lender)인데 중요한 대출자로는 은행, 보험회사, 신탁회사, 투자기금 등이 있다. 대출자는 주로 이자수입 등을 목적으로 부동산 시장에 참여하고 있다.

세 번째 중요한 참가자로는 임차자가 있다. 임차자는 대상 부동산을 직접 점유하여 사용하는 사람이다. 임차자는 매 기간마다 일정한 임대료를 지불하고, 투자자로

7 여러 가지 이익 가운데 지렛대효과(leverage effect)도 포함된다. 투자자는 타인자본을 이용함으로써 자기자본에 대한 수익률을 증대시킬 수 있다. 앞서 설명한 바와 같이 이것을 '지렛대효과'라고 하는데 이는 투자자들의 위험-수익의 관계를 증폭시키는 역할을 한다. 즉, 한편으로는 투자에 대한 수익률을 높이기도 하지만 다른 한편으로는 그만큼 위험도 증대(high risk high return)시킨다.

부터 대상 부동산에 대한 일시적 사용권을 매수한다.

정부는 부동산투자의 네 번째 참여자이다. 정부는 투자자, 대출자, 그리고 임차자 간의 상호관계에 많은 영향을 주며, 부동산의 취득에서 처분에 이르기까지 투자자에게 각종 제한을 가하고 있다. 그리고 대출자에 대해서도 이자율의 변동, 대출규제, 화폐정책 등의 방법으로 많은 제한을 가하고 있다.

정부의 규제 중 가장 중요한 것 중의 하나는 과세정책이다. 정부는 특정 부동산 활동에 대해 장려하기도 하고 억제하기도 한다. 정부는 과세정책이나 그 밖의 수단을 통하여 투자부동산의 가치에 많은 영향을 주고 있다.

시장참여자에는 이외에도 많이 있다. 예를 들면 부동산중개사, 주택관리사, 감정평가사, 회계사, 세무사, 상담사 등이 기타 시장참여자에 속한다고 할 수 있다. 이들은 대상 부동산과 의사결정 주체들 상호간에 부분적이고 일시적인 지원기능(support function)을 수행하고 있다.

그림 5-2 | 부동산투자와 시장참여자

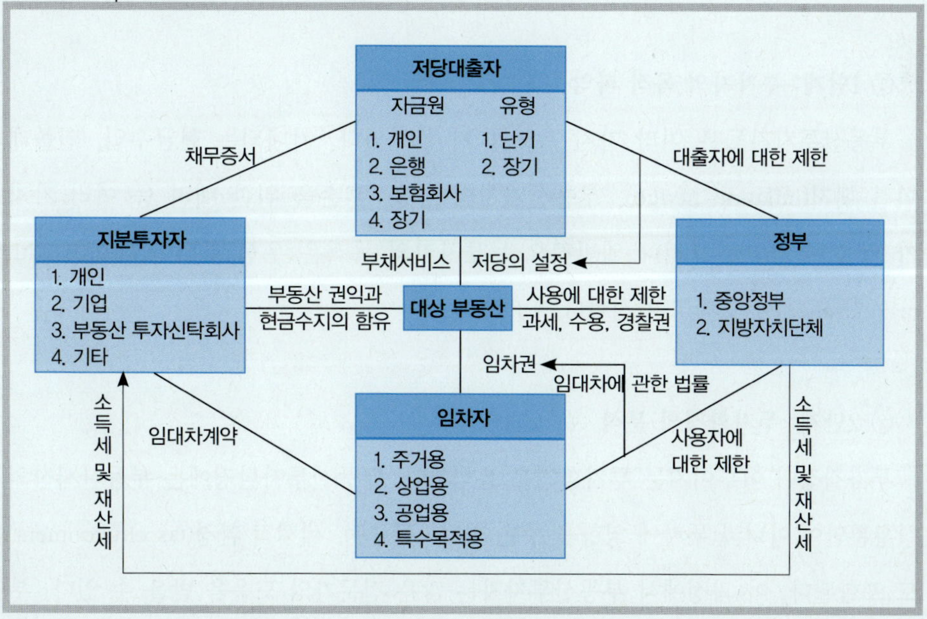

(2) 부동산투자결정의 과정

투자(investment)란 장래 기대되는 수익을 위해 현재의 소비를 희생하는 행위이다. 현재에 관한 사항은 잘 알려져 있지만, 미래에 관한 사항은 대체적으로 잘 알려져 있지 못하다. 투자결정이란 불확실한 미래를 위하여 확실한 현재를 희생할 것인가를 선택하는 행위이다.

부동산투자에 대한 대가는 보유 시 대상 부동산의 운영으로부터 나오는 소득이득(income gain)과 처분시의 자본이득(capital gain)의 형태로 나타난다. 부동산투자결정은 보유와 처분 시에 예상되는 수입과 지출을 비교함으로써 이루어진다. 부동산투자결정의 과정에는 다음과 같은 다섯 가지의 단계가 있다.

그림 5-3 | 부동산투자결정 단계

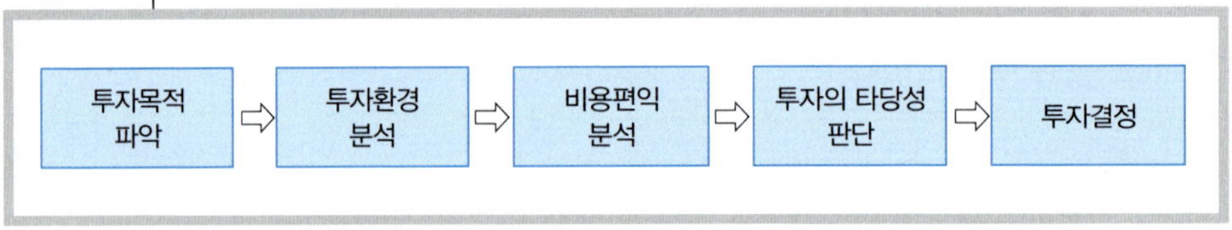

① 1단계: 투자자의 목적 파악

부동산투자자들은 여러 가지 목적을 가지고 있다. 기대되는 현금수입, 인플레이션 헷지(inflation hedge), 부동산가치의 상승, 후손을 위한 배려 등 여러 가지가 있을 수 있다. 그러나 일반적으로 투자자의 목적은 우선 부의 극대화(wealth maximization)에 있다고 가정한다.

② 2단계: 투자환경의 분석

투자결정이 이루어지는 투자환경을 분석한다. 부동산투자환경에는 부동산시장의 상황뿐만이 아니라 투자에 영향을 주는 법적 · 금융적, 세제적 환경(tax environment)도 포함된다. 이 과정에서 부동산투자자는 많은 전문가의 도움을 받을 수 있다. 부동산중개사, 평가사, 관리사, 회계사, 변호사 등으로부터 개별적인 서비스를 받을 수도 있지만 분석가나 상담사로부터 종합적인 서비스를 받을 수도 있다.

③ 3단계: 비용편익분석

부동산투자로부터 기대되는 편익과 비용을 분석한다. 편익과 비용은 여러 가지 측면에서 측정될 수 있다. 하지만 가장 흔히 쓰이는 것은 화폐적 척도에 의한 측정, 즉 현금수지에 의한 측정이다. 현금수지(cash flow)는 투자의 성격에 따라 달라질 수 있다. 투자대상에 따라 현금수입과 지출이 여러 해에 걸쳐 계속되는 것이 있으며 단 한 번에 그치는 것도 있다. 투자로부터 발생하는 현금수지를 어떻게 측정하느냐 하는 것은 투자결정 과정에 있어 매우 중요한 문제가 된다.

④ 4단계: 투자의 타당성 판단

분석된 현금수지에 투자준거를 적용하여 투자의 타당성을 판단한다. 투자준거란 투자대상의 채택 가능성을 결정하는 기준을 의미한다. 여기에 단순한 어림셈법(rules of thumb)에서 복잡한 할인현금수지모형(discounted cash flow model: DCF)에 이르기까지 여러 가지가 있다.

⑤ 5단계: 투자결정

이상의 분석결과를 토대로 하여 투자를 할 것인가 말 것인가를 최종적으로 결정한다. 투자결정을 판단하는 근거에는 보통 다음의 두 가지 방법이 사용되고 있다. 하나는 기대수익률과 요구수익률을 비교하는 것이며, 다른 하나는 투자가치(investment value)와 시장가치(market value)를 비교하는 것이다. 전자의 방법은 기대수익률이 요구수익률보다 높으면 투자를 채택하고, 기대수익률이 요구수익률보다 낮으면 투자를 기각하는 것이다. 그리고 후자의 방법은 투자가치가 시장가치보다 낮으면 투자를 기각하고, 투자가치가 시장가치보다 크면 투자를 채택하는 것이다.

3) 부동산투자분석 기법

부동산투자분석 기법은 할인현금수지(Discount Cash Flow: DCF)분석법과 비할인 현금수지분석법으로 구분된다. 할인법은 다시 순현가법, 수익성지수법, 내부수익률법, 현가회수기간법 등이 있으며, 비할인법은 어림셈법과 비율분석법 그리고 전통적 분석기법 등으로 구분된다(박문각 부동산연구소 편, 2013: 367-381; 이성근 외, 2012: 369-374).

(1) 할인현금수지분석법(DCF분석법)

할인현금수지분석법(discounted cash flow analysis: DCF분석법)이란 장래 예상되는 현금수입과 지출을 현재가치로 할인하고, 이것을 서로 비교하여 투자판단을 하는 방법을 말한다. 할인현금수지분석법은 다시 순현가법과 내부수익률법으로 나누어진다.

할인현금수지분석법의 절차는 첫째, 현금유입과 현금유출을 추계한다. 투자로부터 예상되는 장래의 수입과 지출을 추계하는 것이다. 현금유입(cash inflow)에는 부동산의 운영으로 인한 영업소득뿐만 아니라, 처분 시의 지분복귀액도 포함된다. 둘째, 추계된 현금수지에 대한 위험을 평가한다. 위험도 대상 부동산과 비교 부동산의 자료를 비교 · 분석하여 평가된다. 셋째, 할인율을 결정한다. 전 단계에서 평가된 위험을 근거로 적절한 위험조정할인율을 결정하며, 위험조정할인율이 바로 투자자의 요구수익률이 된다. 넷째, 미래의 현금수지를 할인한다. 위험조정할인율로 미래의 현금수지를 현재가치로 할인한다. 다섯째, 투자를 결정한다. 이상에서 분석된 자료를 토대로 하여 투자를 할 것인지 말 것인지를 결정한다. 최종적인 투자결정은 현금수입의 현재가치와 현금지출의 현재가치를 서로 비교하거나, 기대수익률과 요구수익률을 비교함으로써 이루어진다.

그림 5-4 | 투자분석기법 체계

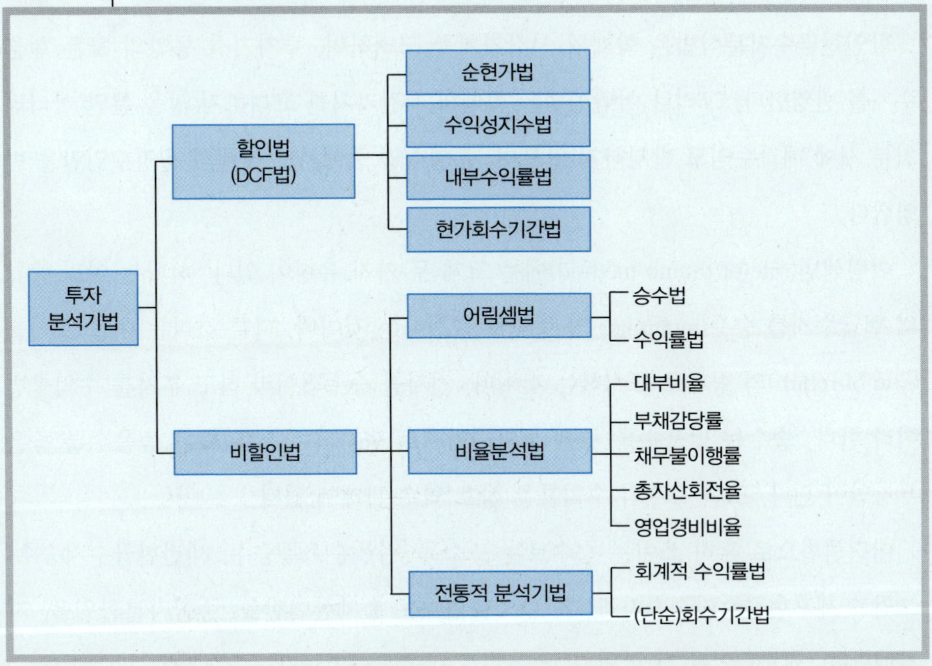

할인현금수지분석법에는 순현가법과 내부수익률법이 있고, 투자결정 기준은 다음과 같은 기준에 따른다.

① 순현가(NPV) ≥ 0이면 투자가치가 있다고 평가한다.

② 내부수익률(IRR) ≥ 요구수익률이면 투자가치가 있다고 평가한다.

③ 기대수익률 ≥ 요구수익률이면 투자를 한다.

④ 투자가치 ≥ 시장가치이면 투자를 한다.

(2) 어림셈법

할인현금수지분석법을 투자준거로 사용하기 위해서는 여러 가지 복잡한 계산절차를 거쳐야 한다. 따라서 실무 분야에서는 복잡한 할인현금수지분석법 대신에 단순한 어림셈법이나 비율분석법이 오랫동안 부동산결정(realestate decision)에 대한 판단준거로 많이 사용되어 왔다.

할인현금수지분석법은 화폐의 시간가치를 고려하며, 투자기간 동안의 모든 현금수지를 반영한다. 그러나 어림셈법은 화폐의 시간가치를 고려하지 않을 뿐만 아니라 처분 시에 매각수익도 반영하지 않으며, 운영수입 중에서도 첫해의 운영수입만을 반영한다.

어림셈범(rule of thumb method)에는 크게 두 가지 유형이 있다. 하나는 여러 종류의 현금수지를 승수(multiplier)의 형태로 표시하는 것이며, 다른 하나는 이를 수익률(rate of return)의 형태로 표시하는 것이다. 전자를 승수법이라 하고 후자를 수익률법이라 한다. 승수는 낮을수록 좋은 투자대안으로 평가되며, 수익률은 높을수록 좋은 투자안이 된다. 또한 승수와 수익률은 상호 역수 관계에 있다.

어림셈법으로 흔히 쓰이는 승수로는 조소득승수, 순소득승수, 세전현금수지승수, 그리고 세후현금수지승수가 있다. 수익률법에는 총자산회전율, 종합자본환원율, 지분배당률, 세후수익률 등이 있다.

표 5-3 어림셈법에 의한 승수와 수익률

구분	승수법		수익률법	
종류	조소득승수	$\frac{\text{총투자액}}{\text{조소득}}$	총자산회전율	$\frac{\text{조소득}}{\text{총투자액}}$
	순소득승수 (자본회수기간)	$\frac{\text{총투자액}}{\text{순영업소득}}$	종합자본환원율	$\frac{\text{순영업소득}}{\text{총투자액}}$
	세전현금수지승수	$\frac{\text{자본투자액}}{\text{세전현금수지}}$	지분배당률 (세전수익률)	$\frac{\text{세전현금수지}}{\text{지분투자액}}$
	세후현금수지승수	$\frac{\text{지분투자액}}{\text{세후현금수지}}$	세후수익률	$\frac{\text{세전현금수지}}{\text{지분투자액}}$

출처: 박문각 부동산연구소 편 (2013). 부동산학개론. p.377.

어리셈법의 가장 큰 한계는 한 가지 방법에 의해 계산된 비율을 다른 방법에 의해 계산된 비율과 직접 비교하기는 곤란하다는 점이다. 어떤 방법에 의해 좋아 보이는 투자대안이 다른 방법에 의해서는 나쁘게 보일수도 있다. 따라서 어림셈법으로 투자대안의 우선순위를 결정할 때에는 방법에 따라 순위상의 변동이 일어날 수 있다. 어림셈법의 이 같은 약점은 미래의 현금수지를 할인하지 않는다는 데에서 기인한다.

(3) 비율분석법

비율분석법에는 대부비율, 부채감당률, 채무불이행률, 총자산회전율, 영업경비비율 등이 있다. 대부비율(loan to value 또는 loan ratio)은 부동산가치에 대한 융자액의 비율을 가리킨다. 대부비율은 저당비율(mortgage ratio)이라고도 한다. 대부비율이 높을수록 채무불이행 시 원금을 회수하기 어렵게 된다. 높은 대부비율은 대출자의 입장에서는 큰 위험이 된다. 따라서 은행과 같은 기관대출자는 부동산가치에 대한 일정 비율을 최대한도로 정하기도 한다.

$$대부비율 = \frac{부채잔금}{부동산의\ 가치}$$

대부비율과 부채비율은 밀접한 관계가 있다. 대부비율이 80%라는 것은, 부채비율이 400%라는 뜻과 같다. 부채비율(debt to equity 또는 debt ratio)은 지분에 대한 부채의 비율이다.

$$부채비율 = \frac{저당대부액}{지분투자액}$$

대부비율이 높아짐에 따라 부채비율도 급격하게 증가한다. 대부비율이 100%가 되면, 부채비율은 무한대가 된다.

부채감당률(debt coverage ratio)은 순영업소득이 부채서비스액의 몇 배가 되는가를 나타내는 비율이다. 부채서비스액은 매월 또는 매년 지불해야 하는 원금상환분과 이자지급분을 가리킨다. 부채서비스액을 다른 말로 저당지불액이라 한다. 그러나 엄격하게 말하면 부채서비스액은 저당지불액보다 넓은 의미를 지니고 있다.

$$부채감당률 = \frac{순영업소득}{부채서비스액}$$

부채감당률이 1에 가까울수록, 대출자나 차입자는 모두 위험한 입장에 처하게 된다. 부채감당률이 1보다 작다는 것은 부동산으로부터 나오는 순영업소득이 부채를 감당하기에도 부족하다는 뜻이 된다. 따라서 대출자는 부채감당률이 1 이상 될 것을 요구하고 경우에 따라서는 그 이상의 일정한 비율을 대출한계로 정하기도 한다.

채무불이행률(default ratio)은 두 가지 의미로 사용된다. 하나는 전체 대출건수에서 실제로 채무불이행이 발생한 비율을 의미하여, 다른 하나는 채무불이행이 발생할 가능성을 나타내는 비율을 의미한다. 비율분석에서의 채무불이행률은 실제로 얼마만큼의 채무불이행이 있었느냐를 나타내는 것이 아니라, 부채감당률과 마찬가지로 차입자가 채무불이행할 가능성을 나타내는 비율의 의미로 사용되고 있다. 채무불이행률이 클수록 채무불이행의 가능성은 높아진다.

$$채무불이행률 = \frac{영업경비 + 부채서비스액}{유효조소득}$$

경우에 따라서는 유효조소득 대신 가능조소득을 쓰기도 한다. 채무불이행률을 손익분기율(break even ratio) 또는 손익분기점(break even point)이라고도 한다.

총자산회전율(total asset turnover ratio: TAT)은 투자된 총자산, 즉 부동산가치에 대한 조소득의 비율이다. 조소득으로는 가능조소득과 유효조소득 둘 다 사용될 수 있다. 총자산회전율은 어림셈법에서 살펴본 조소득승수의 역수가 된다.

$$총자산회전율 = \frac{조소득}{부동산의\ 가치}$$

생산성비율(productivity ratio)은 부동산의 생산성을 평가하는 지표로서 소득비율,

영업경비비율, 공실률이 이에 해당한다. 소득비율(income ratio)은 순영업소득이 가능조소득에서 차지하는 비율이며, 영업경비비율(operating expense ratio)은 영업경비가 유효조소득(또는 가능조소득)에서 차지하는 비율이다. 그리고 공실률(vacancy ratio)은 공실과 불량부채가 가능조소득에서 차지하는 비율이다. 소득비율이 높을수록, 공실률과 경비비율이 낮을수록 대상 부동산의 생산성은 높은 것으로 평가된다.

영업경비비율은 투자대상 부동산의 재무관리 상태를 파악하는 하나의 지표로 사용되며, 이것이 비교 부동산이 평균보다 높다고 하면, 영업경비에 대한 통제가 적절하지 못한 상태에 있다고 판단할 수 있다. 예를 들어 영업경비비율이 높을 경우 공실률이 너무 높다거나 유지비가 너무 많이 든다거나 임대료가 상대적으로 싸다거나 하는 등의 문제가 있을 수 있다. 그러나 경비비율만으로도 부동산관리가 제대로 이루어지고 있는지를 판단하는 것은 곤란하다. 그리고 경비비율을 최소화시키는 것이 모든 경우에 있어서 최선의 방책이 되는 것도 아니다. 여기서 살펴본 여러 가지 재무비율(financial ratio)은 어디까지나 편의상 사용되는 예비적 분석도구일 뿐이다.

$$\text{영업경비비율} = \frac{\text{영업경비}}{\text{조소득}}$$

상기 언급한 비율분석법은 다음과 같은 한계를 갖는다. 각각의 비율을 구성하고 있는 요소들에 대한 추계의 잘못으로, 비율 자체가 왜곡될 수 있다는 것이다. 예를 들어 대부비율을 계산할 때 부동산의 가치가 실제 이상으로 과대평가되어 있으면, 대부비율은 당연히 하락하게 된다. 그리고 낮은 대부비율은 대출자로 하여금 그 투자가 보다 타당성이 있는 것으로 잘못 생각하게 할 수 있다. 비율 자체만으로는 평가 곤란, 주어진 비율 그 자체만으로는 좋다 나쁘다를 평가하기 곤란하다는 것이다. 왜냐하면 투자에 관련된 사람들의 목적이 각각 다를 수 있기 때문이다. 대출자에게는 좋아 보이는 비율이, 투자자의 입장에서는 그렇지 않을 수도 있다. 물론 그 반대의 경우도 마찬가지이다. 비율분석으로 투자판단을 할 경우에는, 동일한 투자대안이라 할지라도 사용하는 지표에 따라 결정이 다르게 나타날 수 있다. 어떤 지표에 따르면 투자대안이 좋은 것으로 판단되나, 다른 지표에 따르면 나쁜 것으로 판단될 수도 있다. 그러므로 비율분석 자체만으로 투자결정을 하는 데에는 신중을 기할 필요가 있다.

(4) 기타 전통적 투자분석기법

화폐의 시간적 가치를 고려하지 않는 전통적 투자분석기법은 회계적 수익률법과 회수기간법 등이 있다. 회계적 수익률(Accounting Rate of Return)법은 투자대상 부동산의 평균 세후이익을 연평균 투자액[8]으로 나눈 값으로 정의된다(강원철 외, 2004: 138; 박문각 부동산연구소 편, 2013: 381).

회계적 수익률=평균 세후이익 / 연평균 투자액

이 방법은 평균 세후이익이라는 회계적 이익은 재무제표의 손익계산서에서 쉽게 얻을 수 있다는 장점이 있다. 반면에 단점은 화폐의 시간적 가치를 고려하지 않는다는 점과 회계이익은 부동산의 현금흐름을 반영하지 못한다는 것과 투자대상 부동산만이 아니라 부동산을 보유한 기업의 영업활동이 포함된 회계적 이익을 토대로 투자 의사결정을 내리게 되는 문제점이 있다.

회수기간법(Pay back Period)은 최초의 투자액을 얼마나 빨리 회수하는가를 측정하기 때문에 회계이익이 아니라 현금흐름을 대상으로 한다. 회수기간은 투자대상 부동산에 대한 투자액을 회수하는 데 걸리는 연수를 말한다. 회수기간법의 투자 의사결정 기준은 회수기간이 표준기간보다 짧으면 투자를 결정하고 그렇지 않으면 투자를 포기한다. 회수기간법은 계산과 적용하기가 손쉽고 비용이 들지 않는다는 장점이 있으나 회수기간 후의 현금흐름을 무시하고 화폐의 시간적 가치를 고려하지 않는다

8 연평균 투자액은 최초의 투자액과 잔존가치를 합하여 2로 나눈 값이다.

는 점, 그리고 표준기간은 투자자가 주관적으로 정하기 때문에 자의적일 수밖에 없다는 단점이 있다.

Chapter 06

부동산금융 및 보험론

Real Estate Principles & Practices

1. 부동산금융의 개념
2. 부동산과 금융의 결합논리
3. 부동산금융의 종류
4. 부동산금융의 일반적인 절차
5. 부동산금융 메커니즘의 세밀한 분석
6. 한국의 부동산금융의 현황
7. 부동산보험

CHAPTER

06 부동산금융 및 보험론

도입사례

부동산정책? 그에 걸맞은 주택 · 아파트담보대출로 극복

무주택자나 생애 최초로 주택 · 아파트를 구매하려는 사람들에게 좋은 소식이 연이어 들리고 있다. 정부가 지난 1일 발표한 부동산정책과 주택금융공사가 발표한 U보금자리론의 금리하락 등에 모두 금리혜택의 내용이 담겨 있기 때문이다.

주택 · 아파트담보대출 금리를 은행별로 비교해 주고 있는 뱅크아파트의 부동산정책 분석에 따르면 생애 최초 주택 구입자 중 부부합산소득 6,000만 원 이하의 가구가 올해 안에 6억 원 · 85㎡ 이하 주택을 구입할 경우 취득세 면제혜택이 적용된다. 또한, 연말까지 DTI(총부채상환비율)를 은행권 자율로 적용하고, LTV(주택담보인정비율)를 70%로 완화하기로 하였다.

이를 위해 국민주택기금의 지원금리를 현재 3.8%에서 3.3%(전용면적 기준 60㎡), 3.5%(전용면적 기준 60~85㎡)로 낮출 방침이다. 신혼부부 전세자금대출(전세보증금담보대출)도 부부합산소득 기준 연 4,500만 원에서 5,000만 원 이하로 완화했으며 신혼부부 전세대출은 기존 3.7%에서 3.5%로, 저금리로 낮출 방침이다.

그러나 정부의 부동산정책과 주택금융공사의 U보금자리론의 금리혜택은 고금리의 아파트담보대출상품을 이용 중인 기존 고객들에게는 큰 도움이 되지 못할 전망이다. 이에 기존 이용자들은 은행별 주택 · 아파트담보대출을 통해서 금리와 조건을 은행별로 꼼꼼히 비교하여 갈아타기를 준비해야 할 것으로 보인다.

현재 발표된 부동산정책이나 주택금융공사의 금리인하혜택을 볼 수 없는 기존 대출자들은 은행의 기준금리 변화와, 가산금리 변화, 그리고 어떤 조건일 때 금리우대를 해주는지 등 확인해야 할 내용들이 많다. 이럴 때 혼자 전전긍긍하기보다는 전화나 인터넷을 이용해 은행별 주택·아파트 담보대출 금리 비교를 해보고 자신에게 맞는 최저금리상품을 안내받는 것이 이자부담을 줄이기 좋을 예정이다.

한편, 뱅크아파트와 같은 금리비교사이트에서는 전 금융권(은행, 보험사, 농협, 수협, 새마을, 신협, 저축은행, 캐피탈 등)에서 제공하는 주택담보대출, 아파트담보대출, 빌라담보대출, 토지담보대출, 전세자금·보증금담보대출 등의 금리와 조건을 무료로 비교해 준다.

출처: 주간한국 (2013. 4. 4).

1 부동산금융의 개념

부동산금융이라고하면 부동산을 매입해서 소유하거나 혹은 임차해서 활용하는 것과 관련한 금융 절차를 말한다. 부동산은 거래 규모가 보통 대형이므로 작은 주택도 일반 가구의 소득에 비하면 상당히 큰 금액이고, 빌딩이나 공장과 같은 대형 부동산을 매입하는 경우에는 금액이 천문학적인 경우가 많다. 이와 같이 막대한 자금을 보유하고 있는 매입 희망 개인이나 기관도 많지 않을 뿐만 아니라, 있다고 하더라도 막대한 부동산 매입자금을 선투자하고 부동산을 통해서 수익이 나오는 것을 장기간 기다리는 것은 불합리한 의사결정이 될 수 있다.

부동산금융은 거대한 자금이 소요되는 부동산을 다양한 기관들이 협조하여 부동산 매입자나 개발자에게 장기로 자금을 대여해 주고, 대출이자를 받아 그것으로 대출수익이나 투자수익을 올리는 형태이다. 전세계적으로 대부분의 국가에서 자산가치가 가장 높은 것은 부동산이다. 과거에는 토지가 부동산의 다수였으나, 산업혁명 이후에는 토지에 인간의 노력을 투입하고 개발하여 산업용 부동산이나 주거용 부동산을 만드는 과정을 오랫동안 거쳐 왔다. 이에 따라 현재 전세계적으로 자산가치가 가장 높은 것은 부동산이다.

우리나라에서도 전국의 부동산 총가액이 1경(조가 만 개)이 넘는 것으로 추정되고 있다. 국가소유의 부동산과 기업체나 비영리법인들의 소유 부동산도 많다. 또한 전국의 1,700여 만 가구가 소유한 부동산의 규모도 어마어마하다. 그러나 부동산은 그 자체로서는 이전이 불가능하고(부동산의 기본적인 특성인 부동성), 매매가 일반적으로 용이하지 않으며(소형 부동산의 경우에도 빈번하지 않고), 환금성도 낮은 것이 사실이다.

그럼에도 부동산금융이 중요한 이유는 토지가 개별적으로 소유된다는 측면이 강하기 때문이다. 우리나라 전체에서 부동산을 위한 토지는 한정되어 있다. 그러나 부동산에 대한 수요는 경기에 따라 늘기도 하고 줄기도 한다. 토지를 어느 대형기관이나 조직이 가지고 있을 경우에는 토지를 담보로 하여 막대한 자금을 빌릴 수 있다. 그러나 전국의 토지들이 조각조각 난 상태로, 수많은 소유자들이 있는 경우에는 부동산개발을 통해 상당한 이득이 생길 것을 예측하기가 쉽지 않다. 많은 토지소유자들을 설득하여 토지를 매입해야 하기 때문에 프로젝트 파이낸싱 형태의 부동산개발이 쉽지 않다. 따라서 부동산 자체로서 투자수익률을 내는 것과 함께 금융을 잘 활용하여 안정적인 수익률을 기대하고자 한다.

2 부동산과 금융의 결합논리

금융은 환금성이 높다. 앞서 설명한 것처럼 자산의 대부분이 부동산이므로 부동산의 약점을 보완할 수 있는 금융이 필요하다. 또한 직접매매는 아니지만 부동산을 담보로 하여 많은 거래가 이루어지도록 하기 위해서도 금융이 부동산과 결합해야 한다. 부동산과 금융의 각각의 장단점을 설명하면 다음과 같다.

1) 부동산의 장단점

(1) 장점

- 일반적으로 규모가 크다.
- 담보가치가 충분하다.
- 자산가치가 오래간다.
- 미래에 커다란 수익을 낼 가능성이 높다.

(2) 단점

- 환금성이 떨어진다.
- 거래가 장시간이 소요된다.
- 매수 희망자는 많지 않다.
- 잘못하면 투자원금을 손해보기가 쉽다.

2) 금융의 장단점

(1) 장점

- 금융은 다수의 사람들로부터 자금을 모집하기가 쉽다.
- 담보가 확실한 경우에는 투자수익률이 날 가능성이 높다.
- 투자자가 원하는 경우에 투자원금을 회수하기가 쉽다.

(2) 단점

- 금융 자체로는 수익률이 나오지 않고 빌려 주어야 이득을 볼 수 있다.
- 이자율이 낮은 경우에는 금융자금의 확보가 쉽지 않다.

3) 부동산금융의 장점과 대비할 것

(1) 부동산금융의 장점

부동산과 금융을 결합하면 대규모 자산과 소규모 현찰의 결합으로 장기간 이득을 볼 수 있다. 부동산개발에 자금을 대여하여 개발이 성공할 경우, 상당한 수익을 낼 수 있으며 자산확보가 사전에 이루어지므로 원금손해를 볼 가능성이 적으면서 장기간 이득을 볼 수 있다. 또한 부동산 소유자는 많으므로 금융이 결합되면 얼마든지 투자대안을 확보할 수가 있다.

(2) 부동산금융에서 대비할 것

부동산수요가 적어지는 경우에는 투자원금의 회수가 상당히 오랜 기간이 걸릴 수 있다. 그때까지 투자자에 대한 자금공여대가를 지불하는 데 커다란 비용이 들 수 있다. 따라서 사전에 충분한 자기자금을 가지고 부동산금융활동을 진행하는 것이 바람직하다. 수익형 부동산의 확실한 안전장치가 마련된 이후에 금융활동에 들어가는 것이 미래의 불확실성을 감소시키는 좋은 방안이다.

4) 위험인식과 수익률 기대

부동산금융의 핵심은 부동산금융을 통한 수입의 최대화와 비용의 최소화이다. 수

입최대화와 비용최소화를 하여 수입이 더 클 것으로 판단이 되면 부동산금융에 나서는 것이 보통이다.

부동산금융의 위험은 수익률과 직결되어 있다. 부동산금융과 관련한 위험들에는 크게 유동성위험과 이자율위험이 있다. 이를 구체적으로 살펴보면 다음과 같다.

(1) 유동성위험

유동성위험이란 부동산금융을 통해 대출이 일어났을 때, 대출의 원금과 이자를 변제해야 할 사람의 현찰 유동성이 떨어지는 것과 관련한 위험을 말한다. 부동산은 규모가 크기 때문에 거래가 쉽게 일어나지 않는다. 개발되어 부동산적 부가가치가 확실하게 증대한 경우에는 준공 후 분양이 쉽게 이루어져 상당한 기간 동안 투입했던 자금의 회수가 손쉽게 이루어질 수 있다.

그러나 분양이 잘 되지 않을 경우에는 대출받은 원금을 갚기가 쉽지 않다. 유입되는 현금흐름이 일정하면서 지속적인 경우가 아니라면 유동성위험에 빠지면서 부동산개발 전체가 위험해질 수 있다. 이러한 경우, 이를 해결하기 위해 재담보를 통해 제2금융권에서 자금을 빌리거나 고이자율의 긴급한 사채를 끌어와 단기적으로 숨통을 쉬는 것은 가능하나, 장기적으로는 다시 유동성위험에 빠질 위험이 있다.

2008년도의 미국발 금융위기와 그후 유럽의 금융사태로 전세계가 유동성부족상태에 돌입하였다. 우리나라 재벌의 대부분과 대기업들이 그동안 건설회사를 통해 상당한 개발사업에 관여하였으나 2010년이 넘어서면서는 유동성위험을 넘지 못해 도산을 겪는 재벌계열사와 중견기업들이 점점 늘고 있다. 장기적인 번영이 중요한 것이 아니고, 단기적인 생존이 불가능해지면 부동산금융은 독약이 될 수 있다.

미래의 대규모 수익률을 기대한 경우에는 유동성위험으로 중간에 도산될 수도 있다는 것을 충분히 사전에 인식해야 한다. 부동산의 장기성 프로젝트를 진행하면서 예상 외의 유동성위험에 빠지지 않으려면 미래 예상수익률을 낮추더라도 꾸준하게 현금유입이 있는 방식을 사전에 강구해야 한다. 프로젝트를 단일로 대형화하는 것보다는 작게 시작하여 수익률을 확보하며 천천히 대형화시키는 것도 유동성위험에서 벗어나 장기적인 수익률을 기대할 수 있는 방법이다.

유동성위험은 채무불이행위험이라고도 불린다. 정해진 채무를 약속한 기간 내에 갚지 못해서 생기는 위험을 뜻하는 것으로, 채무불이행위험이 생기는 이유는 담보로 맡긴 부동산의 가치하락이 가장 크다. 부동산 경기가 활황일 때에는 상당한 담보가치가 있었으나, 부동산 경기가 하락하여 담보가치가 떨어지면 채무를 불이행하게 되는 것이다. 혹은 대출자의 소득이 떨어져서 원리금을 갚을 수 있는 능력이 줄어드는 경우에도 발생한다.

(2) 이자율위험

이자율위험은 장기간의 프로젝트 진행기간 중에 사전에 예측하였던 것과는 다른 이자율이 결정나는 것과 관련한 위험이다. 이자율은 부동산금융에 관여되는 금융기관이나 부동산업자나 부동산수요자가 통제할 수 없는 외부 요인이다. 우리나라의 중앙은행인 한국은행 금융통화위원회가 한 달에 한 번 금융통화위원회를 열어 결정한다. 물론 단기간에 크게 변하는 경우는 많지 않으나 1~2년이면 상당한 정도의 이자율 변동이 생길 수 있다. 부동산은 보통의 경우, 그보다 훨씬 더 긴 기간을 요구한다는 것이 문제이다. 이자율위험은 유동성위험보다는 부동산금융에서 위험도가 훨씬 낮다. 원리금 균등상환을 하는 경우에 이자율위험에 봉착하게 되면 금융기관과 협의를 하거나 금융기관을 바꾸어서 원금상환을 유예하고, 이자납부만 하여 매월 갚아야 할 금액을 줄일 수 있다. 시간을 확보하여 부동산 프로젝트의 미래수익률을 늘려가는 방안을 강구할 수 있다.

이자율은 대출자의 입장과 차입자의 입장에서 각각 다르게 인식될 수 있다. 인플레이션이 낮으면 차입자가 손해를 보고 반대로 대출자가 이득을 보게 된다. 반면, 인플레이션이 높으면 반대로 차입자가 이득을 보고 대출자가 손해를 보게 된다. 이는 고정이자율에서 나오는 상황이다. 보통 고정이자율이 되면 금융기관은 자신들의 손해를 막기 위해 금리를 높게 산출한다. 따라서 차입자의 입장에서는 변동이자율을 선택하는 것이 더 바람직하다.

5) 부동산금융을 통한 이익창출요인

부동산금융을 통한 이익창출 방식에는 합리적으로 기대해서 얻는 이익과 투기성으로 획득하는 이익이 있다. 각각을 설명하면 다음과 같다.

(1) 합리적 기대이익

부동산금융을 통해서 미래수익을 창출하려면 합리적 기대(Rational Expectation)를 하는 것이 바람직하다. 여기에서 '합리적'이라는 말은 미래수익의 방향과 정도를 객관적인 수치들을 가지고 계산할 수 있는 것을 말한다. 논리적인 분석들을 통해 미래에 어느 정도의 수익률이 예상되고 또한 이러한 수익률 달성에 마이너스 영향을 주는 요인들을 사전에 치밀하게 분석하여 그러한 요인들의 효과를 감안해야 한다.

(2) 투기성 획득이익

합리적인 기대가 아닌 '부동산 경기의 활황이 오면 어떠할 것이다.'라는 투기성 기대를 통해 이익을 얻는 것은, 부동산금융을 공부하여 실행하는 사람들이 가져서는 안 될 마음가짐이다. 부동산을 통해 한몫 챙겼다는 과거의 성공사례들에 취해 투기성으로 과대이득을 근거 없이 추산하는 것은 바람직하지 않다.

3 부동산금융의 종류

부동산금융은 크게 두 가지 형태로 구분된다. 전 국민의 상당수가 부동산주택을 매입할 때 발생하는 담보대출이 하나이고(경우에 따라서는 기업이나 단체가 대형 부동산을 일부 담보를 끼고 매입할 때 발생), 다른 하나는 부동산을 새롭게 개발하여 상당한 수익을 얻기 위해 소액자금을 모으거나 혹은 금융기관 대출을 활용하여 개발해서 이득을 보려는 형태가 있다. 이를 구체적으로 살펴보면 다음과 같다.

1) 부동산매입형 금융

첫째, 부동산매입형 금융이란 개인이 거주하는 집이나 아파트와 관련된 주식매입형 대출이 대다수이고, 일부는 기업들이 빌딩을 매입하는 것과 관련된 금융도 있다.

주택매입형 대출은 크게 두 가지로 나뉘는데, 하나는 현재의 주택매입을 위한 대출이고, 또 다른 하나는 미래의 주택매입을 위한 대출이다.

(1) 현재의 주택매입을 위한 대출

현재 건물이 조성되고 바로 입주가 가능한 주택매입을 위한 대출이다. 준공된 지 상당한 기간이 흘러서 현재 입주인이 거주하고 있는 주택을 매입하는 부동산금융은 상당히 쉬운 편이다. 금융기관이 아파트와 단독주택 매매가격에 근거하여 담보대출의 가액을 결정하게 된다. 현재 우리나라에는 두 가지의 주택 매매가격을 알려 주는 인터넷 사이트가 있다.

정부의 국토교통부가 발표하는 인터넷 사이트(rt.mltm.go.kr)
- 아파트 실거래가(지역별, 금액별, 면적별)
- 다세대/연립 실거래가(지역별, 금액별, 면적별)
- 단독/다가구 실거래가(지역별, 금액별, 면적별)

KB은행이 발표하는 KB부동산알리지 인터넷 사이트(nland.kbstar.com)
- 아파트 / 오피스텔 / 일반주택 / 상업용 / 토지 · 임야

국토교통부와 KB은행의 인터넷 사이트가 국내에서 가장 공신력 있으면서도 현재의 부동산매매시세를 가늠해 볼 수 있는 자료이다. 현재 금융기관에서는 주택매입을 위한 대출을 신청하면 위의 두 사이트를 참조해서 평균 매매가격에 비례하여 담보대출을 해주는 것이 보통이다.

(2) 미래에 구입한 주택매입을 위한 대출

현재 건물이 완성되지 않았으나 미래에 준공될 부동산을 매입하는 것을 담보로 한 대출이다. 부동산 시행업체가 토지를 매입하고 금융기관에서 토지를 담보로 대출받아 건설회사에게 시공을 의뢰하고 준공된 후에 분양하는 것이다.

이와 같이 현재 존재하지 않는 미래의 주택을 담보로 하여 대출받는 구조는 우리나라의 특이한 형태이다. 과거에 아파트 대형단지들을 개발하여 분양하려는 건설회사들은 자금이 부족하자 분양신청을 미리 받고 분양대금을 나누어 받으며, 그것으로 건설비를 충당하여 아파트를 건설한 경우가 많았다. 또한 금융기관이 건설회사의 신용도를 보고 분양대금을 대출해 주기도 했었다. 건설회사의 분양가액 일부를 대출해 주는 형태였다. 그러나 최근에는 부동산 경기가 급락하면서 분양아파트가 완전히 소진되는 경우가 많지 않아 미래의 주택매입을 위한 자금을 금융기관에서 선대출을 받는 것은 쉽지가 않다.

2) 부동산투자형 금융

부동산투자형 금융에는 주택개발과 관련하여 금융을 활용해서 이득을 보는 구조와 다수의 투자자로부터 사전에 자금을 조달받아 이것을 활용하여 투자해서 이득을 보는 구조로 크게 나뉜다.

첫째, 주택개발과 관련한 부동산투자형 금융은 과거의 부동산 활황시대에 상당한 수익을 얻을 수 있는 방식이었다. 부동산개발을 주도하는 시행사가 금융을 통해 부지를 매입하고 이 부지를 담보로 하여 건설회사를 끌어들여 주택이나 아파트를 대규모로 건설한 이후 분양해서 나오는 대금으로 건설시공비와 금융비용을 부담하는 형태이다.

보통 프로젝트 파이낸싱(Project Financing) 형태로서 자본금이 상당히 열악한 상황에서도(몇천만 원에서 많아야 몇억이나 몇십 억을 가지고 시행사가 시작) 수천억 원에 달하는 대형 프로젝트를 금융을 활용해서 성공시키는 것이었다.

그러나 부동산 경기가 둔화되면서부터 부동산 프로젝트 파이낸싱의 대부분이 부도로 도산하게 되었다.

둘째, 부동산신탁형으로 자금을 확보한 후에 이것을 가지고 투자하여 이득을 보는 구조이다. 선진형 REITs(Real Estate Investment Trust)가 국내에 비교적 최근에 보급되면서, 먼저 자금을 다수의 투자자로부터 모집한 이후에 부동산개발에 들어가는 형태이다. 상당히 선진적인 형태로, 발달될 것이라고 예견되었으나 이도 부동산 경기의 둔화로 발전하지 못하였다. 또한 선진기법을 활용하기에는 아직 우리나라의 부동산과 금융구조가 미비하여 발전하지 못한 측면도 있다. 이의 하나로서, 부동산 투자펀드를 만들어서 자금을 모은 후에 투자에 들어가는 형태도 있으나 이도 부동산 경기의 둔화로 발전하지 못하고 있다. 부동산투자신탁은 소액 투자자들이 모은 자금을 투자해서 생기는 수익을 배분한다는 성격이 강하다. 미국에서는 100명 이상의 다수의 투자자들이 자금을 모으고 어느 일정한 비율의 대주주들이 전횡하지 못하도록 구조화하고 있다. 그러나 미래의 언젠가는 부동산투자형 금융패턴들이 새로운 부동산 성장전략으로 각광을 받을 수 있게 될 것이다. 과거식의 토지담보부 금융이 아닌, 미래 수익률을 담보로 하여 돈을 빌리는 구조나 미래 지분을 담보로 하여 돈을 만드는 새로운 형태의 부동산금융들이 발전할 수 있을 것으로 판단된다.

4 부동산금융의 일반적인 절차

1) 부동산금융의 자본형태

부동산금융은 크게 자기자본과 타인자본의 형태로 구성되어 있다. 먼저 자기자본은 부동산금융을 시도하는 사람이나 기관이 투입한 자본금이 있으며, 이는 주식형태로 전환되어서 활용된다. 또한 부동산 관련 수익사업을 해서 생기는 이득금을 저축해서 생기는 자기자본도 있다.

다음으로 타인자본은 금융권에서 차입한 대출금이나 사채를 말한다.

2) 부동산금융의 이익과 자금회수 방법

부동산금융을 통해 이익을 획득하고 투입한 자본금을 회수하는 방식에는 크게 두 가지가 있다. 하나는 먼저 다양한 자금을 모아서 후에 부동산개발과 관련한 사업에 투입하는 형태이다. 이러한 방법은 이익획득이 주목적이어서, 초기에 개발자금을 투입한 사람들에게 원금보상을 해주면서 적절한 수익보상을 해주는 것에 포인트가 있다. 다른 하나는 막대한 자금을 모아서 먼저 개발에 들어가고, 이것을 후에 매도하여 투자한 자금회수를 하는 동시에 추가적인 이익환원을 해주는 방식이다. 전자는 소액자금을 모아서 이익을 내준다는 특성이 있고, 후자는 거액자금을 모아서 이익을 내준다는 서로 다른 특성이 있다. 물론 투자자금대비 이익을 내는 측면은 동일하다.

3) 부동산금융의 대출채권 확보

금융기관이 부동산을 담보로 하여 대출해 주게 되면 대출채권이 발생한다. 이러한 대출채권을 확보하고 있어야 장기적으로 대출에 대한 이자를 받으면서 원금도 회수할 수 있다. 금융기관은 이를 통해 대출원금 확보와 대출이자를 획득하여 수입을 얻는다.

금융기관이 직접 대출한 부동산을 담보로 하는 것을 1차적인 저당시장이라고 부른다. 우리나라는 한국주택금융공사가 전국의 금융기관들을 통해 서민들에게 보금자리론으로 주택을 매입하고, 매입대금의 상당수를 장기에 저리로 갚도록 하는 제도를 2000년대 초반부터 시행하고 있다. 이와 같이 주택담보를 해서 대출해 주는 것이 저당시장의 첫 번째 관문이다.

4) 확보된 대출채권의 유동화

금융기관이 주택 매입자들에게 빌려 준 금액은 상당하여 이것을 금융기관이 모두 부담하게 되면 자금고갈현상에 빠질 수 있다. 물론 장기간 동안 이자를 받으며 수익을 확보할 충분한 계산이 있기 때문에 빌려 준 것이나, 대출해 준 원금을 조기에 환수하여 다른 금융기관의 목적에 사용하려는 경향이 강하다.

이것을 돕기 위해서 한국주택금융공사가 1차적인 저당시장의 대출채권을 유동화하는 것에 나서게 된다. 대출채권을 자산으로 하는 증권을 발행하는데, 이것을 보통 MBS(Mortgage-Backed Security)라고 부른다. 이것을 주택매입대출을 해준 수많은 것들 중 일부를 증권화하여 투자를 원하는 곳(주로 보험회사나 금융기관 형태의 기관투자자, 연기금과 같은 투자자, 그리고 외국투자자이나 대형 개인투자자)에 판매한다. 이들은 유동화된 증권을 매입하여 중간에 판매하는 것도 가능하며 만기까지 보유하면서 특정의 이자를 수취할 수도 있다.

물론 여기에서 투자자가 획득하는 이자소득은 원래 주택 매입을 하던 주택 매입자들이 매월 납입하는 대출이자액보다는 적다. 중간에 여러 절차들이 공유되면서 자산유동화 과정에 관여하는 많은 개인이나 기관들의 수익원이 되기 때문이다. 그러나 이와 같은 자산유동화증권의 투자수익률은 보통의 다른 투자대안의 수익률보다는 큰 경우가 많다. 그래야 투자자들이 몰려들면서 부동산금융 메커니즘이 작동할 수 있기 때문이다.

자산유동화가 지속될 수 있다면 정해진 금액으로 많은 자금을 확보할 수 있다. 물론 이와 같은 상황이 발생하려면 두 가지가 전제되어야 한다. 하나는 유동화된 증권을 매입해 줄 금융기관이나 투자자들이 무제한도로 있어야 한다는 것이다. 돈이 얼마든지 있어 이자만 충분히 지급한다면 돈이 무제한으로 들어오는 구조여야 한다. 다른 하나는 적정한 이자가 확보되어야 한다. 유동화된 증권을 판매하고 나서 대출자에게서 적절한 이자가 지속해서 들어와야 한다. 혹시라도 수익이 불명확해지면 증권의 재판매에 나서야 하므로 문제가 발생할 수도 있다. 그러나 이론적으로는 자금제공자가 충분히 있고 이자수입이 지속해서 발생한다면 자금은 무제한적으로 빌릴 수 있다는 논리가 된다.

예를 들어, 어느 기관에서 3천억 원을 담보대출 받고, 그후 유동화된 증권을 2,900억 원어치를 만들어 판 후 다시 자금을 모으고, 이것으로 다시 유동화된 증권을 2,800억 원어치를 만들어 팔고 또다시 2,700억 원어치의 증권을 판매하는 구조가 되면, 수조 아니 수십조의 자금을 모을 수 있다는 것이다.

5) 선모기지와 역모기지의 차이

선모기지란 집을 담보로 하여 미리 대출을 받고, 그후 원금과 이자를 동시에 혹은 차이를 두어 갚아 나가는 것이다. 매입할 집을 미리 담보로 제출하고, 이것에 대한 저당을 기반으로 하여 원금을 일시에 갚을 필요 없이 장기간에 걸쳐 원금과 이자를 납입하는 제도이다.

역모기지란 현재 가지고 있는 집을 담보로 제출하고 매월 일정 금액의 대금을 연금처럼 받는 것이다. 이 형태는 집의 소유주가 세상을 하직할 때까지 매월 일정 소득이 생기나 자신이 세상을 떠나게 되면 그 집은 주택연금을 제공한 기관(예: 한국주택금융공사)으로 이전된다.

선모기지는 자신의 돈을 나중에 낸다는 것이 특징이고, 반면 역모기지는 낸 돈을 나중에 돌려받는다는 것이 특징이다.

중간사례

부동산정책, 세제 · 금융 전면 손질 시급

〈앵커〉 부동산시장이 안정을 넘어서 아예 장기침체에 빠진 상황입니다. 정부도 최근 갖가지 대책을 쏟아냈지만, 효과를 보지 못했습니다. 부동산정책의 새로운 패러다임이 필요하다는 목소리가 높습니다. 이어서 심우섭 기자입니다.

〈기자〉 지난해 12월 미국의 주택 거래가 9% 증가했습니다. 건설업 취업자가 한 달 새 3만 명 늘고 가계 소비는 2.2%나 늘어났습니다.

> 마이클 케이시(다우 존스 에디터): 건설이 늘면 잠재적 경제를 이끌어 낼 수 있기 때문에 의미 있는 신호입니다.

중국 부동산시장도 회복세, 홍콩을 비롯한 아시아 신흥국은 과열 양상까지 보입니다. 하지만 우리나라는 대출을 갚으면 남는 게 없는 깡통주택만 19만 채가 넘습니다.

> 이유진(직장인): 경기도 안 좋고, 부동산이 오를 거라고 저는 생각을 안 해서…….

우리나라만 유독 뒷걸음질치는 이유는 뭘까? 먼저 취득세와 양도세 등 부동산 세금제도를 꼽는 이들이 많습니다. 미국, 영국 등이 대부분 보유세 중심인데 반해 우리나라는 거래세 비율이 크게 높아 거래 활성화를 저해한다는 것입니다.

> 김현아(한국건설산업연구원 연구위원): 저성장시대에서는 이런 개인들의 구매회피를 야기할 수 있는 제도는 수정이 불가피하다고 보여집니다.

또 하나의 걸림돌은 금융규제. 900조 원을 넘어선 가계부채가 부담이지만 금융규제 완화도 충분히 검토해 볼 시점이라는 것입니다.

> 박합수(국민은행 부동산 팀장): 리스크관리가 지금은 철저하게 잘되고 있기 때문에 LTV나 DTI 대출규제를 금융 자율권에 위임하는…….

국토부는 부동산세제와 금융규제의 과감한 개편이 필요하다는 것이지만 기재부는 세금이 덜 걷힐까 봐, 금융위는 가계빚이 더 늘까 반대하고 있습니다. 정부가 정책 조율을 통해 시장에 한목소리를 내는 것부터가 절실해 보입니다.

출처: SBS뉴스 (2013. 3. 1).

5 부동산금융 메커니즘의 세밀한 분석

1) 부동산금융의 메커니즘

부동산금융시장은 크게 두 가지로 나뉜다. 하나는 1차시장이라고 부르는 부동산대출과 관련한 시장이고, 다른 하나는 2차시장이라고 부르는 부동산대출을 유동화시키는 시장이다. 각각의 메커니즘을 자세히 설명하면 다음과 같다.

부동산은 단가가 매우 크기 때문에 대부분의 개인이나 기업 혹은 대형조직도 부동산을 전액 자신이 소유하고 있는 현금으로 매입하는 것은 거의 불가능하다. 또한 부동산은 환금성이 강하지 않기 때문에 그러한 방식으로 완전히 현금으로 매입한 부동산들이 현찰화가 되지 않으면 부동산을 매입한 소유자들은 심각한 자금난에 빠지게 될 위험이 높다. 부동산을 매입하기 전에 계획했던 대로 현금수익이 들어오지 않는다면 부동산매입 이후 위험에 처하게 되는 것이다.

따라서 부동산을 매입할 때에는 일정 비율의 대출을 끼고 하는 것이 보통이다. 미래 환금성에 대한 대비책이 될 뿐만 아니라 금융기관에서 자신들이 대출해 준 것에 대한 위험부담을 감소시키기 위해 부동산매입과 관리과정에 대해 상당 부분 신경을 쓰기 때문에 부동산 대출자는 편해질 수가 있다.

부동산을 매입할 때에는 현재 소유하고 있는 부동산을 담보로 하거나 매입을 시도하는 부동산을 선담보로 하여 대출을 추진할 수 있다. 금융기관은 부동산담보 대출을 해주며 이를 보통 저당시장(Mortgage Market)이라고 한다. 저당시장인 1차시장은 부동산을 담보로 대출을 시도하는 사람들에게 자금의 조달금리에다가 일정 비율의 가산금리를 붙여 부동산담보대출자와 계약을 한다. 담보대출자는 자신이 조달하려는 것보다 저당시장에서 빌리는 것이 금리가 더 낮다.

저당시장에서 대출제공자는 막대한 자금을 조달할 수 있는 여력이 있어서 자신들의 조달금리보다는 대출금리를 좀더 높게 하여 수익을 남길 수 있다. 반면에 저당시장에서 부동산담보대출 희망자는 자신이 자금을 스스로 조달할 때보다 좀더 낮은 금리에서 빌릴 수 있게 된다. 이와 같은 대출공급자와 대출수요자의 금리 차이에서 저당시장이 형성된다.

1차시장에서 대출제공자는 수많은 부동산담보대출 희망자에게 막대한 자금을 공여해야 한다. 자신들이 사전에 확보한 자금으로 이러한 업무를 수행할 수도 있고 혹은 자신들도 새로운 자금원을 찾아 나서기도 한다. 세상에 무한대의 자금을 항상 가지고 있는 개인, 기관, 단체는 없기 때문에 저당시장의 대출제공자 또한 자금부족현상을 경험할 수 있다.

그렇다면 그들은 부동산대출 희망자에게 막대한 자금을 빌려 주고 어떻게 자신들도 돈을 만들 수가 있는가? 그들은 다른 자금제공자를 찾아 나서는데, 이들은 보통 보험회사나 연기금 혹은 개인이나 기관투자자들이다. 이들은 여유자금을 가지고 있다. 이들에게 저당시장에서 부동산담보대출을 받고 자금을 빌려 준 사람들이 대출계약서를 가지고 유동화에 나서게 된다.

여기에서 유동화란 미래에 지속해서 수입이 들어올 것을 자산으로 하여 증권을 발행하고, 이것을 매입하는 사람들에게 가격할인이나 미래이자 수입을 보장해 주는 것이다. 이러한 증권을 매입하는 사람들은 자산상의 이득을 획득할 수 있거나 미래의 높은 이자수입을 얻을 수 있다는 가능성이 있으면 유동화된 증권을 매입하게 된다. 이것이 2차시장의 구조이다.

여기에서 보통 자산유동화증권(Asset-Backed Security)이라는 말이 많이 사용되는데, 이 용어는 자산이 있으면 그것을 담보로 하여 증권을 발행하고, 그 증권을 투자자들에게 판매해서 다시 자금을 모으는 방식을 말한다. 이 세상의 거의 모든 자산들을 담보로 하여 자금을 모으는 것을 자산유동화증권이라고 부른다.

이러한 자산유동화증권들 중에서 부동산의 저당을 자산으로 하고 유동화증권을 발행하는 것을 저당유동화증권(Mortgage-Backed Security)이라고 부른다. 저당유동화증권도 자산유동화증권의 일부로서 구조는 비슷하다.

2) 부동산금융의 구조적인 특성들의 이해

부동산금융은 다음과 같은 특성을 가지고 있다.

① 부동산을 기반으로 해서 금융상품을 개발한다는 특성이 있다. 세상에서 가장 안전한 것 중 하나가 부동산이다. 금이나 현금은 도난의 위험이 있을 수 있으나, 부동산은 밤중에 훔쳐 가는 것이 불가능하다. 물론 밤중에 대형 포크레인을 이용하여 부동산을 통째로 훔쳐 가는 엽기적인 현상이 나타나는 경우도 있으나, 그것은 아주 예외적인 것이다. 지구와 함께 상당 기간 영원할 토지 위에 건축된 부동산들을 기반으로 하여 금융화하는 것은 인간이 생각할 수 있는 가장 쉬운 방법 중 하나이다.

② 고액자금을 활용 가능하게 한다는 특성이 있다. 부동산을 매입하거나 개발하는 등 막대한 자금을 필요로 하는 사람들에게 먼저 자금을 제공하고 그것에서 일정의 수익을 획득한다는 것이다. 부동산은 미래의 수익을 기반으로 해서 현재 금액을 투자한다는 것이다. 물론 부동산금융에 투입되는 자금들의 상당수는 타인자본이다. 타인자금을 마치 자기자본금처럼 활용하며 이익을 낼 수 있다는 것이 특성이다.

③ 부동산금융은 크게 지분자본(Equity Capital)과 부채자본(Debt Capital)으로 구분된다. 지분자본이란 기본적으로는 자기자본을 말한다. 주식회사 형태를 취하면서 주식발행 후에 납입자본금을 확보하는 것이 그런 형태에 속한다. 소수의 지인들을 위주로 하는 사모나 수백 명 이상에게서 공개적으로 모집하는 공모가 있다. 주식회사를 설립 후 자회사 형태로 신규회사를 설립하는 경우도 있

다. 지분자본의 경우 자본금 납입자는 정해진 기간마다 나오는 배당금액을 받을 수 있고, 또한 주식가치가 올라가게 되면 주식매도를 통해 자본이득을 취할 수 있다. 반면에 부채자본은 기본적으로는 타인자본을 말한다. 담보를 제공한 후에 금융권에서 대출을 받는 것이나 사채를 통해서 자금을 모으는 것이 모두 이에 속한다. 부채자본의 경우에는 대출이자를 받을 수가 있고, 일정기간이 지난 후에 주식으로 전환하는 경우도 있다. 이러한 부채자본에도 소유권과 관련한 두 가지 형태가 있다. 하나는 담보금융이고, 다른 하나는 신탁금융이다. 담보금융이란 소유권을 유지한 채로 담보를 제출해서 빌린 후에 원금과 이자를 정해진 기간 내에 갚는 것을 말한다. 갚지 못하면 그때는 금융기관이 담보를 경매에 넘기게 된다. 그러나 신탁금융은 소유권을 신탁회사에 넘기는 것이 다르다. 신탁회사가 부동산 소유자의 소유권을 넘겨 받은 이후에 수익증권을 발행해 준다. 이러한 수익증권을 금융기관에 제출하면 금융기관은 수익증권에 기재된 금액을 대출해 준다. 대출자가 원금과 이자를 다 갚으면 신탁이 해제되어서 소유권을 회복하게 된다. 만약 원금과 이자를 다 갚지 못하면 공매에 넘어가게 된다.

④ 무주택 서민들을 위한 정부의 시혜성 정책의 일환이라고 볼 수도 있다. 매월 정기소득이 적은 서민에게는 집과 같은 부동산을 매입하는 것이 어렵다. 이들에게 정부가 저리로 장기대출에 관여하면서 내집 마련의 꿈을 지원해 준다는 따뜻한 정책들 중 하나이다. 주택매입 외에도 주택개보수나 주택전세자금의 대출지원도 일부 행해지고 있다.

3) 부동산금융의 핵심변수는 이자율과 수익률

부동산금융은 매입형이거나 투자형이거나 이자율과 수익률이 결정적인 영향을 미친다. 각각이 어떠한 영향을 미치는지를 설명하면 다음과 같다.

(1) 이자율

부동산매입형 금융의 경우에는 보통 실제의 수요자들이 빌리는 경우가 많다. 과거에 부동산 활황기에는 부동산 투기목적의 투기꾼들이 매입형 금융을 많이 활용하였다. 국내에 아파트를 4채 이상을 가진 전문 부동산 투기꾼의 숫자는 대략 5만 명 정도였으며, 이들 중 대부분은 부동산매입형 금융을 활용해서 부동산 투기를 해왔다.

그러나 2000년대를 넘어선 후 부동산 경기가 주춤하면서 실제 수요자들이 부동산을 매입하는 형태가 늘어났다. 자신이 거주하고 싶은 부동산을 담보로 하여 금융기관에서 대출을 받는데, 이때의 핵심은 원금과 이자이다. 그중에서도 실제로 중요한 것은 원금이 아니라 이자이다. 원금은 정해져 있어 어느 정도 사전대비가 가능하다.

이처럼 부동산을 매입한 후 장기로 원금을 상환하려고 하면 원금에 대한 대비는 하고 있는 것이 보통이지만 장기로 이자를 갚아야 할 경우에는 상황에 따라 이자가 변한다. 한국은행 금융통화위원회에서 올리기도 하고 내리기도 하며 이자율 수준을 결정하기 때문이다.

부동산을 매입한 후에 매월 생기는 소득에서 제일 먼저 차감해서 준비해 두어야 할 것이 이자이다. 이자에 대한 대비를 철저히 하지 못한다면 매입한 부동산이 금융기관으로 넘어가는 최악의 경우가 발생할 수 있다.

한국주택금융공사가 주도하는 보금자리론은 장기에 저리로 이자를 물도록 배려하고 있다. 그러나 저리라고 하여도 부동산의 단가가 높기 때문에 이자부담은 상당한 것이 보통이다.

부동산투자형 금융에서도 이자율이 중요하다. 투자형은 보통 초기에 자금이 별로 없어 개발을 위한 부지를 매입할 때부터 금융기관에서 토지를 담보로 빌린다. 그리고 다시 건설회사에 재담보로 들어가면서 시공이 된다. 부동산 경기가 적절할 때에는 건설준공기간이 짧아 준공 후에 분양이 잘되면 분양대금으로 대출한 원금과 이자를 물면 되었다.

그러나 부동산 경기가 나빠진 후에는 건설회사들이 시공을 중단하거나 연기하는 경우도 생기고, 준공 후에 분양이 되지 않아 자금확보가 어려운 경우도 있다. 이처럼 계획대로 되지 않을 때에는 이자가 상당한 부담이 된다. 시행회사가 프로젝트 파이낸싱형의 부동산금융으로 사업을 하다가 이자를 갚지 못해 시행사가 바뀌는 경우가 종종 있다.

(2) 수익률

부동산매입형 금융에서는 이자율이 상당히 중요하고 수익률 또한 많은 사람들이 기대를 한다. 실제의 주택수요자라고 하더라도 미국이나 한국이나 자신의 집값이 오르기를 바라는 것은 인지상정이다.

부동산투자형 금융에서는 수익률이 이자율보다 훨씬 더 중요하다. 다양한 소액투자자들로부터 자금을 모아 시행에 들어가는 부동산투자신탁형 금융에서는 수익률이 예상한 것만큼 나와야지만 투자자들에게 원금과 수익률을 나누어 줄 수 있다.

그러나 부동산 수익률은 예상한 것보다 적게 나오는 것이 보통이다. 인간의 습성에는 항상 자신이 하는 것의 미래를 실제보다 더 낙관적으로 바라보는 경향이 있다. 자신이 하는 일에서는 수익률이 다른 사람들보다 더 나올 것이라고 기대하는 것이다.

실제로 업무를 수행하는 중에는 예기치 않은 변수들이 발생하기도 한다. 정부의 정책이 갑작스럽게 변경되거나 한국은행 금융통화위원회에서 이자율을 변경시킬 수도 있다. 그리고 부동산 전체 경기가 활황인가 불황인가에 따라서 부동산수요자들이 지갑을 열 수도, 혹은 열지 않을 수도 있다. 이와 같은 상황에서는 수익률이 기대보다 적게 나오는 경우가 많다.

이자율은 한국은행 금융통화위원회의 결정에만 달려 있지만, 수익률은 정부, 건설회사, 부동산소비자들 모두와 관련되어 있어 더 신중하게 수익률을 예상하고 업무를 진행해야 한다.

4) 부동산금융의 지원기관

부동산금융에 관여하는 기관은 다음과 같다.

첫째, 1차저당시장에서 대출을 해주는 금융기관이다.

둘째, 2차저당시장에서 대출된 채권을 유동화증권으로 만들어서 자금확보에 나서는 금융기관이나 투자자이다.

셋째, 대출자에게 신탁등기를 해주고 소유권을 이전받고는 수익증권을 발행해 주는 신탁회사이다.

넷째, 이와 같은 것을 감시하면서 제대로 작동할 수 있게 관여하는 정부이다.

6 한국의 부동산금융 현황

1) 과거 부동산금융의 실태

과거에는 주택매입형 부동산금융이 상당히 용이한 편이었다. 투자형 부동산금융도 주택매입형에 비해 상대적으로 어려웠으나 힘든 것은 아니었다.

우리나라 전국토의 6% 이하가 개발되었던 1960년대부터 1990년대까지는 우리나라 부동산개발의 활황시대였다고 할 수 있다. 과거의 전통적인 주거형태에서 현대적인 주거형태로 급변하는 과정에서 단독주택보다는 대형 아파트의 건립이 줄기차게 진행되었다. 개발 이전에는 전국에 단독주택의 비율이 90%를 넘었으나, 1970년대에 아파트가 대형으로 착공되면서부터 아파트의 비율이 늘기 시작하여 1990년대 말기에는 전국적으로 단독주택과 아파트의 비율이 거의 5대 5 정도가 되었다. 당시에는 주택매입형 대출은 신청하면 바로 가능했다. 아파트를 건축하면 초고속 분양이 되는 세월의 이야기이다.

투자형 부동산금융도 1990년대에 들어서서 본격적으로 가동하기 시작하였다. 전국의 대형빌딩이나 빌라, 연립주택과 같은 형태의 투자형 부동산사업들은 대부분 금융기관의 대출을 낀 프로젝트 파이낸싱(Project Financing) 형태였다. 보통 PF라고 불리는 프로젝트 파이낸싱은 프로젝트의 미래수익 전망을 보고 금융기관의 대출을 받아 시행하는 형태이다. 원칙적으로는 투자의 미래가치를 보고 순수한 투자를 받는 것이나, 실제로는 투자가 아닌 금융기관의 대출을 활용하는 경우가 대부분이었다.

어떠한 형태이든지 부동산 활황기에 부동산 프로젝트의 진행은 상당한 수익성을 낼 수 있었다. 투자형 부동산금융도 상당히 성공하였다.

2) 현재 부동산금융의 상황

2000년대 초반 대한민국의 전체 가계가 가지고 있던 부채 규모는 약 100조 정도였다. 그런데 부동산담보대출이 늘면서 가계부채가 급속 성장하여 2010년에는 약 1,000조 원의 규모가 되었다. 물론 가계부채의 전부가 부동산과 관련한 것은 아니나 현재는 비중이 약 6~70% 정도인 것으로 추산되고 있다. 나머지는 가계생활자금융대출과 신용카드대출이다.

우리나라 상당수의 부동산들이 담보로 들어가면서 문제의 소지가 생기자 정부가 강력한 규제조치에 나섰다. 정부의 두 가지 강력한 규제가 진행되면서 부동산 경기가 활황에서 둔화로 변경되었다. 두 가지의 강력한 규제는 다음과 같다.

첫째, 하나는 LTV이다. 이것은 Loan To Value의 약자로, 부동산의 가치에 비해서 일정 부분까지만 대출이 허용되도록 하는 것이다. 예를 들어, 부동산이 3억 원짜리라면 어느 곳은 60%인 1억 8천만 원까지만 대출이 가능하다.

둘째, 다른 하나는 DTI다. 이것은 Debt To Income의 약자로, 개인소득의 일정 부분까지 대출이 가능하도록 한 것이다. 예를 들어, 어느 개인소득자의 일 년 소득이 8천만 원이라고 한다면 3,200만 원까지만 대출이 가능하도록 한 것이다.

이 두 정책이 제1금융권에서 철저하게 지켜지면서 우리나라의 부동산금융을 통한 가계부채가 느는 것을 막아 왔다. 물론 이러한 강력한 조치가 부동산 경기를 불황으로 이끈 요인이 된 것은 부인할 수 없는 사실이다.

3) 정부의 부동산 회복지원 정책

2013년에 정부는 아파트에 대한 수직증축을 허용하는 방안을 제시했다. 수직증축 리모델링을 통해 아파트의 평수를 늘릴 수 있게 된 것이다. 예를 들어, 150㎡의 면적을 가진 아파트를 수직증축을 통해 30%를 넓혀, 100㎡는 소유주가 사용하고, 나머지 84㎡는 임대를 하는 방식으로 수직증축 리모델링이 가능해진 것이다. 즉 비용을 줄이면서 임대수익을 확보할 수 있는 길이 열린 것이다. 정부는 이를 통해 부동산금융의 활성화를 기대하고 있다.

7 부동산보험

부동산보험은 크게 두 가지 방식이 있다. 하나는 손해보험이고, 다른 하나는 책임보험이다.

1) 부동산 손해보험

부동산 손해보험이란 자연적인 재해(홍수, 지진)나 인위적인 재해(화재)에 대비하여 가입하는 보험이다. 홍수나 지진은 전국적인 농토나 저개발지역이 물에 의해 휩쓸리거나 건물이 흔들려 피해를 보는 형태이다. 또한 의도적이거나 무의식적인 화재로 인해 부동산이 일부 소실되거나 전소되는 것을 방지하는 보험도 있다. 지상 3층에 지하 1층 정도의 건물의 손해보험은 보험금 몇백만 원을 납입하면, 보험기간 동안에 화재가 나면 이를 보상해 주고, 화재가 나지 않으면 보험금이 소멸되는 형태이다. 이는 주로 부동산소유주가 가입한다.

2) 부동산 책임보험

부동산 책임보험은 부동산 임차인이 가입하는 형태이다. 임차인이 임대인에게 먼저 지불한 부동산계약원금을 받지 못할 확률에 대비하여 가입하는 보험이다. 예를 들어, 서민들이 목돈으로 전세보증금을 지불하고 전세입주를 한 이후, 전세만기가 되었는데도 집주인이 자금여력이 불충분하여 돌려주지 않거나 전세로 들어간 부동산이 경매로 넘어간 경우와 같은 상황에 처할 수 있다. 전세금보장보험은 전세로 입주한 부동산이 소위 말하는 깡통주택이 되는 경우에 대비하여 전세세입자에게 원금을 보장해 주는 제도이다. 이와 비슷하게, 건물에 입주한 임차상인들이 부동산 소유자의 도덕적 해이로 일어날 수 있는 피해에 대비해서 가입하는 입주자피해보험도 있다.

부동산은 거래 금액이 크기 때문에 잘못될 경우 관련된 사람들의 피해 또한 크다. 따라서 부동산매입 시 부동산중개사가 드는 소개 관련 보험, 전세금을 납입한 후에 돌려받는 것을 원활하게 해주는 보험, 또한 대출기관이 저소득자에게 대출해 준 원금을 회복하게 해주는 보험 등 다양한 보험이 있다.

마무리사례

올 들어 보험사 가계-중기대출 연체율 모두 상승

올 들어 경기둔화와 부동산침체가 심화되면서 보험회사의 가계대출 및 중소기업대출 연체율이 모두 상승했다.

26일 금융감독원에 따르면 지난 1월말 보험사의 가계대출 연체율은 0.55%로 전월대비 0.01%, 기업대출 연체율도 1.30%로 0.24% 각각 올랐다. 가계대출의 경우 주택담보대출을 제외한 연체율이 0.48%로 0.01% 상승했다. 기업대출은 중소기업대출 연체율이 1.97%, 부동산 프로젝트 파이낸싱(PF) 대출이 6.85%로 각각 0.05%, 0.04% 올랐다. 전체 대출채권 연체율은 0.01% 상승한 0.79%를 기록했다.

대출 잔액은 112조 9,000억 원으로 전월보다 1조 원(0.9%) 늘었다. 가계대출이 508억 원(0.1%) 늘어난 76조 6,000억 원을 기록했다. 다만 보험계약대출(약관대출)은 46조 7,000억 원으로 1,109억 원(0.2%) 줄었지만, 주택담보대출은 23조 3,000억 원으로 1,074억 원(0.5%) 증가했다. 중소기업대출은 416억 원(0.2%) 늘어난 23조 5,000억 원, 부동산 PF대출은 1,342억 원(2.8%) 줄어든 4조 7,000억 원으로 나타났다. 금감원 관계자는 “보험권 전체 대출채권의 건전성 지표는 안정적인 수준이지만 연체율이 전월대비 다소 상승하고 있어 건전성에 대한 모니터링을 강화할 예정”이라고 말했다.

출처: 파이낸셜 뉴스 (2013. 3. 26).

Chapter 07

부동산관리 및 경영론

Real Estate Principles & Practices

1. 부동산관리와 관리방식
2. 부동산자산관리의 영역과 활동
3. 부동산업과 부동산경영론의 체계

CHAPTER 07

부동산관리 및 경영론

1 부동산관리와 관리방식

1) 부동산관리의 의의와 관리업무

건축기술의 발달, 부재자 소유 증가 등으로 인하여 부동산관리의 필요성이 높아지고 있다. 건축기술의 발달은 건축양식을 고층화하고 대형화함으로써 부동산관리업이 본격적으로 발전하게 되었다. 이와 관련하여 부동산관리에 있어서도 부재자 소유의 증대로 소유와 경영의 분리가 불가피하게 되었다. 또한 도시 내의 주거형태가 집합주택화되어 부동산의 구분소유, 입체소유 등과 같은 권리관계의 복잡화, 공동생활에서의 상호연관성 등으로 인하여 전문적인 관리를 필요로 하게 되었다. 특히, 부동산관리를 통해 부동산의 현재가치를 유지하거나 그 이상의 가치로 높이고자 하는 노력이 활발하게 전개되고 있다.

부동산관리는 대상 부동산의 효율성과 수익성을 극대화하기 위하여 대상 부동산을 유지 · 보존 · 운용하는 행위를 말한다. 각각의 내용을 살펴보면 다음과 같다. 먼저, 부동산의 유지는 외부적인 관리행위로서 부동산의 외형이나 형태를 변화시키지 않고, 양호한 상태를 지속시키는 행위를 말한다. 또한 부동산의 수리, 개량, 도난, 분실 등의 방지를 통하여 부동산의 효용을 극대화하려는 관리상의 행위라고 할 수 있다(장동훈 · 김철호, 2008: 187-189). 다음으로, 부동산의 보존은 관리상의 주의를 지속적으로 유지하면서 부동산의 권리를 확보하고 실태를 파악하여 부동산의 경제적 가치를 증가시키고자 하는 행위를 말한다. 건물을 보수하거나 미등기부동산의 보존등기를 하는 행위도 포함된다. 끝으로, 부동산의 운용은 소유자 자신이 스스로 사용하여 수익을 얻거나 또는 타인으로 하여금 대상 부동산을 잘 이용하게 하여 부동산을 적극적으로 활용하는 행위를 말한다. 한 가지 사례로서 임차인이 임대인과의 계약내용에 따라 대상 부동산을 정상적으로 이용하는가의 여부를 확인하는 행위를 들 수 있다.

지금까지 살펴본 부동산관리의 의의를 바탕으로 하여 부동산관리의 내용을 살펴보면 경제적 관리, 법률적 관리, 기술적 관리, 크게 세 가지로 구분할 수 있다. 그 세부적 관리내용을 살펴보면 다음과 같다(이창석, 2010: 36-38).

첫째, 부동산의 경제적 관리는 부동산의 가치, 가격, 유용성, 유효수요, 수요와 공급, 이윤추구 등을 비롯하여 사회적 측면, 즉 인간을 대상으로 하는 다양한 사회현상을 포함한다. 부동산의 가치를 극대화시킬 수 있느냐의 여부가 경제적 관리의 관건이며, 자산관리 측면에서 포트폴리오의 관리도 포함한다. 즉, 부동산의 경제적 관리를 위해서는 부동산의 가치유지와 증진, 그리고 리스크의 분산을 위해 최선을 다해야 한다. 다시 말해 부동산의 경제적 관리는 부동산을 활용하여 발생하는 수익의 극대화와 리스크의 최소화를 통한 자산가치 증진을 위한 활동이라고 요약할 수 있다.

효율적인 경제적인 관리활동을 하기 위해서는 부동산의 정상가격을 파악한 후 그 가격에 비하여 당해 부동산에서 발생하는 수익이 불합리하다고 판단되면, 경제적 하자로 인정하고 당해 부동산의 경제적 가치를 보호할 수 있도록 대책을 강구해야 한다. 현재의 수익이 적정수준 이상의 것이라면 이 수준을 계속 유지시키거나 향상시키려는 노력이 필요하다. 이러한 경제적 관리활동을 강화함으로써 정상가격의 하락을 미연에 방지해야 하며, 부동산의 경제적 가치를 지속적으로 보존하려는 관리행위가 필요하다. 또한 지렛대 역할을 통한 투자자의 수익 극대화와 부동산의 개량 등을 통한 가치증진 방안이 마련되어야 한다. 그리고 복수의 부동산에 투자할 경우에는 포트폴리오의 수익이 극대화되고 리스크가 최소화되는 방안을 강구하여야 한다.

둘째, 부동산의 법률적 관리는 부동산에 관한 소유권 및 권리관계, 등기, 계약행위, 세제, 도시계획상의 지역 · 지구제 등과 행정제도, 사회적 규범 등 제 요인을 분석 · 대체하는 관리행위를 말한다. 부동산권리분석에 관한 것과 계약관리에 관한 사항이 중심을 이룬다. 부동산의 법률적 관리업무에는 부동산의 취득과 처분이라는 법률행위도 포함되며, 부동산관리자는 부동산의 거래와 관련된 법률적 지식이나 임대차와 관련된 지식도 갖추어야 한다. 다시 말해, 부동산의 법률적 관리란 부동산의 취득과 처분, 운용과정에서 대상 부동산에 대하여 최대한의 권익을 확보하려는 법률적 · 행정적 행위라고 표현할 수 있다.

대표적 법률적 관리행위로서 대상 부동산의 관리인을 고용하거나 부동산관리 대행업자를 선정하여 소유권 및 기타 권리관계에 대한 사실 여부를 조사 · 분석하는 활동이 필요하다. 이와 같이 조사 · 분석한 판단에 따라 유익한 권리는 계속 보전하고 불리한 제약이나 불합리한 문제는 제거하거나 최소화하여야 한다. 또한 소유권 및 기타 권리보전상 불리한 요인들은 행정적 · 법률적 하자이므로 이러한 하자사항이 발생하지 않도록 예방조치를 하여야 한다. 한편 법률적 측면과 경제적 측면 간에 불일치가 발생하면 신속히 이를 일치시킨다. 부동산의 취득과 처분, 임대차 과정에서 발생할 수 있는 각종 거래사고를 예방하고, 발생된 거래사고의 경우에는 능률적이고 합리적인 처리방법을 마련해야 한다.

끝으로, 부동산의 기술적 관리는 대상 부동산에 대한 물리적 · 기능적인 하자 발생에 따른 필요한 기술적인 조치와 유지 보존을 위한 사전방지대책으로서의 관리행위를 말한다. 기술적 관리는 부동산의 설비 · 구조 · 측량 등을 비롯하여 자연조건은 물론 각종 물리적 요인들을 함께 포함한다. 기술적 관리에는 주로 위생관리, 보전관리, 설비관리, 보안관리 등이 해당된다. 또한 부동산의 가치 증진을 위해 용도변경을 통한 개량활동은 부지조성, 건축물의 건축 등 개발활동이 포함되는 것으로 자산관리 관점에서도 기술적 관리는 필수적이다.

다시 말해 부동산의 기술적 관리는 대상부동산의 물리적 · 기능적 하자의 유무를 판단하여 필요한 조치를 취하고 자산가치 증진을 위하여 부동산을 개량하는 행위를 말한다. 새로운 증축, 개축의 계획을 강구하거나 토지의 경우에는 경계를 확인하기 위하여 경계측량을 실시하여 이용의 편의, 가치의 증대, 거래의 촉진, 현상의 보전 등에 대한 기술적 관리행위를 강구하여야 한다. 이와 같이 부동산의 가치를 높일 수 있는 다양한 개량방법에 대한 조사 · 분석과 개량업무 수행을 위한 전문가의 활용도 기술적 측면의 관리업무에 포함된다.

이상과 같이 부동산관리는 기술 · 경제 · 법제도 등의 다양한 측면이 있기 때문에 물리적 설비뿐만 아니라 경영 및 법률을 포함하는 복합적 접근이 필요하다.

2) 부동산관리사와 관리업

(1) 부동산관리와 부동산관리사

부동산관리사 또는 부동산관리자는 수수료를 받고 소유자의 이익을 극대화시킬 수 있도록 타인의 부동산을 관리하는 부동산 전문가를 말한다. 부동산관리사는 부동산관리에 관한 자격을 갖춘 사람을 의미할 때 사용한다. 부동산의 규모가 작을 경우에는 소유자가 부동산의 일부를 점유하면서 대상 부동산을 직접 관리할 수 있다. 그러나 규모가 클 경우에는 전문적인 부동산관리자를 고용하여 대상 부동산을 관리하는 것이 일반적이다. 부동산관리자는 개인일 수도 있으며 법인형태의 관리회사일 수도 있다.

부동산관리자는 임대료를 수집하고 대상 부동산을 유지 · 보수하고, 경비를 담당하는 정도의 단순한 업무만을 취급하는 것은 아니다. 왜냐하면 그런 정도의 단순한 업무만으로는 소유자의 이익을 극대화하는 데 한계가 있기 때문이다. 부동산관리자는 법적으로 부동산 소유자 대리인의 위치에 있다. 부동산관리자는 소유자의 법적 대리인으로서 업무활동에 상당한 재량권을 가지고, 대상 부동산의 효용성과 수익성을 극대화하기 위해 노력한다(안정근, 2009: 504-507).

대상 부동산이 임대용 아파트이든 사무용 빌딩이든 해당지역 내에는 경쟁관계에 있는 다른 부동산이 있기 마련이다. 따라서 부동산관리자는 상대적으로 높은 수익을 올리기 위하여 다른 부동산과 경쟁할 수밖에 없다. 영업실적에 대한 결과는 부동산관리자가 책임지게 되어 있다. 만약 영업실적이 소유자가 바라는 수준에 미치지 못한다면 소유자는 다른 부동산관리자 또는 관리회사와 새로운 계약을 맺을 것이기 때문이다. 부동산관리자는 대상 부동산의 유지 · 보수 · 경비 등의 단순한 업무 이외에도 독자적인 판단으로 광고, 마케팅, 임대차계약, 예산수립 및 결산, 부동산시장분석, 비용편익분석 등의 전문적인 업무를 수행한다. 부동산관리자의 주된 역할은 소유자를 위해 수익을 창출하며 부동산의 가치를 유지 · 증진시켜 부동산 소유자의 목표를 달성시키는 것이다. 이와 관련한 부동산관리자의 주요 업무는 〈표 7-1〉과 같다(이창석, 2010: 33).

표 7-1 부동산관리자의 주요 업무

구분	주요 내용
빌딩관리 (Building Management)	• 부동산의 유지, 관리업무 감독 및 수행 • 개 · 보수 공사 감독 • 정기적인 점검 실시 • 대관업무 및 마케팅 • 리스크관리

재무관리 (Financial Management)	• 연간 운영예산 작성 • 관리계획서 작성 • 비용계획 승인 • 수입 및 비용관리 • 현지 시장상황 관찰 • 정기적인 재무보고 및 기록 유지
임대 및 입주관리 (Lease & Tenancy Management)	• 임차인 모집, 선정 및 임대계약, 재계약 • 임대료, 관리비 청구 및 수금 • 임차인 유지전략 시행 • 임대료, 공실률 등 주변 시장조사
인력관리 (Personal Management)	• 관리사무소 직원 선발 • 외주용역에 대한 입찰 준비 및 실시 • 시설 · 미화 · 경비 등 외주 용역업체 선정 및 감독 • 고객서비스 교육

(2) 부동산관리에 관한 전문자격증

부동산관리업은 대규모로 단지화한 주택단지나 아파트단지, 대규모 농장이나 임야, 고층의 상업 · 업무용 빌딩 등의 관리를 맡아 이를 전문적으로 관리하는 부동산업으로서 경제적 · 기술적 관리뿐만 아니라 법률적 관리도 수반되는 고도의 전문직종이다. 우리나라에서는 주택법에 의하여 주택관리제도가 시행되고 있다. 주택관리사라는 부동산관리 전문가에 의한 주택관리를 제도화하고 있다. 미국에서는 부동산관리 자격증을 국가에서 관장하는 것이 아니라 각 영역별 전문협회가 관장하고 있다(안정근, 2009: 507-511). 부동산관리 자격증을 부여하는 전문협회가 많으며, 자격증도 부동산의 종류에 따라 상당히 세분되어 있다. 다음에서는 전문협회별로 부여하는 자격증을 살펴보기로 하자.

① IREM(Institute of Real Estate Management)의 자격증

IREM에서는 세 가지 종류의 자격증을 부여하고 있다. 개인을 대상으로 하는 두 가지와 법인을 대상으로 하는 한 가지 자격증으로 구성되어 있다.

첫째, 부동산관리 부문에서 최고의 권위를 자랑하는 것이 공인부동산관리사(Certified Property Manager: CPM) 자격증이다. CPM은 IREM의 후보회원 중에서 신청자에 한하여 소정의 절차를 거쳐 선발된다. 후보회원이 되기 위해서는 법적으로 성년이 되어야 하고, 부동산관리자로서 1년 이상의 경력과 고졸 이상의 학력을 소지해야 한다.

후보회원인 자가 CPM을 신청하기 위해서는 ① 부동산학이나 경영 계통의 대졸 이상의 학위가 있어야 하며 ② 부동산관리 부문에서 적어도 3년 이상의 실무경력이 있어야 한다. 만약 대졸 이상의 학력을 소지하지 못하였을 경우에는 5년 이상의 실무경력이 요구된다. ③ IREM의 상위기관인 NAR(National Association of Realtors)의 회원자격을 소지하고 있어야 한다. ④ 이상의 자격을 갖춘 후보회원은 입회위원회의 추천을 거쳐 세 가지 시험을 치르게 되는데, 이 시험에 합격해야지만 CPM의 자격이 주어진다.

둘째, IREM이 개인에게 부여하는 또 다른 자격증으로는 공인주택관리사(Accredited Resident Manager: ARM) 자격증이 있다. CPM보다는 한 단계 낮은 수준의 자격증으로서 협회에서 제공하는 주택관리교육 과정을 성공적으로 이수하고 시험에 합격한 자에게 부여된다. ARM은 명칭에서 의미하는 바와 같이 공동주택을 주로 관리한다. 일반적으로 ARM은 아파트관리를 전담하고, CPM은 그외의 복잡하고 전문적인 지식을 요하는 상업용 부동산을 관리한다.

끝으로, 법인을 대상으로 IREM이 부여하는 자격증으로는 공인부동산관리회사(Accredited Management Organization: AMO) 자격증이 있다. AMO는 부동산관리 분야에서 오랫동안 적극적으로 활동하고, IREM에서 정한 부동산관리에 관한 윤리규정을 성실히 준수하고 그 지역에서 좋은 명성과 평판을 유지하고 있는 회사에게 주어진다. AMO로 지정된 부동산관리회사는 회사의 상호에 AMO라는 표시를 붙여서 사용할 수 있고, 선전이나 광고에 이를 사용할 수 있다. AMO로 지정되기 위해서는

IREM이 주는 최고의 자격증인 CPM을 소지한 직원을 반드시 1명 이상 고용하고 있어야 한다.

② BOMA(Building Owners & Managers Association)의 자격증

IREM과 버금가는 명성을 지는 BOMA에서는 부동산관리사(Real Property Administrator: RPA)라는 자격증을 부여하고 있다. RPA 소지자들은 주로 사무실 건물의 관리를 전문으로 하고 있다. BOMA의 회원들 중에는 사무실 건물관리자 외에도 아파트관리자와 기타 부동산관리자도 상당수 있었으나 지금은 사무실 건물 소유자와 관리자 위주로 구성되어 있다. BOMA 회원이 되기 위해서는 최소한 고졸 이상의 학력이어야 하며 나이는 21세 이상이 되어야 한다. 회원들 중에 RPA자격증을 신청하는 사람들은 수년간의 실무경력을 구비하고 있어야 하고, 협회에서 실시하는 일곱 과목의 교과과정을 성공적으로 이수하고 시험에 합격해야 한다.

③ NAHB(National Association of Homebuilders: NAHB)의 자격증

주거용 부동산에 관한 관리자 양성과정과 자격증제도를 실시하고 있는 전문협회는 IREM, NAHB(미국주택건설업자협회), NAA(미국아파트협회), 세 가지 협회이다. IREM에서 부여하는 ARM자격증은 앞서 설명한 바와 같으며 NAHB 산하의 아파트평의회(Apartment Council)에서는 두 종류의 아파트관리자 양성과정을 운영하고 있다. 일반과정을 이수한 사람에게는 아파트등록관리사(Registered Apartment Manager: RAM) 자격증을 부여하고, 간부과정을 이수한 사람에게는 아파트간부등록관리사(Executive RAM) 자격증을 부여한다.

④ NAA(National Apartment Association: NAA)의 자격증

NAA(미국아파트협회)에서는 세 종류의 아파트관리자 양성과정을 제공하고 있다. 그중에 두 가지 과정은 NAHB의 일반관리자 과정과 간부관리자 과정의 경우와 같다. 일반과정의 이수자에게는 공인아파트관리사(Certified Apartment Manager: CAM) 자격증을 부여하고, 간부과정 이수자에게는 공인아파트감독관(Certified Apartment Property Supervisor: CAPS)라는 자격증을 부여한다. 그리고 이 과정들과는 별도로 아파트 건물 자체의 물리적 측면과 기술적 측면을 주로 다루는 기술자 양성과정이 있다. 이 과정을 이수한 사람에게는 공인아파트유지기사(Certified Apartment Maintenance Technician: CAMT) 자격증을 부여한다.

⑤ 기타 자격증

쇼핑센터나 백화점과 같은 상업용 부동산 소유자와 관리자들의 모임으로서 국제쇼핑센터협회(International Council of Shopping Centers: ICSC)가 있다. 이곳에서는 공인쇼핑센터관리사(Certified Shopping Center Manager: CSM)라는 자격증을 부여하고 있다. CSM이 되기 위해서는 협회에서 제공하는 세 가지 교육프로그램을 단계적으로 이수하고 시험에 합격해야 한다. 콘도미니엄이나 조합주택 등을 전문적으로 취급하고, 부동산관리사들의 양성과정은 커뮤니티협회연합(Community Association Institute: CAI)라는 기관에 의해 관장되고 있다. CAI에서 제공하는 교육프로그램을 성공적으로 이수한 사람들에게는 커뮤니티협회전문관리사(Professional Community Association Manager: PCAM)라는 자격증이 주어진다.

지금까지 살펴본 바와 같이 부동산관리업은 부동산관리 기술을 향상시키고 필요한 인재를 양성하여 전문인력을 확보함으로써 업무의 고도화를 추구하여야 한다. 또한 부동산관리업은 부동산의 양적 증가뿐만 아니라 질적 서비스 수요자들의 요구에 부응하는 전문적 서비스를 제공할 수 있어야 할 것이다.

3) 부동산관리방식

부동산관리방식은 관리주체를 중심으로 소유자 자신이 직접 관리하는 직접관리체제와 전문가에게 위탁하여 간접적으로 관리하는 간접관리체제, 그리고 직접관리체제와 간접관리체제를 병행하는 혼합관리체제로 분류할 수 있다. 직접관리체제의 관리방식은 자가관리 · 자영관리 · 자치관리방식이라고도 하며, 간접관리체제의 관리방식은 위탁관리 · 외주관리방식으로 표현하는 경우도 있다(장동훈 · 김철호, 2008: 192-195).

(1) 자가관리방식

단독주택 · 다가구 · 다세대 · 연립주택 등 개인의 소형 주택, 작은 규모의 공동주택, 소규모의 토지 및 자가빌딩 등을 소유자가 직접 관리하는 방식을 말한다. 주거형식의 발전과 함께 오랜 전통을 가지고 있는 관리방식으로서 빌딩 임대사업자나 소규모 부동산 투자가들이 많이 활용하고 있는 관리방식이다. 또한 타인에게 임대한 토지나 건물 및 기타 시설물 등을 자기가 직접 관리하는 행위 등을 포함하는 관리방식을 말한다. 자가관리방식의 장단점을 살펴보면 다음과 같다.

✤ 장점

① 소유자 자신의 부동산이므로 소유자의 지시 및 통제 권한이 강함

② 소유자의 직접 관리로 신속한 관리가 가능하며 관리비가 절약됨

③ 대상 부동산에 집중함으로써 하자발생의 사전예방과 효율적 관리 가능

④ 사용자와 입주자에게 친절한 봉사를 제공하여 양호한 서비스 가능

⑤ 기밀유지 및 보안에 안전함

⑥ 관리지식과 다양한 관리기법을 통하여 종합적 관리가 용이함

⑦ 건물과 설비에 대한 애착이 높아 주변 환경을 양호하게 보존 가능

✤ 단점

① 소유자가 다른 직업에 종사할 경우 서비스 수준이 저하됨

② 비전문가인 소유자가 관리할 경우 전문성이 결여됨

③ 관리비의 지나친 절약으로 대상 부동산의 노후화 현상이 빨리 올 수 있음

④ 관리사무의 단조로움으로 인하여 무사안일주의에 빠지기 쉬움

(2) 위탁관리방식

부동산 소유자가 직접 관리하지 않고 전문가 또는 대행업체에게 위탁하여 관리하는 방식이다. 집단화된 공동주택이나 대형 사무실 또는 업무용 빌딩관리에 많이 이용되는 방식으로 가장 진보된 관리방식이라 할 수 있다. 부동산관리의 전문화와 더불어 위탁관리방식의 채택이 점차 확대되고 있다. 고층빌딩의 건설과 주택이 고층화 · 집합화하고 있으며, 또 건물의 설비가 복잡하고 고급화되어 고도의 관리기술이 필요하게 되었기 때문이다. 또한 부동산의 이용 효율을 극대화하기 위해 방화시설을 비롯하여 위생 · 난방 · 전기 · 기계 등 복잡한 시설이 증가하는 추세에 있다.

이와 같은 위탁관리방식을 외주관리, 간접관리, 위임관리방식이라고 한다. 위탁관리방식은 일반적으로 부동산관리를 전문적으로 하는 대행업체에게 위탁하는 것이 보통이지만, 이때 주의할 점은 사회적으로 신용도가 높고, 성실한 대행업체를 선정하도록 하여, 불의의 사고 또는 불성실한 관리로 인한 피해를 사전에 예방해야 할 것이다. 위탁관리방식의 장단점을 살펴보면 다음과 같다.

✤ 장점

① 전문가집단의 대행업체관리를 통한 관리의 합리성과 효율성 제고

② 부동산 소유자는 자기 업무에 전념이 가능

③ 관리업무의 타성적 형식화 방지

④ 경영의 합리화로 관리비 기타 수익성의 안정화 기여

⑤ 관리의 체계화 유지와 새로운 관리문제에 대한 적응이 용이함
⑥ 시설 · 환경관리 등의 전문가 투입으로 양호한 서비스 가능

✤ 단점

① 불성실한 위탁관리인으로 인한 손해발생 우려
② 관리비의 과다지출을 초래할 가능성이 높음
③ 이용자와 사용자의 마찰 시 조정 곤란과 부문 간 종합적 관리의 미흡
④ 부동산설비에 대한 아끼는 정신이 낮아 부실운영 예방이 어려움
⑤ 관리인에 대한 신뢰도 저하로 기밀유지 및 보안이 불안전함

(3) 혼합관리방식

대형 · 고층빌딩, 대단위 공동주택 등 복잡한 기능을 갖추고 있는 부동산에 대하여 자가관리방식과 위탁관리방식을 혼합한 형태로서 관리업무의 전부를 위탁하지 않고 필요한 부분의 일부만을 전문관리업체에 위탁하는 관리방식이다. 다시 말해 비전문적인 부분은 소유자가 직접 관리하고 전문 기술적인 부분은 전문관리업체에게 위탁하는 것으로, 자가관리에서 위탁관리로 넘어가는 과도기적인 형태의 관리방식이다. 혼합관리방식의 장단점을 살펴보면 다음과 같다.

✤ 장점

① 자가관리에서 위탁관리로 이행하는 과도기적 조치로서 적합
② 소유자의 강한 지휘통제력이 지속될 수 있음
③ 필요한 부분만의 위탁관리로 관리비 절감 및 효율적 운용이 가능
④ 관리업체의 전문성을 충분히 활용하기 때문에 관리의 질적 내용이 우수함

✤ 단점

① 책임소재의 불분명으로 인하여 전문업체의 효과적 활용이 곤란함

② 운영의 미숙으로 자가관리와 위탁관리의 결점만 노출될 가능성이 큼

③ 자가관리자와 위탁관리자의 협조와 인화 결여로 원만한 관계유지 곤란

4) 유형별 부동산의 관리

부동산은 토지 및 그 정착물로 정의되는데, 정착물의 대부분이 건물로 구성되어 있다고 할 만큼 비중이 높다. 부동산관리는 부동산, 즉 토지와 건물의 가치를 증진시켜 소유자의 부를 극대화하는 활동이라고 할 수 있으며 이는 토지관리와 건물관리로 구분하여 설명할 필요가 있다. 그중 건물관리는 단독주택, 공동주택, 주상복합빌딩, 업무용 빌딩, 상가 및 백화점 등으로 그 대상이 다양하게 나타나지만 여기에서는 공동사용으로 인한 공공성 · 합리성이 필요한 공동주택관리와 중심상업지역 내 자산가치 비중이 큰 업무용 빌딩관리로 세분하여 살펴보고자 한다.

(1) 토지관리

토지의 물리적 공급량은 한정되어 있고, 한정된 범위 내에서 경제적 가치를 높여야 하므로 토지관리의 유용성을 높이기 위해서는 정부 · 기업 · 개인들의 적극적인 협력이 있어야 한다. 농촌토지의 경우 토지관리를 효과적으로 하기 위해서는 농업생산성 이외의 다른 토지이용에 대해 집약적인 관리가 필요하다. 반면 도시토지의 경우 교통의 접근성과 운송비에 의해 토지관리의 유용성이 결정된다. 토지관리활동을 토지보존관리, 토지이용관리, 토지개량관리의 세 가지 유형으로 구분한다(이내영 · 연규태, 2001: 564-566).

(2) 공동주택관리

공동주택이란 대지, 벽, 복도, 계단 및 설비 등의 전부 또는 일부를 공동으로 사용

하는 각 세대가 하나의 건축물에서 각각 독립된 주거생활을 영위할 수 있는 구조로 된 주택을 말한다. 아파트, 연립주택 및 다세대주택으로 구분하며 아파트는 5개 층 이상, 연립주택과 다세대주택은 4개 층 이하의 공동주택을 의미한다. 다시 말해 하나의 건축물에 2세대 이상의 가구가 거주하도록 계획된 주택으로, 빌라와 최근에 많이 신축하고 있는 원룸, 도시형 생활주택 등이 포함된다.

공동주택은 급증하는 주택수요에 부응함은 물론 쾌적한 환경조성과 토지의 고밀도 이용을 유도하며 도시민의 새로운 주거생활양식을 제공하는 이상적인 주택형태라고 할 수 있다. 또한 공동주택은 급격한 경제발전과 도시화에 따라 인구의 도시집중, 핵가족화, 택지의 절대부족 등에 따라 정부가 시행하는 각종 주택건설사업의 핵심을 이루고 있다. 공동주택은 일반부동산과는 달리 위생관리, 보전관리, 보안관리 등 세 가지 형태의 관리업무가 특히 강조되고 있다(장동훈 · 김철호, 2008: 195-197).

(3) 업무용 빌딩관리

산업화와 도시화의 추세로 대도시에서는 업무의 전문화와 분업화 경향에 따라 빌딩의 고층화 · 대형화가 사회발전의 상징처럼 되어 가고 있다. 빌딩은 도심지나 도심지와 아주 가까운 곳에 입지하여야 하는데, 이는 접근성과 관련한 교통의 편리성과 집적의 경제적 요인 때문이다. 빌딩을 사용하기 위해서는 매입이나 임차의 법률적 행위를 통해 입주하여 사용하게 된다. 따라서 빌딩의 관리는 매매 또는 임대차를 그 대상으로 한다. 빌딩의 관리 포인트는 매수자나 임차자에게 빌딩의 가치를 부각시켜 유인하는 관리전략이 요구된다. 이는 법률적 측면, 경제적 측면, 기술적 측면으로 구분된다(이창석, 2010: 80-81).

2 부동산자산관리의 영역과 활동

1) 부동산자산관리의 업무영역과 기능

(1) 부동산자산관리의 여건변화

부동산자산관리시장이 새롭게 변화하고 있다. 우후죽순처럼 신축개발이 이루어지던 성장시대를 지나 건축물의 포화상태가 보편화되고, 건축물의 신축 후 매각 시 매각차익이 없는 시장이 도래하고 있다. 또한 건물설비, 배관 및 마감재의 노후화와 리모델링 비용이 증가하는 형태로 건축물의 감가상각이 본격적으로 진행되고 있다. 개발시대에서 관리시대로 전환하며 단순한 부동산의 중개만으로는 한계에 부딪혀 별도의 자산가치 증대수단이 필요한 상황이 되었다.

먼저 부동산자산시장의 패러다임 변화를 살펴보기로 하자. 첫째, 부동산에 관한 인식 측면에서 부동산이 더 이상 고정자산이 아니라 투자자산이라는 인식으로 전환되고 있다. 둘째, 부동산 투자수익에 관한 인식 측면에서도 종전의 양도차익 개념보다는 새로운 운용수익의 관점이 부각되고 있다. 셋째, 투자방식의 측면에서도 직접투자방식으로부터 자산유동화에 의한 간접투자방식으로 발전하고 있다. 끝으로 부동산의 관리방식 측면에 있어서도 직접관리방식보다는 전문화된 관리업체의 위탁관리방식이 보편화되고 있다(정용식, 2012: 36-38).

한편, 부동산자산시장의 트렌드 변화는 더욱더 급격하게 진전되는 양상을 보여주고 있다. 첫째, 부동산시장이 공급자 중심으로부터 수요자 중심으로 전환되고 있으며, 부동산금융의 유동화, 부동산 간접투자 경향 등 부동산시장이 완전히 탈바꿈하는 형태로 변화되고 있다. 둘째, 부동산관리방식이 청소 · 경비 · 주차 등의 시설관리 측면으로부터 자산관리 측면으로 부동산관리시장의 변화가 빠르게 전개되고 있다. 끝으로 건축물이 다양화 · 고층화되고, 개별적 설비시스템이 인터넷 통합관리 시스템으로 전화되고 있으며, 부동산관리방식이 수익형 소형 부동산관리의 형태로 바뀌는 등 부동산관리대상이 대단히 복잡하고 다양하게 변화하고 있다. 요약해서 표현하면, 종전의 자산관리가 부동산의 유지 · 보존 · 운용 중심이었다면 새로운 자산관리는 체계적 · 종합적 관리로서 자산관리의 수익극대화를 추구하는 형태로 환경이 크게 변화하고 있다는 점이다.

부동산자산관리의 규모 측면에서도 변화가 일어나고 있는데, 자산관리의 전문화가 시급히 요청되고 있다. 대규모 고층 빌딩의 건설과 주택의 집단화로 인하여 건물의 설비가 복잡하고 고급화되어 고도의 관리기법을 수반하는 자산관리가 필요하게 되었다. 이러한 건축물의 고층화는 시설관리의 중요성뿐만 아니라 안전성 · 기능성 · 쾌적성 등과 함께 부동산의 지속적인 가치 증대를 위해 전문적인 자산관리가 필요하게 되었다.

또한 상업시설, 업무용 빌딩, 대단위 공동주택 등의 개발이 진행되면서 부동산투자 기회가 증가되었다. 개인투자자뿐만 아니라 대형 기관투자자 등에 의한 집단투자의 증가로 자산의 집중화가 초래되어 전문적인 자산관리가 필요하게 되었다.

(2) 부동산자산관리의 업무영역

부동산자산관리란 현재의 자산을 단순히 유지관리하는 차원을 넘어서 자산소유자의 목적에 따라 투자 · 매매 · 유지 · 운영 · 재활용, 처분 등을 포괄하는 의미의 자산관리라고 할 수 있다. 다시 말해, 부동산자산을 포트폴리오 관점에서 전략적인 경영관리를 통하여 자산가치의 수익극대화를 추구하는 전문적이고 종합적인 재무적 자산관리를 말한다. 부동산자산관리는 소유자의 법적 대리인으로서 임대차계약은 물론, 자산의 위험분산을 위한 부동산 경기 및 시장분석, 향후 시장의 전망예측 등을 통한 최적의 투자전략과 자산 규모에 맞는 포트폴리오 설계를 제공하여야 한다. 이와 같은 포트폴리오를 통하여 개인자산 소유자의 부를 증진시키거나 기업의 자산가치를 극대화시키는 것이 부동산자산관리의 목적이다.

부동산자산관리의 업무영역은 대상 부동산의 시설관리로부터 전체 자산의 설계 · 투자운영, 포트폴리오 관리에 이르기까지 부동산자산의 재무관리영역을 포괄하는 종합적인 관리영역을 말한다. 부동산자산관리를 세분화하면 건물자산관리와 자산재무관리로 구분할 수 있다. 건물자산관리는 시설관리와 중개 · 임대관리영역을 말하고, 자산재무관리는 재무회계관리와 자산설계, 포트폴리오 분석, 투자관리영역을 의미한다.

부동산자산관리의 유형별 업무영역은 크게 세 가지 영역, 즉 자산관리(Asset Management: AM) 업무영역, 운영관리(Operation Management: OM) 업무영역, 시설관리(Facility Management: FM) 업무영역으로 분류할 수 있다. 시설관리는 설비 중심의 단순한 유지관리 수준의 업무를 목표로 하는 소극적인 영역이라고 할 수 있다. 반면에 운영관리와 자산관리의 경우에는 외부환경이나 비용에 대한 위험관리를 포트폴리오의 관점에서 관리하는 적극적인 방향으로 그 영역을 넓히고 있다. 주요 업무에 있어서도 차이를 보이고 있는데, 시설관리의 경우 유지 보수 및 에너지관리 업무를 주로 수행하며 영세한 시설관리회사가 운영을 담당한다. 그러나 운영관리와 자산관리의 경우 부동산시장 및 지역경제분석, 자산평가 및 투자분석, 부동산재무관리, 금융자산관리, 금융대안 모색 등 체계적이고 효율적인 관리를 위해 전문적인 부동산자산관리회사에서 별도로 관리하는 추세이다.

부동산자산관리에 대한 자산 · 운영 · 시설의 세 가지 측면을 종합해 볼 때, 자산관리(AM) 업무영역은 자산으로서 부동산의 가치극대화에 목적을 두고 있고, 운영관리(OM) 업무영역은 공간으로서 부동산의 수익극대화에 목적이 있으며, 시설관리(FM) 업무영역은 시설물로서 부동산의 유용성 극대화에 목적을 두는 것으로 압축할 수 있다. 또한 유용성의 극대화는 수익극대화에 기여하며, 수익극대화는 자산의 가치극대화에 기여하게 된다. 부동산자산관리의 업무영역별 세 가지 요인을 요약하면 [그림 7-1]과 같다(이창석, 2010: 31).

그림 7-1 | 부동산관리 업무의 영역

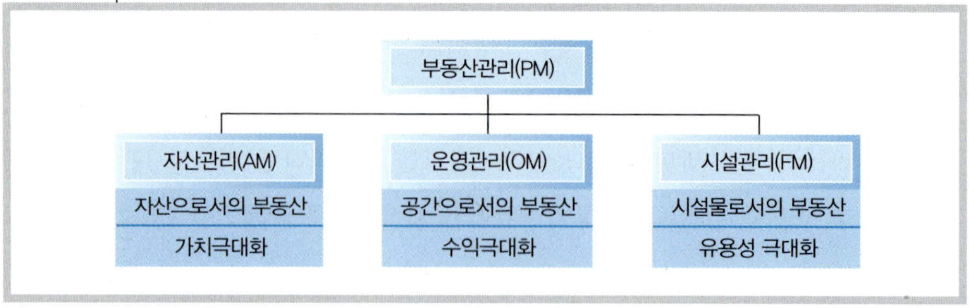

(3) 부동산자산관리 업무 기능

부동산자산관리 업무의 기능은 자산설계, 취득, 보전, 유지, 운영, 개량 등에 관한 업무영역을 수행한다. 대표적 기능은 부동산자산관리 운용과정에서 발생할 수 있는 부동산 관련 권리관계, 임대차계약과 마케팅, 부동산세무관리, 대출, 보험, 회계, 재무분석, 부동산가치평가와 운용관리 등으로 열거할 수 있다. 또한 부동산자산의 상대적 운영성과와 종합적 포트폴리오에 대한 개별 부동산의 매입 · 매각 또는 개발 관련 사업성 분석, 적정 매각시점의 결정, 임대 또는 보유의 전략적 의사결정 등에 관한 대부분의 기능을 포함한다. 따라서 부동산자산관리 기능의 중요한 관건은 부동산을 소유하는 목적에 따라 운용계획이 수립되고, 이를 달성하게 위한 투자전략이 도출되어야 한다는 점이다.

부동산자산관리 업무의 기능적 체계를 살펴보면 자산관리 업무의 범위 안에 운영관리 업무가 포함되며, 운영관리 업무 안에 시설관리 업무가 포함되는 것을 볼 수 있다. 다시 말해 부동산자산관리 업무를 하나의 부동산을 기준으로 시계열적으로 나열하면 자산설계, 취득업무, 운영관리, 가치 증진, 처분업무의 순서로 전개할 수 있다. 시설관리 업무는 운영관리 업무의 일부분이 되며, 운영관리 업무는 자산관리 업무의 일부분이 된다. 이와 같은 업무의 기능적 체계를 기준으로 할 때, 부동산자산관리의 큰 틀을 협의의 관리인 시설관리, 광의의 관리인 운영관리, 최광의의 관리인 자산관리로 구분할 수 있다(이창석, 2010: 30-32). 부동산자산관리 업무의 기능적 체계를 요약하면 〈표 7-2〉와 같다.

표 7-2 부동산관리 업무의 체계

<table>
<tr><th colspan="7">최광의의 부동산관리</th></tr>
<tr><td rowspan="2">자산 설계</td><td rowspan="2">취득 업무</td><td colspan="3">광의의 부동산관리(운영관리)</td><td rowspan="2">가치 증진</td><td rowspan="2">처분 업무</td></tr>
<tr><td>경영관리 업무
(경제적 측면)</td><td>시설관리 업무
(기술적 측면)</td><td>보존관리 업무
(법률적 측면)</td></tr>
</table>

일반적으로 부동산자산관리의 기능은 크게 취득단계, 보유·운용단계, 매각단계로 구분하여 살펴볼 수 있다. 부동산자산관리는 부동산자산의 상대적인 운영 성과와 전반적인 포트폴리오에 대한 개별 부동산의 위상에 비중을 두기 때문에 투자자가 어떤 목적으로 부동산을 소유하게 되었는지의 여부가 대단히 중요하다. 취득한 후 일정기간이 경과한 뒤 바로 처분하는 것이 목적인지, 취득한 부동산을 보유하면서 잘 운용하여 일정수준 이상의 수익을 확보하고자 하는 것이 목적인지, 그 목적에 따라 운용계획이 수립되고, 운용계획의 목표를 달성하기 위한 전략이 도출되어야 할 것이다.

이와 관련한 부동산자산관리의 단계별 주요 기능을 살펴보면 다음과 같다. 첫째, 자산취득단계에서는 취득대상 후보 부동산에 대한 검토, 투자이행계획서에 대한 검토, 향후 재임대 및 재건축 기회에 대한 평가 등이 취득단계에서 수행해야 할 주요 기능이다. 둘째, 자산보유·운용단계에서는 부동산관리, 재임대·재건축, 주변지역의 개발, 투자성과에 대한 분석 및 통제, 재금융조달, 소유권의 재구성 등에 관하여 세부적 기능을 수행해야 한다. 각각의 항목별 대표적 기능을 열거하면 다음과 같다. 부동산관리 항목에 있어서는 임대차계약의 검토 및 승인, 재임대·재건축 항목에서는 계획된 재임대 및 재건축의 이행, 주변지역의 개발 항목에 있어서는 확장대지가 있는 부동산에 대한 검토, 투자성과에 대한 분석 및 통제 항목에서는 장기적 자본지출예산에 대한 준비, 재금융조달 항목에서는 새로운 금융조달계획, 소유권의 재구성 항목에 있어서는 구분소유 건축물의 매각 후 임대에 대한 고려 등이 수행해야 할 주요 기능들이다. 끝으로, 자산처분단계에서는 부동산 생애주기를 고려한 최적의 매각시점 결정, 지역 부동산시장 상황이 위험한 경우 매각 고려, 자발적 매매제의에 대한 평가 등이 수행해야 할 주요 기능이 될 것이다.

2) 부동산자산관리제도

부동산관리에는 부동산을 어떻게 보유하고 그 유용성을 증대시키며, 어떻게 이용 · 개량하여 그 가치를 증대시키는가에 대한 과제가 수반된다. 일반적으로 부동산이라고 하면 토지와 건물, 즉 물리적 측면만을 생각하는 경향이 있다. 그러나 부동산의 물리적 측면 못지않게 중요한 것은 부동산의 무형적 측면이다. 부동산 또는 부동산관리와 관련한 요인으로는 법률적 측면, 경제적 측면 등 다양한 측면이 있다. 이러한 여러 가지 측면을 어떻게 적극적으로 유지관리하여 효율적인 보전에 최선을 다할 수 있는가의 문제가 부동산관리의 관건이 된다. 현대적 부동산관리는 높은 전문성이 요구되고 있다. 이러한 전문성은 높은 전문지식과 경험, 그리고 직업윤리를 기초로 하고 있다. 부동산의 전문직업은 대부분의 나라에서 시행되어 왔으며 사회 · 경제적 효용도가 높게 나타나고 있다. 우리나라를 비롯하여 미국 · 영국 · 일본의 부동산관리 법규, 관리단체, 전문관리인제도 등을 살펴보기로 하자(정용식, 2012: 63-71).

(1) 우리나라의 부동산자산관리제도

부동산자산관리와 관련한 우리나라의 제도를 살펴보면 크게 주택관리제도, 빌딩관리제도, 자산운용전문인력제도로 구분할 수 있다.

① 주택관리제도

- 집합건물관리제도와 공동주택관리제도가 있다.
- '집합건물의 소유 및 관리에 관한 법률'에 의거 공동주택관리제도를 시행하고 있다.
- 자격제도는 주택관리사보와 주택관리사제도가 있다.
- 주택관리사 시험제도는 〈표 7-3〉과 같다(이창석, 2010: 154).

표 7-3 주택관리사 시험제도

시험구분	시험과목	문제출제
제1차 시험 (3과목)	1. 민법총칙 2. 회계원리 3. 공동주택시설개론(목구조, 철골구조, 특수구조를 제외한 일반건축구조와 공기조화 · 냉동설비를 제외한 건축시설개론 및 장기수선계획수립 등 건축적산을 포함한다.)	• 과목별 40문항 • 객관식 5지 선택형
제2차 시험 (2과목)	1. 주택관리관계법규(주택법 · 임대주택법 · 건축법 · 소방기본법 · 소방시설 설치 유지 및 안전관리에 관한 법률 · 승강기제조 및 관리에 관한 법률 · 전기사업법 · 시설물의 안전관리에 관한 특별법 · 민법(물권, 채권) · 집합건물의 소유 및 관리에 관한 법률 중 주택관리에 관련되는 규정) 2. 공동주택관리실무(시설관리, 환경관리, 공동주택회계관리, 입주자관리, 대외업무 · 인사관리, 안전 · 방재관리 및 리모델링 등)	• 과목별 40문항 • 객관식 5지 선택형에 일부 주관식 (단답형 또는 기입형)

② 빌딩관리제도

- 현재 빌딩관리사자격제도는 없다. 다만, 미국의 부동산자산관리사(CPM)제도를 미국의 부동산관리협회(IREM) 한국지부와 대한공인중개사협회가 협약을 맺어 자격을 부여하고 있다.
- (재)한국빌딩경영관리사협회에서 빌딩경영사라는 민간자격증제도를 시행하고 있다.

- (재)한국산업교육원에서 빌딩경영관리사라는 민간자격증제도를 시행하고 있다.
- (사)한국부동산자산관리사협회와 매일경제신문사에서 부동산자산관리사라는 민간자격증을 부여하고 있다.
- 시험과목, 자격취득절차, 시험실시 횟수 등에 관해서는 IREM 한국지부(http://www.kcpm.co.kr), 한국빌딩경영관리사협회(http://www.bdmanager.co.kr), 한국산업교육원(http://www.keta.net), 한국부동산자산관리사협회(http://www.krpm.co.kr) 등에서 살펴볼 수 있다.

③ 자산운용전문인력제도

- '간접투자자산운용업법'에 의한 전문인력고용제도 시행으로 자산운용회사는 자산운용전문인력을 5명 이상 의무채용하는 제도를 시행하고 있다.
- 부동산투자펀드를 운용하고자 하는 경우, 추가로 부동산운용전문인력을 3명 이상 확보하도록 하고, 이 인원을 자산운용협회에 등록하도록 규정하고 있다.
- 이와 관련한 부동산 간접투자 자산운용전문인력 요건은 두 가지가 있는데, 첫 번째 요건은 '부동산투자회사법' 제22조 제1항, 두 번째 요건은 '간접투자자산운용업법' 제17조 제2조항에서 규정하고 있다.

(2) 미국의 부동산자산관리제도

① 부동산자산관리 전문단체

- 부동산관리협회(Institute of Real Estate Management: IREM)
- 빌딩소유자 및 관리자협회(Building Owners and Managers Association: BOMA)
- 국제쇼핑센터협의회(International Council of Shopping Centers: ICSC)
- 전국주거용부동산관리사협회(National Association of Residential Property

Managers: NARPM)

- 전국아파트협회(National Apartment Association: NAA)
- 전국다가구주택건축인협의회(National Home Builders Multi-Family Housing Council: NHMC)

② 부동산자산관리 자격증 유형

- 부동산관리사(Certified Property Manager: CPM)
- 공인주택관리사(Accredited Residential Manager: ARM)
- 공인부동산관리단(Accredited Management Organization: AMO)
- 부동산경영사(Real Property Administrator: RPA)
- 설비유지경영사(Systems Maintenance Administrator: SMA)
- 시설관리경영사(Facilities Maintenance Administrator: FMA)
- 공인쇼핑센터관리사(Certified Shopping Center Manager: CSM)

(3) 영국의 부동산자산관리제도

① 부동산자산관리 전문단체

- 중앙주택자문위원회(Central Housing Advisory Committee: CHAC)
- 왕립측량사협회(The Royal Institute of Charter Surveyors: RICS)
- 주택관리인협회(The Society of Housing Managers: SHM)

② 부동산자산관리 자격제도

- 중앙주택자문위원회에서 규정하고 있는 주택관리인은 광범위한 기술적 능력과 관리능력을 겸비해야 한다.
- 부동산관리에 관한 학위를 가지고 있는 자에 대해서 왕립측량사협회가 인정

하는 훈련을 2년간 받으면 시험을 면제받는다.

- 왕립측량사협회가 인정하는 대학 학위를 소지한 자 혹은 협회의 주택관리인 면허를 가진 자는 제1차 전문시험을 면제받는다.
- 주택관리인협회의 회원은 특별회원, 보통회원, 면허회원, 준회원, 실습생으로 구분하고 있는데, 회원의 위계수준에 따라 응시자격 등에서 차등을 두고 있다.

(4) 일본의 부동산자산관리제도

① 부동산자산관리 전문기구

- (재)주택관리협회
- 일본종합주생활(주)
- 고층주택관리업협회
- 일본부동산관리협회(Japan Real Estate Managers: JREM)
- (재)일본빌딩경영센터
- (사)일본퍼실리티매니지먼트협회(Japan Facility Management Association: JFMA)

② 부동산자산관리 자격증 유형

- 아파트관리사: 민간자격
- 부동산관리사: 민간자격
- 빌딩경영관리사: 공인자격
- 시설관리사: 공인자격

③ 부동산자산관리 자격제도

- (재)일본빌딩경영센터가 부여하는 빌딩경영관리사는 국토교통 대신이 인정하는 공인자격이다.
- (사)일본퍼실리티매니지먼트협회가 부여하는 시설관리사도 특정 공공단체가 인정하는 공인자격이다.
- 빌딩경영관리사와 시설관리사에 관한 시험과목, 자격취득절차 등에 관해서는 (재)일본빌딩경영센터(http://www.bmi.or.jp)와 (사)일본퍼실리티매니지먼트협회(http://www.jfma.or.jp)에서 살펴볼 수 있다.

3) 부동산자산관리계획과 관리활동

부동산 소유자의 목표와 관련하여 현재의 물리적 · 재정적 운영상태, 그리고 경쟁부동산과의 비교 등이 포함된 부동산자산관리계획은 부동산관리에 있어서 매우 중요한 요건이다. 부동산자산관리계획은 지속적인 부동산관리를 위한 재무적 운영상의 전략이라 할 수 있다. 부동산자산관리의 목적은 부동산 소유자의 목표를 달성하는 것이다. 부동산 소유자들은 여러 가지 이유로 부동산에 투자하고 다양한 형태로 부동산을 소유한다. 부동산 소유자의 목표를 달성하기 위해서는 가정 먼저 소유자가 어떻게, 왜, 이 부동산을 소유하게 되었는지를 알아야 한다. 이와 같이 부동산자산관리계획은 세 가지 핵심 요소, 즉 부동산 소유자의 목표분석, 지역 및 근린시장분석, 특정 부동산에 대한 분석을 필수적으로 갖추어야 한다. 이 세 가지 요소를 기초로 해서 현재와 미래의 사업 및 부동산사업 주기에 맞는 현실적인 자산설계를 할 수 있기 때문이다. 부동산 소유자의 목표를 달성하기 위해 선행적으로 이루어져야 하는 지역 및 근린시장분석, 소유 부동산분석의 순서를 살펴보면 다음과 같다(이창석, 2010: 197-210).

(1) 지역 및 근린시장분석

부동산에서 공간을 임대하거나 임차할 목적을 가진 두 사람 이상이 모이면 시장이 형성된다. 즉, 시장이란 경쟁을 통해 거래가 이루어지는 곳으로, 보다 구체적으로 말하면 부동산시장 내에서 이루어지는 부동산활동이라고 설명할 수 있다. 종합적인 부동산시장분석은 대상 부동산이 위치한 도시 혹은 지역 전체에 대한 전반적인 정보와 부동산이 놓여 있는 근린지역에 대한 정보를 통합하여 분석하는 것이 일반적이다. 각각 지역시장분석과 근린지역분석으로 구분하고 먼저 지역시장분석 정보를 살펴보면 다음과 같다.

지역시장분석

① 인구통계와 동향

인구 규모의 변화는 토지가치에 직접적으로 영향을 미친다. 단위면적당 인구가 증가할 때 토지가치는 상승한다. 토지의 부증성이라는 특성으로 인하여 수요가 증가하면 지가가 높아진다. 인구성장을 통하여 새로운 산업이 고용을 창출하고 지역경제를 활성화시키며 인구 규모의 변화를 일으키는 선순환구조를 증폭시킨다. 또한 노인인구의 증가는 단지 실버타운의 수요뿐만 아니라 간호시설, 헬스케어와 같은 보호시설 수요까지 확장되고 있다.

② 간선교통시설

새로운 간선도로는 원거리 토지의 접근을 용이하게 하여 새로운 지역개발을 유도한다. 도시지역으로부터 떨어진 교외지역에 신도시 건설이 활발히 전개된다. 주거지역의 개발은 상업지역의 개발을 유도하게 된다. 간선도로의 건설은 새로운 산업을 유도하고 지역주민에게 일자리를 제공한다. 이러한 과정을 거쳐 부동산개발이 활발히 일어나게 되고 부동산의 가치를 더욱 높여 주게 된다.

③ **공급과 수요 동향**

부동산시장에서 안정된 가치는 부동산의 공급과 경제적인 수요가 균형을 가질 때 이루어진다. 부동산이 과잉으로 공급되었을 때 부동산의 가치는 하락한다. 이러한 시장에서 장래의 임차인은 더 낮은 임대료로 임차하려고 할 것이다. 반대로, 공급량이 적은 시장에서는 사용 가능한 공간이 줄어들기 때문에 경쟁으로 인하여 더 높은 임대료를 지불해야 할 것이다.

④ **도시의 경제기반**

지역의 산업구조 변화는 토지의 수급에 영향을 미친다. 유망한 첨단산업단지가 조성되면 부품단지 또는 연계산업으로 인하여 대규모 토지가 필요하고, 새로운 사무공간 수요도 늘어나게 된다. 상업서비스와 제조업의 구조 변화는 토지의 가치에도 영향을 미친다. 이와 같이 도시경제의 여건 변화는 부동산시장에 영향을 미치는 대단히 민감한 요소이다.

⑤ **미래 경제전망**

경제성장전망에 의한 소득 증가, 경기활성화, 미래의 도시확장계획 등의 잠재적 가능성이 보이면 부동산 수요는 증가하게 된다. 도시 또는 특정 지역에 대한 산업구조 고도화, 경기부양, 토지이용, 공공서비스 활용 등 지역시장분석을 구체적이고 면밀하게 수행해야 할 것이다. 지역 또는 도시경제의 여건 변화가 모든 경제주체에게 큰 영향을 미치기 때문이다.

근린지역분석

① **교통과 공공시설**

주요 도로의 변화가 가져다주는 토지이용 효과는 대단히 크다. 토지가치의 상승이 수반되기 때문이다. 주요 도로에 대한 접근성, 교통패턴, 통행량 등은 백화점과 같은 상업시설에 필수적 사항이다. 대중교통에 대한 접근성 또한 대규모 아파트 주민과 출퇴근 직장인에게 중요한 사항이다. 대부분의 부동산시설은 고객을 위한 주차공간이 반드시 필요하다. 근린지역 내 주거용 또는 상업용 빌딩 및 공공시설은 전기 · 수도 · 가스 · 난방 · 냉방설비를 필수적으로 갖추어야 한다.

② 지역경제와 토지이용

근린지역은 공통적인 토지이용과 부동산 특성을 보유한 지역으로 정의할 수 있다. 근린지역의 규모는 고정되어 있지 않기 때문에 우선, 근린지역의 경계가 정해지면 자산관리자는 공원, 하천, 휴게소, 고속도로, 철도 등과 같이 향후 지역성장에 제한을 줄 수 있는 지형에 대한 토지이용 기록을 만들어야 한다. 또한 개발허가가 가능한 지역이나 제한된 지역과 같은 사항들도 따로 표시하여야 한다.

③ 수요와 공급

부동산의 입주율은 현재의 임대수준에서 특정 공간에 대한 수요와 공급의 관계를 보여 주는 지표이다. 입주율과 공실률은 임차인 집단의 수요와 공급을 반영하며 계속해서 변화한다. 높은 입주율을 유지하기 위해서는 근린지역 내 입주 동향을 지속적으로 파악해야 한다. 그리고 근린지역 내 임차인 수요와 공급 가능한 공간을 상호비교하는 활동을 지속적으로 유지하여야 한다.

④ 근린지역 경제

근린지역 경제에 관한 정보를 충분하게 확보하여 근린지역의 성장 잠재력을 평가할 수 있도록 항상 대비하여야 한다. 주요 경제정보의 원천으로서 지역신문과 지방상공회의소는 지역의 산업체 수, 산업 유형, 활동력 수준, 업체별 성장동향 등에 관한 자료를 제공한다. 지역금융기관 또한 지역경제에 관한 정보를 얻을 수 있는 중요한 원천이 된다. 근린지역의 입주율은 부동산시장의 현재 경쟁력을 알려 주는 중요한 척도가 된다. 부동산의 공급이 부족하면 입주율은 오르기 마련이다.

⑤ 근린지역 편의시설

잠재적 임차인에게 더 매력적으로 보이게 하는 근린지역 편의시설은 간접적으로 지역 내 영업활동이나 산업에 혜택을 줄 것이다. 공원, 녹지, 극장, 미술관, 학교, 대학교 등의 근린지역 편의시설을 잠재적인 임차인에게 적극적으로 홍보하고, 매력적인 또 다른 사회 · 문화적 편의시설들의 숫자와 위치를 표시하도록 한다.

(2) 소유 부동산분석

소유 부동산분석은 자산관리자에게 특정한 부동산의 성격과 상태, 그리고 근린지역 내 유사부동산과 상대적 비교우위를 알려 주는 지표로서 부동산 소유자의 목표를 달성하기 위한 사전단계의 분석과정이다. 자산관리자는 대상 부동산을 철저히 조사 · 분석하고 유사부동산의 자료를 비교 · 분석하며 대상 부동산의 가치를 평가한다.

자산관리자는 또한 대상 부동산의 평균 운영비를 산정할 수 있도록 충분한 자료를 확보하고 있어야 한다. 한편, 대상 부동산을 최적의 경쟁력을 갖춘 공간으로 만들기 위해 비용이 얼마나 소요되는지를 측정해야 한다. 부동산분석에 필요한 네 가지 중요한 요소를 살펴보면 다음과 같다.

① 임대차계약

새로운 부동산의 관리업무를 시작할 때 자산관리자는 모든 임대계약과 서류의 내용을 파악해야 한다. 각종 임대차계약서 조건들은 임대수입 액수와 지속 가능성을 나타내 줄 것이다. 공실률과 임대료손실률은 이전의 부동산관리가 어떠했는지에 대한 거울과 같은 역할을 한다. 임대차갱신율이 저조했다면 임차인에 대한 서비스가 부족했거나 임대료가 시세보다 높았다는 것을 말해 준다. 반대로 임차인의 변동이 없었다면 임대료가 낮았을 가능성이 많아 앞으로 임대료를 더 높게 책정해도 될 것이라는 가능성을 보여 준다.

② 공간의 양과 질

임차인이 처음 대상 부동산에 들어섰을 때 첫인상이 형성되며, 임차 여부에 대한 의사결정에 상당한 영향을 미친다. 자산관리자는 통로, 건축동선, 벽면색채, 조경 등을 포함한 전반적인 건물 외관부터 신경을 써야 한다. 대상 부동산이 근린지역 내 다른 부동산처럼 깨끗한 외관을 가지지 못하다면, 외관을 개수하기 위한 시정조치를 제안할 수 있다. 대상 부동산이 최적의 조건을 갖추기 위해서는 디자인뿐만 아니라 내부시설의 질도 대단히 중요하다. 주거용, 상업용, 산업용 등 어떤 용도이든 기본 구조, 배관, 벽면색채, 전기시설 등의 상태가 양호하여야 한다.

③ 건물의 물리적 상태

건물 외관, 내부설비, 설치장비 등에 대한 철저한 조사는 자산관리자에게 향후의 유지, 관리비를 측정하는 데 필요한 부가적 정보를 제공한다. 자산관리자는 창문, 지붕, 현관, 주차장, 화재비상구 등에 결함이 없는지 면밀히 살펴보아야 한다. 또한 건물의 상태, 사용연수, 보수가 필요한 부분, 설비 관련 직원 수, 효과적 관리에 소요되는 물품 등을 조사하여야 한다. 그뿐만 아니라 보수관리 목록을 작성하여 수시로 점검하면서 수리가 지체된 부분이나 노후화된 부분을 조사하여야 한다. 특히 안전문제의 중요성은 아무리 강조하여도 지나치지 않다.

④ 비교부동산 평가

자산관리자는 비교부동산의 평가를 통해 당해 부동산의 경쟁력에 관한 많은 정보를 얻을 수 있다. 평가 시 주요 요인은 건물의 크기, 임대율, 공실률, 위치, 건축연수, 편의시설, 관리인 수, 비교부동산의 관리비용 등이다. 또한 자산관리자는 근린지역 내 비교부동산보다 더 나은 경쟁력을 갖추기 위해 자금의 지출이 필요하다면, 그 추정치를 부동산 소유자에게 보고해야 한다.

(3) 소유자의 목표분석

부동산자산관리계획은 자산관리자가 소유자의 목표를 이해하고 이를 면밀하게 분석한 후 수립하여야 한다. 소유자의 목표는 개인 · 법인 · 신탁회사 및 정부기관 등의 유형에 따라 크게 달라진다. 자산관리자는 다른 대안의 채택이 보다 생산적이라고 판단될 때 자산관리계획을 통해 현재의 운영방법에 대한 대안을 제안할 수 있다. 개인 · 법인 등 부동산 소유자의 유형별로 세 가지 측면에서 살펴보면 다음과 같다.

① 개인소유자의 목표

많은 개인소유자들은 부동산의 투자로부터 이익이나 현금흐름을 추구하는 개인사업가들이다. 부동산자산관리의 목표는 수익성의 극대화라고 할 수 있다. 자산관리자는 부동산자산관리계획을 수정하는 것뿐만 아니라 계획의 필요성을 설명해 줌으로써 소유자에게 도움을 줄 수 있다. 자산관리자는 소유자로부터 재산세 등의 조세부담액과 채무상환비용, 보험료 등에 대한 명세서를 확보해야 한다. 이러한 명세서상의 비용은 자산관리자의 시장분석, 비교부동산의 현장조사 자료와 함께 자산관리계획을 수립하는 데 필요한 모든 정보를 제공한다.

② 법인 및 신탁회사의 목표

대부분의 법인투자자들은 정책진술서나 투자지침서를 통해 그들의 목표를 표현하고 있다. 법인소유자의 경우, 두 가지 형태의 소유구조로 구분되며 그 소유구조에 따라 추구하는 목표가 서로 다르다. 리츠(REITs) 형태와 같이 투자대상으로 부동산을 소유하는 경우와 신디케이트(Syndicate)와 같이 비용대비 높은 편익을 위해 부동산을 보유하거나 운용하는 경우로 구분된다.

신탁회사의 최대 관심사는 수익자에게 합리적인 운용수익을 제공하는 동시에 수탁부동산의 자산가치를 지속적으로 유지시키는 것이다. 일반적으로 두 가지 방식으로 자산관리를 수행하고 있는데, 하나는 계약신탁 · 유언신탁 또는 자산집행자로서 부동산을 운용하는 신탁방법이며 또 다른 하나는 이익을 창출하는 부동산의 취득과 처분을 위주로 하는 신탁방법이다.

③ 정부기관의 목표

중앙정부 또는 지방자치단체 등의 정부기관은 일반적으로 그들이 관리하는 부동산의 자산가치를 유지하는 데 가장 큰 목표를 설정하고 있다. 공공서비스를 통한 공공성의 확보문제가 부동산과 관련한 대부분의 정부기관의 주된 목표이기 때문이다.

3 부동산업과 부동산경영론의 체계

1) 부동산경영론의 의의와 특성

(1) 부동산업의 여건 변화와 부동산경영론의 의의

최근 부동산업 현장에서 일어나는 변화는 상당히 빠르게 진행되고 있다. 고객들의 요구가 보다 다양화됨으로써 기존의 정형화된 경영구조의 틀로부터 훨씬 유동적이고 융통성 있는 선택 위주의 틀로 바뀌고 있다. 또한 종합부동산서비스제도가 우리나라에서는 아직 완전히 정착되지 않고 있으나 개방화 · 글로벌화가 진척됨에 따라 기업형태가 합병과 혼합의 형태를 취하면서 부동산업경영의 체인화가 급속하게 이루어지고 있다. 이를 통해 보다 다양하고 특화된 전문적인 부동산업으로 진화하고 있다. 개방화 · 글로벌화는 외국자본의 진출을 가능하게 한다. 예를 들면, 외국인토지법을 개정하여 업무영역의 확대를 위한 토지소유의 자유화를 허용하고 있다. 외국자본의 국내 진입으로 인하여 다양한 선진부동산 업종들이 경쟁우위를 점하려는 시도를 치열하게 전개하고 있다.

종전의 부동산업과 비교하여 향후의 부동산업은 개방화 · 글로벌화를 통하여 극복해야 할 과제가 상당수 존재한다고 볼 수 있다. 부동산업의 경영형태도 기본적인 중개와 서비스를 위한 목록 작성이나 단순관리 형태로부터 부동산금융 · 마케팅 등의 업무형태로 영역을 확대해야 할 것이다. 부동산정보에 있어서도 종래에는 제한적인 시간을 두고 찾았으나 이제부터는 다양한 원천을 통하여 일반적 · 보편적 정보가 아닌 보다 개별적으로 특화된 정보를 추구해야 할 것이다. 종전의 부동산업은 고객의 기대가 단순하여 초보적 기술과 자료만으로 대처가 가능하였으나, 새로운 부동산업은 경쟁에 앞서야 하므로 종합전산망을 통한 기술과 자료의 제공이 우선되어야 할 것이다. 신속하고 빠른 변화를 현장에서 바로 발휘할 수 있는 지식과 경험이 필요하며, 종합적 · 광역적 서비스를 위한 부동산경영의 체인화가 필요하다(이내영 · 연규태, 2001: 588-589).

부동산업경영은 앞에서 살펴본 바와 같이 급변하는 부동산업의 경영환경에서 부동산서비스, 임대, 공급 등에 관한 부동산업을 체계적으로 계획을 세워 능률적으로 운영하는 것을 말한다. 부동산업경영은 부동산업을 경영하는 기술 또는 과학의 한 분야이다. 즉, 부동산의 소유 · 이용 · 거래에 관계되는 지속적인 사업을 계획적 · 합리적으로 영위해 가기 위한 과정이라 할 수 있다. 또한 부동산업경영은 부동산활동을 하는 자가 사회나 개인에게 기여하기 위해 재화와 용역을 생산하고 분배하는 여러 가지 활동을 의미하기도 한다(김영곤 외, 2009: 28). 부동산업경영론은 부동산이라는 상품을 취급하는 기업을 대상으로 경영적 측면에서 연구하는 학문이다. 일반상품과 부동산이라는 상품이 다르듯이 경영학과 부동산업경영론이 구별되는 이유이다. 따라서 부동산업경영론과 경영학은 상호의존관계에 있다. 부동산경영론은 경영학이론을 부동산학에 도입하여 부동산경영활동을 체계화하였다. 경영학의 과제는 기업과 조직을 운영하는 경영이라는 기능의 메커니즘과 역동성의 해명을 주요 대상으로 삼고 있다. 그러나 부동산업경영론의 목적은 부동산을 경영대상으로 하는 기업활동, 즉 부동산업의 경영활동을 능률화하기 위한 원리와 기술을 개척하고자 하는 데 있다(김철호, 2010: 65-73).

부동산업의 범위는 신축적인 측면이 있기 때문에 부동산업경영 또한 그 영역이 신축적이다. 부동산업경영은 주로 부동산서비스업 중심으로 그 운영기법이 발전하여 왔다. 부동산서비스업의 활동영역은 대부분의 경우 사적 활동에 속한다고 할 수 있으나 경우에 따라서는 예외적으로 공적 활동이 강조되기도 한다. 부동산이 공공재적 성격을 지니고 있기 때문에 부동산업을 경영함에 있어서는 부동산관리자의 직업윤리가 강조되기도 한다. 부동산업경영이 사적 활동일 때에는 지속적인 이윤추구가 그 목표가 된다. 그러나 공적 활동일 경우에는 효율적인 서비스창출이 보다 더 중요시될 때가 있다. 부동산업 경영은 단순히 부동산이라는 재화를 보존 · 관리 · 처분하는 것과는 구별된다. 부동산재화의 관리보다는 부동산업이라고 하는 지속 가능한 기업의 관리 · 운영이라는 점이 강조된다. 즉, 단순한 부동산재화의 관리보다는 부동산업종의 개발 · 운용영역에 비중을 더 크게 두고 있다는 뜻이다.

(2) 부동산업경영론의 특성

부동산업경영론과 일반경영이론은 부분적으로 밀접한 관련이 있지만, 상호 간에는 다른 점이 많다. 부동산업은 업종의 중심이 부동산이다. 부동산은 동산과 다르며, 동산과 구별되는 부동산의 특성이 있다. 부동산상품은 다른 일반상품보다 내구연한이 길어서 재구매수요가 잘 발생하지 않고 그 때문에 소비자와 생산자 간에 신뢰관계의 형성이 어렵다. 또한 부동산상품을 거래할 때에는 다른 상품을 거래할 때보다 거래비용이나 시간이 많이 든다. 그리고 부동산상품은 금융부채를 필요로 한다. 이러한 특성들이 부동산업 경영상의 활동에 강하게 반영되고 있다.

부동산업경영은 부동산의 특성으로 인하여 일반경영이론과는 다른 경영체계를 유지하고 있다. 부동산상품의 비이동성으로 인하여 현장활동이 중요시되고 있다. 현장 중심의 부동산업은 당해 부동산이 위치한 현장 주변에서 이루어진다. 상품의 양이나 유통빈도, 상품가격 등에 따라 지역 내 부동산업체 수가 결정된다. 또한 부동산의 인접성과 환경성을 파악하기 위해 근린지역분석이 필수적으로 뒤따르게 된다. 이러한 근린지역분석은 부동산분석을 행하는 시점에 따라 그 내용이 변화한다. 그러므로 비슷한 수준의 분석기법을 사용한다면 당해지역의 물리적 · 경제적 · 제도적 환경에 전문성이 있는 지역업체가 보다 전문적이고 유익한 분석을 수행할 가능성이 높다.

이와 같이 부동산업경영론과 일반경영이론은 많은 차이를 지니고 있다. 그러나 두 가지 경영이론은 규모의 경제에 의한 영향을 받는다. 영향을 받는 정도는 상황에 따라 다양하게 나타난다. 예를 들면, 부동산업이 일정 규모 이상으로 유지될 때에는 일반경영이론에서 보여 주는 규모의 불경제현상이 나타난다. 규모의 불경제하에서 생산 · 판매를 할 때 조직을 어떻게 관리하거나 구조를 어느 수준으로 조정해야 하는가를 일반경영이론이 잘 설명해 주고 있다. 이와 같이 일반경영이론에서 정립된 이론의 상당수가 부동산업경영론에 채택되어 활용되는 경우가 점점 많아지고 있다. 특히, 부동산 소비자조사에 있어서는 대부분의 일반경영이론이 부동산업경영론에 널리 활용되고 있다(김영곤 외, 2009: 33-34).

한편, 부동산업경영론의 학문적 특성을 다섯 가지 관점으로 살펴보면 다음과 같다(김철호, 2010: 65-66). 첫째, 사회과학적 관점으로서 부동산활동은 과학성과 기술성을 가지고 있다. 부동산을 경영대상으로 하는 부동산경영활동도 체계화된 지식의 관점에서 보면 과학성이 인정되고, 그것을 실무활동에 응용하는 현실성 측면에서 보면 기술성이 인정된다는 점이다. 둘째, 실천과학적 관점으로서 부동산경영이론은 사회현상에서 사실을 관찰하고 가설을 검증하면서 일정한 법칙을 찾아내 기술함으로써 실천을 향한 이론적 체계를 완성시켜 나가는 것으로 인정된다는 점이다. 셋째,

종합과학적 관점으로서 부동산학이 종합 응용과학으로서 경제학 · 경영학 · 법학 · 사회학 · 심리학 · 건축공학 등 인접 학문의 도움을 필요로 하듯이 이에 기반을 둔 부동산경영론도 당연히 종합적 학문성을 갖는다는 점이다. 넷째, 경험과학적 관점으로서 부동산경영론은 부동산 기업경영현상을 인식대상으로 하는 지식체계이며 구체적인 경험과학이라는 점이다. 다섯째, 규범과학적 관점으로서 부동산경영론은 경영원리를 해명하고 연구하는 실증적 이론 분야와 어떤 경영현상을 비교하여 그중 어떤 것이 사회적 견지에서 바람직한 것인가를 평가하고 판단할 기준을 설정하는 규범적 이론 분야로 구성되어 있다는 점이다.

2) 부동산업의 분류와 부동산경영체계

(1) 부동산업의 분류

부동산업과 관련한 부동산활동은 부동산기초 분야, 부동산결정 분야, 부동산결정 지원 분야로 분류하는 경우도 있으며(배영균, 2011: 106), 또 다른 분류방법인 소유활동, 거래활동, 행정활동으로도 나눌 수 있다(이내영 · 연규태, 2001: 582). 이와 관련하여 부동산업도 크게 부동산공급업 · 부동산거래업으로 분류가 가능하고, 부동산공급업은 다시 택지조성업 · 건물분양업 · 복합부동산업 · 도시개발업 등으로 세분된다. 부동산거래업은 부동산임대업 · 부동산서비스업으로 구분할 수 있다.

소유활동은 이용 · 관리 · 개발활동 등으로 구성되어 있는데, 임대활동으로 대표되는 이용활동은 부동산거래업에 해당된다. 부동산임대업은 토지임대업 · 건물임대업 · 복합부동산임대업으로 세분된다. 개발활동으로 대표되는 도시개발업은 부동산공급업에 속하며 신도시개발업과 도시재개발업으로 세분할 수 있다. 거래활동에 직접적으로 관련된 부동산업으로는 부동산서비스업에 해당되는 분야로서 중개, 평가, 관리, 상담, 권리분석, 금융 등이 해당한다. 구체적 부동산서비스업으로는 부동산중

그림 7-2 | 부동산업의 활동유형별 분류

개업, 부동산평가업, 부동산관리업, 권리분석 및 보증업, 부동산금융업, 에스크로우업, 건물조사업 등으로 구성되어 있다. 소유활동 중 이용활동 · 거래활동이 사적 부동산활동이라고 한다면, 행정활동은 주로 정부 또는 공공기관이 개입되어 활동하는 공적 부동산활동이라 할 수 있다. 사적 부동산활동과 공적 부동산활동을 구별하는 의의는 사적 부동산활동이 수익극대화를 추구하는 것이 목표인 데 반하여 공적 부동산활동은 공익 · 공공성 추구를 목표로 한다는 점이다. 부동산업의 활동유형별 분류 내용을 요약하면 [그림 7-2]와 같다(이내영 · 연규태, 2001: 584).

(2) 부동산경영체계

부동산경영체계란 부동산기업이 경영활동을 계획적이고 합리적인 목표를 성취하기 위하여 인적 · 물적 자원을 효율적으로 관리 활용할 수 있도록 의사를 결정하고 집행하는 체계를 말한다. 일반적으로 이 체계는 기획 → 의사결정 → 조직화 → 동작화 → 통제의 절차를 거치며 필요시 환류의 과정을 반복한다. 부동산경영체계의 내용을 살펴보면 다음과 같다(이내영 · 연규태, 2001: 591-592).

① 기획(planning)

기획이란 조직의 장래목표와 목적을 설정하고 주요 지침, 절차, 사업예산 등을 작성하는 것을 말한다.

② 의사결정(decision making)

의사결정이란 기획단계에서 제안된 여러 대안 중에서 기획안의 목표달성을 위해 적합한 최선의 수단을 결정하는 것이다.

③ 조직화(organization)

조직화는 조직의 목적을 달성하고 인적 · 물적 자원을 배분 · 조정하기 위해 역할,

업무, 권한을 체계적으로 구성하는 것을 말한다. 다시 말해 조직이란 기획 또는 계획의 수행에 필요한 여러 활동을 경영상의 단위로 구분하고, 각 단위별 경영관리와 상사와 부하 간의 상호관계를 규정하는 인사와 재무관계를 포함한다. 여기서 인사는 조직의 구성체계 속에서 준비된 직무와 직위를 충족할 수 있는 사람을 모집 · 전형 · 평정하고 개발하는 업무를 말한다. 재정은 조직을 운영하는 금전출납 · 회계 등 재무적 관리업무를 의미한다.

④ 동작화(direction)

동작화란 부하를 지도하고 일할 마음을 고취시키고 이끌어 주는 것을 인간관계의 측면에서 관찰하는 과정이다. 사기진작, 보수지급, 능력개발 등의 동기유발단계라고 할 수 있다. 다시 말해서 공통의 목표를 설정하고 개개인의 조직원이 목표를 정하는 것을 도와주고 상호 간에 협조를 하여 적절한 일의 절차를 정해 주는 것이다.

⑤ 통제(control)

통제란 현재의 집행을 측정하는 단계이다. 통제의 본질은 기획과정에서 결정된 바람직한 성과에 대하여 현재의 행동을 점검하는 데 있다. 기획과 성과 간의 간극을 최소화하는 새로운 대안 마련에 기여를 한다. 즉, 환류(feedback)의 역할을 한다. 부동산기업에서 수행하는 기획과 예산, 감사보고서, 예산 · 결산보고서 등이 통제의 단계에서 제공된다. 이 단계에서 필요한 통제체계방식의 필수요소 네 가지를 요약하면 다음과 같다. 첫째, 판단표준에 대한 현재 행동의 비교방법, 둘째, 정성적 측정보다 정량적 측정에 의한 현재 행동의 측정방법, 셋째, 최적의 성과를 성취하기 위한 현재 행동의 수정방법, 넷째, 사전 결정된 목표 · 계획 · 정책 · 기준 · 규범 · 판단표준과 척도 등이 통제단계에서 수행되는 대표적 측정방법이다.

3) 부동산중개업의 경영전략

부동산서비스업 중에서 서비스업으로서의 대표성을 가지며, 전통적으로 가장 오랜 역사를 가지고 운영되어 온 부동산중개업의 경영전략을 살펴보기로 하자. 주요 전략내용으로서 단계별 경영전략, 부동산중개업의 인사관리, 재무관리, 부동산중개업소의 위치선정의 순서로 설명하면 다음과 같다(장동훈 · 김철호, 2008: 178–185).

(1) 단계별 경영전략

부동산중개업의 성장단계는 창업기 · 발전기 · 확대기로 구분할 수 있다. 창업기에는 안전성, 발전기에는 경제성, 확대기에는 능률성을 특히 중시하며, 기본 바탕이 되는 이러한 특성에 부합하는 핵심적 요인을 추출하여 전략적으로 접근해야 한다.

① 안전성을 중시하는 창업기의 전략

창업기의 중심명제는 살아남기 위한 전략이 필수적이다. 안전성과 관련한 핵심사항으로는 입지선정, 고객과 중개대상물의 확보, 부대사업과 운영비 절감을 들 수 있다. 각각의 내용을 살펴보면 다음과 같다. 첫째, 입지선정에 있어서는 자금능력의 정도, 전문지식의 수준 및 경험 등을 감안하여 능력에 부합하는 규모를 선택해야 한다. 또한 대상고객을 분석하여 중산층 · 고소득층 · 청장년층 · 노령층 등 고객의 계층과 그에 적합한 단독주택, 다세대주택, 아파트 등 중개대상 물건 종목을 선별하여 채택하는 것이 바람직하다. 둘째, 고객과 중개대상물의 확보에 있어서는 양적 · 질적으로 조화되고 우수한 거래물건과 고객을 확보해야 하는 것이 생존하기 위한 핵심전략이다. 셋째, 부대사업과 운영비 절감에 있어서는 불황기에 대비하여 빌딩관리업, 주택건설업 등의 부대사업에 대한 전략을 세워야 하며, 초창기 영세중개업의 경우에는 특히 운영비 절감에 노력해야 한다.

② 경제성을 중시하는 발전기의 전략

창업기를 극복한 발전기의 단계에서는 경제성과 관련한 핵심 사항으로서 중개물건의 조사정리, 소유자의 성향분석, 경쟁업체의 동향분석, 부대시설 운영을 들 수 있다. 각각의 내용을 살펴보면 다음과 같다. 첫째, 물건의 조사정리에 있어서는 이미 확보된 중개물건을 장부 · 카드 등에 과학적으로 기록 · 정리 · 보관함으로써 능률적인 판매활동에 도움이 되도록 하여야 한다. 둘째, 소유자의 성향분석에 있어서는 지역별 물건 소유자를 미리 조사 · 확인하여 거래에 참여하도록 유도하고, 판매시기를 잘 포착하여 중개의뢰를 받을 수 있도록 능동적인 중개활동을 전개한다. 셋째, 경쟁업체의 동향분석에 있어서는 동종 경쟁업체의 동향을 분석하고, 거래물건과 고객의 확충에 노력해야 한다. 또한, 정보전시업무의 겸업운영도 고려해 볼 수 있다. 넷째, 부대시설 운영에 있어서는 택지조성과 주택건축분양업의 활동을 통해서 사업을 확장하는 경영전략을 전개한다.

③ 능률성을 중시하는 확대기의 전략

능률성과 관련한 확대기의 핵심 사항은 업무처리의 전산화, 중개업무의 체인화, 부동산광고를 들 수 있다. 각각의 내용을 살펴보면 다음과 같다. 첫째, 업무처리의 전산화에 있어서는 중개법인 등 대규모 중개기업에서는 전국단위로 업무의 효율적 처리와 기록관리를 위해 전산화 기록관리제도를 도입 · 운영하도록 한다. 둘째, 중개업무의 체인화에 있어서는 신뢰성 있는 동종 중개업체와 체인을 맺어 기동성을 발휘하고, 상호 간에 부동산정보를 교환 운영하여 능률성을 높일 수 있도록 유도한다. 셋째, 부동산광고에 있어서는 능동적으로 시장을 개척하기 위해 부동산광고를 적극적으로 활용하고, 새로운 기획안을 마련하여 필요시 도약을 대비한다.

(2) 부동산중개업의 인사관리

인사관리란 직원의 모집, 채용, 교육훈련, 동기부여, 보수, 업무평가 등에 관한 계획과 통제를 말한다. 그러므로 중개업자가 사용인의 관리를 잘하느냐 못 하느냐에 따라 영업성과에 많은 영향을 미친다. 특히, '공인중개사의 업무 및 부동산거래신고에 관한 법률'에서 사용인의 업무상 행위는 그를 고용한 중개업자의 행위로 규정하고 있으므로 사용인의 채용은 매우 신중하게 고려하여 결정해야 한다. 사용인의 선정기준을 살펴보면 크게 네 가지로 요약할 수 있다. 첫째, 직업윤리에 투철하고 정직하고 신뢰할 수 있는 자, 둘째, 지역사회의 지리 · 경제 · 문화 · 역사에 정통한 자, 셋째, 부동산업에 흥미와 열정을 가지고 시간 외 근무가 가능한 자, 넷째, 법에 의한 교육을 이수한 자로 규정하고 있다.

(3) 부동산중개업의 재무관리

부동산중개업자는 예산과 여러 가지 비용, 즉 광고비, 판매촉진비, 판매관리비, 교통비, 통신비, 사무실 임대료, 운영비, 인건비 등에 관하여 적절한 원가계산체계를 세움으로써 효율적인 경영을 유도할 수 있다. 그러나 우리나라의 중개업자는 규모가 영세하고 중개업 분야가 시작단계이어서 재무관리에 관한 특별한 기준이 없이 운영되는 경우가 많다. 재무적 관리통제의 원칙을 살펴보면 크게 네 가지 내용으로 요약할 수 있다.

첫째, 재무통제는 기업목표에 부합하는 영역으로부터 도출하여야 하며, 중개활동과 직접적으로 관련되어야 한다. 또한 통제되어야 할 중개활동의 특성을 잘 반영하여야 한다. 둘째, 통제는 탄력적이어야 하는데 의뢰인을 접대하는 경우 의사결정에 어느 정도의 여유를 인정해야 한다. 소규모 조직에서는 계획이 끊임없이 변화하므로 통제도 계획의 변화에 부응할 수 있도록 입안하여야 한다. 셋째, 통제에 관한 수단을 유지하는 비용은 그에 따라 얻어지는 결과의 가치를 초과하면 안 된다. 다시 말해 통제는 경제적이어야 한다. 넷째, 통제는 실패와 불공정을 쉽고 신속하게 지적하고 어디를 개선해야 하는지를 반드시 제시할 수 있어야 한다.

(4) 부동산중개업소의 위치선정

중개업소의 위치선정 시에는 취급하는 부동산의 종류에 따라 주거용 부동산, 상업용 부동산, 업무용 부동산, 특수 부동산으로 구분하여 각각의 부동산 유형에 따라 전문화하는 것이 바람직하다. 도시 근교의 신개발지 또는 대규모 아파트단지 안에서는 주거용 부동산의 취급이 유리할 것이다. 도시의 중심이나 상업지역의 경우에는 상업용 · 업무용 부동산업종으로 특화하는 것이 바람직할 것이다. 몇 가지 유형의 지역별 위치선정 내용을 살펴보면 다음과 같다.

① 아파트단지 내의 지역

아파트단지 내의 판매시설 및 일반상가를 이용한 중개사무소의 형태로서, 거래대상 및 거래당사자가 아파트단지 내의 주민에 한정되어 있다. 따라서 중개업을 처음 시작하는 창업자에게 유리하며, 사무소 위치 및 아파트 종류, 투자환경에 따라 중개수입의 차이가 크다. 중개업소 개소당 500가구의 단지 규모가 되어야 운영이 가능하다.

② 아파트단지 외곽지역

접근성이 좋은 주민통행로 주변에 위치해야 고객과 중개대상물의 확보가 용이하다. 아파트단지 외곽지역의 중개업소로는 가장 좋은 위치라고 할 수 있다.

③ 상가형성지역

상가형성지역은 통행인구가 많은 대로변, 버스정류장 부근, 주민통행이 잦은 진입로, 시장, 주민센터 부근에 위치하는 부동산입지 유형이다. 중개업자의 활동능력에 따라 경영실적의 차이가 두드러지며, 일정기간 중개업에 종사한 중년층의 중개업자가 선호하는 지역이다.

④ **도심지역**

도시중심가의 상가건물 내에 위치한 입지 유형으로서 중개업과 정보전시업이 공존하는 지역이다. 주로 지상광고나 연고판매를 하기 때문에 고객 및 물건 확보에 어려움이 많다. 또한 운영상태가 좋지 않아서 부동산컨설팅 등 유사업종과 겸업하는 경우가 많다. 부동산전시장 형태로 운영할 경우에는 전시장면적을 넓게 하여 누구나 접근하기 쉬운 대로변에 위치하는 것이 유리하다.

⑤ **주택가지역**

단독주택 · 연립주택 · 다세대주택 등이 집단적으로 형성된 주택가의 통행로나 진입로에 위치한 중개업소로서, 중개대상물과 거래당사자는 대부분 인근지역에 한정되어 있고, 중개업자는 대부분 노년층이다. 이사철을 제외하고는 매매나 임대차활동이 작아 대체로 규모가 영세하다.

Chapter 08

부동산중개 및 컨설팅론

Real Estate Principles & Practices

CHAPTER 08

부동산중개 및 컨설팅론

도입사례

중개업자 61.8% "4 · 1부동산대책 대체로 긍정적"

양도세 한시 감면, 청약제도 개선 효과 클 것
빠른 후속 조치 필요

정부가 지난 1일 부동산 활성화 대책을 발표한 가운데 전국의 중개업자들이 양도세 한시 감면, 청약제도 개선 등 효과가 클 것이라고 대체로 합격점을 줬다.

부동산정보업체 ㈜부동산써브가 전국 부동산써브 회원 중개업소 599곳을 대상으로 '4 · 1부동산대책에 대한 긴급 설문조사'를 벌인 결과, 긍정적인 평가가 61.8%(370명)에 달했다. 다소 긍정적이 43.6%(261명), 매우 긍정적이 18.2%(109명)였다.

부정적은 10.5%(63명)로 집계됐다. 다소 부정적이 6.7%(40명), 매우 부정적이 3.8%(23명)였다. 나머지 27.7%(166명)는 이번 대책을 보통이라고 평가했다.

'주택시장 정상화 방안 중 가장 효과가 클 것으로 생각되는 것'은 양도소득세 한시 감면과 청약제도 개선(31.1%, 186명)을 꼽았다. 이어 주택공급물량 조절(28.4%, 170명), 생애 최초 주택구입자 지원 확대(25.5%, 153명), 과도한 규제 개선(11%, 66명), 민간 임대시장 활성화(4.0%, 24명) 등이 뒤따랐다.

'하우스 · 렌트푸어 지원방안 중 가장 효과가 클 것으로 생각되는 것'은 하우스푸어 중 주택매각 희망자 임대주택 리츠에 매각지원이 32.2%(193명)로 가장 많았다. 이어 박근혜 대통령의 주요 공약사항인 목돈이 들지 않는 전세 시행(20.5%, 123명), 프리워크아웃 확대(19.2%, 115명), 주택연금 사전가입제도 가입연령 하향(60세 → 50세)과 일시인출 한도 확대(15.2%, 91명) 순으로 나타났다.

'서민 주거복지 강화방안 중 가장 효과가 클 것으로 생각되는 것'에 대해서는 공공주택 연 13만 호 공급(31.2%, 187명)을 선택했다. 저소득층 주거비지원 강화(27.9%, 167명), 공공임대관리 공공성 강화(16.0%, 96명), 행복주택 공급(12.9%, 77명) 순이다.

부동산써브 조은상 부동산리서치 팀장은 "이번 조사결과 전국 중개업자들은 새정부의 첫 부동산대책을 대체로 긍정적으로 평가하고 있는 것을 확인할 수 있었다."며 "다만 주택시장 정상화 방안 중 가장 효과가 클 것으로 지목된 '양도세 한시 감면'은 가격이 낮아도 중대형이라는 이유로 대상에서 제외되는 등의 문제점이 제기되고 있어 시정이 필요하다."고 지적했다.

이어 "법 통과 전에는 심각한 거래 중단 사태가 나타날 수 있고, 부동산대책의 시행이 미뤄지면 대책의 효과도 반감될 수 있으므로 주택시장 정상화를 위해서는 빠른 후속 조치가 이뤄져야 한다."고 덧붙였다.

출처: 뉴시스 (2013. 4. 6).

1 부동산중개의 개념과 필요성

1) 부동산중개의 개념

부동산중개란 부동산 수요와 부동산 공급을 맞추어 주는 과정을 말한다. 부동산을 구매하려는 의사가 있는 잠재적 구매자와 부동산을 판매하려는 의사가 있는 잠재적 판매자를 연결해 주는 것이 부동산중개이다. 부동산은 토지에 붙박여 있으면서 상당한 형태를 가지고 있으며 재산가치도 크기 때문에 구매자와 판매자가 직접 만나서 거래가 성사되는 경우는 거의 없다.

중개를 전문으로 하는 부동산중개업자들이 관여하지 않으면 부동산매매가 잘되지 않는다. 부동산은 법률적으로 복잡한 측면도 있지만, 실무적으로 자질구레한 것도 많이 관련되어 있으며 부동산시설물을 과거에 사용해 오던 지식과 경험의 전수도 간과할 수가 없는 것이다.

2) 부동산중개의 필요성

부동산중개의 필요성은 다음과 같다.

첫째, 부동산중개는 부동산공급자와 부동산수요자를 연결시켜 주는 것이다. 만약 부동산중개가 없다면 이 세상 대부분의 부동산들은 최적의 구매자를 찾는 것이 불가능할 수도 있다. 대형 건물이나 대규모 공장을 매입하는 경우에는 매도자와 매수자가 비교적 적기 때문에 능력 있는 중개상을 통하면 비교적 쉽게 접촉이 가능할 수 있다.

반면 개인용 주택이나 아파트는 전국에 약 2,000만 개 정도가 있으며 개인비즈니스용 사무실도 수백만 개는 있다. 이처럼 넘치는 공급과 수요 또한 전문적인 중개인의 도움이 필요하다. 어떠한 매출이나 임차물건이 나와 있는지를 알 수가 없는 경우가 많기 때문이다.

2000년대가 넘어서면서 각종 부동산 인터넷 사이트들이 등장하고 있다. 부동산포탈을 통해 어느 정도의 부동산 매출과 임대 관련 정보는 얻을 수가 있지만 대한민국의 어떠한 부동산 포탈도 모든 정보를 상세하게 지니고 있지는 못하다. 현재는 부동산 포탈에서 제공하는 정보의 정확성에도 의문이 제기되고 있어 필요한 정보 획득이 어렵고 이러한 이유로 국민의 신뢰도도 높지 않다.

미래에 인터넷을 통한 부동산중개가 활황이 되어 인터넷상으로 부동산매매가 시도되면 그때에는 오프라인 중개는 줄어들 것으로 보여진다.

둘째, 부동산중개는 판매자와 구매자 간의 가격 등 각종 조건에 대한 협상을 중간에서 진행해 줄 수 있다. 부동산은 소액의 생활용품을 구매하는 것과는 거래과정이 다르다. 부동산 매도 희망자와 부동산 매수 희망자가 만나 실물확인을 하고 가액협상을 통해 실제 매매의사결정에 합의를 해야 한다. 양자가 가격협상을 하는 과정에서 부동산중개인은 양쪽을 오가며 가격을 올렸다 내리는 등의 교섭업무(Negotiation Task)를 수행하게 된다.

부동산 가격교섭은 상당히 복잡한 과정을 거친다. 같은 시공업체가 같은 날 준공한 아파트단지의 같은 동이라고 하더라도 방향이 어느 쪽인지 층수가 몇 층인지에 따라 적게는 일이백만 원에서 많게는 수천만 원까지 가격 차가 나는 것이 현실이다.

이와 같은 상황에서 비슷한 조건의 아파트 매매가격 차이를 객관적으로 설명하기는 힘들다. 보통 중개인의 말을 통해 매도 희망자와 매수 희망자가 가격협상을 하는 정도이다. 아파트를 현재의 거주인이 어떻게 관리하면서 살았는지에 대한 과거의 아파트 주거역사를 부동산중개인이 구두로 전달하면 그것에 근거해서 의사결정을 내리는 경우가 비교적 많다.

셋째, 부동산중개인은 부동산 거래에 대한 법률적인 거래 보증인의 역할을 한다. 최근에는 많은 부동산중개업소들이 부동산중개와 관련해서 문제가 생기면 일정 금액까지(예: 오천만 원) 사전에 가입한 보험회사에 지불이 가능하다는 부동산 보험증서를 중개 시에 복사해서 제시하는 경우가 종종 있다.

3) 부동산중개위임계약

부동산중개의뢰인과 부동산중개인이 위임계약을 체결하면 보통 그 기간은 3개월 정도이다. 3개월 이내에 중개가 종결되지 않으면 자동연장이나 서류연장도 가능하다. 중개 절차가 종료되려면 사전에 상호합의하에 서류상으로 사전통고를 해야 하는 것이 원칙이다.

부동산중개위임계약은 공개위임일 경우에는 크게 중요하지 않다. 아파트를 팔려고 하는 사람이 많은 공인중개사를 찾아가 자신이 매물로 내놓는 아파트의 희망가격을 말하면 된다. 많은 공인중개사들에게 매물을 내놓고는 그들 중에서 가장 빨리 계약을 체결하는 중개인에게 수수료를 주는 것이 보통이다. 따라서 별도의 중개위임계약이라는 것이 큰 의미가 없다.

그러나 부동산의 독점중개일 경우에는 중개위임계약을 정식적으로 체결하는 것이 미래의 불확실한 상황을 피해 가기 위해서 필요하다. 독점중개라고 매도 희망자가 제시해 놓았는데 매도 희망자의 친인척이 새로운 매수 희망자를 소개해서 계약을 체결하려고 하면 독점중개인과 다툼이 일어날 수 있다.

2 부동산중개의 형태

1) 부동산중개자를 활용한 형태

부동산중개는 부동산중개의 자격요건을 충족한 사람이 할 수 있다. 전세계 대부분 국가들은 부동산중개를 할 수 있는 사람을 국가 전체적으로 혹은 지자체별로 선발하는 시스템을 확보하고 있다. 우리나라도 부동산자격시험을 통과한 사람만이 전문적인 부동산중개를 할 수 있다. 부동산자격시험은 필기시험으로 구성되어 있다.

부동산중개전문가를 통한 중개는 크게 공개중개, 독점중개, 협동중개 세 가지 방법이 있다. 첫째, 공개중개란 부동사판매자가 알고 있는 중개업소들 대부분에게 공개적으로 중개를 요청하는 형태이다. 의뢰를 받은 중개업소 중에서 가장 먼저 고객을 발굴하고 거래종결까지 이르게 하는 곳에서 중개수수료를 받는다. 많은 중개업소들이 관여된다는 측면에서는 판매가 빨리 될 가능성도 있지만, 현실적으로는 판매가 빨리 된다고 하여도 만족할 만한 조건이 아닐 수도 있으며 실질적으로 중개업소들이 잘 나서지 않을 수도 있다. 누구든지 팔 수 있다는 것이 비매력적으로 보일 수도 있는 것이다.

둘째, 독점중개는 어느 한 중개업소에 전문적으로 중개를 의뢰하는 것이다. 이는 중개업소의 책임감이 높아진다는 장점이 있다.

중개업소는 자신이 확보하고 있는 부동산 구매 가망자들에게 개별적으로 연락을 해서 구매를 권유한다. 독점중개가 공개중개나 협동중개보다 언제나 성공확률이 높다고 볼 수는 없으나, 일반적으로 가격이 비싸고 부동산 매물매매의 비밀유지를 원하는 경우에는 독점중개를 활용하는 경우가 많다.

중개업소가 단독으로 판매할 수 있는 권한을 확보해서 고몰입될 수도 있으나 실질적으로는 중개수수료가 비싼 편이다. 또한 단독중개계약기간이 만료된 이후 매매가 이루어질 경우에는 단독중개업소에게 수수료를 지급해야 하는지 아닌지에 대해서도 논란이 있을 수 있다.

셋째, 협동중개란 대형 부동산의 경우에 다수의 관계된 부동산중개업소들이 공통으로 관여하게 되고 역할분담에 따라서 수수료를 나누어 가지는 형태이다. 부동산 매물이 전국적으로 나올 수 있으나, 실제 구매자는 매물이 소재한 지역이 아닌 다른 곳에서 나올 수도 있다. 서울의 부자 4구(강남구, 서초구, 송파구, 강동구)에 소재한 부동산 매물을 전국 많은 지역(경상도, 전라도, 충청도 등)에서 구입하는 경우가 종종 있다. 이때에는 그 지역의 공인중개업소와 매물이 소재한 지역의 공인중개업소가 공동으로 매매를 진행하고 공인중개업소들이 각각 한곳에서 수수료를 받는 것이 보통이다. 자신의 고객에게서만 수수료를 받으면 공평해진다.

기업체 소유의 대형 부동산이나 지역적으로 떨어져 있는 부동산 매물은 서울에 있지만 매수의사는 대구에서 많이 나오는 경우, 대구지역의 중개업소와 서울의 중개업소가 공동으로 매매를 알선하는 형태이다.

2) 인적 네트워크의 활용이나 인터넷을 통한 형태

공인중개업체를 활용하지 않고 개인들이 인적 네트워크를 통해 매매하는 경우도 있다. 아는 사람을 통해 매수 희망자를 소개받아 그 사람이 중간에서 관여하면서 매매 절차를 수행하는 것이다. 이때는 보통 매도자와 매수자, 그리고 양자를 소개한 사람이 같이 만나서 부동산계약 절차를 진행한다.

일반적인 형태는 아니지만 부동산의 가격과는 상관없이 중간에 개입한 사람과 양쪽의 신뢰관계가 강한 경우에 종종 활용되는 형태이다. 인터넷을 통해서도 가능하나 계약체결은 현장에서 만나 해야 하므로 인터넷은 정보획득과 가격협상의 역할만 한다고 보는 것이 바람직하다.

3 부동산중개의 단계

부동산중개는 크게 4단계를 거치면서 진행된다. 우선은 의뢰인의 부동산 의향 파악, 다음은 팔려고 하는 물건의 검토, 그 다음은 수요자를 찾는 과정, 마지막은 부동산중개의 종결이다. 중개업자가 고객을 발굴하고 협상을 시작하고 거래종결을 하는 것이다.

1) 타깃고객 명확화

부동산중개는 매도자나 매수자가 공인중개사에게 의향을 밝혔을 때 시작되는 것이 보통이다. 매도자나 매수자 한쪽이 팔거나 임대를 놓고 싶은 부동산 물건을 제시하면 공인중개사가 매매나 임대의사를 확실하게 파악하는 것이 가장 첫 번째 단계이다. 이 단계에서는 부동산매매나 임대의 시급성을 파악하고 희망하는 가액의 범위를 청취하는 것이 보통이다. 이 단계에서 부동산중계위임계약이 이루어질 수도 있으나 보통은 구두로 한다. 독점중개의 경우에는 정식계약서를 작성하는 경우도 있다.

2) 타깃고객에게의 접근

중개의뢰를 접수한 후에는 알고 있는 매수자들에게 접근한다. 우선 전화로 먼저 매수의사나 임차의사를 확인하는 절차에 착수한다. 부동산 매물을 빨리 소화하는 것이 매도자나 매수자가 원하는 형태이므로 여러 곳에 문의하여 가장 반응이 강한 사람과 협상 절차에 돌입한다.

공개중개의 경우에는 다수의 공인중개업소가 다양한 구매 희망자나 임차 희망자와 접촉해서 소문이 나게 되는 경우도 있다. 소문은 장단점이 있다. 경쟁이 많아지면 매도 희망자나 임대 희망자가 사전에 제시하였던 것보다 가격을 올리려는 경향이 나타난다는 장점도 있지만, 너무 많은 희망자들이 원하게 되면 공인중개업소들은 자신이 빨리 팔아야 수수료를 받을 수 있기 때문에 매도 희망자나 임대 희망자에게 가격인하를 요청하게 된다는 단점도 있다. 높은 가격에 살려는 사람은 적으나 낮은 가격에 살려는 사람은 많은 것이 보통이다.

3) 타깃고객과의 계약

여러 곳에서 전화가 오면 구매진행이 다발적으로 진전되면서 가격과 부속조건 협상이 진행된다. 협상은 서로 간에 주고받는 과정이므로 크게 세 가지 방식으로 결정된다. 첫째는 협상이 아주 잘되어 매도자와 매수자가 모든 문제를 원만하게 논의하여 합의를 보는 문제해결(Problem Solving)이다. 이것이 가장 좋은 방법이다. 둘째는 부동산계약은 체결하려고 하나 가격과 부속조건 협상이 잘 되지 않아 타협하는 것이다. 가격은 내려 주고(혹은 올려 주고) 다른 것을 원하는 것이다. 이와 같은 타협(Compromise)은 문제해결보다는 덜 바람직하나 종종 사용되기도 하는 방법이다. 셋째는 결렬이다. 양쪽의 협상과정이 원만하지 않아 구매의사가 철회되는 형태이다.

중개과정은 보통 어느 한 곳과 계약이 정식으로 체결되면 종료된다. 그러나 계약이 체결되고 나서 부동산의 정식인도까지는 여러 가지 절차가 남아 있다. 계약금과 중도금 지불, 잔금의 마지막 지불이 되어야 한다. 그리고 그 과정에서 사전에 협의한 대로 각종 부속물에 대한 처리도 원만하게 이루어져야 하며 그 사이에 혹시 가등기나 압류가 들어오는 문제도 모두 해결해야 한다. 계약을 체결했다고 하더라도 이와 같은 것이 준수되지 않으면 계약무효화가 되며 다음 순위의 계약 희망자와 다시 절차에 착수하는 것이 보통이다.

4 부동산중개 자격증

공인중개사 자격증은 정부와 지자체에서 시행되는 것에 응시하여 합격해야 한다. 보통은 일 년에 한 번, 가을에 시험이 있는데 1차와 2차를 모두 합격해야 한다. 1차에 합격하면 한번 더 2차시험을 1차시험을 면제한 상태에서 응시할 수 있다.

부동산 관련 교과목과 법률 관련 교과목들에 중개와 관련되는 객관식 문제들의 정확한 답을 제출해서 평균 60점 이상이 되면 합격한 것으로 인정한다. 중개 관련 개인사무소나 법인을 내려면 공인중개사의 자격증이 있어야 하고, 2010년도까지 합격한 사람들의 숫자는 30만 명을 넘은 것으로 알려지고 있다.

5 부동산 가액결정

1990년대 후반까지는 우리나라 부동산 가격이 점점 더 올라가면서 부동산 인플레이션이 있었다. 그러나 2000년대를 넘어서면서 우리나라의 부동산 가격들이 점점 더 떨어지고 있다.

전국적으로 자가소유 비율이 60% 정도인데, 우리나라의 전체 주택 수는 전체 가구 수보다 더 많은 것이 사실이다. 약 1,700만 가구에 주택과 아파트는 그것보다 더 많다는 것이다.

하지만 그럼에도 왜 자기 집이 없는 사람들이 있는 것인가?

이것은 두 채 이상의 다수 주택과 아파트를 소유한 사람들이 있기 때문이다. 서너 채 이상의 아파트를 가지고 전문적으로 투기에 나서는 사람도 있고, 심지어는 백여 채 이상의 주택이나 아파트를 소유한 사람도 있다. 많은 서민들이 주택 가격이나 아파트 가격이 너무 높아 매입을 못 하는 실정이다.

구체적으로 부동산 매매가격의 결정 기준을 설명하면 다음과 같다.

첫째, 원가가산(Cost-Plus)방법이다. 이것은 부동산의 토지매입대금과 건축물건립기금, 기타 관련 세금과 비용들을 포함한 원가를 계산하고 나서, 여기에 적절한 이윤을 붙여 부동산 매매가격을 결정하는 것이다. 이는 전세계적으로 가장 많이 쓰이며 논리적인 방법이다. 원가가 얼마 들었으니 그것에 적정한 이윤을 붙여 매매가를 결정한다는 것은 상식적이라고 볼 수 있다. 그러나 문제는 얼마가 적정한 이윤인가에 대해서는 논란의 여지가 있을 수 있다.

우리나라의 과거 부동산 활황기에 아파트 가격이 지나치게 상승한 적이 있었다. 일반적으로 건축물의 건립과정에서 보면 한 평에 적으면 300만 원에서 많아야 500만 원이면 충분하다고 한다. 그렇기 때문에 30평이면 대략 1억 5천만 원이고, 대지는 층수로 분할이 가능하므로 한 평에 2천만 원짜리 대지가 100평이면 20억인데, 이것을 20층을 지으면 한 아파트당 대지가액은 1억이 된다. 따라서 건축비와 대지구입비를 합하면 2억 5천만 원 정도이고, 다른 부속비용을 모두 포함하고 이윤을 20~30%를 붙인다고 하더라도 4억이 되지 않아야 한다. 그럼에도 비싼 지역의 아파트는 30평이 10억이 넘었으니 이는 거품이었던 것이다.

둘째, 경쟁(Competition)방법이다. 경쟁이 많아지면 아파트 가액을 내리고, 경쟁이 적어지면 아파트 가격을 올리는 것이다. 특정 지역에 많은 건설업체가 진입하여 경쟁하게 되면 아파트 가격이 내려가는 것이 보통이고, 그렇지 않으면 가격이 올라가는 것이 보통이다. 특수한 경우의 부동산 가액결정방법이라고 볼 수 있다.

셋째, 수요(Demand)방법이다. 수요가 많으면 아파트 가격이 올라가고, 반대일 경우에는 가격이 내려가는 것이다. 부동산 활황기에는 많은 구매자들이 몰려 이러한 높은 수요가 가격을 끌어올린 경향이 강했다. 부동산 불황기가 되어서 수요가 급감을 하자 아파트 가격 하락세가 지속되는 것이다. 이것도 예외적인 경우라고 볼 수 있다.

6 부동산중개수수료

부동산중개수수료는 보통 주거용 부동산의 경우에는 사전에 정해진 요율표에 따라서 결정된다. 매매가의 일정 비율을 받는 것이다.

전국의 지자체별로 부동산중개수수료 요율표를 제시하는데, 서울특별시의 경우 2007년에 공표된 것에 의하면 다음과 같다.

- 주택매매나 교환: 1천분의 4에서 1천분의 6 정도
- 주택임대차: 1천분의 3에서 1천분의 5 정도
- 중개수수료는 보통 독점중개가 공개중개보다 더 높다. 이유는 독점으로 하는 경우에는 공개인 경우보다 많은 노력을 들이기 때문이다.
- 부동산 매매가격이 올라가게 되면(다시 말해, 소형에서 대형으로 가면) 점차로 부동산중개수수료가 떨어지는 것이 보통이다.

7 부동산 거래계약서의 작성

공인중개업소를 통해 부동산매매나 임대차계약을 하게 되면 거래계약서를 권리입증의 증거자료로서 작성해야 한다. 거래계약서는 양방이 합의한 내용대로 부동산 거래가 체결되었다는 것을 입증하는 문서이다. 보통 거래계약서에 포함되어야 할 내용은 다음과 같다.

첫째, 대금가액과 지급방식이다. 보통은 거래계약이 체결되는 동시에 계약금을 지불한다. 그러고 나서 한 달 정도 후에 중도금을 납부하고 부동산 매물의 법적 소

유권과 관련된 서류와 열쇠를 넘겨받으면서 최종 잔금을 지불한다. 현장에서 현찰로 대금지불을 할 경우에는 반드시 영수증을 받아 두어야 안전하다. 혹은 은행 간 자금 이체를 하면 저절로 증거서류가 되므로 어느 정도 안심할 수 있다.

둘째, 부동산소유권과 관련해서 법적 소유인과의 거래계약을 체결할 때에는 본인임을 입증하는 주민등록증이나 각종 신분증을 확인해야 한다. 그후 부동산의 법적권리와 관련되는 각종 가압류, 가등기에 대한 확인 절차를 하는 것이 명시되어 있어야 한다. 심한 경우에는 계약금을 지불하고, 중도금을 치루고 나서 잔금을 치루는 것과 거의 동시에 가압류가 들어 올 수도 있으므로 부동산 등기부등본을 다시 떼어 확인하고 잔금을 치루는 것이 안전하다.

셋째, 소유권이전등기에 관한 절차를 법무사가 온전하게 처리하고 나면 거래계약서에 작성된 대로 열쇠를 넘겨받는 것까지 확인사항으로 명기되어 있어야 한다.

부동산 거래계약서와 관련해서 법적인 문제가 생기면 공인중개업소도 책임을 지게 된다.

8 부동산중개 프랜차이즈

부동산중개는 부동산의 매수 희망자나 임차 가망자가 있는 지역이면 어디든지 실행이 된다. 우리나라의 경우에도 전국적으로 부동산중개업소들이 포진하고 있다. 많을 때는 전국 10만 개 정도의 부동산중개업소가 활황이던 시대도 있었으나 최근에는 그 숫자가 상당히 감소했다.

이와 같이 전국적으로 부동산중개 업무가 필요한 상황에서는 부동산을 전문적으로 중개하는 프랜차이즈사업이 성공할 수 있다. 프랜차이즈사업(Franchise Business)

이란 프랜차이저(Franchisor)가 프랜차이지(Franchisee)에게 부동산중개와 관련한 브랜드의 사용을 허용하고 전문적인 중개 관련 시스템을 제공하면서 매월 일정액의 액수를 프랜차이즈 수수료(Franchise Fee)로 받는 형태를 의미한다. 프랜차이스사업은 부동산에서만 일어나는 것이 아니라, 모든 사업 형태에서 전국적인 인지도를 가진 강력한 사업체가 있는 경우에 프랜차이즈 가맹점들을 모집할 수만 있다면 언제든지 가능한 형태이다. 우리나라에서 프랜사이즈사업은 음식업종과 미용업과 같은 실생활밀착형 분야에서 성업 중이다.

부동산 프랜차이즈사업도 우리나라에서 2000년 이전부터 진행되어 활황인 경우도 있었으나 최근에는 주춤하고 있는 상황이다. 그러나 강력한 부동산중개사업체가 등장한다면 언제든지 부동산중개 프랜차이즈사업은 가능하다고 보여진다. 프랜차이즈 본부가 해야 할 역할과 프랜차이즈 가맹점이 해야 할 역할은 다음과 같다.

1) 부동산 프랜차이즈 본부의 역할

부동산 프랜차이즈 본부는 프랜차이즈 본부의 브랜드에 대한 전국민의 인지도를 높여야 한다. 다시 말해, 부동산 프랜차이즈 브랜드자산(Brand Asset)의 확대에 적극적으로 나서야 한다. 브랜드자산이란 부동산매매나 부동산임대차의 미래고객들이 될 전 국민들에게 부동산 프랜차이즈 본부의 브랜드를 알리는 것이 첫 번째다. 이것을 부동산 프랜차이즈 브랜드 인지도의 확대라고 한다. 국민이 많이 알면 알수록 이것이 브랜드자산으로서 확고해지는 것이다.

둘째는 부동산 프랜차이즈 본부의 브랜드 이미지를 향상시키는 것이다. 사람들에게 호감을 주는 브랜드일수록 많은 사람들이 부동산매매나 임대차 업무가 생겼을 때 찾게 된다. 인간의 기억은 보통 감각기억, 단기기억, 장기기억으로 구성되어 있다. 감각기억이란 바로 인식하는 순간적인 기억이고(우연히 눈에 띄는 부동산업소의 간판),

감각기억에서 단기기억으로 넘어가게 되면(저 업체는 부동산중개를 잘하는가?) 잠시 기억에 남는다. 그러나 단기기억에 있는 정보들은 금방 휘발한다. 단기기억에 있는 정보를 수십 번 아니 수백 번을 보거나 암기하면 이것이 장기기억으로 넘어가는데, 한 번 장기기억에 넘어가면 이것은 이론상으로는 영원히 잊혀지지 않는다고 한다. 부동산의 브랜드를 장기기억으로 넘어가게 하려면 광고를 많이 하거나 부동산 프랜차이즈 점포들이 무수히 많아 항상 부동산매매 희망자가 부동산임대차 희망자들의 눈에 띄어야 한다.

이와 같이 부동산 프랜차이즈 브랜드의 인지도를 확산시키고, 좋은 브랜드이미지를 형성하고 나면 가맹점을 모집할 수 있다. 가맹점들에게서 일정의 수수료를 받는 대가로 많은 고객을 보장해 줄 수 있는 것이다.

2) 부동산 프랜차이즈 가맹점의 역할

부동산 프랜차이즈 가맹점은 브랜드 인지도가 있는 본부의 가맹점으로 가입해서는 일정의 수수료를 내고 브랜드 효과를 통해 많은 고객을 유치할 수 있다. 프랜차이즈 본부가 전국적인 광고를 수행하면 전국에 흩어져 있는 가맹점들로 고객들이 찾아오게 된다.

가맹점들은 전국적으로 동일한 원칙하에서 신뢰할 수 있는 중개 업무를 제공해야 한다. 본부의 브랜드 인지도와 가맹점의 부동산 현장활동이 연계되면서 소비자들에게 일관성 있는 확실한 메시지를 지속해서 제공해야 부동산 프랜차이즈 브랜드가 유지될 수 있다.

미국에는 'Century 21'이나 'ERA'와 같은 대형 부동산중개 프랜차이즈업체들이 있다. 이중에서 ERA는 독특한 강점을 가지고 있다. 부동산 매매의사를 접수하면서 부동산에 구조적인 하자가 있는지를 사전에 면밀히 분석한다. 구조적인 문제가 발견되지 않거나 발견된 경우에는 모두 개선을 한 이후 부동산중개를 시작한다. 부동산 매수 희망자에게 "저희가 중개한 부동산을 구입하신 이후 일 년 이내에 중요한 문제가 발생하면 모든 책임을 지겠습니다."와 같이 어필한다.

그렇다면 실제로 이러한 일들이 잘 일어나는가? 집을 산 경우에 집에 큰 문제가 발생할 가능성은 아주 희박하다. 집이 폭발한다거나(가스폭발) 집이 무너진다거나 하는 상황은 거의 발생하지 않는다. 그러나 부동산을 매입하려는 사람들로서는 매입 전에 이와 같은 대형사고에 대한 대비책을 가지고 싶어 한다. ERA는 그것을 포착해서 구매 희망자들에게 일 년 동안의 안심서비스를 어필포인트로 활용한 것이다.

전국적인 규모의 대형 부동산중개 프랜차이즈사업을 하려면 전국적인 디지털지도를 완비하고 있어야 한다. 지리정보시스템을 확보해서 전국의 지도를 컴퓨터를 통해 파악할 수 있는 기반을 갖추고, 자사의 프랜차이즈 가맹점들의 위치도 컴퓨터에서 바로 활용할 수 있도록 해야 고객들에게 시각적인 정보를 쉽게 제공할 수 있다.

중간사례

부산 해운대구, 부동산중개업소에 QR코드 부착

부산 해운대구는 부동산중개업소에 QR코드(스마트폰용 격자무늬 코드)를 부착하기로 했다고 20일 밝혔다.

미등록 중개업소의 불법행위에 따른 피해를 차단하기 위한 것으로 전국에서 처음 시도된다.

해운대구는 부동산중개업소를 개설하거나 이전할 경우 등록증에 QR코드를 부착, 이용자가 등록 여부를 곧바로 확인할 수 있도록 할 계획이다.

해운대구는 이와 함께 부동산중개인의 명찰에도 QR코드를 부착하기로 했다.

출처: 연합뉴스 (2013. 3. 20).

9 부동산컨설팅의 활용

1) 부동산컨설팅의 개념

부동산컨설팅은 주로 부동산을 소유한 의뢰인의 문제를 부동산 관련 지식과 경험이 풍부한 전문가가 전문적인 조언과 행동을 제공하고 이에 대해 적절한 수수료를 받는 것이다. 우리나라의 1,700여 만의 개인 가구들과 수십만 개의 기업체와 각종 단체들이 보유한 부동산의 총액은 1경(1조가 만 개) 정도라고 한다. 또한 대한민국 대부분의 개인과 기업체들 자산의 상당수가 부동산이다. 이와 같은 보유 부동산을 개발하거나 활용하는 것과 관련해서 전문적으로 업무를 지원해 줄 사람들이 필요하다. 이것이 부동산컨설턴트의 필요성이다.

부동산컨설팅은 최근에는 은행이나 보험과 같이 고객들의 금융자산을 활용하는 기관들이 특히 더 필요로 하고 있다. 우리나라 담보대출의 대부분이 주택담보대출이다. 또한 기업체들의 부동산 자산을 담보로 제출하고 현금을 빌린 경우도 상당히 많다. 이와 같은 경우에 고객들의 소유 부동산에 대해서 컨설팅을 해주거나 혹은 부동산담보대출의 대금을 갚지 못해서 금융기관으로 넘어온 부동산의 활용을 위해서도 부동산컨설팅이 필요하다.

이러한 각각의 업무 관련 컨설팅에서 컨설턴트는 자료조사를 해서 보고서를 작성하는 것과 컨설팅 전반의 과정에서 의뢰인을 설득하는 것이 중요하다.

2) 부동산컨설팅의 역할

부동산컨설팅은 컨설팅 의뢰자가 원하는 것을 전문적으로 수행할 수 있도록 제안하고 이것을 실행해서 가시적인 성과를 내도록 하는 것이다. 부동산이 발전한 선진국에서는 부동산컨설팅이 하나의 직업군으로 자리 잡고 있다. 자산 중의 상당수를 차지하는 부동산개발과 활용에 대한 전문적인 지식과 경험을 가지고서 의뢰인이 필요한 것을 수행할 수 있도록 지원하는 것이다.

부동산컨설턴트는 다음과 같은 분야에 대해 충분한 지식을 가지고 있어야 한다.

첫째, 부동산과 관련한 현행 법규와 정부정책에 대한 식견이 있어야 한다. 부동산 개발과 활용은 법적으로 근거가 준비된 경우에 잘 수행될 수 있다. 부동산 관련 법규로는 다음과 같은 것들이 있다.

- 부동산등기법
- 부동산 가격공시 및 감정평가에 관한 법률
- 국토의 계획 및 이용에 관한 법률
- 건축법

또한 정부의 부동산 관련 정책에 대한 전문적인 지식이 있어야 한다. 현재 부동산과 관련해서 가장 중요한 정부정책의 핵심 개념은 다음과 같다.

- DTI(Debt To Income)
- LTV(Loan To Value)

둘째, 의뢰인이 관심을 가지는 분야에 대한 부동산 관련 자료나 정보를 충분히 사전에 가지고 있어야 한다. 상업시설을 개발할 경우에는 상업시설 주변의 상권분석에 대한 자료가 있어야 한다. 지리정보시스템(Geographic Information System)을 활용해서 상업시설 주변의 도로망과 거주민에 대한 정보가 충분히 있어야 한다.

또한 주택밀집지역의 경우에는 총 거주하는 사람들의 숫자와 그들 중에서 구매력이 있는 사람들의 숫자를 추산해서 그 지역 총구매가능액을 산출해야 한다. 그것에 기반해서 주변 상업시설들의 성공 가능성을 가늠해 볼 수 있어야 전문적인 컨설턴트라고 할 수 있다.

셋째, 이와 같은 법령이나 자료 이외에도 의뢰인과의 긴밀한 협력관계를 통해 의뢰인이 가지는 욕구의 수준과 범위를 파악해서 이것이 부동산과 관련하여 적절한 것인지에 대한 조언을 해주는 것이 필요하다. 낙관적인 성향의 의뢰인은 자신이 투입하는 자금에 대비해서 상당한 성공을 거둘 수 있을 것으로 추산하고는 부동산개발에 돌입하는 경우가 있다. 컨설턴트의 오랜 경험에 비추어서 그것이 적절하다면 지원조언을 해주는 것이 바람직하나, 만약 적절하지 않다면 규모 축소나 중단과 관련한 조언을 해주는 것이 필요하다.

부동산에 대한 충분한 식견과 지식이 있는 의뢰인이라면 자신이 스스로 정한 행동방향에 대해 스스로 확고한 의지를 가지고 있다. 이러한 때에도 컨설턴트는 의뢰인이 내린 결론이 타당하고 현실적인지에 대해 면밀히 검토 후 조언을 해야 한다. 그러나 실제로 현장에서 더 필요한 것은 의뢰인이 부적절한 논리에 근거해서 초대형 프로젝트를 기획하고 있을 때 이것을 타당한 근거로 설득하여 이를 중단하도록 하는 것이다. 잘못된 의사결정을 통해 미래에 연속적인 실패가 거듭될 가능성을 줄이는 것이 진정한 컨설턴트의 역할이라고 볼 수 있다.

3) 부동산컨설팅 분야

부동산컨설팅은 이익획득(Income Earning)이나 자본활용(Capital Utilization)과 같은 목적에서 착수되는 것이 보통이다. 부동산 의뢰인이 자신이 소유한 부동산을 활용해서 지속적인 소득을 얻으려는 경우는 주로 단기적인 목적이라고 볼 수 있다. 컨설턴트가 해야 할 일은 의뢰인의 소득 확충을 위한 조언과 정보의 제공이다. 그러나 부동산 의뢰인이 보다 큰 규모의 자본 확대를 위해서 컨설팅을 의뢰할 수도 있는데, 이때에는 장기적인 프로젝트를 통해 부동산 의뢰인의 자본이득의 확대가 목적이므로 세밀하게 지원할 필요가 있다.

부동산컨설팅 분야는 크게 개발 관련 컨설팅, 관리 관련 컨설팅, 처분 관련 컨설팅으로 구분할 수 있다. 각각을 설명하면 다음과 같다.

첫째, 개발 관련 컨설팅은 토지소유자를 상대로 하는 것이다. 개발 관련 컨설팅이란 개발대상이 되는 지역의 입지 및 상권분석을 하고 미래수익을 분석하는 것이 핵심이다. 입지 및 상권분석이란 해당지역에 부동산 용도지역으로서 충분한 잠재수요를 가지고 있는지를 파악하는 것이다. 서울의 강남역 주변은 하루에 20만 명이 오가고, 서울 강동의 테크노마트 근처도 하루에 10만 명 이상이 오가며, 서울 동대문 두산타워 근처도 20만 명 정도가 오간다. 이렇게 많은 사람들이 이동하는 지역은 입지로서는 좋다고 할 수 있는데 이처럼 이동인구가 얼마나 되는지 알아보는 것도 포함된다.

입지 및 상권분석이 완료된 이후에는 이곳에 개발하는 절차를 취했을 때 장기간 동안 미래의 수익이 얼마씩 어떻게 들어올 것인지를 구체적으로 수치화해야 한다. 개발 후 분양과정에 들어갔을 때 분양대금으로 들어오는 수익이 얼마나 되고 임대소득이 얼마나 되는지를 구체적으로 추산하는 것이 중요한 컨설팅 업무이다.

둘째, 관리 관련 컨설팅은 건물소유자를 상대로 하는 것이다. 관리 관련 컨설팅은 주로 비용혜택분석(Cost-Benefit Analysis)을 활용한다. 현재 준공된 건물에서 정기적으로 들어올 예상수익들이 건물준공에 투입된 비용을 상쇄하고도 남는지에 대한 평가이다. 비용대비 수익이 얼마 정도가 되어야 이득이 남는지 구체적으로 입증해야 제대로 된 컨설팅이라고 볼 수 있다.

셋째, 처분 관련 컨설팅은 토지소유자나 건물소유자를 상대로 하는 것이다. 부동산은 급히 매도해야 하는 경우도 종종 생긴다. 갚아야 할 금융권 부채를 갚지 못하면 부동산이 압류되거나 경매로 넘어가게 된다. 이와 같은 부동산 매물을 어떻게 처리해야 할지에 대한 이론적인 지식과 현실적인 경험에 바탕한 양질의 컨설팅을 제공해야 한다.

4) 부동산컨설팅 단계

부동산컨설팅은 크게 4단계로 구성된다. 첫째 단계는 부동산컨설팅의 접수이고, 둘째 단계는 의뢰된 부동산에 대한 사전조사와 준비이며, 셋째 단계는 의뢰인의 요구분석과 다양한 관련 조사를 통해 개발된 대안들 중 선택하는 것이고, 넷째 단계는 선택된 대안대로 부동산 의뢰인이 실행하는 것을 지원하는 것이다. 각 단계를 구체적으로 설명하면 다음과 같다.

첫째 단계는 부동산컨설팅의 접수이다. 부동산컨설팅 사무소를 개소하고 광고를 하면 부동산컨설팅을 필요로 하는 잠재고객들의 발길이 이어진다. 의뢰인의 상황을 듣고 기본 접수를 하면서 기본컨설팅 수수료를 받으며 계약을 체결하는 것이 보통이다. 이러한 계약에는 향후 컨설팅 업무내용이 포함되어야 하고, 이에 대한 대금지불 시기와 방식들이 결정되어야 한다.

둘째 단계는 의뢰된 부동산 대한 사전조사와 준비이다. 계약이 체결된 후 정식으로 부동산을 답사해서 어떠한 방식으로 업무를 진행해야 하는지에 대한 철저한 플랜을 작성해야 한다. 부동산 관련 이론들과 현장 경험들을 전부 녹여 창의적인 컨설팅 계획을 수립해야 한다.

셋째 단계는 의뢰인의 요구분석과 다양한 관련 조사를 통해 개발된 대안들 중 가장 적절한 것을 선택하는 것이다. 컨설팅업체와 의뢰인은 다양한 대안들을 작성하고 개발 절차를 어떠한 방식으로 할지 논의한 후 실제 실행 가능한 대안들을 여러 가지 수립하는데, 그중에서 최적의 대안을 선택하는 것이다.

넷째 단계는 선택된 대안대로 부동산 의뢰인이 실행하는 것을 지원하는 것이다. 선택된 대안들을 창의적인 방식으로 현장에서 실제로 진행하여 업무를 완료할 수 있도록 다양한 지원을 하는 것이 컨설팅의 최종 임무이다.

5) 부동산컨설팅의 성공 전략

부동산컨설팅은 부동산소유주와 부동산컨설턴트와의 관계이다.

부동산컨설턴트와 부동산소유주와 부동산 가망구매자에게 행사할 수 있는 영향력에는 크게 다음과 같은 다섯 가지가 있다.

- 지식적 영향력(Expertise Influence)
- 준거적 영향력(Referent Influence)
- 보상적 영향력(Reward Influence)
- 강압적 영향력(Coercive Influence)
- 법률적 영향력(Legitimate Influence)

첫째, 지식적 영향력이란 부동산컨설턴트가 가지는 지식과 경험을 말한다. 이것이 가장 중요한 영향력이라고 할 수 있다. 의뢰인이 필요로 하는 것에 대한 충분한 지식과 활용 가능한 경험을 많이 가지고 있어야 한다. 컨설팅을 수행하는 개인컨설턴트나 컨설팅법인이 지식과 경험이 일부 부족할 때에는 다른 곳에서 부족한 지식과 경험을 보충해서라도 업무를 진행해야 한다. 의뢰인은 컨설턴트의 지식수준과 경험력을 가지고 컨설팅의 수준을 가늠한다.

지식적 영향력이 충분한 경우에는 의뢰인에게 설득적인 메시지를 던질 수 있다. 컨설턴트가 가진 지식에 기반해서 생긴 신뢰는 의뢰인으로 하여금 자신의 생각을 수정하게 할 수도 있다.

둘째, 준거적 영향력이란 의뢰인과 컨설턴트가 인간적인 유대관계를 강하게 가지는 것이다. 보통 컨설팅회사들은 사회적으로 지명도가 높은 사람들을 고문으로 활용한다. 사회적 유명인이 의뢰인에게 부동산컨설팅회사를 소개하면서 인간적인 관계를 형성해 준다. 이때 의뢰인은 무시하기 힘든 사회적 유명인이 소개하는 회사 컨설턴트들의 업무를 받아들일 수 밖에 없게 되는 것이다.

셋째, 보상적 영향력이란 컨설팅을 통해 의뢰인이 상당한 수준의 보상을 받는 것을 말한다. 컨설팅 프로세스를 통해 수익을 얻게 되리라는 신뢰를 의뢰인에게 심어주어야 한다.

넷째, 강압적 영향력이란 부동산컨설팅업체가 수익을 얻기 힘든 투자를 고집하는 의뢰인에게 압박을 행사하는 것이다. 부동산컨설팅 계약을 체결하고 난 후 의뢰인에게서 많은 문제점이 발견된다면, 컨설턴트는 의뢰인을 압박하여 태도변화를 요구하도록 영향력을 행사해야 한다.

다섯째, 법률적 영향력이란 계약서에 작성된 대로 진행하여야 함을 컨설턴트가 의뢰인에게 요청하는 것이다. 계약 시에 약속한 지불대금을 컨설팅을 진행하자마자 합의 없이 수정하는 경우, 컨설턴트가 계약서대로 진행할 것을 요구하는 것이다.

이중 부동산컨설팅에서 가장 영향력이 있는 것은 지식적 영향력이다. 컨설턴트는 지식과 경험을 넓히기 위해 항시 노력해야 한다.

6) 부동산컨설팅의 비용

부동산컨설팅 비용은 정액제와 비율제로 나뉜다. 정액제란 부동산컨설팅 의뢰인과 부동산 전문가가 구체적인 액수로 계약을 체결하고 진행하는 것을 말한다. 부동산개발이나 관리 혹은 처분의 상황에서 부동산컨설턴트가 해야 할 업무가 확실하고, 이러한 업무를 통해 발생하는 예상소득이 명확한 경우에는 정액제로 부동산컨설팅

비용을 지불한다. 그러나 실제 현장에서는 대부분의 업무가 수시로 변하고 가액 또한 확정되지 않으므로 100% 정액제는 잘 사용되지 않는다.

비율제란 부동산 거래와 관련하여 총 가액의 몇 퍼센트를 부동산컨설팅 수수료로 받기로 계약체결하고 이에 따라서 진행하는 것이다. 컨설팅수수료 비율은 적으면 0.5%에서 많으면 2% 정도가 보통이다. 이는 비교적 단순하고 적은 노력이 들어가는 경우의 비율이다. 그러나 부동산에 대한 새로운 접근을 하거나 부동산 전문가의 다양한 활동이 필요한 경우에는 이 비율이 높아진다.

실제 현장에서는 일부 정액계약금을 지불하고, 나머지는 업무의 성과에 따라 수수료를 지불하는 제도들이 많이 사용된다. 부동산컨설턴트가 업무를 시작하려면 초기비용이 들기 때문에 이것을 컨설팅 의뢰인 측에서 일부 부담하는 것이다. 그리고 업무의 진행 여부에 따라 결과에 대비하여 수수료를 받는다.

7) 부동산컨설턴트의 윤리

부동산컨설턴트는 의뢰인과의 관계에서 획득한 정보에 대해서 비밀유지를 해야 한다. 의뢰인이 자신을 믿고 제공한 각종 비밀스러운 일은 의뢰인과의 관계가 종결된 이후에도 비밀유지를 해야 한다. 이를 어겨 의뢰인이 곤경에 처할 수도 있기 때문이다. 따라서 업무의 대가로 정당한 사례를 받았을 경우에는 부동산컨설팅 과정에서 획득된 비밀은 준수해야 한다.

선진 외국이나 혹은 우리나라에서도 대형 부동산 프로젝트의 경우에는 부동산 의뢰인 측에서 부동산컨설팅을 맡기는 회사에 사전 비밀유지에 대한 서류를 작성해 양자가 날인하게 하는 경우가 종종 있다. 부동산컨설팅 과정의 합리적인 업무 수행을 위한 하나의 적절한 조처라고 볼 수 있다.

마무리사례

저축 銀 부동산, 중개업자에 맡겨 판다

경기침체에 매수자 못 찾아…….
공매로는 역부족예보 · 수수료 물어도 예금기금 확충이 먼저

예금보험공사가 영업정지된 저축은행의 부동산을 팔기 위해 기존 공매 대신 중개업자를 통해 매각하는 방식을 검토 중이다. 그동안 예보는 채권자 파산배당을 위해 공매를 통해 부동산을 매각해 왔지만, 부동산시장 침체로 매각이 쉽지 않을 것으로 전망되자 수수료를 지불하고서라도 빠른 매각을 추진한다는 계획이다.

20일 예보 관계자는 "공매를 원칙으로 하되, 부동산시장이 침체를 겪고 있는 만큼 매각주간사를 동원하는 등 새로운 부동산 매각기법을 검토 중"이라며 "제값을 주고 팔기 위해서는 일정 수수료를 지급하는 것도 필요하다."고 말했다. 매각주간사는 부동산 컨설팅 업무를 영위하는 회계법인 중 공모를 받아 선정할 계획이다.

예보는 저축은행이 영업정지된 후 인가가 취소되면 곧바로 조사를 통해 부동산 등의 자산을 처분, 그 돈으로 채권자들에게 파산배당을 해준다. 영업정지로 인한 채권자들의 피해를 보전해 준다는 이유에서다. 5,000만 원 이상 예금자, 불완전판매에 속아 후순위채를 산 피해자도 채권자에 포함된다. 자산 매각이 활발하게 이뤄질수록 피해자들에게 돌아가는 몫도 커지는 셈이다. 예보가 최대한 빨리, 제값에 부동산을 팔아야만 하는 이유다.

하지만 저축은행 영업정지로 인해 무더기로 나온 부동산 중에서는 입지나 가격 문제로 팔리지 않는 것들이 많다. 대표적인 사례가 저축은행의 지방사옥들이다. 예보 관계자는 "지방에 위치한 일부 저축은행들 중 사옥이 구도심에 있는 경우는 가격을 낮춰도 들어오겠다는 매수자들이 없다."며 "공매를 원칙으로 하고는 있지만, 이대로는 한계가 있다."고 말했다. 지난 2009년 영업정지된 전일상호저축은행이 보유한 전북지역 부동산 수십 곳은 3년이 지난 현재까지도 여전히 공매 목록에 올라 있다. 삼화저축은행이 보유한 서울시 상가 네 곳은 지난해 하반기에 공매 목록에 올랐지만 약 1년이 지난 현재까지도 매각이 되지 않았다.

향후 부동산시장 전망이 좋지 않은 가운데 추가 저축은행 영업정지로 인해 팔아야 할 부동산이 많아지는 것도 부담이다. 지난 5월 진행된 '2회 파산재단 및 경영관리 저축은행의 보유부동산 공매공고'에서 나온 부동산 물건은 72건이었지만, 한 달 후인 3회 공매공고에서는 물건이 그 두 배인 134건으로 늘었다. 도민저축은행의 부동산 물건 46건이 새로 추가됐고, 토마토저축은행에서도 새 물건이 나왔다. 올해 영업정지된

솔로몬, 미래, 한국, 한주저축은행의 부동산은 아직 반영되지도 않은 채다.

예보 관계자는 "5,000만 원 초과예금자나 후순위채권 피해자들의 몫을 보전하고 예보기금을 확충하기 위해서는 최대한 빨리 부동산을 매각해야 한다."며 "올해 안에 3,000억~4,000억 원을 회수하는 것을 목표로 하고 있다."고 말했다.

출처: 아시아경제 (2012. 6. 20).

Chapter 09

부동산정책

Real Estate Principles & Practices

1. 부동산정책 서설
2. 부동산정책 각론

CHAPTER 09

부동산정책

1 부동산정책 서설

앞서 부동산경제론 장에서 부동산이 다른 재화 · 서비스와 비교하여 지니는 특성을 살펴본 바 있다. 부동산의 이러한 고유한 특징들로 말미암아 때로는 부동산시장에 시장실패(market failure)가 발생하게 된다. 시장실패란 어떠한 요인에 의하여 시장경제의 가격기제가 자원의 적정하고 효율적인 분배를 자율적으로 이루지 못하는 것을 가리킨다. 시장경제에 시장실패가 발생한다고 해서 반드시 시장외부의 힘, 예를 들어 정부의 정책이 필요한 것은 아니다. 시장실패를 유발하는 요인으로는 통상 외부효과, 공공재, 시장지배력(독과점), 규모의 경제, 불완전정보 등이 거론된다. 이 가운데 외부효과는 정부의 개입 없이 당사자 간 협상으로 치유되어 시장실패가 극복될 수 있는데, 이를 가리켜 '코즈의 정리(Coase Theorem)'[1]라 부른다. 또 독과점으로 인한 시장실패는 경우에 따라서는 우리나라의 공정거래법이나 미국의 안티트러스트

1 모든 거래행위에 대한 민간 경제주체의 재산권이 명확하게 확립되어 있는 경우 협상에서의 거래비용이 없다면 외부효과로 인해 발생할 수 있는 시장실패를 시장 외부의 개입 없이 거래당사자 스스로 해결할 수 있다는 정리로, 미국 시카고대학의 경제학자 로널드 코즈(R. Coase)가 1937년 처음 제창하였다.

법 같은 정부의 적극적 반독점 정책이 필요하지만, 어떤 경우에는 혁신적 시장선도자의 시장점유율 확대가 사회 전체의 생산력 향상과 기술 창조에 중요한 역할을 하기 때문에 이가 일시적으로 필요하기도 하다.

부동산은 공공재도 아니고 규모의 경제가 적용되지도 않으며 (몇몇 예외적인 나라를 제외한 대부분의 국가에서) 독과점이 문제되지도 않는다. 부동산시장의 시장실패는 외부효과와 불완전정보, 그리고 공급의 비탄력성으로 인한 수요공급의 시차(거미집 모형 참고)에서 비롯되는 것이 대부분이다. 부동산의 재화적 특성에서 살펴본 것처럼 부동산시장의 외부효과는 불완전정보와 복잡하게 상호연관되어 있기 때문에 코즈의 정리를 통한 자율적 치유는 기대하기 어렵다. 따라서 부동산시장의 시장실패는 대부분 정부의 정책적 개입을 통해 해결을 모색할 수 밖에 없다. 그렇다고 정부의 정책적 개입이 지나치면 시장을 질식시킬 수 있고 옳지 못하면 시장실패를 개선하기는커녕 악화시킬 수 있는데, 이와 같은 부작용은 이른바 '정부실패(government failure)'로 불린다. 부동산경제론이 원론적인 성격을 띠는 데 반해 부동산정책은 현실에 직접적인 영향을 미치는 현장성을 강하게 지닐 수밖에 없기 때문에 세세한 부분에까지 주의가 요구되는 분야이기도 하다.

1) 부동산정책의 개념

정책학의 시각에서 통상 부동산정책은 '바람직한 사회상태를 이룩하려는 정부의 정책목표와 이를 달성하기 위한 정책수단에 대하여 정부기관이 공식적으로 결정한 기본방침'으로 정의할 수 있다. 때에 따라서는 '바람직한 부동산활동이 전개되도록 유도하기 위한 목표를 세우고 이를 달성하기 위한 각종 부동산대책들의 결정 및 운용에 관한 정부의 공적인 계획이나 실행행위'를 가리키기도 한다(김용민 · 류해웅 · 이창석 · 정상철, 2007: 18). 그러나 시장경제에서는 바람직한 사회의 후생이 정부의 계획이 아닌 시장기제의 '보이지 않는 손(invisible hand)'에 의하여 원칙적으로 달성되기 때문에 시장기능이 원활히 작동하는 한 정부의 정책적 개입 여지는 크지 않으며, 명백한 시장실패가 인정되고 또 이 시장실패를 치유하기 위한 검증된 정책적 도구가 존재할 때 부동산정책의 정당성이 부여될 것이다. 부동산정책은 토지정책, 주택정책, 도시재생정책 등의 세부 분야가 있으며 대규모 국책사업이나 지역개발정책과 연계되기도 한다. 여러 종류의 부동산정책은 시장실패라는 경제적 논리만으로 추동되는 것은 아니며 여러 가지 논리로 뒷받침될 수 있다.

2) 부동산정책의 필요성 논리

(1) 경제적 논리

경제적 논리는 전술한 대로 부동산시장의 시장실패를 교정하기 위한 정부의 정책적 개입 필요성이 핵심이다.

(2) 사회국가적 논리: 형평과 복지

근대 자본주의가 처음 태동한 18세기 유럽에서는 자유방임적 시장경제질서가 먼저 출현하였다. 자본주의적 경제질서는 누군가가 목적의식적으로 일정한 계획에 의하여 추진한 것이 아니고 수백 년간의 민간 경제발전 과정에서 자연발생적으로 생겨난 것이기 때문이다. 하지만 19세기 자본주의 시장경제가 본격적으로 만개하면서 빈곤과 계층갈등의 문제가 광범위하게 부각되었고, 이 문제를 극단적인 방법으로 해결하려는 사회주의·공산주의운동이 크게 번져 나갔다. 이에 따라 자유방임적 경제질서를 수정하여 국가가 시장질서에 일정한 규제와 개입을 가함으로써 빈곤과 빈부격차 확대를 사회적 복지제도로 치유하려는 움직임이 20세기 들어 본격화되었는데 이를 자유방임적 시장 시기의 소극국가(negative state), 또는 야경국가

(Nachtwächterstaat)에 대비시켜 적극국가(positive state), 사회국가(Sozialstaat) 또는 사회적 복지국가(sozialer Wohlfahrtsstaat)로 부르기도 한다. 사회국가의 개념은 1919년 독일의 바이마르헌법에서 최초로 성문화되었으며 이는 1945년 해방 후 대한민국 헌법에 반영되기에 이르렀다. 우리 헌법이 제23조, 제119조, 제120조, 제122조 등을 통하여 이러한 적극국가의 이념을 실현하고자 한다는 점은 2장에서 설명한 바와 같다. 따라서 헌법규정에 의하여 시장실패가 존재하지 않는데도 국민 간의 형평성 제고와 복지 확대를 위해 정부가 부동산시장에 개입할 수 있다. 이는 특히 주택문제에서 두드러지게 나타나며, 사회적 약자들에 대한 기초적 주거서비스 제공과 주거복지정책 등은 전세계적 대부분의 국가에서 추구하는 부동산정책이라 할 수 있다.

(3) 정치적 논리

근대 민주주의적 정치제도를 채택하고 있는 국가에서는 지방선거, 의회선거, 대통령선거 등 각종 빈번한 선거를 통해 정치권력이 형성되며 이 과정에서 정치인의 이해관계가 국가적 이해관계와 불일치할 수 있다. 이는 이른바 '주인-대리인(principal-agent)' 개념에 의해 설명할 수 있다. 이 개념은 일반적으로 주인(principal)이 대리인(agent)으로 하여금 자신의 이익과 관련된 행위를 재량으로 해결해 줄 것을 부탁하는 주인-대리인 관계에서 나타나는 여러 문제를 총칭하고 있다. 주인-대리인 관계에서의 핵심적 문제는 대리인의 선호 혹은 관심사항과 주인의 그것이 일치하지 않거나, 주인이 대리인에 비해 전문지식과 정보가 부족하기 때문에 대리인이 주인의 이익을 충실하게 대변하고 확보하지 못하는 대리인문제(agency problem)가 발생하는 것인데, 이와 관련하여 도덕적 해이(moral hazard), 역선택(adverse selection) 그리고 (공공재와 연관된) 무임승차의 현상들이 나타난다. 주인-대리인 문제가 발생하는 근본적 원인은 2장에서 언급한 바 있는 '정보의 비대칭성', '정보의 불완전성'이다. 주인의 대리인에 대한 정보가 부족한 데 비해 대리인이 주인에 대해 갖는 정보가 통상 더 많고 주인이 대리인의 행동을 감시하는 비용이 대단히 커서 대리인의 배신행위가 수월한 상황에서 발생하는 문제들이다.

민주주의 정치제도하에서는 주권자인 국민이 주인(principal)이라면 국민의 위임을 받아 권력을 행사하는 정치인은 대리인(agent)이 되며, 대리인이 주인의 위임대로 주인의 이익을 위하여 충실히 권력을 행사하여야 함에도 불구하고 주인의 이익이 아닌 스스로의 이익을 극대화함으로써 도덕적 해이가 일어날 수 있다. 또 주인이 대리인을 선택하는 데 있어 정보가 부족하여 최선의 후보자가 아닌, 질이 떨어지는 정치인들이 선거에 승리할 경우 이를 역선택이라 부른다. 즉, 역선택이란 부족한 정보로 인해 최선의 선택을 하지 못한 것을 의미한다. 정치인이 선거를 앞두고 인기 있으나 지키지 못할 공약, 또는 지킬 수 있으나 국민과 국가에 장기적으로 불이익을 주는 공약을 내세워 당선된다면 이는 도덕적 해이와 역선택이 동시에 나타나는 셈이다. 이러한 주인-대리인 문제가 정치권에서 발생할 수 있는 또 하나의 이유는 정책효과의 시차(time lag)에 있다. 정치인이 결정하는 정부정책은 그 결정시점과 집행시점, 그리고 효과시점에 상당한 차이가 있는 경우가 많다. 정책을 결정하고 그것을 법제도화하여 실제 일선 부서에서 집행하기까지 짧게는 몇 주에서 길게는 몇 년의 시간이 소요되며, 집행된 정책이 의도한 효과를 금방 발휘할 수도 있지만 주택의 건설·공급과 같이 몇 년의 시간이 또 소요될 수도 있다. 특히 정치인들은 자신의 다음 선거시기에 최대한의 효과가 발휘되는 정책을 선호하게 될 것이며, 만일 선거 즈음해서 긍정적 효과를 최대한 발휘한 다음 선거가 끝난 뒤부터 그 부작용이 본격적으로 나타나는 종류의 정책이라면 정치인은 재선이라는 자신의 목적을 달성한 반면 피해는 국민과 사회에 돌아가는 악질의 도덕적 해이가 발생할 것이다. 이를 그림으로 표현하면 정책이 집행된 후 선거시기에 효과가 최대화되지만 이후로는 효과가 점점 감소하기 시작해 t_1기 이후에는 부정적 효과가 나타나 점점 피해가 확산되는 것을 볼 수 있다.

그림 9-1 | 정책의 단기적 효과와 장기적 효과

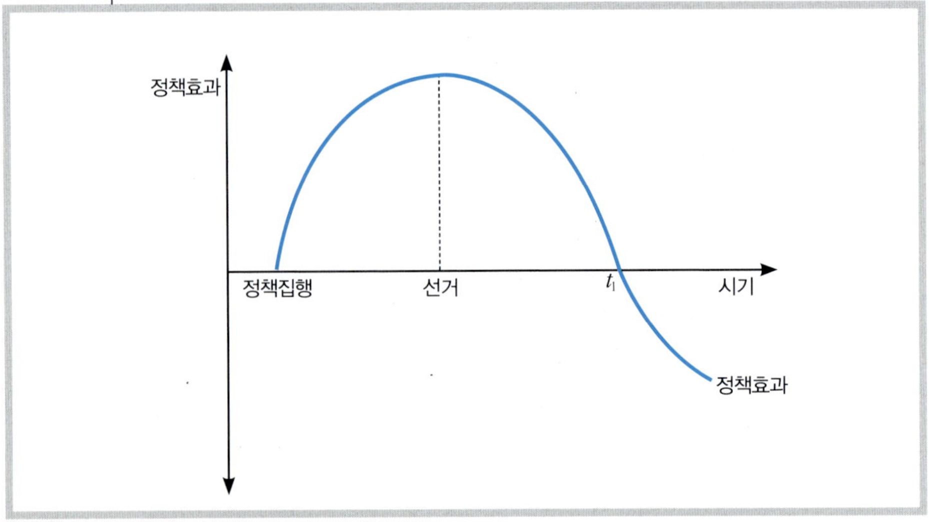

부동산시장에서는 이와 같은 도덕적 해이가 자주 발생할 수 있으며 이는 정부실패로 귀결된다. 예를 들어 돈을 풀어 경기를 진작시키고 부동산가격을 끌어올림으로써 호경기가 선거에 맞추어 오게끔 하는 부동산정책(통화정책의 일환으로서)은, 선거까지는 경기 과열을 초래하여 부동산시장에 거품을 유발한 뒤 몇 분기 후 또는 몇 년 후 스태그플레이션(stagflation)[2]에 의한 거시경제적 고통과 부동산가격 거품 붕괴로 인한 장기적 침체와 조정과정을 불러올 수 있다.

3) 부동산정책의 기본 원리

부동산정책의 필요성 논리에서 부동산정책을 입안하고 실행하는 데 바탕이 되는 몇 가지 원리를 도출할 수 있다.

2 인플레이션율과 실업률이 동시에 상승하는 현상을 일컫는다.

(1) 효율성의 원리

효율성의 원리는 경제적 논리에서 도출되는 원리이다. 경제학적으로 정의되는 효율성이란 '더 이상 자원의 재분배로 후생(효용 · 생산성)이 증가하지 않는 상태'를 의미한다. 최소한의 투입으로 최대한의 성과, 낭비 없는 자원의 최대 활용 등으로도 표현될 수 있다. 시장경제에 의한 자원배분(allocation of resources)은 다른 어떤 자원배분시스템보다도 더 효율적이라고 알려져 있으며, 이를 후생경제학의 기본정리라고 부르기도 한다. 시장실패를 교정하기 위한 정부의 정책적 개입 역시 시장실패로 달성되지 못하는 효율성을 정책을 통해 달성하려는 목적이 기본적이며, 부동산시장의 시장실패에 대한 부동산정책 역시 효율성 제고라는 근본적 방향에 일치한다. 시장실패에 대한 정책적 개입을 인정한다 하더라도 '어디까지 개입해야 하는가?', '정책이 얼마만큼 시장을 규제해야 하는가?'라는 질문에 대한 답이 저절로 주어지는 것은 아니다. 이 질문에 대한 답 역시 효율성의 원리로부터 구할 수 있다. 즉, 정책적 개입에 대한 사회적 편익(benefit)이 정책의 사회적 비용(cost)보다 클 때 비로소 이 정책이 사회 전체적으로 효율성을 갖는다는 답이 그것이다. 개인의 경제적 결정에서도 비용보다 후생(편익)이 커야만 의미가 있고 효율성이 성립하는 것처럼 사회의 정책적 행위 역시 그 편익과 비용을 서로 비교하여 분명하게 편익이 비용보다 클 경우에만 시장실패에 대한 정책적 개입이 효과를 거둘 수 있다는 의미이다. 이러한 편익과 비용의 정량적 비교를 경제학에서는 '비용-편익분석(Benefit-Cost Analysis)'이라 부른다. 시장실패가 발생할 경우 여러 가지 정책적 대안이 있다면 그중 비용-편익분석에 의하여 편익이 비용보다 가장 큰 정책이 정책적 타당성에서 우선 순위를 부여받을 것이다.[3] 반면 어느 대안도 그 편익이 비용을 넘어서지 못한다면 비용-편익분석은 이처럼 시장실패에 대한 정책적 개입의 타당성 여부를 가릴 수 있는 매우 유

3 통상적으로 편익과 비용의 비교는 편익을 비용으로 나누어 그 값이 1을 넘느냐 라는 지표가 많이 사용된다. 즉 '$\frac{편익}{비용}>1$'이면 "정책적 타당성이 있다." 혹은 "사업성이 있다."라는 표현을 쓴다. '$\frac{편익}{비용}<1$'이면 그 반대이다. 현재가 아닌 미래의 편익과 비용의 계산에는 할인율이 사용된다.

용한 분석도구이다. 하지만 실제로 비용-편익분석은 응용이 쉽지 않다. 비용과 편익을 정량적으로 계산하는 일이 쉽지 않기 때문이다. 특히 편익의 크기를 정량적으로 산출하는 것이 어렵다. 시장실패가 발생하는 경우 정책의 비용과 편익이 계산되어야 하는데, 시장이 이미 실패하고 있는 상황에서 시장 밖에서의 어떠한 편익을 시장가격으로 계산하기가 쉽지 않기 때문이다. 외부효과, 공공재, 불완전정보 등 시장실패의 원인이 되는 대부분의 경우 시장가격이 존재하지 않거나 시장가격이 존재하여도 발생하는 편익을 추정하기가 매우 어렵다. 편익은 이처럼 대부분 '추정치'에 의존해야 하기 때문에 고의 또는 과실로 부정확한 계산이 도출되기 쉽다. 때로는 정치적인 이해관계에 따라 그 결과가 좌우되기도 한다. 앞서 언급한 도덕적 해이의 또 다른 예이다.

부동산시장에 대한 부동산정책 역시 원칙적으로는 비용-편익분석에 의한 정량적 평가대상이다. 그러나 현실적으로는 부동산정책에 대한 비용-편익분석이 이루어지는 경우가 거의 없다고 해도 과언이 아니다. 일반적으로 정부정책에 대한 엄밀한 효율성 원칙의 적용이 법적으로 의무화되어 있지 않기 때문이기도 하다.[4]

(2) 형평성의 원리

형평성의 원리는 부동산정책의 필요성 논리 중 사회정책적 논리 및 정치적 논리에서 도출할 수 있다. 형평의 문제는 경제적 논리에서 비롯된 효율성의 원리로는 해명하기 어려운 여러 문제들을 포괄하고 있다. 특히 형평성의 원리는 효율성의 원리처럼 수량화시키기도 어렵고 명쾌한 수학적 답이 주어지지도 않는다. 일반적으로 형

4 우리나라의 경우 정부의 대형 공공투자사업의 정책적 의의와 경제성을 판단하는 '예비타당성조사'가 법적으로 제도화된 비용-편익분석이라 할 수 있다. 예비타당성조사는 국가재정법에 규정되어 있으며 총사업비가 500억 원 이상이고, 국가의 재정지원 규모가 300억 원 이상인 신규사업 중 건설공사가 포함된 사업, 정보화 · 국가연구개발사업, 사회복지 · 보건 · 교육 · 노동 · 문화 · 관광 · 환경보호 · 농림해양수산 · 산업 · 중소기업 분야의 사업을 대상으로 기획재정부가 실시한다. 예비타당성조사는 경제성 분석과 정책성 분석으로 나뉘어 진행되는데 경제성 분석이 바로 비용-편익분석에 해당한다. 경제성 분석에서 타당성이 없다는 결론이 나와도 정책성 분석에서 타당성이 있을 수 있다.

평성의 원리는 사회구성원들 간에 경제적 · 정치적 · 문화적 격차와 갈등이 크지 않고 사회가 어느 한쪽으로도 지나치게 기울어 있지 않은 상태를 지향하는 것으로 이해되어 왔다. 형평성은 정치 · 경제 · 문화적 차원에서뿐만 아니라 인종적 · 성적 · 민족적 차원에서도 존재한다. 근대 자본주의가 만개한 이후 형평성의 원리는 노동운동(경제적 형평), 참정운동(정치적 형평), 여권운동(성적 형평), 인종차별반대운동(인종적 형평), 민족해방운동(민족적 형평) 등의 여러 사회운동의 형태로 발전되어 왔다. 형평성은 근대 시장경제가 주도한 물질주의와 이기적 합리주의에 대항하여 애타적 협동심을 바탕으로 한다고 볼 수도 있다. 20세기 이후 형평성의 문제는 시장경제가 사회적 약자들에 대한 복지를 점점 확장해 가는 사회적 복지국가의 문제로 수렴되는 경향이 있다.

부동산정책에서의 형평성은 2장에서 언급한 부동산의 공공성과 밀접하게 연관된 주제로, 사회적 약자에 대한 주거복지에서부터 개발이익의 사회적 환수, 지역균형개발, 토지와 주택에 대한 세금, 중산층의 내집마련 지원, '하우스푸어'[5] 지원 등 여러 분야에 관련되어 있다. 이중 사회적 약자에 대한 주거복지는 전세계적으로 대부분의 국가에서 공통적으로 추진되는 형평성 관련 부동산정책이다. 형평성의 원리는 우리 헌법을 비롯한 여러 법령에 제도화되어 있는데, 이는 앞의 2장에서 부동산의 공공성과 관련하여 설명된 바 있다. 우리 법률 중 부동산정책의 형평성 원리가 반영된 것으로는 1989년의 이른바 '토지공개념'에 의한 세 가지 법률, 즉 택지소유상한법, 토지초과이득세법, 개발이익환수법을 대표적으로 들 수 있다. 이중 택지소유상한법과 토지초과이득세법은 헌법재판소의 결정으로 백지화되었고 개발이익환수법은 지금까지 유효하다. 헌법 제35조 제3항에서는 "국가는 주택개발정책 등을 통하

5 집을 보유하고 있지만 무리한 대출로 인한 이자 부담 때문에 빈곤하게 사는 사람들을 가리키는 말이다. 일을 해도 소득이 충분하지 않아 빈곤에 허덕이는 사람들을 뜻하는 워킹푸어(working poor, 근로빈곤층)로부터 파생된 용어이다. 하우스푸어는 주택 가격 상승기에 주택 가격이 계속 상승할 것이라는 기대감을 바탕으로 무리하게 대출을 받아 집을 장만하였지만 금리 인상, 주택 가격 하락, 주택 거래 감소 등의 현상이 생기면서 고통받게 된다.

여 모든 국민이 쾌적한 주거생활을 할 수 있도록 노력하여야 한다."고 규정하고 있다.

(3) 환경성의 원리

18세기에 출현한 근대 자본주의 시장경제는 유사 이래 미증유의 생산력 증대를 인류에게 가져와 경제적 효율성을 통한 생활수준의 향상과 문화의 진보를 이룩하였지만, 19세기 이후 그 이익을 향유하는 계층과 향유하지 못하는 계층 간의 갈등이 본격적으로 대두되기 시작하여 형평의 문제가 효율성과 대립하기 시작하였다. 20세기에 들어와서는 경제적 성장이 자원을 급속히 소진시킴에 따라 사회 전체가 오염되고 인공적인 환경에 의해 위협받는다는 환경의 문제가 또 다른 화두로 등장하였다. 인류의 발달한 생산력이 활용할 수 있는 지구의 자원이 무한하지 않다는 인식은 2차 세계대전의 포화가 멈춘 이후 제기되기 시작하였으며 1962년 Rachel Carson의 《침묵의 봄》과 1968년 로마클럽의 〈인간 · 자원 · 환경문제에 관한 미래예측 보고서〉 이후 환경성 원리가 효율성과 형평성 원리 외에 또 하나의 핵심 원리로 자리 잡게 되었다. 2000년대 이후에는 탄소배출로 인한 지구온난화효과가 지구환경문제의 새로운 주제로 거론되고 있다. 우리 헌법에서는 환경권을 국민의 기본권으로 인정하고 "모든 국민은 건강하고 쾌적한 환경에서 생활할 권리를 가지며, 국가와 국민은 환경보전을 위하여 노력하여야 한다"(제35조 제1항)고 규정하고 있다.

부동산정책에서의 환경성 원리는 토지의 오염, 석면 등 발암물질과 알레르기 유발물질이 함유된 건축자재, 주택에서의 라돈가스, 주거와 업무공간에서의 소음과 악취문제 등에 적용될 수 있다. 특히 친환경건축과 관련하여서는 세계 각국이 '친환경건축물 인증제도'를 시행하고 있는데, 이는 에너지와 토지이용, 생태환경 등의 분야에서 친환경적인 건축물을 정부가 공식적으로 인증하여 주는 제도이다. 우리나라에서는 2002년부터 시행되고 있다. 친환경건축물 중 에너지 분야에 특화한 주택을 '패시브하우스(Passivhaus)'라 부르는데 이는 단열기능을 최대화함으로써 외부로부터 에너지를 끌어오지 않고도 냉난방과 환기가 가능한 주택이다.[6]

환경성의 원리는 효율성의 원리 또는 형평성의 원리와 충돌할 수 있다. 환경성의 원리는 토지의 개발이 회복할 수 없는 상처를 자연에 남긴다고 간주하기 때문에 시장원리에 따른 제반 도시확장의 개발행위, 즉 택지개발, 공단개발, 골프장개발 등을 반대한다. 형평성의 원리에 따라 사회적 약자의 주거복지를 위해 녹지와 농지를 대규모로 개발하여 임대주택을 건설하는 문제에 있어서도 환경성의 원리는 환경파괴와 오염을 이유로 이에 반대할 것이다.

2 부동산정책 각론

부동산정책의 원리들은 각각의 개별적 부동산정책들에 의해 구체화된다. 여러 형태의 개별적 부동산정책을 분류하는 정해진 기준은 없으나 편의상 토지정책, 주택정책, 기타정책으로 나눌 수 있다. 또한 부동산의 관리정책, 이용정책, 가격규제정책(수요억제정책), 소유 및 거래정책, 개발정책, 공급정책, 조세정책, 금융정책 등으로 분류하기도 한다.

---

6 구체적으로는 냉방 및 난방을 위한 최대 부하가 1㎡당 10W 이하인 에너지 절약형 건축물을 가리킨다. 이를 석유로 환산하면 연간 냉방 및 난방 에너지 사용량이 1㎡당 3ℓ 이하에 해당하는데, 한국 주택의 평균 사용량은 16ℓ이므로 80% 이상의 에너지를 절약하는 셈이고, 그만큼 탄소배출량을 줄일 수 있다는 의미이기도 하다. 기본적으로 남향(南向)으로 지어 남쪽에 크고 작은 창을 많이 내는데, 실내의 열을 보존하기 위하여 3중 유리창을 설치하고, 단열재도 일반 주택에서 사용하는 두께의 3배인 30㎝ 이상을 설치하는 등 첨단 단열공법으로 시공한다. 단열재는 난방 에너지 사용을 줄이는 것이 주목적이지만, 여름에는 외부의 열을 차단하는 구실도 한다. 또 폐열회수형 환기장치를 이용하여 신선한 바깥 공기를 내부 공기와 교차시켜 온도차를 최소화한 뒤 환기함으로써 열손실을 막는다. 이렇게 함으로써 난방시설을 사용하지 않고도 한겨울에 실내온도 약 20℃를 유지하고, 한여름에 냉방시설을 사용하지 않고 약 26℃를 유지할 수 있다. 1991년 독일의 다름슈타트(Darmstadt)에 첫 패시브하우스가 들어선 뒤로 독일을 중심으로 유럽에 빠르게 확산되고 있다. 특히 독일의 프랑크푸르트는 2009년부터 모든 건물을 패시브하우스 형태로 설계하여야만 건축 허가를 내주고 있다(출처: 두산백과).

1) 부동산관리정책

의미 있는 부동산정책이 입안되고 집행되기 위해서는 현존하는 부동산 물건, 즉 토지 · 주택 · 건물 등의 위치, 크기, 이용규제, 권리변동내역, 시장가격 등에 관한 정확한 정보가 선행되어야 한다. 부동산관리정책은 부동산 물건들에 대한 체계적 정보를 수립하고 관리하는 정책으로 요약될 수 있다. 부동산에 관한 물리적 · 도시계획적 · 경제적 · 법률적 · 행정적 정보를 '부동산정보'로 총칭한다면 부동산관리정책은 부동산시장의 문제해결을 위한 제반 적극적 정책결정의 토대를 제공하기 위한 정책이라고 정의할 수 있다.

(1) 부동산 정보의 종류

① 지리 정보

지형, 지물, 지명, 경계 등의 위치 및 속성에 관한 정보이다. 담당부처는 국립지리원(지형도)과 각 시군구(지적도, 임야도)이다.

② 지적 정보

지적(cadastre)이란 전 국토를 대상으로 토지에 대한 지번, 지목, 면적, 경계, 좌표 등에 관한 사항을 각종 공부[토지대장, 임야대장, 지적도, 임야도, 수치지적도 등 지적공부(公簿)]에 등록하는 것을 뜻한다. 지적공부는 일선 시군구에서 수립하고 관리한다(직권 등록주의, 실질적 심사주의).

③ 건축물 정보

건물의 소재 · 번호 · 종류 · 구조 · 면적, 소유자의 주소 · 성명 등을 등록하여 건물의 물리적 · 행정적 상황을 명확하게 하는 장부를 건축물대장이라 부른다. 담당기관은 일선 시군구이다. 건축물대장에는 일반건축물대장과 집합건축물대장이 있다. 전자는 일반건축물에 해당하는 건축물 및 대지에 관한 현황을 기재한 대장이고, 후자는 집합건축물에 해당하는 건축물 및 대지에 관한 현황을 기재한 대장이다.

④ 등기 정보

부동산의 물권적 권리변동관계를 공시하는 부동산등기부를 작성하고 관리하는 주체는 대법원(등기소)이다. 부동산의 등기는 지적의 등록과는 달리 담당관원(등기관)의 직권 심사가 아닌 당사자의 신청에 의하여 이루어지는 것이 원칙이다(당사자 신청주의). 또 신청된 내용을 등기관이 실질적으로 심사하는 것이 아니라 형식적으로만 심사한다(형식적 심사주의).

우리나라와 일본에서는 토지와 건물이 독립된 법적 물건이기 때문에 토지등기부와 건물등기부가 따로 구성되어 있다. 일부 사회주의권도 마찬가지이다. 그밖의 모든 국가들에서는 토지등기부가 부동산의 등기를 대표하며 건물등기부가 따로 있지 않다.

⑤ 토지이용규제 정보

후술되는 토지이용정책에 의한 용도지역 · 지구 등의 지정 상황과 행위제한내용은 토지이용규제정보서비스(LURIS)와 한국토지정보시스템(KLIS)이 제공하는 '토지이용계획확인서'에 요약되어 있다.

⑥ 가격 정보

부동산의 가격 정보는 통상 정부의 과세 목적으로 조사되고 공시된다. 먼저 토지의 가격 정보는 공시지가로 대표된다. 공시지가는 국토교통부 장관이 전 국토에서 선별한 45만여 필지를 대상으로 조사 평가하여 공시하는 표준지의 단위면적당 가격과 약 2,700여만 필지를 대상으로 하는 개별지가를 의미한다. 공시지가는 재산세와 개발부담금, 농지전용부담금 등의 과세표준이자 토지수용 시 보상금의 기초자료로 활용된다.

건축물의 가격 정보로는 재산세와 상속 · 증여세의 과세표준인 단독주택공시가격과 공동주택공시가격이 있다. 표준단독주택가격과 공동주택가격은 국토교통부 장관이 매년 결정 · 공시하고 개별단독주택가격은 시군구청장이 매년 결정 · 고시한다. 상가와 오피스텔 등의 비주거용 건물의 가격공시는 아직 이루어지지 않고 있으며, 일선 시군구에서 결정하지만 공시하지 않는 '시가표준액'에 의거하여 재산세가 과세된다.

(2) 부동산 행정정보 일원화 정책

우리나라는 토지와 건물이 독립적으로 다루어지기 때문에 토지와 건물의 물리적 · 행정적 · 법률적 · 경제적 정보가 앞에서 살펴본 대로 개별적으로 다루어지고 있다. 또 개별적으로 각 부동산 정보가 관리되기 때문에 부동산 공부 간 불일치현상이 발생하고 이로 인한 폐해 역시 만만치 않다. 부동산 정보가 이처럼 분산 관리됨으로써 발생하는 행정적 낭비와 국민의 정보비용을 줄이기 위해 국토교통부에서는 2009년부터 '부동산 행정정보 일원화 사업'을 추진하고 있다.[7] 이 사업은 국가 부동산 공부(등기, 지적, 건축물, 가격 등) 18종을 1종의 종합공부로 구축하여 국민과 관련 기관에 정확한 정보를 제공함으로써 부동산 행정 공신력을 제고하고 국민의 재산권을 보호하기 위하여 추진되고 있다. 2013년부터는 등기부를 제외한 행정공부를 통합한 부동산행정종합공부가 전국적으로 완성되며 2014년부터는 사법부 관할의 등기부와의 통합 작업이 추진될 예정이다.

7 국토교통부에 의하면 분산된 행정 및 사법기관과 그로 인한 부동산 공부 간의 중복업무는 연간 약 579만 건에 달하고, 중복되는 정보처리는 연간 약 8,826만 건에 달하고 있으며, 공부 간 부동산 정보의 불일치가 연간 약 5,000만 건 이상 발생하고 있다.

(3) 지적재조사사업

우리나라는 100여 년 전 일본에 의해 시행된 토지조사사업 이후 도입된 근대적 지적 제도를 유지하고 있으나 당시에 사용되었던 종이지적도가 아직도 지적도의 근간을 이루고 있어 실제 토지이용경계가 일치하지 않는 경우(지적불부합지) 등으로 토지 소유자 간 경계분쟁을 초래하는 경우가 많았다.[8] 따라서 정부에서는 토지의 실제 현황과 일치하지 아니하여 발생하는 지적공부의 등록사항을 바로잡고 종이지적을 디지털지적으로 전환하는 지적재조사사업을 2013년부터 2030년까지 추진한다.[9] 지적재조사에서는 특히 현행 동경원점의 지역좌표계가 세계측지계로 전환된다.

2) 부동산이용정책

(1) 토지이용규제

부동산은 그 입지가 고정되어 있기 때문에 여러 형태의 외부효과를 유발할 수 있다. 긍정적 외부효과는 정부의 개입이 반드시 필요하지 않을 수 있으나 부정적 외부효과는 정부의 개입으로만 문제가 해결되는 경우가 많다. 부정적 외부효과 중 대표적인 사례는 인근에 입지한 공장이나 축사에서 발생하는 소음, 분진, 악취로 정상적인 주거생활을 할 수 없는 주택이 될 것이다. 때로는 공해유발행위는 아니지만 유흥 · 숙박업소의 문화적 퇴폐성이 주거생활을 심각히 침해하는 것으로 간주되기도 한다. 이러한 외부효과를 내부화하기 위해 정부는 공공의 이익을 위하여 특정 토지의 이용상황을 제한하는 정책적 개입을 할 수 있다. 이를 '토지이용규제' 또는 '토지이용계획'이라 부른다.

---

8 토지 경계가 실제와 달라 재산권 행사에 불편을 초래하고 있는 토지가 전국 토지의 약 15%(약 554만 필지)에 이른다고 국토교통부는 추정한다.

9 2012년 지적재조사에 관한 특별법 제정, 총 소요예산 약 1조 2천억 원.

토지이용규제와 토지이용계획은 같은 의미로 불리기도 하지만 엄밀히 말하면 독일 등의 유럽대륙적 제도와 미국 · 영국 등의 영미문화권적 제도를 대변하는 접근법으로 구분할 수 있다. 즉 토지이용규제는 '용도지역 · 지구제'로 대표되는 토지이용의 '소극적 규제방식'으로 부동산의 부정적 외부효과를 방지하기 위하여 각 토지의 이용 용도를 사전에 정해 놓은 다음 이에 위반되는 토지이용을 금지하는 형태로 토지이용을 제한한다. 예를 들어 주거를 목적으로 하는 토지이용지역을 설정한 다음 주거생활에 외부효과를 발생시키는 공장이나 동물사육장, 술집, 디스코장 같은 시설은 건축되지 못하도록 금지하는 것이다. 또는 도시 과밀지역의 화재나 위생문제의 해결을 위해 건축선을 후퇴시키거나 높이 · 밀도를 규제하기도 한다. 이러한 규제 등의 금지되는 사항만 준수한다면 토지이용에 있어 다른 제한은 없다. 반면 토지이용계획은 규제를 넘어 어떠한 합목적적 도시공간 형성을 위하여 토지의 이용과 건축물의 구성 등에 관한 '적극적 · 구체적 계획'을 세운 다음 이 계획에 맞추어서만 토지이용 및 건축물 건축이 가능한 형태로, 부동산의 이용을 유도하는 방식이다. 독일의 '상세계획제도(B-Plan)'에 의한 도시계획이 토지이용계획의 대표적 사례이며 우리나라 도시관리계획에 규정되어 있는 '지구단위계획' 역시 토지이용계획의 사례이다. 결국 우리나라의 부동산이용정책, 즉 도시계획체계는 미국식의 용도지역제를 중심으로 하되 독일식의 상세계획제를 보조적으로 채택하고 있다고 할 수 있다.

부동산이용을 토지이용규제 또는 토지이용계획으로서 제한 · 유도한다는 사실은 근대 시장경제가 바탕으로 하는 사유재산권에 대한 중대한 제한이 될 수밖에 없다. 때문에 용도지역 · 지구제를 대표하는 미국에서는 이에 관련된 기나긴 법률적 갈등이 있고 난 후에야 비로소 조닝(zoning: 미국의 용도지역)제도가 합법적인 법적 질서로 인정받게 되었다.[10] 그렇지만 조닝 이외에 다른 법령에 의하여 지정되는 여러 종

10 20세기 초기 정해진 용도로만 건축이 가능하다는 용도지역제도는 영국 보통법상의 생활방해(nuisance) 외에는 무제한의 건축적 자유를 누리고 있던 미국의 전통에 비추어 받아들이기 힘든 개념이었다. 미국 연방정부가 1922년 조닝법을 제정한 이후 위헌 논란이 끊이지 않았고 이에 대한 판례도 일치되지 않던 1926년 미국 연방대법원은 유클리드(Euclid) 마을 판결을 통해 용도지역제를

류의 지역 · 지구들에 대해서는 이러한 규제에 의하여 재산권의 본질이 훼손되어 실제로 토지를 사용할 수 없는 정도에 이르게 되면 사실상의 수용으로 보아 보상해야 한다는 '규제적 수용(regulatory taking)'의 법리[11]가 판례로 인정되고 있으며, 각각의 사례에 대한 구체적 판단은 법원의 판단에 의해 달라질 수 있다.

우리나라에서는 미국식 용도지역제를 채택하고 있지만 미국의 '개인재산권 선, 공공복리 후' 원칙이 아닌 '공공복리 선, 개인재산권 후'라는 사회적 관습 및 법질서에 의해 토지이용규제를 운용해 오고 있기 때문에 재산권 침해에 대한 보호기능이 약화되는 경향이 있다. 우리나라의 토지이용규제는 과거의 '도시계획법'을 대체한 '국토의 계획 및 이용에 관한 법률'(2002년 제정, 국토계획법으로 약칭)에 의해 주로 이루어지고 이밖에 건축법 등 수십 종의 부동산공법에 의해 보조적으로 이루어지고 있는데, 그 핵심은 〈도시관리계획〉이라 할 수 있다. 우리나라의 토지이용규제에 의해 지정되는 주요 지역 · 지구 · 구역 · 권역은 다음 표와 같다.

표 9-1 우리나라의 지역 · 지구 · 구역 · 권역

관련법		지역 · 지구 · 구역 · 권역
계획법	국토의 계획 및 이용에 관한 법률	도시지역, 관리지역, 농림지역, 자연환경보전지역, 경관지구, 미관지구, 고도지구, 방화지구, 방재지구, 보존지구, 시설보호지구, 취락지구, 개발진흥지구, 특정용도제한지구, 그밖에 대통령령이 정하는 지구 개발제한구역, 도시자연공원구역, 시가화조정구역, 수산자원보호구역
	수도권정비계획법	과밀억제권역, 성장관리권역, 자연보전권역

공공의 복리 증진을 위한 합헌으로 인정하였다.

11 규제적 수용이란 토지이용규제가 '어느 정도를 넘어서면' 수용의 효과를 갖는 것으로 간주되어 해당 법제도는 무효화되고 보상이 요구된다는 개념이다. 2005년의 Lingle 판례에서는 규제적 수용을 판단하는 네 가지 기준이 정립되었다(김지엽 · 정종대, 2007).

개별법	농지법	농업진흥지역, 농업진흥구역, 농업보호구역
	농어촌정비법	마을정비구역, 한계농지정비지구
	산지관리법	보전산지, 준보전산지, 산지전용제한지역, 토석채취제한지역, 채석단지
	낙농진흥법	낙농지구
	자연환경보전법	생태 · 경관보전지역, 자연유보지역, 시도 생태 · 경관보전지역
	습지보전법	습지보호지역, 습지주변관리지역, 습지개선지역
	군사기지 및 군사시설 보호법	보호구역, 민간인통제선, 비행안전구역, 대공방어협조구역
	자연공원법	공원구역, 공원자연보존지구, 공원자연환경지구, 공원자연마을지구, 공원밀집마을지구, 공원집단시설지구
	수도법	상수원보호구역
	하천법	하천구역, 홍수관리구역
	산업입지 및 개발에 관한 법률	산업단지(국가산업단지, 일반산업단지, 도시첨단산업단지, 농공단지), 준산업단지
	택지개발촉진법	택지개발예정지구
	도시개발법	도시개발구역
	도시 및 주거환경정비법	정비구역
	문화재보호법	문화재보호구역

출처: 이태교, 이용만, 백성준 (2012).

이중에서 국민의 실생활에 가장 큰 영향을 끼치는 것으로는 용도지역,[12] 용도지구, 개발제한구역, 수도권과밀억제권역, 농업진흥지역, 군사시설보호구역, 생태 · 경관보전지역, 상수원보호구역, 문화재보호구역 등을 들 수 있다. 이들 토지이용규제에 의한 재산권 침해에 대하여는 재산권에 내재된 수인한도상의 의무로 간주되었기 때문에 보상규정이 따로 없었다가 1998년 헌법재판소의 개발제한구역(일명 그린벨트)

12 도시관리계획에서 용도지역은 도시지역과 비도시지역으로 나뉜다. 도시지역은 주거지역 · 상업지역 · 공업지역 · 녹지지역의 네 가지로 나뉘고, 비도시지역은 관리지역 · 농림지역 · 자연환경보전지역으로 나뉜다.

헌법불일치 결정과 1999년 장기미집행도시계획시설 헌법불합치 결정 이후 부분적 개선이 이루어졌다. 그러나 아직 미국과 같은 보상[13]은 이루어지지 않고 오직 규제기관에 매수청구권이 인정될 뿐이다. 또한 형식적 수용이 아닌 토지이용규제에 의한 실질적 수용의 법리, 즉 '공공필요' 내지 '공익상 목적'이 무엇이고 어떤 조건을 충족시켜야 하는가에 대한 문제가 본격적으로 다루어지지 않고 있는 상태이다. 때문에 도시계획에 있어서 사유재산권과 공익의 엄밀하고 공정한 비교형량을 위해서는 미국이나 독일처럼 토지이용계획의 적법성을 행정청의 재량행위가 아닌 법원의 사법심사(gerichtliche Überprüfung)에 의해 부여하는 방식이 고려되어야 할 것으로 보인다(강현호, 1998).

(2) 개발권양도제(Transferable Development Rights: TDR)

미국에서는 토지이용규제에 의한 토지재산권 침해를 시장원리를 통해 해결하려는 시도로서 개발권양도제가 도입되어 있다. 개발권양도제란 토지에 대한 소유권과 개발권을 분리하여 개발권을 개인 간에 거래할 수 있도록 하는 제도로서, 특정한 토지에 대하여 토지이용규제를 통한 개발권 억제를 강제하는 대신 그 가치적 손실을 다른 지역의 개발권으로 대치해 주는 것을 말한다. 공적인 손실보상이 아닌 시장기구에 의한 손실보상이라 할 수 있다. 분리된 개발권은 수요가 있는 지역에서 매수하여 법정밀도 이상의 개발을 행사하거나 시장에서 거래된다. 1970년대 미국 뉴욕에서 그랜드센트럴 역(Grand Central Station) 등 도시 고밀도지역의 역사적 구조물 보존을 위해 이용하였으며, 점차 우량농지 · 환경보호 · 도시재개발 등에 이용이 확대되었다. 일본 역시 역사적 건물 및 지역의 보존을 위해 개발권양도제를 활용하여 도심을 정비하고 있다.

13 여기서의 보상은 수용에 따른 보상이 아니라 재산권의 '사용 · 제한(헌법 제23조 제3항)'에 의한 〈손실보상〉의 개념이다. 즉 우리 헌법에서는 손실보상을 인정하나 하위법에서는 그것이 법제화되지 않고 있다는 뜻이다.

우리나라에서도 개발권양도제는 토지이용규제로 인한 재산권 침해를 시장원리를 통해 구제할 수 있다는 측면 때문에 얼마 전부터 많은 관심의 대상이 되었다. 즉 토지이용규제로 상대적 수익을 누리는 토지소유자로부터 상대적 손실을 당하는 토지소유자로 개발권 양도에 따른 대가가 지급됨으로써 개발이익의 전유와 관련한 사회적 갈등이 국가의 행정적 개입이나 재정적 투입 없이 당사자 간 거래를 통해 저절로 해소되고 손실보상액이 시장가격으로 평가됨으로써 시장효율성을 유지할 수 있다는 점이 장점으로 부각되고 있다. 하지만 개발권 양도를 다루는 별도의 시장제도를 새로 창출하는 데서 오는 문제, 즉 이 제도가 기술적으로 단순하지 않고 관련 전문가도 부족할 뿐만 아니라 개발밀도의 현황에 대한 정확한 사전조사가 충분하지 않은 데 덧붙여 낯선 제도에 대한 정서적 · 문화적 거부감을 극복해야 하는 등의 제반 문제점들이 개발권양도제의 도입에 현실적 장애가 되고 있다.

부동산의 공익적 사용과 개인의 사유재산권 간의 갈등이 토지이용규제에서 다루어지는 핵심적 문제라면 부동산의 소유를 제한하는 제도에서 그 갈등은 또 한번 표출된다.

3) 부동산소유제한 정책

2장에서 거론된 부동산의 공공성 논의는 부동산을 동산처럼 경제주체가 제한 없이 소유하고 사용할 수 있는가에 대한 문제제기이다. 그렇지만 근대적 법치제도에서 부동산의 공공성은 주로 부동산의 이용에 관련된 제한으로 이해되고 적용되어 왔다. 고대 로마법과 중세 영국의 보통법(common law)을 계승한 근대의 법치주의는 재산권 보장의 전제 아래 어떻게 공공의 이익과 복리를 위해 각종 토지이용규제를 헌법의 범위 내에서 정당화시키느냐에 관한 법리적 논의를 오랜 시간 축적해 왔다. 또한 도로 · 국방 등 공공재 공급을 위하여 개인의 토지를 국가가 수용하고 그에 대한 보상금을 지급하는 제도도 어디서든 폭넓게 인정되고 있다. 하지만 생산수단에 대한 사적 소유를 부정하는 사회주의경제가 아닌 이상 부동산에 대한 재산권의 소유와 매매 자체를 제한하기는 쉽지 않은데, 우리나라에서는 그러한 소유제한제도가 과거 운용되었거나 현재 운용되고 있다.

(1) 농지 소유의 제한과 상한

우리나라는 해방 이후 소농 · 자작농을 중심으로 농업질서를 재편하면서 농지에 대하여 경자유전(耕者有田)의 원칙을 지켜 오고 있다. 경자유전이란 농사짓는 자만이 농지를 소유할 수 있다라는 뜻으로, 우리 헌법 제121조에 규정되어 있으며[14] 이로부터 농업인이 아니면 농지를 소유할 수 없고, 또 농업인이라 할지라도 지나치게 큰 규모의 농지를 소유할 수 없도록 하는 제도가 탄생하였다.

① 농지 소유의 제한

농지법에 의하여 자신의 농업경영에 이용하거나 이용할 자가 아니면 농지의 소유가 원칙적으로 금지되어 있다. 따라서 농지 취득을 위해서는 '농지취득자격증명'이 있어야만 물권변동이 이루어지며, 이는 행정적 규제가 민법적 법률행위의 구성요건이 되는 특별한 상황이다. 농지취득자격증명은 농업경영계획서를 작성하여 시장 · 구청장 · 읍장 · 면장에게 신청하여야 발급받을 수 있다. 예외적으로 농지를 소유할 수 있는 경우는 공공기관의 농지 소유나 상속 등의 사례로 한정되어 있으며, 보통 도시민의 농지 소유가 허용되는 예외적 경우는 주말 · 체험농장으로서 가구당 1,000㎡까지이다.

농지를 적법하게 취득한 후라도 농사를 짓지 않는 등 농업경영의 요건이 충족되지 않으면 농지의 처분의무가 발생한다. 상속농지(10,000㎡), 이농한 자의 농지

14 헌법 제121조 제1항: 국가는 농지에 관하여 경자유전의 원칙이 달성될 수 있도록 노력하여야 하며, 농지의 소작제도는 금지된다.

(10,000㎡), 주말 · 체험농장(1,000㎡)의 소유상한을 초과하는 농지에 대하여도 처분의무가 발생한다. 처분의무기간 이내에 농지를 처분하지 않으면 시장 · 군수 · 구청장은 당해 농지를 처분할 것을 명령할 수 있고 이행강제금도 부과할 수 있다. 농지 소유자가 농업경영을 스스로 하지 않고 농지를 임대차하거나 위탁경영하는 것도 경자유전의 큰 원칙에 위배되기 때문에 그 요건을 엄격히 하여 규제하고 있다.[15]

② 농지의 소유상한

1948년의 제헌헌법 이후 우리 헌법은 소작금지를 통하여 자작농을 기본으로 하고 농지 소유에 상한을 두어 전근대적 지주계층이 아닌 소작농을 중심으로 농업을 운영하고자 하는 원칙을 견지해 왔다. 따라서 아무리 농사를 많이 짓고자 하는 농업인이라 할지라도 3정보(약 9,000평)를 넘어서는 농지를 소유하지 못하도록 하는 제도가 해방 이후 시행되었다가 이후 50,000㎡로 상한선이 확대되었는데, 대기업농을 통한 농업의 현대화를 가로막는다는 인식에서 2002년 철폐되었다. 하지만 상속농지에 대한 소유상한(10,000㎡), 이농한 자의 농지에 대한 소유상한(10,000㎡), 주말 · 체험농장의 소유상한(1,000㎡)은 여전히 남아 있다.

(2) 토지거래허가제도

국토계획법에서 규정된 토지거래허가제도는 투기억제를 위하여 어떠한 지역의 토지를 지정한 다음 그 지역 내에서 토지거래, 즉 토지매매를 오직 행정청의 허가에 의해서만 가능하도록 하는 제도이다. 토지거래허가구역은 '토지의 투기적 거래가 성행하거나 지가가 급격히 상승한 지역과 그러한 우려가 있는 지역'을 국토교통부 장관이 중앙도시계획위원회의 심의를 거쳐 지정한다. 허가구역의 지정기간은 5년 이내이며, 투기양상이 사라져 지정사유가 없으면 즉시 해제할 수 있다. 도시지역과 비

15 질병 · 징집 · 취학 · 공직취임 등.

도시지역에서 토지거래허가의 대상이 되는 기준면적은 별도로 규정되어 있는데, 주거지역은 180㎡ 이상, 상업지역은 200㎡ 이상의 토지거래가 허가대상이다. 허가권자는 시장 · 군수 · 구청장이며, 허가대상이 되는 거래행위는 소유권과 지상권의 이전 · 설정을 위한 유상계약이다.[16] 허가요건은 이용목적의 실수요성, 도시관리계획과의 합치성, 면적의 적합성 등이며 허가신청 시 자금조달계획을 제출해야 한다. 투기목적이 아닌 실수요성을 인정받아 토지거래허가를 받았다 할지라도 거래 후 5년의 범위 내에서 허가신청에 합당한 이용의무가 발생하며[17] 이 기간 동안 제3자에 대한 매도가 금지된다. 이용의무를 위반하면 이행강제금이 부과된다. 토지거래허가구역은 토지가격과 주택가격의 상승기에는 증가하다가 부동산시장 침체기에는 줄어들곤 한다.[18]

토지거래허가는 공법상의 행정적 처분이지만 민법적 효력발생요건이기도 하다. 이는 농지취득 시의 농지취득자격증명이 가지는 효력과 비슷하다. 행정행위가 물권변동을 직접 규율한다는 점에서 공법(公法)과 사법(私法)의 이원론적 분리를 기초로 하는 근대 법치주의의 법리와 어긋나는 측면이 있다. 행정행위가 현실에서 발생된 구체적 사실관계에 대하여 정립되어 있는 추상적이고 일반적인 규범을 적용하는 행위라는 측면에서는 국토교통부 장관이 구체성을 결여한 '투기의 우려'라는 심증만 가지고 토지거래허가구역을 지정할 수 있다는 점이 행정행위의 적법성을 위협하는 요소이다. 또한 지역행정기구가 아닌 국토교통부 장관이 지정권자라는 측면에서[19] 도시계획의 지역고권(Planungshoheit der Gemeinden)[20]이라는 근대적 토지이용규제

16 전세권 · 저당권 · 지역권 · 유치권 · 임차권 등의 설정이나 소유권의 무상증여 중 부담 없는 증여, 그리고 상속, 공경매는 허가대상이 아니다.

17 농지는 2년 이내, 주택용지는 3년 이내 허가받은 목적으로 사용해야 한다.

18 전국의 토지거래허가구역은 부동산시장이 활황기를 막 지난 2008년 1월 20,060.6㎢(전 국토의 20%)에서 부동산시장 침체가 지속되고 있는 2013년 6월 482.4㎢(전 국토의 0.5%)로 대폭 감소하였다.

19 동일 시군구 내에 한해 토지거래허가구역 지정을 시도지사에 위임할 수 있다. 그러나 위임의 경우에도 법적 지정권자는 국토교통부 장관이다.

20 공익을 위한 토지이용계획과 개발행위허가 등 토지재산권 제한에 대한 권한은 해당지역의 지방정

의 원칙과도 합치하지 않는다. 따라서 이는 다른나라에서는 선례를 찾아보기 어려운 예외적 비상조치라 할 수 있다.

(3) 택지소유상한제

1988년 서울올림픽을 치른 후 주택가격과 토지가격의 급등 양상이 나타났다. 이에 정부는 부동산시장 안정을 위하여 '주택 200만 채 건설'이라는 공급확대정책과 '토지공개념'이라는 수요억제정책을 동시에 추진하였다. 택지소유상한제는 토지공개념에 의해 제정된 세 가지 법 중 하나로, 강력한 부동산공개념에 입각하여 택지소유에 있어 그 면적의 한계를 설정하고 이 한계를 초과하는 택지의 소유를 금지하는 제도이다. 1989년 입법취지로는 토지의 편중현상 완화, 경제사회의 불공정 · 불평등 제거, 택지의 원활한 공급 유도, 투기적 이익의 사유화 방지 등이 거론되었다. 택지소유의 상한선은 200평으로 정해졌다.

택지소유상한제는 1999년 헌법재판소의 위헌결정에 따라 폐지되었다. 위헌 사유는 과잉금지원칙 위반, 신뢰보호의 원칙 및 평등원칙 위반이다.

(4) 외국인의 토지취득을 제한하는 정책

과거 외국인의 토지취득은 영토 보전의 차원에서 엄격히 제한되었다(외국인토지법). 1992년 외국인 투자기업의 토지취득을 가능하게 하는 법개정이 이루어졌고, 1997년 외환위기 이후는 위기극복을 위한 외국인의 투자 활성화를 유도하려는 목적으로 1998년 군사시설보호구역 등 토지취득을 특별히 제한할 필요가 있는 지역을 제외하고는 외국인의 토지취득을 허가제에서 신고제로 전환하게 되었다.

부에게 원칙적으로 귀속한다는 원리로 독일 건축법 제36조에 규정되어 있으며 미국의 용도지역제도와 우리나라의 도시관리계획 역시 중앙정부 차원이 아닌 지자체 차원에서 성립한다. 우리나라에는 이와 관련한 명문규정은 없다.

4) 부동산거래정책

부동산거래정책은 부동산의 거래에 정부가 공익을 위하여 개입하는 제반 정책적 도구를 총칭한다. 부동산거래정책은 부동산소유정책과 상당 부분 겹치기도 한다. 부동산거래정책은 부동산에 내재하고 있는 정보비용의 문제, 즉 정보의 불확실성과 정보의 비대칭성을 최대한 교정하여 부동산거래가 투명하고 신속하게 이루어질 수 있도록 유도하는 데 근본적인 목적이 있다.

(1) 부동산 실거래가 신고제도

부동산거래 시 거래당사자인 매수인 · 매도인이 토지 또는 건축물의 매매에 관한 거래계약서를 작성한 때에는 부동산의 실제 거래가격 등을 거래계약의 체결일로부터 30일 이내에 당해 토지 또는 건축물 소재지의 관할 시장 · 군수 · 구청장에게 공동으로 신고하도록[21] 강제하는 제도가 부동산 실거래가 신고제이다(공인중개사의 업무 및 부동산거래신고에 관한 법률). 부동산 실거래가 신고제는 2006년 1월 1일부터 전국적으로 시행되고 있다. 신고된 부동산 실거래가는 부동산 등기부에 기재되며 취득세와 양도소득세의 과표로써 기능한다. 실거래가 신고제 이전에는 거래당사자들이 취득세와 양도세를 적게 내기 위해 거래가액을 축소신고하는 관행이 해방 이후 지속되어 왔기 때문에 실제 거래가액이 시장에 공개되지 못하는 경우가 많았다. 아파트같이 이질성이 작고, 대량으로 거래되는 부동산은 시장가격에 대한 정보를 어렵지 않게 얻을 수 있지만 토지나 단독주택, 상가빌딩 등의 부동산에 대한 거래가격 정보는 공개되지 않음으로써 부동산시장 정보의 불확실성을 높였다. 따라서 부동산 실거래가 신고제도는 거래당사자들의 세금부담을 높이긴 했으나 부동산시장의 투명성을 제고하는 데 큰 역할을 하였다. 투명하게 공개된 정보를 토대로 거래당사자끼리의

21 중개업자가 이러한 부동산중개거래 시 거래계약서를 작성 · 교부한 경우 당해 중개업자가 신고를 한다.

불공정 · 사기적 거래행위와 거래를 중개하는 중개업자의 불법거래 알선, 이중계약 등 탈법행위를 방지할 수 있는 토대를 마련하였다.

(2) 부동산실명제

부동산 실거래가 신고제와 함께 부동산시장의 정보 투명화에 큰 역할을 하고 있는 것이 부동산실명제이다. 부동산실명제는 1995년 7월 시행에 들어간 '부동산 실권리자 명의 등기에 관한 법률'에 따라 부동산거래를 반드시 매매당사자의 실제 이름으로 하도록 의무화한 제도이다. 즉 자신이 실제로 소유하고 있는 부동산을 남의 명의로 등기하더라도 그 소유권을 법적으로 보호해 주지 않겠다는 것이다. 따라서 부동산실명제는 등기를 남의 명의로 하더라도 소유권을 인정해 주는 이른바 '명의신탁'의 금지를 그 핵심내용으로 한다. 명의신탁이 채무면탈이나 조세포탈, 각종 법령상의 규제회피, 시세차익을 노린 투기 등에 악용되고 있어 그 자체를 금지하겠다는 취지이다. 1995년 7월 1일부터 모든 부동산계약에서 명의신탁은 금지 · 처벌되고(과징금: 부동산가액의 30%+이행강제금+5년 이하 징역 또는 2억 원 이하 벌금) 명의신탁 약정에 따른 등기는 무효가 된다.

(3) 투기지역과 투기과열지구

투기지역과 투기과열지구는 부동산 가격 상승에 대한 정부의 수요억제정책의 하나로서, 부동산 가격 상승이 다른 지역보다 높아 시장이 과열되고 있는 지역에 강력한 거래억제 및 수요억제의 규제수단을 활용하는 제도이다. 투기지역과 투기과열지구는 후술할 부동산 가격억제 정책에서 자세히 논한다.

(4) 등기의무제와 검인계약서제

우리나라의 부동산등기는 대륙법계인 독일의 등기부제도를 도입한 것으로, 민법적 물권변동을 공시하는 효과를 갖기 때문에 행정적 의무가 아닌 당사자 신청주의가 원칙이다. 하지만 우리나라는 부동산투기의 수단으로 이용되는 전매행위를 금지하고, 허위 · 부실의 등기신청과 같은 편법 · 탈법행위를 규제할 목적으로 1990년 '부동산등기 특별조치법'을 제정하였다. 이로써 취득한 부동산을 다시 다른 사람(제3자)에게 팔려는 계약을 하거나 제3자에게 자신의 지위를 이전하는 계약을 하려면 그 계약 이전에 먼저 소유권이전등기를 신청하도록 의무화하였다. 부동산거래의 실체권리 관계에 부합하는 등기를 신청하도록 규제하여 건전한 부동산거래질서를 확립하겠다는 취지에서 비롯되었다. '부동산등기 특별조치법'은 이와 함께 부동산 거래계약서를 작성할 때 거래부동산이 소재하는 시장 · 군수 · 구청장의 검인을 받도록 하는 검인계약서제도도 규정하고 있다.

5) 부동산가격규제(수요억제) 정책

우리나라는 부동산가격의 변동에 대한 국민의 관심도와 민감도가 상당히 큰 나라라고 할 수 있다. 개인자산에서 부동산이 차지하는 비율이나 자가보유율(전체 가구 중 자신의 집을 갖고 있는 가구의 비율) 등은 부동산에 대한 이러한 큰 관심을 보여 주는 지표이다. 동양문화 특유의 풍수지리설 역시 집과 땅에 대한 지대한 관심에 영향을 주었다고 할 수 있으며, 수치화된 조사는 없지만 '내 집'과 '내 땅'에 대한 애착이 다른 어떤 문화보다 크다고 할 수 있다. 부동산에 대한 애착이 큰 만큼 모든 국민이 평등하게 부동산에 대한 권리를 누려야 한다는 부동산 형평주의 역시 커다란 여론적 압력으로 작용한다. 부동산 형평주의는 집값이 오르면 그 대체제인 주택임대를 통해 주거서비스를 해결하려 하지 않고 어떻게든 내가 번 돈으로 내집마련을 하도록 정부가 앞장서야 한다는 정치적 압력으로 바뀌게 된다. 부동산 형평주의는 또 부동산 시세차익을 얻어가는 사람들에 대한 '투기꾼'이라는 도덕적 비난과 이들의 개발이익을 무거운 세금을 통해 '개발이익환수'하라는 정치적 · 제도적 요구로 표현되기도 한다.

때문에 우리나라의 과거 수십 년 부동산정책은 과열된 부동산시장을 안정시키고 급등한 부동산가격을 끌어내리려는 가격규제정책, 즉 단기적인 수요억제를 통해 부동산가격을 안정화시킴으로써 대다수 국민에게 내집마련의 기회를 제공하려는 정책에 의해 대변되어 왔다. 사실 부동산가격을 안정시키는 문제 때문에 다른나라에서는 찾아보기 힘든 정부의 종합적 부동산정책이 정기적으로 공표되는 것도 이러한 사정에 의해서이다.

반면 지난 수십 년간 집값과 땅값이 폭등하여 떼돈을 버는 사람을 많이 보아 온 터라 내 집과 내 땅을 자신의 행복한 주거생활과 건전한 생산활동의 토대로 여기기보다는 일해서 버는 소득을 훨씬 뛰어넘는 일확천금의 기회를 부동산 시세차익으로 얻으려 기대하는 심리도 뿌리 깊게 자리 잡고 있다. 때문에 우리나라의 부동산정책은 태생적으로 국민의 이율배반적 욕구를 모두 만족시켜야 하는 딜레마를 안고 있다. 지난 수십 년간 급속도로 진행된 근대화와 산업화 과정에서 수요억제를 통한 부동산가격규제 정책은 수도 없이 많이 입안되고 집행되었다. 그렇지만 그중에 성공한 정책으로 평가받는 것은 많지 않으며, 그 원인은 우선 이러한 딜레마에서 찾을 수 있다. 다음으로는 가격규제가 갖는 경제학적 해석이 또 하나의 원인으로 작용한다.

다음에서는 가격규제의 미시경제적 의미를 먼저 살펴보고 우리나라 부동산가격규제에 관련된 제반 정책적 도구들을 고찰한다.

(1) 가격규제의 미시경제적 효과

잘 작동하는 시장경제가 효율성을 통해 경제주체에게 최대한의 경제적 후생을 제공한다는 것이 후생경제학의 1 · 2법칙이었다. 시장의 효율성은 가격기구를 통해 달성된다. 가격기구는 외부의 개입 없이 시장거래자 모두가 스스로의 이익만을 위해 움직여도 '보이지 않는 손'에 의해 모두에게 최선인 경제적 결과를 가져다준다. 그렇지만 정부의 정책에 의하여 시장의 자율적 가격기구가 전면적으로 작동하지 않고 대신 정부가 지정한 특정 가격이 상한선과 하한선을 구성하는 경우가 있다. 가격의 움직임이 어느 선 위로 올라가지 못하도록 정부의 규제가 작동한다면 가격상한제(price ceiling), 어느 선 아래로 내려가지 못하도록 한다면 가격하한제(price floor)가 적용되는 셈이다. 가격의 상한선과 하한선 규제는 특정한 정책적 논리에 의해 추진된다. 예를 들어 가격하한제의 대표적 예는 노동시장에서의 최저임금제인데, 노동력의 재생산비용이 시장원리에 의해 결정되는 것이 때로 불완전할 수 있고 또 노동운동이 오래 지속되면서 오는 사회적 · 정치적 압력이 강하기 때문에 최저임금제를 통하여 임금이 어느 수준 이하로 내려가는 것을 법적으로 금지하는 것이다. 가격상한제는 전기요금 · 가스요금 · 교통요금 등과 같은 '공공요금'에 많이 응용되며 특히 주택과 같이 '가치재'로 간주되는 재화에 대하여 주거비 부담을 덜어 주기 위한 목적, 그리고 주택가격을 안정시키기 위한 목적으로 적용된다.

원칙적으로 가격상한선과 하한선의 설정은 가격 자체를 일정한 수준으로 묶어 놓는 것은 아니고 상한선 아래와 하한선 위의 가격 움직임은 시장기구에 의해 결정되기 때문에 사회주의경제에서와 같은 일방적 가격지시제도는 아니다. 하지만 시장균형가격이 상한선 아래에서 형성되거나 하한선 위에서 형성되면 가격상한제와 가격하한제는 그 제도적 의미를 상실하기 때문에 대부분의 경우 가격의 상한선과 하한선은 실제 시장균형가격의 아래(가격상한제의 경우) 또는 위(가격하한제의 경우)에 형성되어 강제력을 가지도록 설계되기 마련이다. 즉, 실질적으로는 가격지시제와 유사한 효과를 발생시킨다.

주택에 적용되는 가격상한제는 임대료상한제와 분양가상한제로 나뉠 수 있다. 임대료상한제는 월세가 임대료를 대표하는 대부분의 국가에서 시행 중이거나 시행 가능성이 있는 제도이다. 분양가상한제는 신규공동주택의 최초 구매가격이 일정한도를 넘지 않도록 규제하는 것으로, 우리나라의 대표적 가격상한제이다.

임대료상한제와 분양가상한제의 경제적 효과는 유사하다. 다음 그림은 주택에 대한 가격상한제를 나타내고 있다.

그림 9-2 | 주택에 대한 가격상한제

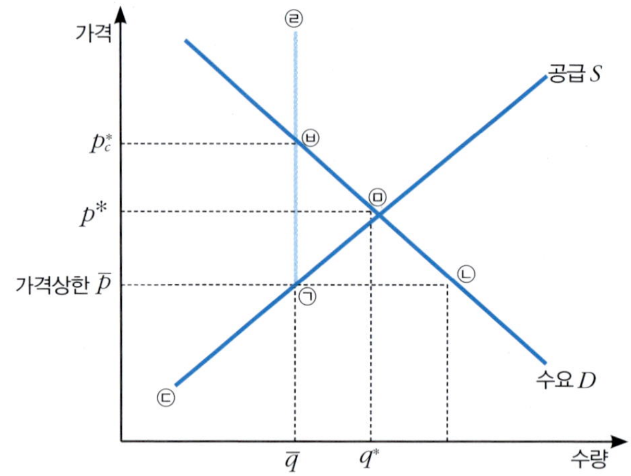

평상적인 수요곡선과 공급곡선하에서 시장균형가격은 p^*이고 균형거래량은 q^*이다. 이때 정부가 가격상한을 $\bar{p}$로 정하고 이 이상 가격이 상승되지 못하도록 규제한다면 수요는 그만큼 늘어나고 공급은 감소하게 되어 ㉠㉡만큼의 초과수요가 발생한다. 모자란 공급을 넘치는 수요에 배당하려면 시장기구 아닌 다른 방법이 동원되어야 하는데, 임대주택의 경우 임대주택 입주자격, 분양주택의 경우 청약가점제 등에 의한 기준이 우리나라에서 사용되고 있다. 일반적 가격상한제의 경우에는 선착순이나 뇌물 또는 친분관계 등이 부족한 물량의 할당(rationing)에 사용될 수 있다.

가격상한제에서 거래량은 q^*에서 $\bar{q}$으로 감소하고 국민경제 전체적으로 ㉠㉤㉥의 삼각형만큼 '경제적 순손실(deadweight loss)'이 발행하여 후생이 감소한다. 장기적으로 공급곡선은 ㉢㉠㉥㉣의 꺾어진 선으로 변하게 되는데, 가격 $\bar{p}$ 이상에서는 추가 공급의 이유가 사라지기 때문이다. 변형된 공급곡선하에서 균형점은 ㉥이고 이때의 균형가격은 p_c^*가 되며, 이때 (물량을 차지하는 일부) 소비자들은 $p_c^*-\bar{p}$만큼의 추가수익을 누리게 된다. 이 추가수익 때문에 가격상한제가 적용되는 임대주택시장에서 세입자들이 될 수 있으면 시장을 떠나지 않으려 하는 반면,[22] 시장에 새로 들어오려는 추가수요자는 더 증가하여[23] 시간이 갈수록 수요와 공급의 격차는 커지게 된다. 분양 주택시장에서는 이 추가수익이 시세차익으로 작용하여 투기적 가수요를 유발할 수 있다.

한편 공급의 경제적 근거가 사라지기 때문에[24] 신규공급은 정체될 수밖에 없으며 공급의 정체에는 주택수리와 리모델링의 감소를 동반하기 때문에 임대료상한제가 적용되는 지역은 슬럼화되는 경향이 있다. 여기에 2장에서 살펴본 것처럼 '깨진 유리창 효과'가 외부효과를 더하게 되면 결국 도시의 많은 부분이 황폐해지는 부작용을 초래할 수 있다. 장기적으로 발생하는 이러한 문제들은 단기와 장기의 수요 · 공급곡선이 달라지는 데 큰 원인이 있다. 단기적으론 주택의 공급탄력성이 작기 때문

그림 9-3 | 임대료 상한제의 장단기 효과

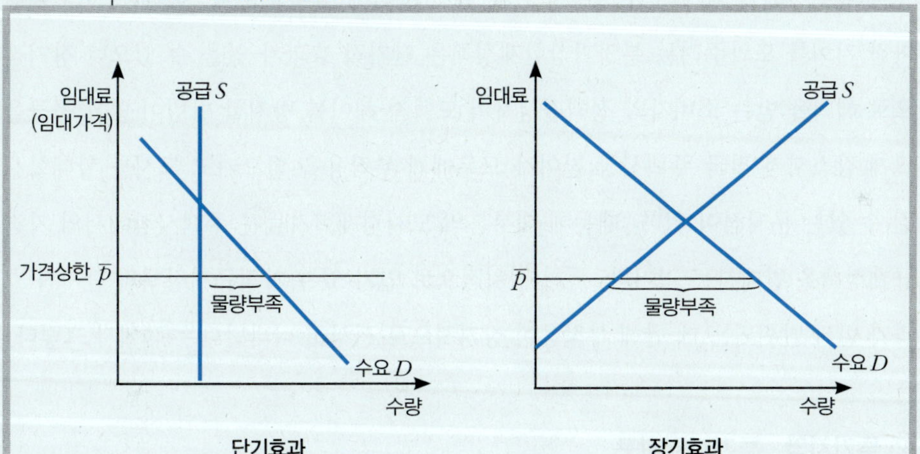

22 임대료규제를 시행한 미국 뉴욕의 경우, 규제된 임대료에 의해 저렴한 집세를 내던 대학생이 졸업 후 취직하였음에도 분양주택시장 등으로 이동하지 않고 계속 남아 있었던 사례가 대표적이다.

23 예를 들면 임대료상한제에서는 임대주택이 굳이 필요하지 않은 젊은이들이 부모의 집을 떠나 월세를 살려고 하는 유인이 커지게 된다.

24 임대주택 소유주의 입장에서는 임대료가 시장가격에 미치지 못하기 때문에 주택의 수리 · 리모델링은 물론 통상적 유지관리행위도 포기하기 쉽다.

에(극단적으로는 완전비탄력적) 임대료 규제의 부작용이 크지 않을 수 있으나, 장기적으로는 공급이 탄력적으로 대응하여 크게 감소하게 되어 [그림 9-3]과 같이 초과수요, 즉 물량부족의 폭이 커지게 되어 여러 가지 문제를 낳게 되는 것이다.

주로 주택가격 안정을 목표로 시행되는 분양시장에서의 분양가 규제 역시 장기적으로 초과수요를 증가시키는 경향이 있다. 따라서 분양가가 규제되면 최초의 주택수분양자는 큰 시세차익을 얻게 되겠지만 장기적으로는 공급의 감소에 따라 주택가격 전체가 상승하는 효과를 낳게 된다. 주택시장에서 신규분양주택은 재고주택의 1~3%에 불과하기 때문에 분양가를 규제하더라도 일반적 주택가격이 동반해서 하락하거나 안정화되기를 기대하기 어렵다. 단기적으로는 분양가 규제에 의한 전체 주택가격 안정이라는 효과를 부분적으로 달성할 수 있지만 장기적으로는 주택가격 폭등이라는 부작용을 불러올 수 있기 때문에 바람직하지 않다.

따라서 사회적 약자의 주거비 부담을 덜어 주려는 임대료규제정책과 서민의 내집마련 기회를 도와주려는 분양가상한제정책은 단기적 효과가 있을 수 있으나 장기적으로 혜택을 받는 소비자와 정책결정자의 도덕적 해이를 방지할 방법이 없고 공급을 크게 감소시켜 결국 주택시장 참여자 모두에게 부작용을 일으키고 도시를 황폐화시킬 수 있는 문제점이 있다. 때문에 대부분의 도시경제학자들은 주택시장에서의 가격규제정책을 반대하는 편이다. 특히 정치적으로 인기 있는 가격규제정책의 단기적 효과가 반짝 발휘되는 데 반해 부작용이 장기적으로 서서히 나타난다는 점에서 그렇다.

(2) 투기지역 · 투기과열지구

① 투기지역

투기지역은 소득세법(제104조의2 제1항)에 의하여 전국 부동산가격 상승률 및 소비자물가 상승률에 비해 부동산가격이 급등하거나 급등할 우려가 있을 경우[25] 기획재

25 토지 · 주택가격 상승률이 비교대상 기간(토지는 분기, 주택은 1~2개월) 전국 평균 상승률보다

정부 장관이 부동산가격안정심의위원회 심의를 거쳐 지정하는 지역으로 주택투기지역과 토지투기지역으로 나뉜다. 원래 투기지역으로 지정될 경우 양도소득세가 실거래가로 과세되고 필요시 15%p 범위 내에서 탄력세율이 중과세될 수 있는데 부동산 실거래가 신고제 이후 투기지역 지정의 효과는 주로 주택투기지역에서의 LTV(Loan To Value Ratio, 주택담보대출 담보인정비율)과 DTI(Debt To Income Ratio, 총부채상환비율)로 대표되는 대출규제적 효과로 나타난다. 즉, 투기지역으로 지정되면 주택을 매입할 때 금융권으로부터 받을 수 있는 대출금 한도가 크게 줄어들게 된다.

투기지역은 참여정부 시기인 2003년에 도입되어 부동산 활황기인 2006~2008년까지 이른바 '버블세븐'지역[26]을 포함한 많은 지역이 지정되었다가 강남3구(강남구, 서초구, 송파구)만 남아 있었는데 여기도 2012년 5월 해제되었다.

② 투기과열지구

투기과열지구는 주택가격이 급등하거나 주택에 대한 투기수요로 청약경쟁이 과열되어 무주택자 등 실수요자의 내집마련 기회가 어려운 지역을 대상으로 실수요자의 주택청약에 우선권을 부여하고 무주택서민의 주거비부담 완화 및 주택가격 안정을 도모한다는 취지로 도입된 제도이다. 이는 주택법(제41조)에 근거하여 국토교통부 장관 또는 시 · 도지사가 주택정책심의위원회 심의를 거쳐 지정하거나 해제한다. 투기과열지구의 지정요건은 주택공급이 있었던 직전 2개월간 해당지역에서 공급되는 주택의 청약경쟁률이 5대 1을 초과하였거나 국민주택 규모 이하 주택의 청약경쟁률이 10대 1을 초과한 곳 또는 주택의 분양계획이 지난 달보다 30% 이상 감소하는 등 주택공급이 현저하게 위축되는 곳 등이다. 투기과열지구로 지정되면 분양권 전매제한, 청약1순위 자격제한, 조합원지위양도금지와 후분양제 등 재건축규제, LTV와

30% 이상 높거나, 지난 1년간 연평균 상승률이 최근 3년간 전국의 평균 상승률보다 높은 지역이 지정대상이다.

26 2000년대 초반~중반까지 부동산가격이 급등한 강남 · 서초 · 송파 · 목동 · 분당 · 용인 · 평촌의 7개 지역을 가리킨다.

DTI 추가규제 등의 주택수요억제 조치가 적용된다.

투기과열지구는 1983년 도입되어 1999년 폐지되었다가 참여정부 시기인 2002년 재도입되었다. 투기지역과 비슷하게 부동산 활황기인 2006~2008년까지 버블세븐 지역을 포함한 많은 지역이 지정되었다가 강남3구(강남구, 서초구, 송파구)만 남아 있었는데 이도 2011년 12월 해제되었다.

(3) LTV와 DTI

우리나라의 역대 부동산정책 중 그 규모와 강도에 있어 가장 강력한 정책적 도구들이 사용된 때가 참여정부(2002~2007) 시기이다. 참여정부 시기는 국내적 경제 및 인구요인과 세계경제적 요인(글로벌 저금리, 저물가, 고성장)이 겹쳐 수도권을 중심으로 주택가격이 큰 폭으로 상승하였고, 이에 대응한 정부의 가격안정화정책도 그에 걸맞게 강력하였다. 그렇지만 세금을 중과하고 재건축 등 공급을 억제하여 집값을 잡으려는 부동산정책의 대부분은 그 목적을 달성하지 못한 반면, 부동산정책이라기보다 금융정책의 하나였던 LTV와 DTI규제가 집값 안정에 가장 효과적인 정책이었던 것으로 평가받고 있다.

LTV와 DTI는 금융감독원이 은행업을 영위하는 금융기관들이 준수해야 할 항목들을 규정한 '은행업감독규정'에 근거하고 있다. LTV는 자산의 담보가치 대비 대출금액의 비율을 의미하는 것으로서 담보대출을 취급하는 하나의 기준이다. 금융기관은 대출채권에서 부도가 발생하는 경우 담보자산을 처분하여 대출채권 상환에 충당하며, 이때 대출채권 상환에 부족분이 발생하지 않도록 일정의 담보인정비율 이내에서 담보대출을 취급하고 있다. DTI란 차주의 금융부채 원리금 상환액이 소득에서 차지하는 비율을 의미하는 것으로, 담보대출을 취급하는 또 하나의 기준이다. 대출채권의 원리금 상환은 1차적으로 차주의 소득에 의해 이루어져야 하므로, 금융기관은 주택담보대출 취급 시 차주의 소득에 근거한 채무상환능력을 반영하기 위해 총부채상환비율을 고려한다. LTV는 투기지역 및 투기과열지구가 아닌 곳에서도 60%의 기본 비율이 적용되고, DTI는 투기지역 · 투기과열지구, 그리고 수도권지역에만 적용된다.

다음 표는 2013년 1월을 기준으로 적용되는 투기지역과 투기과열지구의 LTV와 DTI를 나타내고 있다.

표 9-2 LTV규제

만 기		투기지역		투기과열지구		기타 지역	
		주택	아파트	주택	아파트	주택	아파트
3년 이하		50% 이내	40% 이내	50% 이내	50% 이내	60% 이내	60% 이내
3년 초과~10년 이하		60% 〃	40% 〃	60% 〃	60% 〃	60% 〃	60% 〃
10년 초과	담보가액 6억 원 초과	60% 〃	40% 〃	60% 〃	60% 〃	60% 〃	60% 〃
	담보가액 6억 원 이내	60% 〃	60% 〃	60% 〃	60% 〃	60% 〃	60% 〃
10년 이상 분할상환		70% 〃	70% 〃	70% 〃	70% 〃	70% 〃	70% 〃

표 9-3 DTI규제

구 분		DTI 기본 비율		
담보가치	대출금액	투기과열지구 투기지역	기타지역	
			서울	인천 · 경기
6억 원 초과 (소유권 취득일로부터 3개월 이내)	5천만 원 초과	40%	50%	60%
	5천만 원 이하	–	–	–
6억 원 초과 (소유권 취득일로부터 3개월 경과)	1억 원 초과	40%	50%	60%
	5천만 원 초과 1억 원 이하	50%	50%	60%
	5천만 원 이하	–	–	–
3억 원 초과 6억 원 이하	1억 원 초과	40%	50%	60%
	5천만 원 초과 1억 원 이하	50%	50%	60%
	5천만 원 이하	–	–	–

<table>
<tr><td rowspan="5">3억 원 이하</td><td rowspan="3">국민주택 규모 초과</td><td>1억 원 초과</td><td>40%</td><td rowspan="2">50%</td><td rowspan="2">60%</td></tr>
<tr><td>5천만 원 초과
1억 원 이하</td><td>50%</td></tr>
<tr><td>5천만 원 이하</td><td>–</td><td>–</td><td>–</td></tr>
<tr><td rowspan="2">국민주택 규모 이내</td><td>5천만 원 초과</td><td>50%</td><td>50%</td><td>60%</td></tr>
<tr><td>5천만 원 이하</td><td>–</td><td>–</td><td>–</td></tr>
</table>

6) 부동산개발 및 공급정책

부동산의 개발은 통상 '인간의 경제적 · 사회적 · 문화적 가치창조 활동과 휴식 · 휴양 및 자기보존 활동에 활용할 목적으로 시행되는 지상 · 지표 · 지하에서의 건축 · 토목공사 등 물리적 행위 및 이를 뒷받침하기 위한 용도변경 · 제반 인허가 등 법적 행위'를 가리킨다. 부동산개발은 사업주체, 사업방식, 토지이용방향 등에 따라 여러 가지로 분류할 수 있으며 신개발과 재개발 또는 토지개발과 건축으로 분류하기도 한다.

부동산개발은 그 과정이 복잡하고 천문학적 비용이 소요될 뿐만 아니라 경제적 파급효과, 사회문화적 파급효과, 도시경관에의 효과 등 다양한 분야에 걸쳐 지대한 영향을 해당지역 주민들에게 지속적으로 행사하게 된다. 또 비가역성(irreversibility)의 특성이 있어 한 번 토지개발이 이루어지면 문제점이 있더라도 이를 백지화하는 것이 어렵거나 불가능하기 때문에 공공의 이해와 직결되어 있다. 그리고 경로종속성(path dependency)의 특성 때문에 처음에 이루어진 토지개발의 형상과 구도에 나중에 이루어지는 부동산개발과 도시공간형성이 의존할 수밖에 없는 외부효과가 발생하기에 정부의 정책적 개입이 때때로 요구되는 분야이다.

부동산개발에의 정책적 개입에는 통상 정치경제적 명분과 사회적 명분이 거론된다(박헌주 · 김근용, 1993). 정치경제적 명분이란 개발과정의 효율성과 형평성을 의미하는 것으로, 구체적으로는 토지를 저렴하게 개발하여 저렴하게 공급하는 것을 뜻한다. 이는 개발비용과 개발이익의 양 측면에서 균형을 잡는다는 뜻이기도 하다. 부동산개발은 시장원리에 의해 진행하는 것이 원칙이다. 시장원리가 아니고서는 가격기능을 통한 효율성 달성이 어렵기 때문이다. 그렇지만 공익을 고려한 정책적 개입에 의해 부동산개발이 유도될 수 있다. 그중의 하나가 가격과 이윤의 문제이다. 시장기구의 가격에 의해서만 부동산개발이 이루어지면 토지의 독점이나 정보의 비대칭성, 미래의 불확실성 등으로 인해 개발이익이 편중되거나 외부효과가 발생할 수 있다. 또 시장이 효율적인 경우에도 일부 상위계층만 개발이익을 누리거나 사회적 약자가 개발과정에서 배제되어 형평성의 문제가 발생할 수 있다. 때문에 부동산개발에서는 가격과 이윤의 적절한 조정이 요구될 수 있다. 특히 보다 많은 경제주체가 부동산개발의 결과를 향유하도록 하기 위해 부동산개발 사업주체의 이윤을 극대화하기보다는 적정한 이윤을 보장받고 토지가격이나 주택가격을 시세보다 낮게 책정하는 정책이 많이 응용되고 있다. 공영개발[27]에서 사업주체가 최대의 이윤이 아닌 최소한의 이윤 또는 적정한 이윤만을 남긴 채 조성된 토지를 저렴한 가격에 민간건설사나 개인에게 매각해 주택건설비용을 낮추는 것이 대표적인 예이다. 민간의 부동산개발에서 개발된 부동산의 공급가격을 인위적으로 억제하는 정책으로는 분양가상한제 · 분양원가공개제 등이 있다. 나아가 가격의 억제 내지 조정을 넘어 실현되거나 잠재적인 개발이익을 국가가 환수하여 공익사업의 재원으로 삼는 개발이익환수정책도 부동산개발과 관련된 주요한 정책적 도구의 하나이다.

부동산개발의 사회적 명분으로는 국토와 토지의 계획적 이용을 통한 유기적 공간질서의 창조가 요구된다. 수익성과 시장성만을 좇는 개발행위가 아니라 기존의 지역적 공간질서 및 사회문화적 질서와 조화를 이루며 교육 · 환경을 고려하는 기반시설의 설치와 관리를 포함하는 부동산개발이 되어야 한다.

---

27 사업주체가 국가 · 지자체 · 공기업 등 공익을 위해 존재하는 기관일 경우를 뜻하며 공공개발이라 부르기도 한다.

(1) 토지개발정책

우리나라에는 여러 법률에 의거한 다양한 종류의 토지개발사업이 있다. 토지개발사업은 개발되는 토지의 용도에 따라 다음 〈표 9-4〉와 같이 분류된다.

표 9-4 우리나라의 용도별 토지개발방식

구분	토지개발사업	관련법규
주거·상업·업무용지	• 일단의 주택지조성사업	• 구 도시계획법
	• 시가지조성사업	• 구 도시계획법
	• 토지구획정리사업	• 구 토지구획정리사업법
	• 택지개발예정지구개발사업	• 택지개발촉진법
	• 도시개발사업	• 도시개발법
	• 토지형질변경	• 국토의 계획 및 이용에 관한 법률
	• 도심재개발사업, 주택재개발사업	• 구 도시재개발법
	• 정비사업(주거환경개선, 주택재개발, 주택재건축, 도시환경정비사업)	• 도시 및 주거환경정비법
공업용지	• 일단의 공업용지조성사업	• 구 도시계획법
	• 국가산업단지, 일반산업단지, 도시첨단산업단지개발사업	• 산업입지 및 개발에 관한 법률
	• 공장재개발사업	• 구 도시재개발법
농업용지	• 농지개량사업	• 구 농촌근대화촉진법
	• 농지개량촉진지역 지정에 의한 사업	• 구 농지확대개발촉진법
	• 초지조성사업	• 초지법
	• 낙농지대조성사업	• 낙농진흥법
관광용지	• 관광지, 관광단지조성사업	• 관광진흥법
	• 온천개발사업	• 온천법
기타	• 물류단지개발사업	• 물류시설의 개발 및 운영에 관한 법률
	• 기업도시개발사업	• 기업도시개발특별법
	• 행정중심복합도시개발사업	• 신행정수도 후속대책을 위한 연기·공주지역 행정중심복합도시 건설을 위한 특별법
	• 혁신도시개발사업	• 공공기간 지방 이전에 따른 혁신도시건설 및 지원에 관한 특별법
	• 경제자유구역	• 경제자유구역의 지정 및 운영에 관한 특별법

출처: 이태교, 이용만, 백성준 (2012). p. 211.

이중 시행실적이 가장 큰 사업은 LH공사(과거 한국토지공사와 대한주택공사)에 의해 시행된 택지개발사업이다. 택지개발사업은 미개발지를 도시용지로 바꾸어 공급하는 '신개발'을 대표한다. 인구가 성장하고 경제발전이 이루어지던 과거 수십 년간 신개발은 국민들에게 집과 일터를 제공하는 중추적인 역할을 담당하였다. 인구구조가 감소세에 접어들고 경제성장도 성숙기에 들어선 2010년 이후부터는 신개발 대신 이미 형성된 기성 시가지(도시지역)을 재생하는 '재개발'이 미래 토지개발의 주된 형태로 각광받고 있다. 도시재생사업에는 재개발, 재건축, 주거환경개선, 도시환경정비, 뉴타운사업 등이 포함된다.

2000년대 들어 행정중심복합도시개발사업, 혁신도시개발사업, 기업도시개발사업, 경제자유구역개발사업 등 특수목적의 국책사업들이 동시다발적으로 추진되었다. 이중 행정중심복합도시사업의 핵심인 중앙부처 이전은 2012년 국무총리실의 세종시 이전을 시작으로 본격적으로 현실화되어 2014년 법제처와 국세청 이전으로 마무리된다. 혁신도시사업은 2014년까지 11개 사업지역(부산, 대구, 광주 · 전남, 울산, 강원, 충북, 충남, 전북, 경북, 경남, 제주)에 공기업 등의 공공기관 180개 이전을 마무리한 뒤 산 · 학 · 연 정착단계(2015~2020)를 거쳐 혁신확산단계(2012~2030)에서 완성한다는 목표로 추진되고 있다. 기업도시는 민간기업이 토지수용권 등을 가지고 주도적으로 개발한 특정 산업 중심의 자급자족형 복합기능 도시를 의미하는데 원주, 충주, 무주, 태안, 영암 · 해남의 다섯 곳이 시범사업으로 지정되었다.

이들 개발사업들은 모두 국토균형개발과 지역발전을 명분으로 추진되었으나 그 최종 효과는 검증되지 않았으며, 비용-편익분석을 거치지 않고 동시다발적으로 여러 사업을 여러 지역에서 막대한 예산으로 추진한다는 점에서 비판의 대상이 되었다.

(2) 주택공급정책

정부가 주택시장에 개입하는 정책은 크게 두 가지로 나뉜다. 하나는 주택공급의 비탄력성으로 인한 장 · 단기 공급시차와 정보의 불확실성 등에서 빚어지는 외부효과와 시장실패를 교정하기 위한 효율성 정책이고, 다른 하나는 사회적 약자의 주거서비스 보장을 위하여 임대주택을 공급하거나 주택보조금을 지급하는 형평성 정책이다.

① **시장실패를 교정하는 효율성 주택공급정책**

주택공급에 있어서의 장·단기 시차와 여기에서 유발되는 시장균형가격의 시간적 조정과정(거미집 모형)은 주택가격의 주기적 폭등과 폭락을 초래하여 시장참여자들이 안정적으로 미래의 주거계획을 세우고 매매 및 임대계약을 체결하는 데 커다란 장애로 작용할 수 있다. 특히 인구가 증가하고 농촌인구가 도시로 집중하는 근대적 경제성장단계에서는 주택의 수요가 지속적으로 상승하면서도 단기적 급변 양상을 보이는 데 비해, 비탄력성에 의해 제한받는 주택의 공급은 적어 수요변화에 대응하지 못하는 경우가 나타나기 마련이다. 시장경제의 형성과 경제성장이 2백 년이 넘는 장기간에 걸쳐 이루어진 서구의 국가들에서는 이러한 주택수요와 공급의 시차문제가 국가의 주택시장 개입을 불러올 만큼 폭발적 사회문제화되지 않았고 저소득층이 아닌 중산층 이상의 주택시장에의 정부정책은 극히 예외적으로 이루어졌다. 반면 유례없는 짧은 기간에 급속한 경제성장을 경험한 우리나라는 주택문제 또한 단기간에 폭발성을 가지고 등장하여 이 문제의 해결을 위해 정부가 직접 개입해온 역사를 가지고 있다. 그 대표적인 정책이 택지개발촉진법(1980년 제정)에 의한 택지개발사업이다. 이는 정부(또는 정부를 대신하는 공기업)가 택지확보를 위하여 대규모 토지(주로 농지)를 강제로 수용한 다음, 개발계획에 따라 구획을 나누고 도로·전기·가스·상하수도 등 기반시설을 조성하고 이 택지를 민간건설사(아파트 건설) 또는 개인(단독주택 건축)에 시세보다 싼 가격에 분양함으로써 시세보다 저렴한 아파트가 대량으로 시장에 공급되게 하여 중산층의 내집마련을 용이하게 하는 것이 주 내용이다. 이 사업에 의하여 전국의 수많은 아파트단지들이 개발되었다. 특히 분당·일산·평촌·군포·중동의 1기 신도시를 시발로 2·3기 신도시까지 공급된 신도시들은 100만 평 이상의 택지개발사업을 의미한다. 신도시에는 기존의 택지개발사업 시 적용되는 기준에 추가하여 도로, 지하철, 환경, 교육, 유통시설 등 자족성 확보를 위한 요건들이 적용된다. 택지개발사업지구와 신도시는 민간이 시행한 아파트단지보다 월등히 우수한 기반시설을 가지는 것이 보통이었는데, 시장의 수익성 원리에 의해서는 공급되기 어려운 도로, 학교, 공원, 백화점 등 사회기반시설이 미리 계획되어 있기 때문이다. 특히 1990년대 말과 2000년대 초의 이른바 '난개발'[28]이 사회문제화되면서 정부의 택지개발사업이 시장실패를 성공적으로 교정하였다는 평가가 있었다. 반면 택지개발이 지나치게 공공에 의해 주도되고 공급자 위주의 주택시장이 형성되면서 획일화되고 저렴한 아파트가 저급 주거문화를 보편화시키고 수요자의 선호를 존중하는 시장기능을 억제했다는 비판도 있다.

기형성된 도시지역의 재개발 · 재건축에도 정부의 제도적 개입이 존재한다. 택지개발과 같은 신개발과 달리 재개발과 재건축의 도시재생사업은 집주인들이 모여 만든 '조합'이 사업주체가 되어 스스로의 수익성을 목표로 사업을 하는 것이 원칙이다. 그러나 도시재생사업에서 끊임없이 터져 나오는 각종 비리와 탈법행위 및 지나친 수익성 추구로 인한 주거환경 악화 등의 문제로 우리나라에서는 '도시 및 주거환경정비법'과 '도시재정비촉진특별법(뉴타운법)'에 의하여 사업절차와 인허가요건 등을 상세히 규정하고 장기적이고 광역적인 공간계획과 연계되도록 조정하고 있다. 또 2009년부터는 도시재생에 '공공관리제도'를 도입하여 조합이 정비사업을 투명하게 추진하도록 공공관리자(구청장)가 행정적 · 재정적으로 지원토록 하고 있다. 한편 재건축아파트를 부동산투기의 시발점으로 본 참여정부는 재건축 시 소형주택 의무공급 · 임대주택 의무공급 · 개발이익환수 부담금 부과 · 조합원 자격 양도 금지 등 강력히 재건축을 억제하는 정책을 펴기도 하였다.

2009년 이후 도심이나 도시 인근, 주로 개발제한구역을 해제하여 공공부문이 아

28 난개발이란 경기도 용인지역을 중심으로 도로, 학교, 상가 등 기반시설이 갖추어지지 않은 민간시행 아파트가 대거 분양되어 입주민들이 큰 불편을 겪은 개발행위를 뜻한다.

파트를 건설한 후 인근 시세보다 낮은 가격에 사전예약제 등 수요자 맞춤형으로 공급하는 '보금자리주택'정책이 추진되고 있다. 보금자리주택은 중소형 분양주택과 임대주택, 전세형 주택, 분납형 주택을 포괄하고 있다.

② 사회적 약자의 주거복지를 위한 형평성 주택공급정책

시장실패 없이 주택시장이 아무리 효율적으로 움직인다 하더라도 자신의 경제적 능력으로 주거서비스를 누릴 수 없는 사회적 약자들이 존재한다. 사회적 약자의 주거복지를 위한 주택정책은 전세계 공통적으로 폭넓게 인정되고 있는 정책이다. 우리나라에서는 중산층 이상의 내집마련을 돕는 택지개발사업 등이 주된 주택정책인 반면 외국에서는 사회적 약자를 위한 주거복지정책이 주된 주택정책이다.

주거복지정책은 정부가 직접 임대주택을 공급하여 사회적 약자에게 제공하는 방식과 임대료(집세)를 보조하는 방식으로 나뉜다. 임대료보조 방식은 다시 직접 사회적 약자의 집세를 전부 혹은 부분적으로 정부가 직접 지원하는 방식과 민간주택의 공급을 금융적으로 정부가 지원한 뒤 이 주택에 사회적 약자를 시세보다 저렴한 임대료로 세들어 살게 하는 사회주택(social housing)의 방식으로 나눌 수 있다.

공공임대주택 공급정책은 많은 사회적 약자의 주거문제를 일시에 해결할 수 있으나 서구 각국의 오랜 경험 결과 많은 부작용이 나타났다. 먼저 건설비용으로 막대한 재정적 부담을 정부가 지는 데 반해 그 관리비용도 작지 않은 것이 보통이다. 임차인인 사회적 약자와 임대인인 정부 간에 '주인-대리인문제'가 발생하기 때문이다. 공공임대주택의 관리담당자는 공무원 또는 공기업 직원[우리나라의 경우 주택공사(현 LH) 직원]으로, 공공임대주택을 자기집처럼 관리 · 감독할 유인이 없다. 세입자인 사회적 약자들 역시 자신의 집이 아니기 때문에 집을 정성껏 관리할 유인이 발생하지 않는다. 그 결과 임대료 연체나 주택 파손 등의 상황이 오래 지속될 수 있고 관리비용이 기하급수적으로 증가하게 되며 '깨진 유리창 효과'에 의해 임대주택단지 전체가 슬럼화되는 경향을 보인다. 공공임대주택은 또 임차인의 주거지 선택을 제한하고 저소득층을 다른 사회계층과 분리시키는 '낙인효과(labelling effect)'를 불러온다.

이러한 문제점에 비해 임대료를 보조하는 방식은 많은 장점을 가지고 있다. 슬럼화나 낙인효과가 발생하지 않으며 임차인의 주거선택권을 보장하고 사회계층 간 혼합(social mix)도 이룰 수 있다. 또한 정부의 재정적 부담도 공공임대주택 공급에 비해 훨씬 작다. 따라서 현재 많은 나라들은 공공임대주택 공급보다는 임대료보조 방식을 선호하고 있다. 그렇지만 이 방식에도 문제는 있다. 임대료보조 대상자를 선정하고 지급하고 감독하는 데 행정적 비용이 크고 공무원이 착복할 가능성도 있다. 또 사회적 약자가 보조금을 주거서비스가 아닌 다른 용도로 악용할 수도 있다. 이러한 문제 때문에 많은 나라에서는 임대료 보조금을 현금이 아닌 교환권으로 지급하는데, 이를 바우처(voucher)라 부른다. 주택바우처(housing voucher)제도는 임대료 보조금을 바우처로 지급하는 정책이다.

우리나라는 월세가 아닌 전세제도가 주도적인 주택임대형태이기 때문에 다른나라와 같은 임대료보조정책은 활발하게 펼치지 못하고 있다. 다만 '국민기초생활보장법'의 '주거급여'제도에 의하여 부분적으로 임대료 보조가 시행되고 있다. 또 서울시는 2010년 11월부터 자체적 주택바우처제도를 실시하고 있는데, 기초생활수급권자와 월세를 내기 어려운 저소득가구에게도 매달 일정액을 지원하고 있다.

전세라는 특이한 임대제도를 가지고 있는 우리나라에서 서울시가 시행하고 있는 또 하나의 새로운 임대주택 개념이 장기전세주택(SHIFT)이다. SHIFT는 서울시 산하 SH공사에서 공급하는 전세형 임대주택이다. 중산층과 실수요자를 위한 신개념 주택으로 주변 전세시세의 80% 이하로 중대형 아파트(59㎡, 84㎡ 중심)에서 최장 20년까지 살 수 있는 주택이다. 분양원가를 공개하고 후분양제를 실시하며, 소득기준을 충족한 무주택세대주가 대상이다.

7) 부동산조세정책

국가의 시장경제에 대한 개입이 활발해진 20세기 이후 조세는 국가재정수입의 확보라는 일차적 목표 외에 형평성의 제고와 시장실패의 교정과 같은 적극적 정책목표에서 부과되고 운용되고 있다. 근대적 조세정책의 기초가 되는 원칙은 세제를 창설해 집행하는 데 있어 과세대상, 과세표준, 세율, 납세의무자, 예외규정 등 세금을 형성하는 모든 항목이 국민의 대표기관인 의회가 제정한 법률에 의하여 정해져야 한다는 '조세법정주의'이다. 조세법정주의에 의해 행정권에 의한 자의적인 조세부과가 금지된다. 조세법정주의하의 조세의 원칙으로는 공평성 · 중립성 · 효용성 · 명확성 · 편의성 등이 거론된다. 이중 중립성은 조세의 경제적 효과와 관련된 중요한 개념이다.

(1) 조세의 중립성과 경제적 순손실

조세의 부과가 시장참여자들의 후생에 미치는 영향은 후생경제학적 개념들에 의해 설명할 수 있다. 시장실패가 없는 정상적인 평균적 시장에 조세 T가 소비세의 형태로 부과될 경우 발생되는 후생경제학적 효과는 다음 [그림 9-4]에 나타나고 있다.

조세가 부과되지 않는 상황에서 시장경제는 삼각형 ㉠㉣㉤만큼의 경제적 후생[29]을 시장참여자들에게 제공한다. 여기에 조세가 $T=$㉡㉢만큼 부과되면 시장거래량은 q^*에서 q°로 감소한다. 시장거래 후 세금 T를 공제하고 나면 공급자가 받는 판매가격은 p_S가 되어 줄어들지만 수요자가 지불하는 구매가격은 p_D가 되어 공급자와 수요자 모두 부담이 늘어나기 때문에 거래량이 줄어들게 되는 것이다. 줄어든 거래량 하에서 정부는 사각형 ㉡㉢$p_D p_S$만큼의 조세수입을 거두게 되고 경제적 후생은 ㉡㉢㉤㉣이 되어 삼각형 ㉠㉡㉢만큼 감소하게 된다. 균형가격 p^*가 시장 밖의 힘에 의해 왜

29 소비자잉여(consumer surplus) ㉠㉤p^*와 생산자잉여(producer surplus) ㉠㉣p^*를 합한 총잉여가 시장경제의 후생이다. 소비자잉여와 생산자잉여의 자세한 개념은 Mankiw(2012)을 참조.

곡됨에 따라 발생하는 이와 같은 후생의 감소를 '경제적 순손실(deadweight loss)'이라 한다. 즉, 조세의 부과는 정부의 재정수입을 늘리지만 시장이 잘 작동하는 한 그만큼 민간의 경제활동과 후생을 억제하는 기능을 한다는 뜻이다. 또한 조세가 시장거래의 당사자들 간에 어떻게 분담되는가의 문제를 '조세의 귀착(tax incidence)'이라 하는데 조세의 귀착은 시장수요곡선과 시장공급곡선의 탄력성에 의해 결정된다고 알려져 있다. 즉, 수요와 공급 중 탄력성이 더 작은 쪽이 조세의 부담을 더 지게 된다는 것이다. 극단적인 경우 완전비탄력적인 수요나 공급이 존재하면 조세의 부담은 완전히 상대방 거래자로부터 전가(shift)받게 된다. 또한 이 경우 완전히 비탄력적인 수요곡선이나 공급곡선에 의해 *거래량의 감소가 발생하지 않는다*. 따라서 경제적 순손실도 발생하지 않고, 이때 조세가 '중립적(neutral)'이라 한다.

그림 9-4 | 조세의 후생경제적 효과: 경제적 순손실

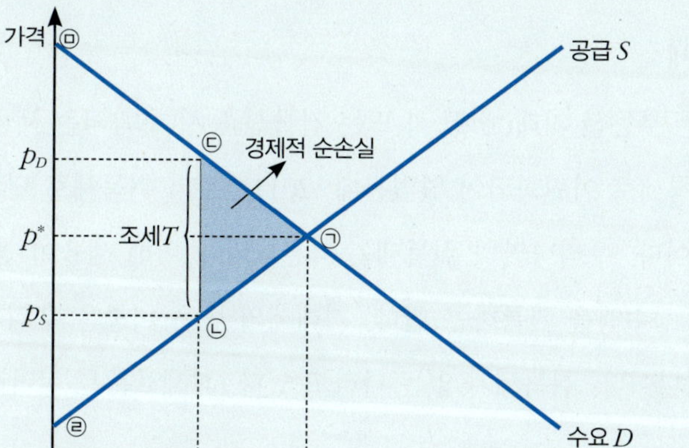

이 개념을 부동산 조세에 적용해 보면 특히 토지의 공급탄력성이 0인 경우 토지에 대한 조세가 중립적이고 그 부담이 온전히 토지소유자(공급자)에게 돌아가게 된다. 이에 미국의 경제학자 Henry George(1839~1897)는 모든 조세를 토지세로 단일화

하면 시장경제에의 부작용도 없을 뿐만 아니라 불로소득인 토지소유주의 지대를 사회적으로 환수할 수 있으므로 이상적인 세금체계를 갖출 수 있다고 주장하였다. 이 논리에 의하여 우리나라에 참여정부 시절에 도입된 세금이 종합부동산세이다.

토지의 물리적 공급은 완전비탄력적이나, 제도적 공급은 탄력적일 수 있음을 앞서 2장에서 살펴보았다. 따라서 토지세는 현실적으로 중립성을 가지기 어려우며, 특히 단기적으로 비탄력적일 수 있는 제도적 공급탄력성도 장기적으로는 탄력적이 될 수 밖에 없다. 또한 모든 국토에 대하여 동일한 세율로 과세한다는 것도 불가능한 일이다. 따라서 지금은 토지세가 이상적인 세금이 아니라는 견해가 널리 수용되고 있다.

(2) 부동산 조세의 분류

부동산 조세는 크게 거래세, 보유세, 이전(移轉)세 세 가지로 분류된다. 보유세와 이전세는 부동산 개발이익환수의 수단으로도 이용되는 세금이다.

① 거래세

거래세는 부동산 거래(매매) 시 또는 건물신축 시 부과되는 세금이다. 과거에는 취득세와 등록세로 이원화되어 있었는데, 2011년부터 취득세로 단일화되었다. 취득세는 지방세이다. 우리나라의 취득세는 다른나라에 비해 세율이 높아 부동산 조세 중 가장 많은 징수액을 기록하곤 한다. 거래세의 높은 비중은 우리나라 부동산 조세의 특징 중 하나이다. 취득세가 없는 나라도 있다. 과세표준은 실거래가이다.

② 보유세

보유세는 부동산을 보유하고 있다는 사실만으로 발생하는 세금이다. 보유세를 대표하는 세금은 재산세이며, 2005년 도입된 종합부동산세가 보조적 기능을 한다. 참여정부의 부동산 수요억제정책은 보유세율을 미국의 일부 주와 같이 높게 책정하고 거래세율을 인하하는 것을 핵심으로 한 정책이었다.

가. 재산세

재산세는 지방세로서 2004년까지는 토지와 건축물로 나누어 과세되었는데 2005년부터는 주택, 비주택 토지, 비주택 건축물로 구분하여 과세되고 있다. 과세표준은 시가표준액을 기초로 한다.

나. 종합부동산세(약칭 종부세)

보유하고 있는 토지와 주택을 모두 합산하여 부과하는 국세로서 2005년 참여정부의 부동산 수요억제정책의 일환으로 도입되었다. 2008년 11월 헌법재판소가 종부세의 세대별 합산부과 조항은 위헌, 1가구 1주택 장기보유자에 대해서는 헌법불합치 결정을 내림에 따라 수정되었다. 과세표준은 주택공시가격과 공시지가를 기준으로 한다. 인별로 합산한 주택의 공시가격이 6억(1인 1가구는 9억)을 초과하면 종부세 부과대상이 된다.

③ 이전세

부동산을 매도한 뒤 발생하는 시세차익에 대하여 부과하는 양도소득세가 대표적이다. 국세로서 참여정부에서 1가구 다주택자에게 양도세를 중과하는 방안이 부동산 수요억제를 목적으로 사용되었다. 과세표준은 실거래가로 계산한 양도차익이다.

Chapter 10

감정평가 기초개념

Real Estate Principles & Practices

1. 감정평가 및 감정평가사
2. 부동산가격의 형성
3. 부동산가격공시제도
4. 화폐의 시간가치

CHAPTER

10 감정평가 기초개념

1 감정평가 및 감정평가사

1) 감정평가의 의의

'부동산가격공시 및 감정평가에 관한 법률'(이하 '부감법')에 따르면, '감정평가'라 함은 토지 등의 경제적 가치를 판정하여 그 결과를 가액으로 표시하는 것을 말한다. 여기서 '토지 등'(이하 '대상물건')이라 함은 토지 및 그 정착물, 동산, 그밖에 대통령령이 정하는 재산과 이들에 관한 소유권 외의 권리를 말한다. '기타 대통령령이 정하는 재산'에는 저작권 · 산업재산권 · 어업권 · 광업권, 그밖에 물권에 준하는 권리, '공장 및 광업재단 저당법'에 따른 공장재단과 광업재단, '입목에 관한 법률'에 의한 입목, 자동차 · 건설기계 · 선박 · 항공기 등 관계법령에 의하여 등기 또는 등록하는 재산, 유가증권과 같은 다섯 가지 재산이 포함된다.[1] '부감법' 제31조에 따르면, 대상물건의 감정평가에 있어서 그 공정성과 합리성을 보장하기 위하여 감정평가업자가 준수하여야 할 원칙과 기준을 국토교통부령('감칙')으로 정하고 있다. 감정평가업자는 다

1 부감법 시행령 제2조.

른 법령에 특별히 규정하고 있는 경우를 제외하고는 '감칙'으로 정하는 바에 따라 감정평가하여야 한다(감칙 제4조).

2) 감정평가사 시험 및 업무

'감정평가업'이라 함은 타인의 의뢰에 의하여 일정한 보수를 받고 대상물건의 감정평가를 업으로 행하는 것을 말한다. 부감법 제23조에 따르면, '감정평가사 자격이 있는 자'란 다음 두 가지에 포함되는 자를 말한다. ① 감정평가사 제1차시험 및 제2차시험에 합격하고 대통령령이 정하는 기간[2] 이상의 실무수습을 마친 자, 또는 ② 대통령령이 정하는 기관[3]에서 5년 이상 감정평가와 관련된 업무에 종사한 자로서 감정평가사 제2차시험에 합격해야지만 비로소 감정평가업을 영위할 수 있다. 여기서 다음의 결격사유에 해당되는 사람은 감정평가사가 될 수 없다(부감법 제24조). ① 금치산자, 한정치산자, 또는 미성년자, ② 파산선고를 받은 자로서 복권되지 아니한 자, ③ 금고 이상의 실형을 선고받고 그 집행이 종료(집행이 종료된 것으로 보는 경우를 포함함)되거나 그 집행이 면제된 날부터 3년이 지나지 아니한 자, ④ 금고 이상의 형의 선고유예를 받고 그 선고유예기간 중에 있는 자, ⑤ 금고 이상의 형의 선고유예를

2 '대통령령이 정하는 기간'이라 함은 1년을 말한다. '실무수습'은 감정평가법인, 감정평가사합동사무소, 감정평가협회, 그밖에 국토교통부 장관이 지정하는 기관에서 행한다. 이때, 국토교통부 장관은 지정받은 기관이 실무수습에 적합하지 아니하다고 인정되는 때에는 당해 지정을 취소하고 지체없이 그 뜻을 당해 기관에 통지하여야 한다(부감법 시행령 제61조).

3 '대통령령이 정하는 기관'에는 감정평가법인, 감정평가사사무소, 감정평가협회, 감정평가업무를 지도 또는 감독하는 기관, 개별공시지가, 개별주택가격 또는 공동주택가격을 결정 · 공시하는 업무를 수행하거나 동 업무를 지도감독하는 기관, 국유재산을 관리하는 기관, 과세시가표준액을 조사 · 결정하는 업무를 수행하거나 동 업무를 지도 · 감독하는 기관, 토지가격비준표 및 주택가격비준표를 작성하는 업무를 수행하는 기관이 포함된다. 이때, 업무종사기간을 산정함에 있어서 기준일은 제2차 시험 시행일로 하며, 2 이상의 기관에서 당해 업무에 종사한 자에 대하여는 각 기관에서 종사한 기간을 합산할 수 있다(부감법 시행령 제54조 제2항).

받고 그 선고유예기간 중에 있는 자, ⑥ 감정평가사 자격이 취소된 후 3년이 경과되지 아니한 자를 포함한다.[4]

감정평가사자격시험(이하 '시험')은 국토교통부 장관이 실시한다(부감법 시행령 제53조). 시험은 두 차례의 시험을 모두 합격하여야 하며, 감정평가사 제1차시험을 합격한 자에 대하여는 다음 회의 시험에 한하여 제1차시험이 면제된다(부감법 시행령 제53조 제1항). 시험 과목은 〈표 10-1〉과 같다(부감법 시행령 제55조). 제1차시험 과목 중 영어 과목은 그 1차시험 응시원서 접수마감일부터 역산하여 2년이 되는 날 이후에 실시된 다른 시험기관의 시험(이하 '영어시험')에서 취득한 성적으로 시험을 대체한다. 영어시험의 종류 및 합격에 필요한 점수는 〈표 10-2〉와 같다.

표 10-1 감정평가사 시험 과목

제1차시험	제2차시험
• 민법(총칙, 물권) • 경제원론 • 부동산관계법규(국토의 계획 및 이용에 관한 법률, 부동산가격공시 및 감정평가에 관한 법률, 국유재산법, 건축법, 측량 · 수로조사 및 지적에 관한 법률 중 지적에 관한 규정, 부동산등기법) • 회계학 • 영어	• 감정평가 및 보상법규(부동산가격공시 및 감정평가에 관한 법률, 공익사업을 위한 토지 등의 취득 및 보상에 관한 법률) • 감정평가이론 • 감정평가실무

4 부정한 방법으로 감정평가사 자격을 취득하거나 감정평가사의 자격증을 다른 사람에 양도 또는 대여한 경우와 같이 부정한 방법으로 감정평가사 자격을 취득한 경우에는 감정평가사 자격이 취소된다. 감정평가사의 자격을 취소한 때에는 이를 공고해야 한다(부감법 제26조).

표 10-2 감정평가사 영어시험 종류 및 합격에 필요한 점수

구분	합격에 필요한 점수
토플(TOEFL)	PBT: 530점 이상 IBT: 71점 이상
토익(TOEIC)	700점 이상
텝스(TEPS)	625점 이상
지텔프(G-TELP)	Level 2의 65점 이상
플렉스(FLEX)	625점 이상

제1차시험의 합격결정에 있어서는 영어 과목을 제외한 나머지 시험 과목의 합격기준은 각 과목을 100점 만점으로 하여 과목당 40점 이상, 전 과목 평균 60점 이상의 득점으로 한다. 제2차시험의 합격결정에 있어서는 각 과목을 100점 만점으로 하여 과목당 40점 이상, 전 과목 평균 60점 이상을 득점한 자를 합격자로 결정한다. 다만, 매 과목 40점 이상, 전 과목 평균 60점 이상을 득점한 자가 최소 합격인원에 미달하는 경우에는 최소 합격인원의 범위에서 매 과목 40점 이상을 득점한 자 중에서 전 과목 평균득점의 고득점자순으로 합격자를 결정한다.

감정평가사의 업무는 표준지 적정가격의 조사 · 평가,[5] [6] 표준주택 적정가격의 조사 · 평가,[7] 토지 등의 감정평가, 개별공시지가의 검증,[8] 개별주택가격의 검증,[9] 감정

---

5 국토교통부 장관은 토지이용상황이나 주변환경, 그밖의 자연적 · 사회적 조건이 일반적으로 유사하다고 인정되는 일단의 토지 중에서 선정한 표준지에 대하여 매년 공시기준일 현재의 적정가격을 조사 · 평가하고, 중앙부동산평가위원회의 심의를 거쳐 이를 공시하여야 한다(부감법 제3조).

6 이를 통해 공시한 표준지의 단위면적당 가격을 '표준지공시지가'라고 한다(감칙 제2조 제5항).

7 국토교통부 장관은 용도지역, 건물구조 등이 일반적으로 유사하다고 인정되는 일단의 단독주택 중에서 선정한 표준주택에 대하여 매년 공시기준일 현재의 적정가격(이하 '표준주택가격')을 조사 · 평가하고, 중앙부동산평가위원회의 심의를 거쳐 이를 공시하여야 한다(부감법 제16조).

8 시장 · 군수 또는 구청장은 개별공시지가를 결정 · 공시하기 위하여 개별토지의 가격을 산정한 때에는 그 타당성에 대하여 감정평가업자의 검증을 받고, 토지소유자 그밖의 이해관계인의 의견을 들어야 한다. 다만, 시장 · 군수 또는 구청장은 감정평가업자의 검증이 필요 없다고 인정되는 때에는 지가의 변동상황 등 대통령령이 정하는 바에 따라 감정평가업자의 검증을 생략할 수 있다(부감법 제11조 제4항). 개별공시지가를 공시하지 아니할 수 있는 토지는 ① 표준지로 선정된 토지, ② 농지보전부담금 · 개발부담금 등의 부과대상이 아닌 토지, ③ 국세 또는 지방세의 부과대상이 아닌 토지(국 ·

평가 관련 상담 및 자문, 조언 및 정보 제공 등으로 요약할 수 있다. 이를 구체적으로 살펴보면 〈표 10-3〉과 같다(부감법 제29조).

표 10-3 감정평가사의 업무

1. 표준지 적정가격의 조사 · 평가 및 표준주택 적정가격의 조사 · 평가 수행
2. 부감법 제9조 제1항 각 호의 목적을 위한 토지의 감정평가
   1) 공공용지의 매수 및 토지의 수용 · 사용에 대한 보상
   2) 국 · 공유토지의 취득 또는 처분
   3) '국토의 계획 및 이용에 관한 법률' 그밖의 법령에 의하여 조성된 공업용지 · 주거용지 · 관광용지 등의 공급 또는 분양
   4) '도시개발법'에 의한 도시개발사업, '도시 및 주거환경정비법'에 의한 정비사업 또는 '농어촌정비법'에 따른 농업생산기반 정비사업을 위한 환지 · 체비지의 매각 또는 환지신청
   5) 국가 · 지방자치단체, 공공기관, 그리고 다음과 같은 공공단체에서의 토지의 관리 · 매입 · 매각 · 경매 · 재평가
      ① '산림조합법'에 의한 산림조합 및 산림조합중앙회
      ② '한국농어촌공사 및 농지관리기금법'에 따른 한국농어촌공사
      ③ '농업협동조합법'에 의한 조합 및 농업협동조합중앙회
      ④ '수산업협동조합법'에 의한 수산업협동조합 및 수산업협동조합중앙회
      ⑤ '중소기업진흥에 관한 법률'에 따른 중소기업진흥공단
      ⑥ '산업집적활성화 및 공장설립에 관한 법률'에 의한 산업단지관리공단
3. 개별공시지가의 검증 및 개별주택가격의 검증
4. '자산재평가법'에 의한 토지 등의 감정평가
5. 법원에 계속 중인 소송 또는 경매를 위한 토지 등의 감정평가
6. 금융기관 · 보험회사 · 신탁회사 등 타인의 의뢰에 의한 토지 등의 감정평가
7. 감정평가와 관련된 상담 및 자문
8. 토지 등의 이용 및 개발 등에 대한 조언이나 정보 등의 제공
9. 다른 법령의 규정에 의하여 감정평가사가 행할 수 있는 토지 등의 감정평가

공유지의 경우에는 공공용 토지에 한함)가 있다(부감법 시행령 제14조).

9 부감법 제16조 제8항 참조.

3) 감정평가액의 개념

대상물건에 대한 감정평가액은 시장가치를 기준으로 결정한다(감칙 제5조). 여기서 '시장가치'란 감정평가의 대상이 되는 대상물건이 통상적인 시장에서 충분한 기간 거래를 위하여 공개된 후, 그 대상물건의 내용에 정통한 당사자 사이에 신중하고 자발적인 거래가 있을 경우 성립될 가능성이 가장 높다고 인정되는 대상물건의 가액(價額)을 말한다.

4) 감정평가사의 기본 윤리 및 책임

감정평가사는 불완전시장인 부동산시장의 안정화를 위해 민간과 공공 부문 모두에서 경제적 · 정책적으로 활용할 수 있는 합리적이고 정확한 부동산가치를 산출해야 한다. 감정평가사가 평가하는 가격은 대상 부동산뿐만 아니라 주변 부동산들도 참조하는 가격이 되기에, 합리적이고 투명한 과정을 통해 평가가 이루어져야 한다. 국가와 개인에게 모두 중요한 부동산과세의 기준가격을 평가한다는 점에서 감정평가사의 기본 윤리에 대한 중요성은 더욱 강조될 수밖에 없다.

이에 감정평가사는 역량이 되는 상황에서 합리적으로 감정평가를 수행해야 한다. 즉, 자신의 능력으로 업무수행이 불가능하거나 매우 곤란한 경우, 또는 이해관계 등의 이유로 자기가 감정평가하는 것이 타당하지 아니하다고 인정되는 경우에는 감정평가를 수행해서는 안 된다.

또한 감정평가사가 업무를 수행하는 과정에서 지켜야 할 윤리사항은 다음과 같다(부감법 제37조). 첫째, 감정평가업자는 감정평가사의 업무를 행함에 있어서 품위를 유지하여야 하고, 신의와 성실을 바탕으로 공정하게 감정평가를 하여야 하며, 고의 또는 중대한 과실로 잘못된 평가를 하여서는 안 된다. 둘째, 감정평가업자는 다른 사람에게 자격증 · 등록증 또는 인가증을 양도 또는 대여하거나 이를 부당하게 행사하여서는 안 된다. 셋째, 감정평가업자는 자기 또는 친족의 소유토지, 그밖에 불공정한 감정평가를 할 우려가 있다고 인정되는 토지 등에 대해서는 이를 감정평가를 해서는 안 된다. 넷째, 감정평가업자는 토지 등의 매매업을 직접 영위하여서는 안 된다. 다섯째, 감정평가업자는 제35조의 규정에 의한 수수료 및 실비 외에는 어떠한 명목으로도 그 업무와 관련된 대가를 받아서는 안 된다. 여섯째, 감정평가업자는 정당한 사유 없이 그 업무상 알게 된 비밀을 누설하여서는 안 된다. 마지막으로 감정평가사는 두 개 이상의 감정평가법인 또는 감정평가사사무소에 소속될 수 없다.

한편 감정평가를 수행하면서 고의 또는 과실의 발생에 따른 감정평가의 책임사항을 규정함으로써 감정평가사의 책임감을 강화시키고 있다(부감법 제36조). 즉, 감정평가업자가 타인의 의뢰에 의하여 감정평가를 함에 있어서, 고의 또는 과실로 감정평가 당시의 적정가격과 현저한 차이가 있게 감정평가하거나 감정평가서류에 거짓 기재하여 감정평가 의뢰인이나 선의의 제3자에게 손해를 발생하게 한 때에는 감정평가업자는 그 손해를 배상할 책임이 있다.

2 부동산가격의 형성

1) 부동산가격

부동산가격은 감정평가의 대상이 된 부동산(이하 '대상 부동산')을 소유함에 따라 기대되는 장래의 유 · 무형적 이익의 현재가치를 의미한다. 따라서 부동산가격을 평가하기 위해서는 화폐의 현재가치나 미래가치 개념이 합리적으로 반영되어야 한다. 부동산가격은 다음과 같은 몇 가지 특징을 수반한다. 첫째, 부동산가격은 교환의 대가(가격)와 사용수익의 대가(임료)로 나뉘기에 평가방식도 각각 구분되어야 한다. 둘째, 대상 부동산에 소유권 및 소유권 이외의 권리가 함께 존재한다면, 각각의 권리별로 가격을 평가하여 이를 모두 합하여 부동산가격을 도출해야 한다. 셋째, 부동산시장은 정보가 편중될 수 있는 불완전시장이기 때문에 거래당사자 간의 특수상황이 반영될 소지가 있으므로 전문가인 감정평가업자에 의한 평가가 이루어져야 한다. 마지막으로, 대상 부동산이 속한 지역은 지속적으로 변화하고 있고, 대상 부동산의 가격은 지역의 영향을 받을 수밖에 없기 때문에 장기적 관점에서 이익을 평가한 후 현재가치로 환원해야 한다.

대상 부동산의 부동산가격은 단 한 개만 존재하는 것은 아니다. 부동산가격은 평가목적에 따라 해당 목적에 맞는 평가가격이 수집될 필요가 있다. 예를 들어, 한 필지의 토지에 대해서 과세목적으로 평가해야 하는 과세가치와 현재 시장에서 교환되었을 때의 가치인 교환가치는 목적에 맞게 각각의 가격이 평가되어야 할 것이다. 과세가치를 교환가치대로 평가한다면 토지소유자는 과도한 세금을 부과하게 될 수 있기 때문이다. 이와 같이 기준시점에서 평가목적과 형성된 원인에 따라 부동산가격이 다양하게 평가되어야 한다는 주장을 가격다원론, 또는 가치의 다원적 개념이라고 한다(안정근, 2009). 대상 부동산을 매수한 초기 가격에서 일정한 감가상각을 적용하여 구한 장부상의 잔존가치는 장부가치가 되며, 국가에서 조세를 부과할 목적으로 평가하는 부동산가치는 과세가치이고, 보험회사에서 보험금을 산정할 목적으로 의뢰한 평가가격은 보험가치가 되며, 부동산의 최유효이용 시 즉각적인 개발이 아니라 미래를 위한 보존이나 보전을 해야 할 때 대상 부동산이 갖는 가치는 공익가치가 될 것이다. 이와 같이 부동산가격이 다양해야 하는 이유는 평가목적에 따라 시장가치만으로는 적용에 어려움에 있기 때문이다. 다양한 평가가격은 감정평가의 합리성과 안정성을 기대할 수 있으며, 나아가 평가가격의 이용자에게는 목적에 맞는 가격을 사용할 수 있다는 점에서 욕구를 충족시킬 수 있다.

2) 부동산가격의 발생 · 형성 및 제 요인

부동산가격은 대상 부동산의 수요자와 공급자의 상호관계에 의해서 결정된다. 수요자가 인지하는 대상 부동산의 유용성, 상대적 희소성, 유효수요 여부, 이전성에 따라 부동산가격이 발생하게 된다. 이런 발생요인에는 대상 부동산과 관련된 일반적 요인, 지역요인, 개별요인이 영향을 주게 된다. 이를 부동산의 가격형성요인이라고 한다.

(1) 부동산가격의 발생요인

첫 번째 부동산가격의 발생요인으로 유용성을 들 수 있다. 유용성이란 수요자가 대상 부동산을 사용하거나 수익창출을 목적으로 이용할 때, 이를 통해 얻을 수 있는 만족도를 말한다. 주거용 부동산의 경우에는 쾌적성이 유용성의 척도가 될 수 있다. 오피스나 상가와 같은 상업용 및 기업용 부동산의 경우에는 수익성이, 공장과 같은 공업용 부동산의 경우에는 생산성이 각각 유용성의 척도가 될 수 있다.

두 번째 발생요인은 상대적 희소성이다. 부동산의 가격은 대상 부동산 자체의 특성뿐만 아니라 대상 부동산을 포함하는 지역의 특성에 따라 변화하게 된다. 부동산은 물리적 위치를 쉽게 바꿀 수 없는 고정성을 지니고 있기 때문에, 지역상황에 따라서 대상 부동산의 희소성이 증가하거나 감소할 수 있다. 이런 희소성의 차이는 절대적 차이라기보다는 지역이나 시기상 상대적인 희소성으로 나타나며, 이런 차이는 기준시점에 대상 부동산의 가격을 발생시키는 요인이 된다.

세 번째 발생요인은 유효수요이다. 비록 유용성과 상대적 희소성으로 인해 대상 부동산의 사용 · 수익을 원하는 수요자가 많다고 하더라도, 대상 부동산의 가격을 지불할 수 있는 지불능력이 부족하다면 대상 부동산의 가격을 발생시키는 수요자가 되지 못한다. 이는 일반재화와 달리 부동산은 가격이 매우 높은 고가성을 지니고 있기 때문이다.

마지막 발생요인은 이전성이다. 대상 부동산이 갖는 권리의 전부 또는 일부가 소유자에서 타인으로 이전이 가능해야 한다. 이전이 가능해야만 비로소 부동산가격이 발생하게 되며 그 가격이 의미를 가질 수 있기 때문이다. 또한 권리의 이전 정도에 따라 부동산가격은 다르게 평가되어야 할 것이다.

(2) 부동산의 가격형성요인

부동산의 가격형성요인은 대상 부동산에 영향을 주는 공간적 작용범위에 기초하여 일반적 요인 · 지역요인 · 개별요인으로 구분되며, 이는 시간에 따라 지속적으로 변화한다. 부동산의 가격형성요인의 변화는 부동산의 가격발생요인에 영향을 주게 되어 부동산가격이 달라지게 된다. 따라서 감정평가사가 대상 부동산의 감정평가액을 결정하는 기준일인 기준시점을 정하고 감정평가를 수행한다.

부동산의 첫 번째 가격형성요인은 전국에 걸쳐 부동산가격에 영향을 미치는 일반적 요인으로, 이는 사회적 요인 · 경제적 요인 · 행정적 요인으로 구분할 수 있으나 서로 분리되지 않고 상호 영향을 주고받으면서 가격형성에 영향을 미친다.

먼저 사회적 요인은 부동산의 수요자와 공급자들의 사회적 특성을 반영하는 요인으로, 인구 및 가족 규모의 구성, 공원 설치 및 공장의 이전과 같은 도시구성, 건축양식 및 공공시설의 정비수준, 교육 및 사회복지 수준, 부동산거래 및 사용 · 수익과 관련된 관행 등이 포함된다. 경제적 요인은 부동산시장에 영향을 미칠 수 있는 다양한 경제변화를 반영하는 요인으로 국제상황에 따른 국제수지 및 투자수준, 국내 재정 및 금융상태, 물가 및 임금수준, 조세부담 수준 등이 포함된다. 행정적 요인은 부동산 관련 제도 및 행정수준을 반영하는 요인으로 토지 및 주택제도, 토지 및 건물규제, 부동산세제 등이 포함된다.

부동산의 두 번째 가격형성요인은 특정 지역 내에서 부동산가격에 영향을 미치는 지역요인으로, 이는 다른 지역과 구별되는 지역 차원의 일반적 제 요인과 자연적 제 요인으로 구분된다. 지역요인은 대상 부동산이 포함된 특정지역의 가격수준 형성에 영향을 미치며, 감정평가에서는 대상 부동산의 지역특성을 분석하는 지역분석의 이론적 근거로 작용한다. 지역 차원의 일반적 제 요인은 특정지역 규모에 적용된 일반적 요인이라고 볼 수 있다. 따라서 일반적 요인과 같이 사회적 요인 · 경제적 요인 · 행정적 요인으로 구분되고, 각 요인별로 살펴보는 변수들도 거의 같으나 규모가 전국 규모에서 특정지역 규모로 축소되었다고 보면 이해하기 편하다. 예를 들어 자연적 제 요인은 특정지역의 자연상태 및 현상이나 자연적 자원을 모두 포함한다. 자연상태 및 현상에는 일조 · 온도 · 토양 · 강우량 · 강설량 · 수심 · 풍향 등이 포함되며, 자연적 자원에는 광물 · 식량 · 에너지 자원 등이 포함된다.

부동산의 세 번째 가격형성요인은 대상 부동산가격에만 영향을 미치는 개별요인으로, 이는 토지의 개별적 요인과 건물의 개별적 요인으로 구분된다. 개별요인은 감정평가에서는 개별성을 갖는 개개의 부동산가격을 분석하는 개별분석의 이론적 근거로 작용한다. 토지의 개별적 요인에는 위치, 면적, 형상, 일조, 통풍, 건습, 지반, 주요 시설과의 접근성, 고저, 각지, 접면가로와의 관계, 공 · 사법상의 제한 정도 등 개별 토지가격과 관련될 수 있는 구체적이고 다양한 요인들이 포함된다. 건물의 개별적 요인에는 건물의 면적, 높이, 재질, 구조, 설계 및 설비수준, 시공수준, 공 · 사법상의 제한 정도 등 개별 건물가격에 영향을 미치는 물리적 · 행정적인 다양한 요인들이 포함된다.

(3) 부동산가격의 제 원칙

부동산가격의 제 원칙이란 부동산시장에서 대상 부동산의 가격에 영향을 미치는 다양한 감정평가법칙들을 말하는 것으로, 경제원칙들이 주를 이룬다. 따라서 감정평가사는 대상 부동산을 평가할 때 부동산가격의 제 원칙들을 이해하고 적용하여 합리적이고 객관적인 평가가격을 도출해야 한다.

① 최유효이용의 원칙

최유효이용이란 '객관적으로 보아 양식과 통상의 이용능력을 가진 사람이 대상토지를 합법적이고 합리적이며 최고 · 최선의 방법으로 이용하는 것'을 말한다['토지보상평가지침(이하 '토보침')' 제3조 제4항]. 최유효이용의 원칙은 기준시점 현재 대상 부동산을 경제적 · 기술적 · 법률적인 기준에서 판단할 때, 다양한 용도 중에서 최선의 이용이 되는 최유효이용이 이루어질 때의 부동산가치가 표준이 되어야 한다는 부동산 특유의 가격원칙이다. 따라서 예측 불가능한 먼 미래의 이용이나 투기적 목적에서의 이용상황은 최유효이용이 될 수 없다. 또한 기술적 측면에서 물리적으로 실현가능성이 있어야 한다. 마지막으로 법률적 측면에서 볼 때 합법적으로 이용되어야 한다.

② 수요 · 공급의 원칙

수요 · 공급의 원칙이란 부동산가격은 수요와 공급의 변화에 따라 결정되고, 결정된 가격은 다시 수요와 공급에 영향을 준다는 일반경제 원칙이다. 그러나 일반재화와 달리 부동산은 물리적 공급이 제한된다. 토지를 살펴보면, 전국의 토지 총량은 시간의 변화에도 불구하고 거의 변화가 없다. 즉, 수요 · 공급곡선에서 토지의 공급곡선은 수직에 가깝다. 건물의 경우에도 건축에 소요되는 시간이 길기 때문에 단기적으로는 공급량의 변화가 거의 없고, 장기적으로 볼 때에는 공급곡선이 탄력적으로 조금 변할 뿐이다. 따라서 물리적인 변화에만 의존한다면 부동산은 공급곡선의 변화가거의 없고 단지 수요곡선의 변화에만 의존해서 가격이 결정되어야 할 것이다. 그러나 실제로는 부동산의 용도가 변화하고 주변의 상황 및 토지의 분할 · 합병 등에 따라 효용성이 변화하기 때문에 공급이 지속적으로 변화한다고도 할 수 있기에 원칙적으로 부동산은 수요 · 공급의 원칙이 적용된다고 볼 수 있다. 감정평가사는 대상 부동산의 수요 · 공급상황을 분석하기 위해서 대상 부동산을 포함하는 시장을 결정하고 해당 시장의 수요공급 현황 및 예측을 분석하고 적용할 수 있어야 한다.

③ 경쟁의 원칙

경쟁의 원칙이란 부동산시장에서 초과수요 및 초과공급에 의해 해당 부동산 이용에 대한 초과이윤이 발생하더라도, 시장참여자들의 경쟁을 통해 초과이윤이 감소 및 소멸됨에 따라 부동산의 가치에 맞는 가격이 형성된다는 것이다. 부동산가격은 향후 부동산의 이용에 따라 발생이 예상되는 미래이윤 총합의 현재가치로 결정될 수 있기에, 미래 예측의 기준이 되는 현재의 가치가 초과이윤에 따라 나타난 일시적 현상인지 아닌지를 명확히 분석하고 이를 미래에 적용할 필요가 있다.

④ 변동의 원칙

가격형성요인이 시간의 흐름에 따라 지속적으로 변화함으로 인해 부동산의 가격도 변한다는 원칙이다. 국가 및 국제정세의 변화로 인해 전국을 기반으로 한 일반적 요인은 계속 변화한다. 지역의 경우 시간에 따라 성장과 쇠퇴를 반복하게 되기에, 기준시점의 가격은 지역의 상황에 따라 변할 수밖에 없다. 대상 부동산의 가격에만 영향을 주는 개별요인의 경우에도 대상 부동산의 노후화, 주변상황 또는 수요공급상황의 변화로 인해 계속 변화하게 된다.

⑤ 예측의 원칙

부동산가격은 부동산을 통해 창출될 것으로 예상되는 미래수익의 합을 현재가치로 환산하여 도출할 수 있기에, 미래의 부동산수익을 추정할 수 있는 가격형성요인의 미래 변화를 예측해야 한다는 원칙이다. 대상 부동산을 통해 수집될 미래의 수익을 합리적으로 추정하여 부동산가격을 정확하게 평가하기 위해서는 대상 부동산을 둘러싼 주변환경의 끊임없는 변화 속에서 가격형성요인의 변화 추이나 동향을 정확하게 예측하는 것이 필요하다.

⑥ 대체의 원칙

대체의 원칙이란 대상 부동산과 대체 가능한 다른 부동산과의 상호작용에 의해 부동산가격이 형성된다는 것이다. 수요자들은 동일 가격이라면 효용이나 기능이 좋은 것을, 동일 효용이라면 가격이 저렴한 것을 선택하게 된다. 건물의 매수자는 해당 건물에 소요된 재조달원가 수준에서 구매하고자 할 것이며, 이보다 비쌀 경우에는 유사한 효용을 주는 다른 건물을 찾게 될 것이다. 이런 점에서 대체의 원칙은 감정평가에서 가장 기초적으로 활용되는 가격 제 원칙이라 할 수 있다.

⑦ 적합의 원칙

적합의 원칙이란 부동산이 그 효용을 최고로 발휘하기 위해서는 주변환경에 적합하게 이용되어야 한다는 것이다. 이는 대상 부동산 자체가 갖는 특성보다는 지역분석과 연계된 상황에서의 대상 부동산 이용의 적합성을 판단해야 한다는 것이다. 대상 부동산의 적합성은 합법적으로 이용하는가, 또는 지역 내 부동산의 평균적이고 일반적인 이용방법인 표준적 이용과 부합하게 이용되고 있는가로 판정할 수 있다.

⑧ 균형의 원칙

균형의 원칙이란 부동산 내부의 구성요소들이 알맞은 균형을 이룰 때 부동산의 유용성이 최고도로 높아진다는 것이다. 앞서 살펴본 적합의 원칙이 대상 부동산과 외부 구성요소 간의 적합성을 판정하였다면, 균형의 원칙은 대상 부동산이 갖고 있는 내부 구성요소 간의 알맞은 균형상태를 판정하는 것이다.

⑨ 수익체증 · 체감의 원칙

수익체증 · 체감의 원칙은 부동산에 단위투자액을 일정하게 증가시키면 단위투자액당 순수익은 계속 증가하지만 수익분기점을 기준으로, 그 이후에는 단위투자액당 순수익이 감소한다는 것이다. 즉, 부동산가치가 최대가 되기 위해서는 한계비용과

한계수입이 같아지는 지점까지 투자되어야 한다. 수익체증 · 체감의 법칙은 단위투자액의 투자를 통해 대상 부동산의 가격을 증가시킬 수 있는지를 분석하게 해주고, 이를 통해 추가투자의 필요성 및 추가투자액의 규모를 결정하게 해준다.

⑩ 기여의 원칙

기여의 원칙이란 부동산가격은 대상 부동산의 각 구성요소가 기여하는 정도의 합으로 결정된다는 것이다. 부동산의 가격형성요인에는 반드시 부동산의 가치를 증가시키는 요인만 있는 것은 아니다. 혐오시설과 같이 가치가 하락하는 요인도 함께 존재할 수 있다. 이와 같이 대상 부동산에 영향을 주는 요인들의 정(+)과 부(−)의 영향을 모두 포함하여 대상 부동산의 가치가 평가되는 것이다. 이는 토지의 분할 · 합병이나 건물의 증축 · 개축에 따라 증감하는 가치의 정도를 평가할 때 활용될 수 있다.

⑪ 수익배분의 원칙

수익배분의 원칙이란 토지 · 노동 · 자본 · 경영 등에서 발생한 총수입은 토지를 제외한 노동 · 자본 · 경영 등에 먼저 배분되고 잔여수익이 토지에 배분된다는 것이다. 이는 토지의 고정성을 갖는 부동산의 특성에 기인한다. 따라서 부동산가치를 보다 정확히 평가하기 위해서는 노동 · 자본 · 경영에 배분되는 수익의 정확성을 높일 필요가 있으며, 이는 임금 · 이자 · 이윤 등에 대한 추정이 정확해야 함을 의미한다.

3) 지역분석과 개별분석

(1) 지역분석

부동산은 위치의 고정성으로 인해 대상 부동산을 포함하는 일정 지역의 사회적 · 경제적 · 행정적 특성이 대상 부동산의 가치에 영향을 준다. 이와 같이 대상 부동산이 속한 지역 및 그 지역의 특성을 분석하고, 그 특성이 지역 내 부동산가격에 미치는 영향력을 분석하는 것을 지역분석이라고 한다. 지역분석을 통해 대상 부동산을 포함하는 특정지역의 표준적인 이용상황을 분석하고 그 가격수준 및 변동추이를 살펴보게 된다. 따라서 지역분석은 대상 부동산이 포함된 지역적 범위를 설정하는 것에서 출발하여 해당지역의 용도파악 및 표준적인 이용상황을 분석한 후, 해당지역의 가격수준을 파악하는 순서로 진행된다.

지역분석의 결과에 기초하여 대상 부동산의 개별분석이 이루어지는데, 이와 같은 지역분석의 대상이 되는 지역은 그 공간적 범위에 기초하여 인근지역, 유사지역, 동일수급권으로 분류할 수 있다. 이를 도식화하면 [그림 10-1]과 같다.

그림 10-1 | 지역분석 대상지역 예시도

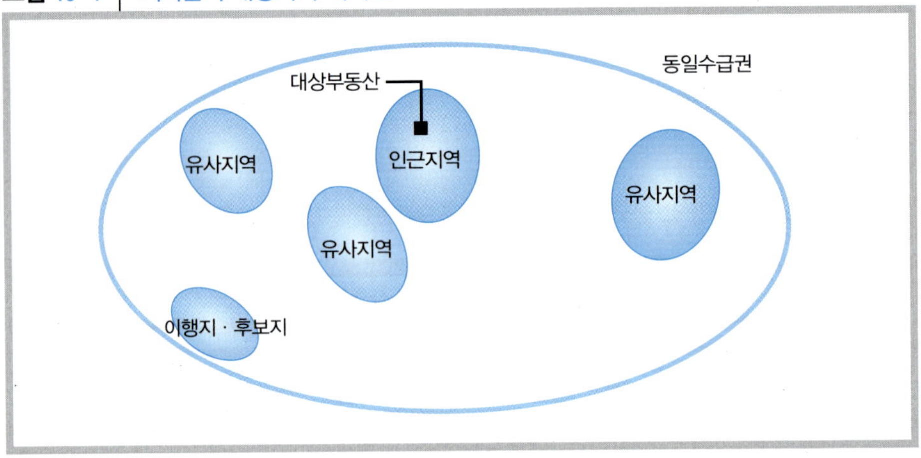

인근지역이란 대상 부동산이 속한 지역으로, 부동산의 이용이 동질적이고 가치형성요인 중 지역요인을 공유하는 지역을 말한다(감칙 제2조 제13항). 인근지역은 지역분석 대상지역 중에서 대상 부동산의 가격 형성에 직접적인 영향을 미친다. 인근지역 내에 있는 대상 부동산과 유사한 부동산은 상호 간에 대체 · 경쟁관계를 지니고, 용도 및 기능적으로도 동질성을 보인다.

유사지역이란 대상 부동산이 속하지 아니하는 지역으로서 인근지역과 유사한 특성을 갖는 지역을 말한다(감칙 제2조 제14항). 대상 부동산을 포함하는 인근지역과 지리적으로 반드시 가까이 있어야 하는 것은 아니나, 다음에 설명할 동일수급권 안에는 있어야 한다. 대상 부동산과 유사한 거래사례를 인근지역에서 찾을 수 없다면, 지리적으로 조금 떨어져 있다고 하더라도 기타 지역특성이 인근지역과 유사한 유사지역에서 사례를 구해서 평가해야 한다.

동일수급권(同一需給圈)이란 대상 부동산과 대체 · 경쟁관계가 성립하고 가치 형성에 서로 영향을 미치는 관계에 있는 다른 부동산이 존재하는 권역을 말하며, 인근지역과 유사지역을 포함한다(감칙 제2조 제15항). 동일수급권은 앞서 제시한 [그림 10-1]에서 보는 바와 같이, 대상 부동산을 직접 포함하는 인근지역 · 유사지역 · 후보지나 이행지와 같은 주변용도지역을 포함하는 권역으로서 대상 부동산의 가격 형성에 영향을 줄 수 있는 한계를 표현한 것이다. 이는 대상 부동산의 특성(종별 · 규모별 · 성격별)에 따라 다르게 감정평가사에 의해서 선정되어야 한다.

(2) 개별분석

지역분석을 통해 대상 부동산이 포함된 해당지역 부동산의 표준적인 이용상황과 가격수준이 결정되었다면, 이에 기초하여 대상부동산의 개별요인을 분석하여 최유효이용을 판정하고 가격을 평가하는 개별분석이 진행되어야 한다. 지역분석에 도출된 표준적인 이용상황이 반드시 대상 부동산의 최유효이용과 일치하는 것은 아니기에 지역분석만으로 대상 부동산의 가격을 구체화하기는 어렵다. 이런 이유로 개별분석이 필요한 것이다.

3 부동산가격공시제도

1) 토지가격공시제도

표준지공시지가는 토지시장의 지가 정보를 제공하고 일반적인 토지거래의 지표가 되며, 국가 · 지방자치단체 등의 기관이 그 업무와 관련하여 지가를 산정하거나 감정평가업자가 개별적으로 토지를 감정평가하는 경우에 그 기준이 된다(부감법 제10조). 또한 개별공시지가는 각종 토지 관련 세금 및 부담금부과 기준으로 활용된다.

(1) 표준지공시지가공시

표준지란 토지이용상황이나 주변환경, 그밖의 자연적 · 사회적 조건이 일반적으로 유사하다고 인정되는 일단의 토지 중에서 선정된 대표적인 필지의 토지를 말한다. 국토교통부 장관은 표준지에 대하여 매년 1월 1일(공시기준일) 현재의 적정가격을 조사 · 평가하고, 중앙부동산평가위원회의 심의를 거쳐 이를 공시하여야 한다.

국토교통부 장관은 감정평가업자에게 표준지의 적정가격 조사평가를 의뢰하는데, 표준지공시지가의 공시사항에는 표준지의 지번, 표준지의 단위면적(제곱미터)당 가격, 표준지의 면적 및 형상, 표준지 및 주변 토지의 이용상황, 지목, 지리적 위치, '국토의 계획 및 이용에 관한 법률'에 의한 토지의 용도제한, 도로 · 교통상황, 지세, 그밖에 지가공시에 관하여 필요한 사항이 포함된다.

표준지공시지가에 대하여 이의가 있는 사람은 표준지공시지가의 공시일부터 30일 이내에 서면으로 국토교통부 장관에게 이의를 신청할 수 있다. 국토교통부 장관은 위의 규정에 의한 이의신청기간이 만료된 날부터 30일 이내에 이의신청을 심사하여 그 결과를 신청인에게 서면으로 통지하여야 한다. 이 경우 국토교통부 장관은 이의신청 내용이 타당하다고 인정될 때에는 규정에 따라 당해 표준지공시지가를 조정하여 다시 공시하여야 한다.

국가 · 지방자치단체, '공공기관의 운영에 관한 법률'에 따른 공공기관, 그밖에 대통령령이 정하는 공공단체가 공공용지의 배수 및 토지의 수용 · 사용에 대한 보상, 국 · 공유토지의 취득 또는 처분, 그밖에 대통령령이 정하는 토지가격 산정[10]의 목적을 위하여 토지의 가격을 산정하는 경우에는 당해 토지와 유사한 이용가치를 지닌다고 인정되는 하나 또는 둘 이상의 표준지공시지가를 기준으로 하여 당해 토지의 가격과 표준지공시지가가 균형을 유지하도록 하여야 한다. 단, 필요하다고 인정하는 때에는 산정된 지가를 목적에 따라 가감조정하여 적용할 수 있다.

(2) 개별공시지가공시

시장 · 군수 또는 구청장은 '개발이익환수에 관한 법률'에 의한 개발부담금의 부과, 그밖의 다른 법령이 정하는 목적을 위한 지가산정에 사용하도록 하기 위하여 시 · 군 · 구 부동산평가위원회의 심의를 거쳐 매년 공시지가의 공시기준일 현재 관할구역 안의 개별토지의 단위면적(제곱미터)당 가격(이하 '개별공시지가')을 결정 · 공시하고, 이를 관계행정기관 등에 제공하여야 한다. 단, 표준지로 선정된 토지, 조세 또는 부담금 등의 부과대상이 아닌 토지, 그밖에 대통령령이 정하는 토지에 대해서는 개별공시지가를 결정 · 공시하지 않을 수 있다.[11] 이 경우 표준지로 선정된 토지에 대하여는 당해 토지의 공시지가를 개별공시지가로 본다.

10 '기타 대통령령이 정하는 토지가격의 산정'이라 함은 다음 각호의 목적을 위한 토지가격의 산정을 말한다. ① '국토의 계획 및 이용에 관한 법률' 그밖의 법령에 의하여 조성된 공업용지 · 주거용지 · 관광용지 등의 공급 또는 분양, ② '도시개발법'에 의한 도시개발사업, '도시 및 주거환경정비법'에 의한 정비사업 또는 '농어촌정비법'에 따른 농업생산기반 정비사업을 위한 환지 · 체비지의 매각 또는 환지신청, ③ 토지의 관리 · 매입 · 매각 · 경매 · 재평가(부감법 시행령 제13조).

11 개별공시지가를 공시하지 아니할 수 있는 토지는 ① 표준지로 선정된 토지, ② 농지보전부담금 · 개발부담금 등의 부과대상이 아닌 토지, ③ 국세 또는 지방세의 부과대상이 아닌 토지(국 · 공유지의 경우에는 공공용 토지에 한함)가 있다(부감법 시행령 제14조).

시장 · 군수 또는 구청장은 공시기준일 이후에 분할 · 합병 등이 발생한 토지[12]에 대해서는 1월 1일부터 6월 30일 사이에 분할 · 합병되었을 경우에는 7월 1일을 기준일로 하여 10월 31일까지 결정 · 공시한다. 7월 1일부터 12월 31일 사이에 분할 · 합병되었을 경우에는 다음 연도 1월 1일을 기준일로 하여 다음 연도 5월 31일까지 결정 · 공시한다. 이때, 당해 토지와 유사한 이용가치를 지닌다고 인정되는 하나 또는 둘 이상의 표준지의 공시지가를 기준으로 토지가격비준표를 사용하여 지가를 산정하되, 당해 토지의 가격과 표준지공시지가가 균형을 유지하도록 하여야 한다. 국토교통부 장관이 개발하여 공급한 토지가격비준표는 한정된 개수의 표준지공시지가를 이용하여 주변의 수많은 개별공시지가를 산정하는 데 활용하는 계량화된 간이지가비교산정표이다. 감정평가에 관한 전문지식이 부족한 관련 공무원들이 토지가격비준표를 활용하여 표준지공시지가와 비교되는 개별공시지가를 신속하게 산정하게 된다. 이때 산정하기 위한 토지와 특성이 유사한 표준지를 결정하고, 표준지와 개별토지의 토지특성 차이에 따른 토지가격비준표의 가격배율을 곱하여 개별공시지가를 산정하게 된다.

시장 · 군수 또는 구청장은 개별공시지가를 결정 · 공시하기 위하여 개별토지의 가격을 산정한 때에는 그 타당성에 대하여 당해지역 표준지의 공시지가를 조사 · 평가한 감정평가업자 또는 대통령령이 정하는 감정평가실적 등이 우수한 감정평가업체[13]에게 의뢰하여 검증을 받고 토지소유자 그밖의 이해관계인의 의견을 들어야 한다. 다만, 시장 · 군수 또는 구청장은 감정평가업자의 검증이 필요 없다고 인정되는 때에

12 '분할 · 합병 등이 발생한 토지'라 함은 다음 각 호의 토지를 말한다. ① '측량 · 수로조사 및 지적에 관한 법률'상 분할 또는 합병된 토지, ② 공유수면매립 등으로 '측량 · 수로조사 및 지적에 관한 법률'상 신규등록된 토지, ③ 토지의 형질변경 또는 용도변경으로 '측량 · 수로조사 및 지적에 관한 법률'상 지목변경이 된 토지, ④ 국 · 공유지가 매각 등의 사유로 사유지로 된 토지로서 개별공시지가가 없는 토지(부감법 시행령 제14조).

13 '대통령령이 정하는 감정평가실적 등이 우수한 감정평가업자'란 ① 최근 2년간 계속하여 표준지의 공시지가 또는 표준주택가격을 조사 · 평가한 실적이 있는 감정평가업자, ② 최근 2년간 업무정지 처분을 3회 이상 받지 아니한 감정평가업자(부감법 시행령 제19조).

는 지가의 변동상황 등 대통령령이 정하는 바에 따라 감정평가업자의 검증을 생략할 수 있다.

개별공시지가에 대하여 이의가 있는 자는 개별공시지가의 결정 · 공시일로부터 30일 이내에 서면으로 시장 · 군수 또는 구청장에게 이의를 신청할 수 있다. 시장 · 군수 또는 구청장은 위의 규정에 의한 이의신청기간이 만료된 날부터 30일 이내에 이의신청을 심사하여 그 결과를 신청인에게 서면으로 통지하여야 한다. 이 경우 시장 · 군수 또는 구청장은 이의신청의 내용이 타당하다고 인정될 때에는 규정에 따라 당해 개별공시지가를 조정하여 다시 결정 · 공시하여야 한다. 단, 시장 · 군수 또는 구청장은 개별공시지가에 위산, 오기, 표준지 선정의 착오, 그밖에 대통령령이 정하는 명백한 오류가 있음을 발견한 때에는 지체없이 이를 정정하여야 한다.

2) 주택가격공시제도

주택가격공시제도는 단독주택가격공시제도와 공동주택가격공시제도로 구분해 볼 수 있다. 또한 단독주택가격공시제도는 표준주택가격공시와 개별주택가격공시로 구분해서 살펴볼 수 있다. 주택가격공시의 효력을 보면, 표준주택가격은 국가 · 지방자치단체 등의 기관이 그 업무와 관련하여 개별주택가격을 산정하는 경우에 그 기준이 된다. 개별주택 및 공동주택의 가격은 주택시장의 가격 정보를 제공하고, 국가 · 지방자치단체 등의 기관이 과세 등의 업무와 관련하여 주택의 가격을 산정하는 경우에 그 기준으로 활용될 수 있다.

(1) 단독주택가격공시제도

① 표준주택가격공시

국토교통부 장관은 용도지역, 건물구조 등이 일반적으로 유사하다고 인정되는 일단의 단독주택을 대표하는 주택으로 선정된 표준주택에 대하여 매년 1월 1일(공시기준일) 현재의 적정가격(이하 '표준주택가격')을 조사 · 평가하고, 중앙부동산평가위원회의 심의를 거쳐 이를 공시하여야 한다.

국토교통부 장관이 표준주택가격을 평가하는 경우에는 다음 사항을 참작하여야 한다. 먼저, 인근 유사단독주택의 거래가격 또는 임대료는 당해 거래 또는 임대차가 당사자의 특수한 사정에 의하여 이루어지거나 단독주택 거래 또는 임대차에 대한 지식의 부족으로 인하여 이루어진 때에는 그러한 사정이 없었을 경우에 이루어졌을 거래가격 또는 임대료를 기준으로 평가하여야 한다. 단, 표준주택에 전세권 그밖에 주택의 사용수익을 제한하는 권리가 설정되어 있는 경우에는 당해 권리가 존재하지 않는 것으로 보고 적정가격을 평가하여야 한다. 다음으로, 당해 단독주택과 유사한 이용가치를 지닌다고 인정되는 단독주택의 건축에 필요한 비용추정액은 공시기준일 현재 당해 단독주택을 건설하기 위한 표준적인 건축비와 일반적인 부대비용을 이용하여 구한다.

표준주택가격의 공시사항에는 표준주택의 지번, 표준주택가격, 표준주택의 대지면적 및 형상, 표준주택의 용도, 연면적, 구조 및 사용승인일(임시 사용승인일을 포함), 지목, 지리적 위치, '국토의 계획 및 이용에 관한 법률' 등에 의한 토지의 용도제한, 도로 · 교통상황, 그밖에 표준주택가격 공시에 관하여 필요한 사항 등이 포함된다. 국토교통부 장관이 표준주택가격을 공시할 때에는 앞서 기술한 표준주택가격의 공시사항, 표준주택가격의 열람방법, 이의신청의 신청기간 · 절차 및 방법을 관보에 공시하여야 한다.

② **개별주택가격공시**

시장 · 군수 또는 구청장은 시군구부동산평가위원회의 심의를 거쳐 매년 1월 1일 현재 관할구역 안의 개별주택의 가격(이하 '개별주택가격')을 결정 · 공시하고, 이를 관계행정기관 등에 제공하여야 한다. 이때, 표준주택으로 선정된 단독주택,[14] 국세 또는 지방세의 부과대상이 아닌 단독주택, 그밖에 국토교통부 장관이 정하는 단독주택에 대하여는 개별주택가격을 결정 · 공시하지 않을 수 있다. 다만, 관계법령에 의하여 단독주택의 가격산정 등에 개별주택가격을 적용하도록 규정되어 있는 주택과 시장 · 군수 또는 구청장이 관계행정기관의 장과 협의하여 개별주택가격을 결정 · 공시하라고 한 주택은 제외한다.

시장 · 군수 또는 구청장은 공시기준일 이후 토지의 분할 · 합병이나 건물의 신축 등이 발생한 경우[15]에는 1월 1일부터 5월 31일 사이에 발생한 단독주택에 대하여는 6월 1일을 기준일로 하여 9월 30일까지 개별주택가격을 결정 · 공시하고, 6월 1일부터 12월 31일 사이에 발생한 단독주택에 대하여는 다음 연도 1월 1일을 기준일로 하여 다음 연도 4월 30일까지 개별주택가격을 결정 · 공시한다. 개별주택가격을 공시하는 시장 · 군수 또는 구청장은 당해 시 · 군 또는 구의 게시판에 개별주택가격의 결정과 이의신청에 관한 사항을 게시하여야 한다. 개별주택가격의 공시사항에는 개별주택의 지번, 개별주택가격, 개별주택가격의 결정에 관한 사항, 이의신청에 관한 사항이 포함된다.

시장 · 군수 또는 구청장은 검증을 의뢰하고, 검증의뢰를 받은 감정평가업자는 비교표준주택의 선정에 관한 사항, 개별주택가격 산정의 적정성에 관한 사항, 산정한 개별주택가격과 표준주택가격의 균형 유지에 관한 사항, 산정한 개별주택가격과 인

14 표준주택으로 선정된 주택에 대하여는 당해 표준주택가격을 개별주택가격으로 본다.

15 '토지의 분할 · 합병이나 건물의 신축 등이 발생한 경우'라 함은 다음 각 호의 경우를 말한다. ① '측량 · 수로조사 및 지적에 관한 법률'상 토지의 분할 또는 합병, ② '건축법'상 건물의 신축 · 증축 · 개축 · 재축 및 대수선, ③ '건축법'상 건물의 용도변경, ④ 국 · 공유재산인 주택이 매각 등의 사유로 사유주택이 된 단독주택으로서 개별주택가격이 없는 경우(부감법 시행령 제32조 제1항).

근주택의 개별주택가격 및 전년도 개별주택가격과의 균형 유지에 관한 사항, 그밖에 시장 · 군수 또는 구청장이 검토를 의뢰한 사항을 검토 · 확인하고 의견을 제시하여야 한다. 시장 · 군수 또는 구청장은 감정평가업자의 검증을 생략하고자 하는 때[16]에는 개별주택가격의 변동률과 국토교통부 장관이 조사 · 공표하는 당해 주택이 소재하는 시 · 군 또는 구의 연평균 주택가격변동률의 차이가 작은 순으로 대상주택을 선정하여 검증을 생략한다. 다만, 개발사업이 시행되거나 용도지역 · 지구가 변경되는 등의 사유가 발생한 단독주택에 대하여는 검증을 실시하여야 한다.

개별주택가격에 대하여 이의가 있는 주택소유자 등은 의견제출기간 내에 당해 시장 · 군수 또는 구청장에게 의견을 제출할 수 있고, 의견을 제출받은 시장 · 군수 또는 구청장은 의견제출기간이 만료되는 날부터 30일 이내에 이를 심사하고 그 결과를 주택소유자 등에게 통지하여야 한다. 이때 심사에 필요한 경우에는 당해 단독주택에 대하여 현지조사와 검증을 실시할 수 있다. 시장 · 군수 또는 구청장은 이의신청을 심사하기 위하여 필요한 때에는 감정평가업자에게 검증을 의뢰할 수 있다.[17]

(2) 공동주택가격공시제도

국토교통부 장관은 공동주택에 대하여 매년 1월 1일(공시기준일) 현재의 적정가격(이하 '공동주택가격')을 조사 · 산정하여, 중앙부동산평가위원회의 심의를 거쳐 공시하고, 이를 관계행정기관 등에 제공하여야 한다. 다만, 국세청장이 국토교통부 장관과 협의하여 공동주택가격을 별도로 결정 · 고시하는 경우는 제외한다.[18]

16 시장 · 군수 또는 구청장은 감정평가업자의 검증이 필요 없다고 인정되는 때에는 지가의 변동상황 등 대통령령이 정하는 바에 따라 감정평가업자의 검증을 생략할 수 있다(부감법 제11조 제4항).

17 여기서 감정평가업자는 '대통령령이 정하는 감정평가실적 등이 우수한 감정평가업자'를 의미하는 것으로, 이는 ① 최근 2년간 계속하여 표준지의 공시지가 또는 표준주택가격을 조사 · 평가한 실적이 있는 감정평가업자, ② 최근 2년간 업무정지처분을 3회 이상 받지 아니한 감정평가업자를 말한다(부감법 시행령 제19조).

18 '국세청장이 공동주택가격을 별도로 결정 · 고시하는 경우'라 함은 아파트 또는 165㎡ 이상의 연립주택에 해당하는 특정지역의 공동주택에 대하여 '소득세법'과 '상속세 및 증여세법' 단서 규정이 정하는 바에 따라 기준시가를 결정 · 고시하는 경우를 말한다(부감법 시행령 제40조).

국토교통부 장관은 매년 4월 30일까지 공동주택가격을 산정·공시하여야 한다. 공동주택가격의 공시에는 공동주택의 지번, 명칭, 동·호수, 공동주택가격, 공동주택의 면적, 그밖에 공동주택가격의 공시에 관하여 필요한 사항이 포함되어야 한다. 또한 공동주택가격을 공시할 때에는 위에 언급한 공동주택가격의 공시사항과 함께 공동주택가격의 열람방법, 이의신청의 신청기간·절차 및 방법을 관보에 공시하여야 한다. 공동주택가격에 대하여 이의가 있는 공동주택소유자 등은 의견제출기간 내에 국토교통부 장관에게 의견을 제출할 수 있다. 국토교통부 장관은 의견제출기간이 만료된 날부터 30일 이내에 이를 심사하고 그 결과를 통지하여야 하고, 심사에 필요한 경우에는 당해 공동주택가격을 다시 조사할 수 있다.

국토교통부 장관은 공시기준일 이후 토지의 분할·합병이나 건물의 신축 등이 발생한 경우[19]에는 1월 1일부터 5월 31일 사이에 발생한 공동주택에 대하여는 6월 1일을 기준일로 하여 9월 30일까지 공동주택가격을 결정·공시하고, 6월 1일부터 12월 31일 사이에 발생한 공동주택에 대해서는 다음 연도 1월 1일을 기준일로 하여 다음 연도 4월 30일까지 공동주택가격을 결정·공시하여야 한다.

국토교통부 장관이 공동주택의 적정가격을 조사·산정하는 경우에는 인근 유사공동주택의 거래가격·임대료 및 당해 공동주택과 유사한 이용가치를 지닌다고 인정되는 공동주택의 건설에 필요한 비용추정액 등을 종합적으로 참작하여야 한다. 공동주택에 전세권 그밖에 공동주택의 사용·수익을 제한하는 권리가 설정되어 있는 경우에는 당해 권리가 존재하지 아니하는 것으로 보고 적정가격을 산정하여야 한다. 공동주택의 적정가격의 조사·산정은 주식회사 한국감정원(이하 '한국감정원')에 이를 의뢰하여 수행하게 할 수 있다. 공동주택가격의 조사산정을 의뢰받은 한국감정원은 공동주택조사산정보고서를 국토교통부 장관에게 제출하여야 한다.

19 '토지의 분할·합병이나 건물의 신축 등이 발생한 경우'라 함은 다음 각 호의 경우를 말한다. ① '측량·수로조사 및 지적에 관한 법률'상 토지의 분할 또는 합병, ② '건축법'상 건물의 신축·증축·개축·재축 및 대수선, ③ '건축법'상 건물의 용도변경, ④ 국·공유재산인 주택이 매각 등의 사유로 사유주택이 된 공동주택으로서 공동주택가격이 없는 경우(부감법 시행령 제43조 제1항).

4 화폐의 시간가치

1) 화폐의 시간가치와 감정평가

시장가치는 실제 시장에서의 거래가격이 아니라 대상물건에 대한 완전한 정보를 가진 상태에서 해당 대상물건이 생산할 수 있는 미래가치까지 포함하여 평가되어야 한다. 따라서 감정평가를 위해서는 화폐의 시간가치에 대한 이해가 선행되어야 한다.

현재 나의 주머니 속에 있는 만 원의 가치와 1년 뒤 내 주머니 속에 있는 만 원의 가치는 같을까? 1년 사이에 한국조폐공사에서 새로운 만 원권을 제조하지 않는다면, 오늘 내가 가지고 있는 만 원권과 1년 뒤 내 주머니에 있는 만 원권은 발행연도의 차이에 따른 낡음 정도의 차이만 있을 뿐 별반 다르지 않을 것이다. 그럼에도 불구하고 현재 주머니 속에 있는 만 원은 1년 뒤에 소유하고 있는 만 원보다 가치가 클 것이다. 그렇다면 이 차이는 어디에서 오는 것일까? 이는 1년 이라는 기간 동안에 만 원권이 생산해 낼 수 있는 추가적인 가치 때문일 것이다. 예를 들어 현재 가지고 있는 만 원을 가까운 은행에 예금하더라도 1년 뒤에는 원금 이외에 이자로 몇백 원이 더 들어오게 될 것이다. 또한 오늘 만 원으로 살 수 있는 소형 선풍기가 있다고 하더라도 1년 뒤에는 물가상승으로 인해 만 원으로는 구매하지 못할 수도 있다. 이와 같이 시간의 차이에 따라서 화폐의 가치가 달라지는 것을 화폐의 시간가치라고 할 수 있다. 감정평가를 통해 평가된 가격은 현재가치로 표현된다. 해당 부동산이 향후 생산할 수 있는 미래이익을 예측할 수 있다면, 이 가격을 현재가치로 전환하여 평가하게 된다. 따라서 화폐의 시간가치는 감정평가에서 매우 중요한 개념이라 할 수 있다.

2) 화폐의 시간가치계수

화폐의 시간가치는 감정평가에서 자주 활용된다. 화폐의 시간가치계수란 한국화폐의 최소단위인 1원을 기준으로 현재가치를 도출해 주는 계수이다. 화폐의 시간가치계수는 내가계수 세 개와 현가계수 세 개 등 총 여섯 가지가 있는데 이를 하나씩 살펴보기로 한다. 단, 여기서는 할인율(이자율)을 산정하는 방식으로 단리가 아닌 복리를 적용하였으며, 이자도 각 기간의 기초가 아닌 기말에 지급되는 것으로 가정하고 계수를 산출하였다.[20]

(1) 내가계수

① 일시불의 내가계수(Future Value Interest Factor: *FVIF*)

일시불의 내가계수(*FVIF*)란 미래 특정시점(n년)까지 일정한 할인율(이자율, r)이 적용된다고 가정할 때 현 시점의 화폐 1원의 가치가 미래 특정시점에 얼마인가를 산출해 주는 계수이다. 이를 수식으로 표현하면 (식 10-1)과 같다.

식 10-1

일시불의 내가계수$(FVIF_{r,n}) = (1+r)^n$

r: 할인율(이자율), n: 기간

일시불의 내가계수를 쉽게 이해하기 위해 향후 10년간 할인율이 5%로 일정하다고 가정해 보자. 현재 100원에 대한 10년 뒤 가치를 산출하면 〈표 10-4〉에서 보는 바와 같이 약 162.9원이 된다. 이때 일시불의 내가계수($FVIF_{0.05,10}$)는 1.629([$=(1+0.05)^{10}$])임을 알 수 있다. 즉, 내가계수만 산출한 후 현재 금액에 적용하

20 단리(simple interest)란 원금에 대해서만 이자가 부가되는 방식을 말하고, 복리(compound interest)란 원금뿐만 아니라 매 기에 발생되는 이자에 대해서도 이자가 부가되는 방식이다.

면 쉽게 해당 시점의 미래가치를 구할 수 있다. 예를 들어, 동일한 상황에서 현재의 500만 원에 대한 10년 뒤 가치는 앞에서 구한 일시불의 내가계수($FVIF_{0.05,10}$)를 적용하면 약 814.5만 원(=500만 원×1.629)임을 쉽게 알 수 있다.

표 10-4 일시불의 내가계수 산정 예시 (단위: 원)

연차	각 기 말의 원리금(원금과 이자)
0(현재)	100
1	$100+100\times0.05$ $=100(1+0.05)$
2	$100(1+0.05)+100(1+0.05)\times0.05=100(1+2\times(0.05)+0.05^2)$ $=100(1+0.05)^2$
3	$100(1+0.05)^2+100(1+0.05)^2\times0.05=100(1+3\times(0.05)+3\times(0.05)^2+0.05^3)$ $=100(1+0.05)^3$
	⋮
10	$100(1+0.05)^{10}$ $\fallingdotseq 162.9$

예제 10-1

시장이자율이 연 5%일 때, 아파트 전세금으로 쓰기 위해 모아 둔 5천만 원의 3년 후 가치는 얼마인가?

| 풀이 |

$50,000,000\times(1+0.05)^3=57,881,250$원

② 연금의 내가계수(Future Value Interest Factor of an Annuity: *FVIFA*)

연금의 내가계수(*FVIFA*)란 미래 특정시점(n년)까지 일정한 할인율(이자율, r)이 적용된다고 가정할 때 화폐 1원을 n년 동안 매년 입금할 경우에 미래 특정시점(n년 말)에 총 적립누계액이 얼마인가를 산출해 주는 계수이다. 이를 수식으로 표현하면 (식

10−2)와 같다.

식 10−2

$$\text{연금의 내가계수}(FVIFA_{r,n}) = \frac{(1+r)^n - 1}{r}$$

r: 할인율(이자율), n: 기간

연금의 내가계수를 이해하기 위해서, 향후 10년간 할인율이 5%로 일정하고 10년 동안 각 해 말에 100원씩 총 10회 입금한다고 가정할 때, 총 적립누계액을 10년 후 기준 미래가치로 산출하면 〈표 10−5〉에서 보는 바와 같이 약 1,258원이 된다. 이 때 연금의 내가계수($FVIFA_{0.05,10}$)는 12.58($[=((1+0.05)^{10}-1)/0.05]$)임을 알 수 있다. 일시불의 현가계수를 활용하는 예를 살펴보면, 동일한 상황에서 10년 동안 매년 말기 500만 원을 입금한 연금의 10년 후 기준 미래가치는 연금의 내가계수($FVIFA_{0.05,10}$)를 적용하면 약 6,290만 원(=500만 원×12.58)임을 쉽게 알 수 있다.

표 10−5 연금의 내가계수 산정 예시

(단위: 원)

연차	각 기 말에 발생한 원리금(원금과 이자)의 10년 차 기준 미래가치
10	$FV_{10,10} = 100$
9	$FV_{9,10} = 100 \times (1+0.05)$
8	$FV_{8,10} = 100 \times (1+0.05)^2$
	⋮
1	$FV_{1,10} = 100 \times (1+0.05)^9$
0	0

〈계산과정〉

$FV_{10} = FV_{1,10} + FV_{2,10} + \cdots + FV_{10,10}$

$FV_{10} = 100 + 100 \times (1+0.05) + 100 \times (1+0.05)^2 + \cdots + 100 \times (1+0.05)^9$

수식을 단순화시키기 위해서 등비수열 합의 계산과정을 이용하여 위 식 양변에 (1+0.05)를 곱하면,

$(1+0.05)FV_{10} = 100 \times (1+0.05) + 100 \times (1+0.05)^2 + \cdots + 100 \times (1+0.05)^{10}$

아래 식에서 위 식을 빼면,

$0.05 \times FV_{10} = 100 \times (1+0.05)^{10} - 100$

$FV_{10} = [100 \times (1+0.05)^{10} - 100]/0.05 \fallingdotseq 1,258$원

※ $FV_{m,n}$: m기에 발생한 원리금의 n기 기준 미래가치
FV_n: n기 동안 발생한 모든 원리금의 n기 기준 미래가치
PV: 현재가치

예제 10-2

시장이자율이 연 5%일 때, 아파트 전세금으로 쓰기 위해 매년 말 1천만 원을 저축할 경우에 5년 후 총 예금액은 얼마인가?

| 풀이 |

$10,000,000 \times ((1+0.05)^5 - 1)/0.05 = 55,256,313$원

③ 감채(적립)기금계수(Sinking Fund Factor: $SFF_{r,n}$)

감채기금계수(SFF)란 미래 특정시점(n년)까지 일정한 할인율(이자율, r)이 적용된다고 가정할 때 n년 후에 1원을 적립하기 위해서 매 기간 말에 입금해야 할 연금금액을 산출해 주는 계수이다. 감채기금계수는 상환기금률이라고도 하며, 연금의 내가계수($FVIFA$)의 역수이다. 이를 수식으로 표현하면 (식 10-3)과 같다.

식 10-3

$$감채기금계수(SFF_{r,n}) = \frac{r}{(1+r)^n - 1}$$

r: 할인율(이자율), n: 기간

예를 들어 향후 10년간 할인율이 5%로 일정할 때, 총적립누계액의 10년 후 기준 미래가치가 1,258원이 되기 위해서 10년 동안 각 해 말에 저축해야 할 일정액을 산출하면 〈표 10-6〉에서 보는 바와 같이 약 100원이 된다. 이때 감채기금계수($SFF_{0.05,10}$)는 0.0795($[=0.05/((1+0.05)^{10}-1)]$)임을 알 수 있다. 일시불의 현가계수를 활용하는

예를 살펴보면, 동일한 상황에서 총적립누계액의 10년 후 기준 미래가치가 3,000만 원이 되기 위해서는 10년 동안 각 해 말에 지출해야 할 일정액은 감채기금계수 ($SFF_{0.05,10}$)를 적용하면 약 239만 원(=3,000만 원×0.0795)임을 쉽게 알 수 있다.

표 10-6 감채기금계수 산정 예시

(단위: 원)

연차	각 기 말에 입금하는 일정액(A)의 10년 차 기준 미래가치
10	$FV_{10,10}=A$
9	$FV_{9,10}=A\times(1+0.05)$
8	$FV_{8,10}=A\times(1+0.05)^2$
	⋮
1	$FV_{1,10}=A\times(1+0.05)^9$
0	0

〈계산과정〉

$FV_{10}=FV_{1,10}+FV_{2,10}+\cdots+FV_{10,10}$

$FV_{10}=A+A\times(1+0.05)+A\times(1+0.05)^2+\cdots+A\times(1+0.05)^9$

수식을 단순화시키기 위해서 등비수열 합의 계산과정을 이용하여 위 식 양변에 (1+0.05)를 곱하면,

$(1+0.05)FV_{10}=A\times(1+0.05)+A\times(1+0.05)^2+\cdots+A\times(1+0.05)^{10}$

아래 식에서 위 식을 빼면,

$0.05\times FV_{10}=A\times(1+0.05)^{10}-A$

$A=FV_{10}\times0.05/[(1+0.05)^{10}-1]=1,258\times0.05/[(1+0.05)^{10}-1]=1,258\times0.0795\fallingdotseq100$원

※ $FV_{m,n}$: m기에 발생한 원리금의 n기 기준 미래가치

FV_n: n기 동안 발생한 모든 원리금의 n기 기준 미래가치

PV: 현재가치

A: 매해 기간 말에 입금하는 금액

예제 10-3

평소에 눈여겨 둔 자동차가 있다. 시장이자율이 연 5%일 때, 5년 후에 3천만 원인 자동차를 구매하기 위해서 매년 말 저축해야 할 일정금액은 얼마인가?

| 풀이 |

$30,000,000\times0.05/((1+0.05)^5-1)=5,429,244$원

(2) 현가계수

① 일시불의 현가계수(Present Value Interest Factor: *PVIF*)

일시불의 현가계수(*PVIF*)란 미래 특정시점(n년)까지 일정한 할인율(이자율, r)이 적용된다고 가정할 때 미래 특정시점의 화폐 1원의 가치가 현재시점에 얼마인가를 산출해 주는 계수이다. 따라서 일시불의 현가계수는 앞서 설명한 일시불의 내가계수와 역수관계에 있다. 이를 수식으로 표현하면 (식 10-4)와 같다.

식 10-4

$$\text{일시불의 현가계수}(PVIF_{r,n}) = \frac{1}{(1+r)^n}$$

r: 할인율(이자율), n: 기간

예를 들어 향후 10년간 할인율이 5%로 일정하다고 가정할 때, 10년 후에 162.9원인 화폐의 현재가치를 산출하면 〈표 10-7〉에서 보는 바와 같이 약 100원이 된다. 이때 일시불의 현가계수($PVIF_{0.05,10}$)는 0.614([=(1/(1+0.05)^{10})])임을 알 수 있다. 일시불의 현가계수를 활용하는 예를 살펴보면, 동일한 상황에서 10년 후의 814.5만 원의 현재가치는 일시불의 현가계수($PVIF_{0.05,10}$)를 적용하면 약 500만 원(=814.5만 원×0.614)임을 쉽게 알 수 있다.

표 10-7 일시불의 현가계수 산정 예시 (단위: 원)

연차	각 기 말의 원리금(원금과 이자)
10	$FV_{10} = 162.9$
9	$FV_9 + FV_9 \times 0.05 = FV_{10}$ $FV_9 = FV_{10} \times [1/(1+0.05)]$ $= 162.9 \times [1/(1+0.05)]$
8	$FV_8 + FV_8 \times 0.05 = FV_9$ $FV_8 = FV_9 \times [1/(1+0.05)] = 162.9 \times (1/1.05) \times (1/1.05)$ $= 162.9 \times [1/(1+0.05)]^2$

7	$FV_7 + FV_7 \times 0.05 = F_8$ $FV_7 = FV_8 \times [1/(1+0.05)] = 162.9 \times (1/1.05)^2 \times (1/1.05)$ $= 162.9 \times [1/(1+0.05)]^3$
	⋮
0	$FV_0 = PV = 162.9 \times [1/(1+0.05)]^{10}$ $\fallingdotseq 100$

※ FV_n: n기 동안 발생한 모든 원리금의 n기 기준 미래가치
PV: 현재가치

예제 10-4

시장이자율이 연 5%일 때, 현재 2억 원인 단독주택은 3년 전에는 얼마였는가?

| 풀이 |

$200,000,000 \times (1/(1+0.05)^3) = 172,767,520$원

② 연금의 현가계수(Present Value Interest Factor of an Annuity: *PVIFA*)

연금의 현가계수(*PVIFA*)란 미래 특정시점(n년)까지 일정한 할인율(이자율, r)이 적용된다고 가정할 때 화폐 1원을 n년 동안 매년 입금할 경우에 미래 특정시점(n년 말)까지 적립된 총 적립누계액의 현재시점에서의 가치가 얼마인가를 산출해 주는 계수이다. 이를 수식으로 표현하면 (식 10-5)와 같다.

식 10-5

$$\text{연금의 현가계수}(PVIFA_{r,n}) = \frac{(1+r)^n - 1}{r(1+r)^n}$$

r: 할인율(이자율), n: 기간

이해를 돕기 위해 향후 10년간 할인율이 5%로 일정하고 10년 동안 각 해 말에 100원씩 총 10회 입금한다고 가정해 보자. 10년 동안 적립한 총 적립누계액의 현재가치를 산출하면 〈표 10-8〉에서 보는 바와 같이 약 772원이 된다. 이때 연금의 현

가계수($PVIFA_{0.05,10}$)는 $7.72([=((1+0.05)^{10}-1)/(0.05\times(1+0.05)^{10})])$임을 알 수 있다. 일시불의 현가계수를 활용하는 예를 살펴보면, 동일한 상황에서 10년 동안 매년 말기 500만 원을 입금한 연금의 현재가치는 연금의 현가계수($PVIFA_{0.05,10}$)를 적용하면 3,860만 원(=500만 원×7.72)임을 쉽게 알 수 있다.

표 10-8 연금의 현가계수 산정 예시 (단위: 원)

연차	각 기 말에 발생한 원리금(원금과 이자)의 현재가치
10	$PV_{10}=100/(1+0.05)^{10}$
9	$PV_9=100/(1+0.05)^9$
8	$PV_8=100/(1+0.05)^8$
	⋮
1	$PV_1=100/(1+0.05)^1$
0	0

〈계산과정〉

$PV=PV_{10}+PV_9+\cdots+PV_1$

$PV=100/(1+0.05)+100/(1+0.05)^2+\cdots+100/(1+0.05)^{10}$

수식을 단순화시키기 위해서 등비수열 합의 계산과정을 이용하여 위 식 양변에 (1+0.05)를 곱하면,

$(1+0.05)PV=100+100/(1+0.05)+100/(1+0.05)^2+\cdots+100/(1+0.05)^9$

아래 식에서 위 식을 빼면,

$0.05\times PV=100-100/(1+0.05)^{10}$

$PV=100/0.05-100/[0.05\times(1+0.05)^{10}]$

위 식에서 분모를 통일시키기 위해 앞부분(100/0.05)의 분모와 분자에 $(1+0.05)^{10}$를 곱하면,

$PV=100\times[((1+0.05)^{10}-1)/(0.05\times(1+0.05)^{10})]\fallingdotseq 772$원

※ PV_m: m기에 발생한 원리금의 현재가치

PV: 현재가치

예제 10-5

서울 강남구에 위치한 오피스텔 한 개를 소유하고 있다. 시장이자율이 연 5%일 때, 매년 연말에 임대료로 1천만 원을 받기로 계약하였다면, 향후 6년간 받게 될 임대료의 현재가치는 얼마인가?

| 풀이 |

$10{,}000{,}000 \times ((1+0.05)^6 - 1) \ / \ (0.05 \times (1+0.05)^6) = 50{,}756{,}921$원

③ 자본회수계수(Capital-Recovery Factor: $CRF_{r,n}$)

자본회수계수(*CRF*)란 미래 특정시점(*n*년)까지 일정한 할인율(이자율, *r*)이 적용된다고 가정할 때, 화폐 1원을 저축한 후 *n*년 동안 매년 기 말에 균등한 연금으로 인출하여 *n*년 말에는 원금과 이자를 전부 회수하고자 할 때 이 연금을 계산해 주는 계수이다. 자본회수계수는 저당상수(Mortgage Constant: *MC*)라고도 하며, 연금의 현가계수(*PVIFA*)의 역수이다. 이를 수식으로 표현하면 (식 10-6)과 같다.

식 10-6

$$\text{자본회수계수}(CRF_{r,n}) = \frac{r(1+r)^n}{(1+r)^n - 1}$$

r: 할인율(이자율), *n*: 기간

표 10-9 자본회수계수 산정 예시

(단위: 원)

연차	각 기 말에 받는 일정 연금(A)의 현재가치
10	$PV_{10} = A/(1+0.05)^{10}$
9	$PV_9 = A/(1+0.05)^9$
8	$PV_8 = A/(1+0.05)^8$
	⋮
1	$PV_1 = A/(1+0.05)^1$
0	0

〈계산과정〉

$PV = PV_{10} + PV_9 + \cdots + PV_1$

$PV = A/(1+0.05) + A/(1+0.05)^2 + \cdots + A/(1+0.05)^{10}$

수식을 단순화시키기 위해서 등비수열 합의 계산과정을 이용하여 위 식 양변에 (1+0.05)를 곱하면,

$(1+0.05)PV = A + A/(1+0.05) + A/(1+0.05)^2 + \cdots + A/(1+0.05)^9$

아래 식에서 위 식을 빼면,

$0.05 \times PV = A - A/(1+0.05)^{10}$

$PV = A/0.05 - A/[0.05 \times (1+0.05)^{10}]$

위 식에서 분모를 통일시키기 위해 앞부분($A/0.05$)의 분모와 분자에 $(1+0.05)^{10}$를 곱하면,

$PV = A \times [((1+0.05)^{10} - 1)/(0.05 \times (1+0.05)^{10})]$

위 식을 A를 기준으로 정리하면,

$A = PV \times [(0.05 \times (1+0.05)^{10})/((1+0.05)^{10} - 1)] = 772 \times [(0.05 \times (1+0.05)^{10})/((1+0.05)^{10} - 1)]$

≒ 100원

※ PV_m: m기에 발생한 원리금의 현재가치

PV: 현재가치

A: 매 기간(해) 말에 받는 일정액의 연금

이해를 돕기 위해 향후 10년간 할인율이 5%로 일정할 때, 현금 772원을 저금한 후 10년째된 해의 기 말에 통장에 원금과 이자 모두 0원이 되기 위해서 10년 동안 매해 말에 받아야 하는 일정액의 연금을 산출하면 〈표 10-9〉에서 보는 바와 같이 약 100원이 된다. 이때 자본회수계수($CRF_{0.05,10}$)는 0.13($[=((1+0.05)^{10}-1)/0.05 \times (1+0.05)^{10}]$)임을 알 수 있다. 자본회수계수를 활용하는 예를 살펴보면, 동일한 상황에서 현재 입금한 3,000만 원이 10년 후에 0원이 되기 위해서 각 해 말에 지급받아야 할 일정액의 연금은 자본회수계수($CRF_{0.05,10}$)를 적용하였을 때 약 390만 원(=3,000만 원×0.13)임을 쉽게 알 수 있다.

예제 10-6

서울 서초구에 위치한 5억 원 아파트를 구매하기 위해서 이중 40%를 은행에서 대출받았다. 시장이자율이 5%이고 융자기간이 20년일 때, 매년 원리금 분할상환금액은 얼마인가?

| 풀이 |

$500,000,000 \times 0.4 \times (0.05 \times (1+0.05)^{20}) / ((1+0.05)^{20}-1) = 16,048,517$원

(3) 화폐의 시간가치계수 정리

지금까지 살펴본 여섯 가지 화폐의 시간가치계수의 설명·수식 및 계수들 간의 관계를 요약하면 〈표 10-10〉과 같다. 특히 화폐의 시간가치계수들 간의 관계를 살펴보면, 일시불의 내가계수(*FVIF*)와 연금의 내가계수(*FVIFA*)만 숙지하면 나머지 네 가지 화폐의 시간가치계수는 역수변환, 내가화, 현가화 등을 통해서 도출할 수 있음을 보여 준다([그림 10-2] 참조).

표 10-10 여섯 가지 화폐의 시간가치계수 정리 (단위: 원)

구분	계수명	설명	수식	관계
내가	일시불의 내가계수 (*FVIF*)	현 시점의 화폐 1원이 n시점에 갖는 가치	$(1+r)^n$	*PVIF*와 역수
	연금의 내가계수 (*FVIFA*)	화폐 1원을 n년 동안 매년 기 말에 입금할 경우 n시점에서의 총 적립누계액	$\frac{(1+r)^n-1}{r}$	*PVIFA*의 내가화
	감채기금 계수 (*SFF*)	n년 후에 1원을 적립하기 위해서 매년 말에 입금해야 할 연금금액	$\frac{r}{(1+r)^n-1}$	*FVIFA*와 역수
	일시불의 현가계수 (*PVIF*)	n시점의 화폐 1원이 현재시점에 갖는 가치	$\frac{1}{(1+r)^n}$	*FVIF*와 역수

현가	연금의 현가계수 (*PVIFA*)	화폐 1원을 n년 동안 매년 기 말에 입금할 경우 n년까지 적립된 총 적립누계액의 현재시점에서의 가치	$\frac{(1+r)^n-1}{r(1+r)^n}$	*FVIFA*의 현가화
	자본회수계수 (*CRF*)	화폐 1원을 저축한 후, n년 말에는 원금과 이자를 전부 회수할 수 있도록 n년 동안 매년 기 말에 인출할 연금금액	$\frac{r(1+r)^n}{(1+r)^n-1}$	*PVIFA*와 역수

※ 전제조건: n년 동안 할인율은 r로 동일하고, 연금은 매해 기 말에 한 번 지급됨.

그림 10–2 | 화폐의 시간가치계수 간 관계

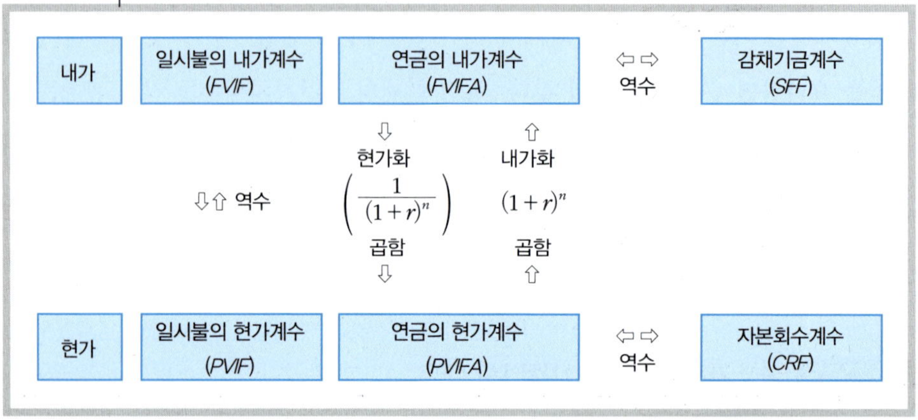

Chapter 11

감정평가 방법 및 절차

Real Estate Principles & Practices

1. 감정평가 3방식의 개요
2. 원가법
3. 적산법
4. 거래사례비교법
5. 임대사례비교법
6. 수익환원법
7. 수익분석법
8. 감정평가 절차

CHAPTER 11

감정평가 방법 및 절차

1 감정평가 3방식의 개요

1) 감정평가 3방식 6방법의 이해

재화의 가격을 구하고자 할 때에는 비용성 · 시장성 · 수익성이라는 세 가지 측면에서 접근하게 된다. 이를 가격의 3면성이라고 한다. 재화 중 하나인 부동산도 가격의 3면성이 적용된다. 먼저 공급 측면에서 강조되는 비용성은 "한 단독주택을 건설하는 데 투입된 총비용이 얼마인가?"라는 질문에 대한 답으로 이해될 수 있다. 비용성은 감정평가 3방식 6방법 중 원가방식(원가법, 적산법)의 근거가 된다. 다음으로 수요와 공급 측면 모두에서 강조되는 시장성은 "이 단독주택은 시장에서 얼마에 거래되고 있는가?"라는 질문을 통해 살펴볼 수 있다. 시장성은 감정평가 3방식 6방법 중 비교방식(거래사례비교법, 임대사례비교법)의 원리가 된다. 마지막으로 수요 측면에서 강조되는 수익성은 "이 단독주택은 임대시장에서 얼마의 수익을 가져오는가?"라는 질문으로 이해될 수 있다. 수익성은 감정평가 3방식 6방법 중 수익방식(수익환원법, 수익분석법)의 근거가 된다.

감정평가의 3방식 6방법은 〈표 11-1〉과 같으며 이는 '감칙' 제11조에 기초한다. 감정평가 6방법을 통해 산정된 시산가액[1]은 사용한 방법에 따라 명칭이 다르다. 먼저 평가가격을 산정하는 방법들을 보면, 원가법을 통해 산정된 평가가격은 '적산가격', 거래사례비교법을 통해 산정된 평가가격은 '비준가격', 수익환원을 통해 산정된 평가가격은 '수익가격'이라고 한다. 다음으로 평가임료를 산정하는 방법들을 보면, 적산법을 통해 산정된 평가임료는 '적산임료', 임대사례비교법을 통해 산정된 평가임료는 '비준임료', 수익분석법을 통해 산정된 평가임료는 '수익임료'라고 한다.

표 11-1 감정평가 3방식 6방법

3방식	6방법	시산가액	평가목적	가격의 3면성
원가방식	원가법	적산가격	가격	비용성
	적산법	적산임료	임료	
비교방식	거래사례비교법	비준가격	가격	시장성
	임대사례비교법	비준임료	임료	
수익방식	수익환원법	수익가격	가격	수익성
	수익분석법	수익임료	임료	

2) 감정평가 3방식의 병용

감정평가의 3방식을 통해 산출된 평가가격(또는 평가임료)은 이론적으로는 서로 같아야 한다. 대상 부동산의 가치를 평가하는 방법이 원가에 근거하느냐, 비교를 통해서 하느냐, 수익수준을 통해 평가하느냐의 차이일 뿐 동일한 대상 부동산을 평가하기 때문이다. 그러나 실제로는 부동산시장 및 부동산 자체의 특이성, 수집 가능한

1 대상물건의 감정평가액을 결정하기 위하여 어느 하나의 감정평가방법을 적용하여 산정한 가액을 '시산가액'이라고 한다(감칙 제12조).

자료의 한계 등으로 인해 정확히 일치하기는 어렵다.

감정평가 대상 부동산은 그 유형에 따라 주된 평가방법이 다르다. 그러나 이는 감정평가 대상 부동산별로 하나의 방법론만 이용하라는 의미가 아니다. 앞에서 언급한 바와 같이 각각의 방법론이 가지고 있는 장단점이 있고, 감정평가사별로 갖는 개인 선호성향 등 주관개입이 나타날 수 있기에, 감정평가의 3방식(6방법)을 병용하여 평가할 것을 요구하고 있다. 부감법 제5조에서는 "표준지의 적정가격을 조사 · 평가하는 경우에는 인근 유사토지의 거래가격 임대료 및 당해 토지와 유사한 이용가치를 지닌다고 인정되는 토지의 조성에 필요한 비용추정액 등을 종합적으로 참작하여야 한다."라는 조사 · 평가의 기준을 제시하였는데, 이는 감정평가의 3방식(6방법)의 병용이 평가의 기준이 되어야 함을 의미한다.

3) 시산가액의 조정

시산가액이란 대상물건의 감정평가액을 결정하기 위하여 어느 하나의 감정평가방법을 적용하여 산정한 가액을 말한다(감칙 제12조). 감정평가 3방식(6방법)에 의해 산출된 적산가격, 비준가격, 수익가격이나 적산임료, 비준임료, 수익임료를 이르는 말로, 최종 평가가격으로 확정되기 이전 상태의 가격을 말한다. 앞에서 설명한 대로 3방식(6방법)의 차이로 인해 각 가격 및 임료는 서로 다른 가격(임료)이 산출된다. 따라서 최종 평가가격을 확정하기 위해서는 시산가액의 조정이 이루어져야 한다.

대상물건의 감정평가액을 결정하기 위하여 시산가액을 다른 감정평가방식에 속하는 하나 이상의 감정평가방법(이 경우 공시지가기준법과 그밖의 비교방식에 속한 감정평가방법은 서로 다른 감정평가방식에 속한 것으로 본다.)으로 산출한 시산가액과 비교하여 합리성을 검토하여야 한다. 다만, 대상물건의 특성 등으로 인하여 다른 감정평가방법을 적용하는 것이 곤란하거나 불필요한 경우에는 제외된다. 검토 결과, 산출한 시산가액의 합리성이 없다고 판단되는 경우에는 주된 방법 및 다른 감정평가방법으로 산출한 시산가액을 조정하여 감정평가액을 결정할 수 있다.

2 원가법

1) 원가법이란

원가법이란 기준시점에 대상물건을 재생산하려 할 때 소요되는 재조달원가를 구하고 이를 감가수정하여 대상물건의 가액을 산정하는 감정평가방법을 말한다. 따라서 적산가격의 정확도를 높이기 위해서는 재조달원가와 감가수정의 개념을 정확히 이해하고 대상 부동산에 맞게 적용해야 한다.

부동산 가운데에 건물과 같이 재생산이 되는 경우에 적용이 가능하다. 즉, 토지와 같이 생산에 소요되는 비용개념이 없는 경우에는 원가법을 적용할 수 없다. 단, 매립지나 조성지와 같이 매립 및 조성에 소요되는 비용이 발생할 경우에는 토지라 하더라도 예외적으로 원가법의 적용이 가능하다. 원가방식에 의한 적산가격 산식은 (식 11-1)과 같다.

식 11-1

적산가격＝재조달원가－감가누계액

2) 재조달원가

재조달원가란 대상 부동산을 기준시점 기준으로 새로이 건축하거나 재취득할 때 필요한 적정원가의 총액을 말한다. 재조달원가는 도급건설을 기준하여 산정하기 때문에 자가건설이라고 하더라도 일종의 기회비용인 수급인의 이윤을 재조달원가에 산입한다. 따라서 재조달원가는 직접공사비, 간접공사비, 수급인의 이윤을 포함하는 표준적인 건설비에 건설자금이자, 설계감리비, 등기수속비, 기타 도급비용 등 발주자가 부담하는 통상적 부대비용을 더하여 구한다[(식 11-2) 참조)].

식 11-2

재조달원가 = 표준적인 건설비 + 통상적인 부대비용

앞서 설명한 대로, 투자비용을 산정할 수 있는 매립지나 조성지 등의 경우에는 표준적인 토지의 취득원가에 표준적인 건설비와 통상적인 부대비용을 더하여 산정한다[(식 11-3) 참조].

식 11-3

재조달원가 = 표준적인 취득원가 + 표준적인 건설비 + 통상적인 부대비용

예제 11-1

다음 3층 상가건물의 1) 건축 당시 재조달원가는 얼마인가? 또한 2) 현재의 재조달원가는 얼마인가?

[대상건물 개요]
- 건축 당시 원가: 1~3층 각 5,000,000원/㎡, 지하1층 3,000,000원/㎡
- 건축비지수: 2007. 1. 1(100.0), 2009. 1. 1(110.0), 2011. 1. 1(120), 2013. 1. 1(130)
- 사용승인일: 2007. 1. 1
- 기준시점: 2013. 1. 1.
- 면적: 1~3층 각 100㎡, 지하1층 100㎡

| 풀이 |

1) 5,000,000원×100×3+3,000,000원×100×1=1,800,000,000원

2) 1,800,000,000원×(130/100)=2,340,000,000원

3) 감가수정

감가수정이란 대상물건에 대한 재조달원가를 감액하여야 할 요인이 있는 경우에 물리적 감가, 기능적 감가 또는 경제적 감가 등을 고려하여 그에 해당하는 금액을 재조달원가에서 공제하여 기준시점에 있어서의 대상물건의 가액을 적정화하는 작업을 말한다.[2]

4) 감가수정방법

감칙 제15조 제2항에서는 감가수정의 경우 경제적 내용연수를 기준으로 한 정액법 · 정률법 또는 상환기금법 중에서 대상건물에 가장 적합한 방법을 적용하되, 이 경우 물리적 · 기능적 · 경제적 감가요인을 고려하여 관찰감가 등으로 조정하거나 다

2 물리적 감가는 시간의 경과에 따라 대상 부동산의 내부요인에 의한 가치상실로, 손괴 · 마모, 자연재해와 같은 우발적 사고로 인한 손상, 시간경과에 따른 노후화, 기타 물리적인 하자 등이 포함된다. 기능적 감가는 내부적 감가로 설계불량, 설비의 부족 또는 과다설비, 시간에 따른 형식의 비현대화, 능률 저하 등에 따른 가치상실을 말한다. 기능적인 가치상실이 되는 결함에 대해서는 이를 해결할 수 있는가와 이를 해결하기 위한 비용이 경제적으로 가치 있는가를 판단하여 평가에 반영할 필요가 있다. 물리적 · 기능적 감가가 대상 부동산의 내부적 감가라면 경제적 감가는 대상부동산 위치의 고정성으로 인해 대상 부동산이 속한 지역의 경제상황에 의해서 영향을 받는 외부적 감가로서 치유가 불가능하다. 경제적 감가는 대상 부동산이 속한 지역의 경제적 현황 및 장래 적합성 등을 종합적으로 살펴보아야 한다. 경제적 감가요인에는 대상 부동산과 주변환경 간의 부적합, 인근지역의 쇠퇴, 시장성의 저하, 기타 경제적인 하자 등이 포함된다.

른 방법에 따라 감가수정할 수 있다고 규정하고 있다. 여러 감가수정방법 중 감정평가 실무에서 많이 쓰이는 내용연수법과 관찰감가법을 살펴보면 다음과 같다.

(1) 내용연수에 의한 감가수정[3]

① 정액법

정액법은 대상 부동산의 감가상각 가능액이 매년 일정 금액씩 감소한다는 가정하에, 감가상각 가능액을 내용연수로 나누어 산정하는 방식이다. 정액법은 계산과정이 단순하여 적용이 편리하다는 장점이 있으나, 기계나 기구와 같이 초기에 감가가 크게 이루어지는 등 일정한 감가상각액을 적용하기 힘든 경우에는 실제 감가액과 일치하기 어렵다는 단점이 있다.

식 11-4

매년 감가액 = (재조달원가 − 잔존가격) / 내용연수

3 내용연수는 대상 부동산의 경제적 유용성이 유지되는 기간인 물리적 내용연수로 결정되는데, 이는 대상 부동산의 물리적 기능에 기초한 물리적 내용연수보다 일반적으로 짧다. 예를 들어, 한 단독주택을 물리적으로 사람이 이용할 수 있는 기간을 50년이라고 가정해 보자. 그러나 경제적 유용성을 기준으로 판단할 때 단독주택이 이용될 수 있는 기간은 30년이라고 하자. 이때 감가수정은 내용연수 30년을 기준으로 분석된다. 만약 단독주택 완공 이후에 10년이 지난 시점에서 단독주택을 본다면 실제경과연수는 10년이 되고, 실제잔존연수는 20년(30년−10년)이 된다. 그런데 이 단독주택이 좋은 자재로 설계되고 관리가 잘되어 있다면 유효경과연수는 5년으로 줄어든다. 이때 유효잔존내용연수는 25년(30년−5년)이 될 것이다. 반대로 좋지 않은 자재의 사용이나 관리미흡으로 인해 유효경과연수가 20년이 될 수도 있는데, 이 경우에는 유효잔존내용연수가 10년(30년−20년)밖에 되지 않을 것이다. 이 유효잔존내용연수가 대상 부동산의 내용연수가 된다.

예제 11-2

다음 3층 건물의 적산가격을 정액법을 이용하여 구하면 얼마인가?

[대상건물 개요]
- 현 재조달원가: 1,000,000원/㎡
- 내용연수: 45년
- 구조: 철근콘크리트조 슬래브지붕
- 연면적: 1,000㎡
- 건축물대장상 사용승인일: 2010. 1. 1.
- 기준시점: 2013.1.2.
- 잔가율: 10%

| 풀이 |

1,000,000원×(1−(1−0.1)×(3/45))×1,000=940,000,000원

② 정률법

정률법은 대상 부동산의 매년 말 미상각잔액이 일정비율로 감소한다는 가정하에, 매년 말의 미상각잔액에 일정한 감가율을 곱하여 매년의 감가액을 산정하는 방식이다[(식 11−5), (식 11−6) 참조]. 정률법은 기계나 기구와 같이 초기에는 매년 감가액이 크다가 점차 감소하는 경우에 적합한 방식이나, 매년 감가액이 불균형적이라는 것은 그 자체로 단점이 되기도 한다.

식 11−5

매년 감가액 = 전년 말 잔존가격×감가율

식 11−6

매년 감가율 $= 1-(\text{내용연수 만료 시 잔존가격}/\text{재조달원가})^{(1/n)}$

예제 11-3

아래 밀링머신의 현재가격을 정률법을 이용하여 구하면 얼마인가?

[대상물건 개요]
- 기준시점 현재 재조달원가: 100,000,000원
- 내용연수: 30년
- 밀링머신 사용 후 경과시간: 6년
- 잔가율: 10%

| 풀이 |

100,000,000원 $\times 0.1^{(6/30)}$ = 63,095,734원

(2) 관찰감가법

관찰감가법이란 대상 부동산을 면밀히 관찰하여 그 실태를 조사함으로써 물리적 · 기능적 · 경제적 감가요인과 감가액을 직접 구하는 방법이다. 내용연수를 기준으로 분석하기에는 적당하지 않다고 판단되는 경우에 감정평가사가 이용하는 방법 중 하나로, 이를 위해서는 감정평가사가 대상 부동산의 각 부문에 대한 다양한 지식 및 실무경험이 우선되어야 한다. 대상 부동산의 각 부분이 갖고 있는 현상과 특성을 반영하여 분석한다는 장점이 있으나, 감정평가사의 능력에 따른 차이와 함께 주관적 의견의 개입이 가능하다는 점과 관찰로 확인하기 어려운 부문의 기술적 하자를 발견하기 어렵다는 단점이 있다.

5) 원가법의 장단점

원가법은 상대적으로 최근에 건축된 건물의 경우에 보다 적용하기 편하다. 거래사례가 적어 거래사례비교법을 적용하기 곤란하거나, 수익성 부동산이 아니어서 수

익환원법을 적용하기 곤란한 경우 이용이 유용하다. 또한 건물 또는 기계 · 기구와 같이 재생산이 가능한 자산에 적용되기 쉽다. 토지 가운데 매립지 · 조성지 · 간척지와 같이 조성원가가 확보될 수 있는 경우에는 원가법의 적용이 가능하다. 논리적 계산식을 이용하다 보니, 감정평가방법 가운데 상대적으로 감정평가사의 주관 개입이나 감정평가사의 수준 차이에 따른 편차가 적다는 장점이 있다.

반면, 원가법은 토지와 같이 재생산이 안 되는 경우에는 원칙적으로 적용이 어렵다. 또한 재조달원가와 감가누계액을 파악하기 쉽지 않고, 건축물의 평가에서 감정평가사에 의해 외부에서 관찰할 수 없는 부분의 문제에 대해서는 감가수정에 반영하기 어렵다는 문제도 제기된다. 여기에, 대상 부동산의 시장성과 수익성이 반영되지 못한다는 점은 다른 감정평가방식에 비해서 취약한 부분이라고 할 수 있다. 마지막으로 최유효이용이 안 되는 건물에 의해 토지가치가 낮아지는 건부감가[4]는 반영되지 못한다는 단점도 있다.

3 적산법

1) 적산법이란

적산법(積算法)이란 대상물건의 기초가액에 기대이율을 곱하여 산정한 기대수익에 대상물건을 계속하여 임대하는 데에 필요한 경비를 더하여 대상물건의 임대료를 산정하는 감정평가방법을 말한다(감칙 제2조). 적산법을 통해 산정된 임대료를 적산임

4 급경사이거나 연약지반에 건축된 건물의 경우에는 토지의 한계로 인해 최유효이용이 아닌 건물이 지어질 수 있다. 이 경우에 최유효이용이 아닌 건물은 토지에 부정적인 영향을 줄 수 있는데 이를 '건부감가'라고 한다.

료라고 한다.

식 11-7

$$적산임료 = 기초가격 \times 기대이율 + 필요제경비$$

2) 적산법 산정에 필요한 3요소

(1) 기초가격

기초가격이란 적산임료를 산정하는 데 기초가 되는 가격으로, 임료의 기준시점에 있어서 대상 부동산의 원본가격을 말한다. 적산법이란 일정한 사용수익을 얻기 위해서 대상 부동산에 투자한 원가를 통해 임료를 구하기 때문에, 임료를 산정하기 위해서는 임료의 기준시점에서의 대상 부동산 원본가격인 기초가격을 알아야 한다. 적산법은 임료를 구하는 원가방식 중 하나이기에, 기초가격은 적산가격으로 산정해야 한다. 대상 부동산의 재조달에 필요한 원가를 기준으로 구하는 적산가격이나 거래사례비교법을 통한 비준가격은 기초가격으로 활용할 수 있다. 그러나 임료의 변화를 알고 있다는 전제하에 평가액을 산정하는 수익환원법은 알지 못하는 임료를 구하기 위한 적산법과는 서로 모순이 되기 때문에 수익가격은 기초가격으로 활용하지 않는다.

(2) 기대이율

기대이율이란 임대차물건에 투입한 자본에 대한 임대차 기간 동안의 사용수익을 통해 기대되는 임대수익의 비율을 말한다. 기대이율은 임대차계약 기간 동안만 적용되는 단기간의 수익률이면서, 대상 부동산의 최유효이용이 아닌 임대차계약에 맞는 이용상태를 감안할 때의 수익률이다.

(3) 필요제경비

필요제경비란 임대차계약에 따라 대상 부동산을 일정기간 임대하여 투자수익을 확보하는 등 임대차관계를 지속하기 위하여 필요한 제반비용을 의미한다. 임대인은 필요제경비가 포함된 임료를 임차인으로부터 받음으로써, 임차인에게 필요제경비를 전가시키고 투자수익을 확보한다. 필요제경비에는 일반적으로 감가상각비, 조세공과, 유지관리비, 결손준비비, 손해보험료, 공실 등에 의한 손실상당액, 정상운전자금의 이자 등이 있다.

예제 11-4

적산법을 이용할 경우, 다음 대상 부동산의 임차인이 부담하여야 하는 임료는 얼마인가?

[대상 부동산 개요]

- 토지면적: 100㎡
- 토지가격: 1,000,000원/㎡
- 건축물 재조달원가: 1,000,000원/㎡
- 건축물 연면적: 1,000㎡
- 내용연수: 40년
- 사용승인일: 4년 지남
- 경비: 감가상각비 정액법. 유지관리비 건물면적 ㎡당 10,000원/년/㎡. 보험료 및 세금은 현 건물가격의 0.3%로 모두 소멸성임
- 토지 및 건물 기대이율: 10%
- 시장이자율: 5%

| 풀이 |

1) 기초가격: 1,000,000원×100+1,000,000원×1,000×(36/40)=1,000,000,000원
2) 순임료: 1,000,000,000원×0.1=100,000,000원
3) 필요제경비:
   (1) 감가상각비: 1,000,000원×1,000×4/40=100,000,000원
   (2) 유지관리비: 10,000원×1,000=10,000,000원
   (3) 보험료 및 세금: 1,000,000원×1,000×36/40×0.003=2,700,000원
   (4) 필요제경비: 100,000,000원+10,000,000원+2,700,000원=112,700,000원
4) 적산임료: 순임료+필요제경비=100,000,000원+112,700,000원=212,700,000원

4 거래사례비교법

1) 거래사례비교법이란

거래사례비교법이란 대상물건과 가치형성요인이 같거나 비슷한 물건의 거래사례와 비교하여 대상물건의 현황에 맞게 사정보정(事情補正), 시점수정, 가치형성요인 비교 등의 과정을 거쳐 대상물건의 가액을 산정하는 감정평가방법을 말한다. 거래사례비교법은 부동산시장에서 수요와 공급에 의해 대상 부동산과 대체관계에 있는 유사한 부동산의 거래사례 정보를 활용하여 분석하는 방법이기에, 수요 · 공급의 원칙과 대체의 원칙이 적용되는 방법이라고 할 수 있다. 시장에서 실제로 거래된 자료를 활용하여 설득력이 가장 높기 때문에 3방식 중 주된 방법이 된다. 거래사례비교법을 통해 구한 대상 부동산의 가격은 비준가격(또는 유사가격)이라고 하는데, 이는 유사한 부동산의 사례가격, 사정보정, 시점수정, 지역요인 및 개별요인 비교, 면적 비교 등을 통해서 산출된다[(식 11-8) 참조].

식 11-8

$$\text{비준가격} = \text{사례가격} \times \text{사정보정치} \times \text{시점수정치} \times \text{지역요인비교치} \times \text{개별요인비교치} \times \text{면적비교치}$$

2) 거래사례

거래사례비교법은 거래사례 가격을 대상 부동산과 거래사례 간의 특성비교치에 따라 보정하여 대상 부동산의 가격을 결정한다. 따라서 거래사례비교법에서는 거래사례의 선정이 가장 중요하다.

(1) 거래사례 선정기준

거래사례의 선정기준은 사정보정의 가능성, 시점수정의 가능성, 위치의 유사성, 물적 유사성 등 네 가지로 정리될 수 있다.

① 사정보정의 가능성

사정이 개입된 경우란 급매매와 같이 거래에 특별한 사유가 더해진 경우, 친척 관계와 같이 특수한 이해관계자 간에 거래한 경우, 공매와 같이 일반인들의 참여가 쉽지 않은 경우 등을 말한다. 이와 같이 사정이 개입된 경우에는 매매사례가 대표성을 잃게 되어 대상 부동산의 가치를 왜곡시킬 수 있다. 이를 아무리 정확하게 대상 부동산의 특성에 비추어 보정한다고 하더라도 왜곡된 결과값을 도출할 수 있기 때문에 거래 당시에 특수한 사정 또는 개별적 동기의 개입으로 거래사례가 비정상적인 가격으로 거래되었다면 이 사례 대신에 정상가격과의 차이를 계량화하여 정상가격으로 보정할 수 있는 거래사례를 수집해야 한다.

② 시점수정의 가능성

거래사례가 거래된 시점이 분명해야 하고, 거래사례의 거래시점에서 대상 부동산의 기준시점 사이의 가격변화를 대표할 수 있는 물가지수 또는 지가변동률 등의 정보가 수집 가능해야만 거래사례의 거래시점 가격을 대상 부동산의 기준시점 가격으로 보정할 수 있다.

③ 위치의 유사성

거래사례와 대상 부동산은 지역요인이 비교되어야 하기 때문에, 가능하면 지역요인이 동질성 또는 유사성을 가질 수 있는 거래사례가 선택되어야 한다. 이때 위치는 단지 지리적 근접성을 의미하는 것이 아니라, 용도 및 기능적 측면에서 지역의 유사성을 확보할 수 있는 위치를 의미한다.

④ 물적 유사성

대상 부동산의 개별 물적 사항과 동일하거나 유사한 거래사례가 선택되어야만, 거래사례와 대상 부동산의 개별요인 비교가 가능해진다. 토지의 개별 물적 사항은 위치, 면적, 형상, 일조, 통풍, 건습, 지반, 주요 시설과의 접근성, 고저, 각지, 접면 가로와의 관계, 공 · 사법상의 제한 정도 등이고, 건물의 개별 물적 사항은 건물의 면적, 높이, 재질, 구조, 설계 및 설비수준, 시공수준, 공 · 사법상의 제한 정도 등이다.

예제 11-5

대상 토지평가에 적용하기에 가장 적합한 거래사례를 선택하시오.

[대상 토지 개요]
- 소재지: 경북 경산시 하양읍 부호리 150번지
- 토지면적: 300㎡
- 용도지역: 제2종 일반주거지역
- 지목: 대
- 이용상황: 다세대주택
- 도로조건: 소로한면
- 형상 및 지세: 부정형 평지

[거래사례]

기호	소재지	지목	이용상황	용도지역	면적	도로	지세	참고
1	부호리 100	대	아파트 부지	제3종 일반 주거지역	12,578	중로각지	부정형 평지	
2	부호리 180	대	다세대 주택	제2종 일반 주거지역	350	중로각지	부정형 평지	

3	부호리 155	대	다세대 주택	제2종 일반 주거지역	324	소로한면	부정형 평지	옆 토지 중 축목적으로 고가매입
4	부호리 1287	대	다가구 주택	제2종 일반 주거지역	280	소로한면	세장형 평지	
5	부호리 140	대	주거나지	제3종 일반 주거지역	320	소로각지	세장형 평지	
6	다평리 128	대	다세대 주택	제2종 일반 주거지역	330	세로각지	부정형 완경사	

| 풀이 |

- 기호 1: 용도지역과 이용상황이 다르며 면적 차이가 큼
- 기호 2: 정답
- 기호 3: 사정개입
- 기호 4: 위치상 번지가 멀고 이용상황이 다가구임
- 기호 5: 용도지역 다름
- 기호 6: 인근지역 아님(지리상 거리가 멂)

(2) 거래사례 자료의 정상화

① 사정보정

사정보정이란 거래사례에서 비정상적인 요인이 있는 경우에 이를 제거하여 정상가격으로 보정하는 것으로, 보정하는 수식은 (식 11-9)와 같다. 사정보정치는 거래사례 가격이 정상지가와 비교할 때 얼마나 높은(또는 낮은) 가격에 거래되었는가에 근거하여 계산된다. 예를 들어, 거래사례 부동산의 원 소유자가 가까운 지인에게 정상지가보다 10% 고가로 매매하였을 경우에는 사정보정치가 0.91(=100/110)이 된다.

식 11-9

사정보정된 거래사례 가격 = 거래사례 가격 × 사정보정치

예제 11-6

50,000원/㎡에 1,000㎡를 구매하였으나 10% 저가로 구입하였다. 이때 1) 사정보정치는 얼마인가? 또한 2) 적정가격은 얼마인가?

| 풀이 |

1) 사정보정치: 100/(100−10) = 1.11111111

2) 적정가격: 50,000원 × 1,000 × 1.11111111 = 55,555,556

② 시점수정

시점수정이란 거래사례의 거래시점이 대상 부동산의 기준시점과 차이가 날 때, 거래사례의 거래시점을 기준시점으로 맞추어 수정하는 것을 말한다. 수정방식에는 변동률법과 지수법이 있는데 변동률법은 시점수정에 가장 많이 사용되는 방식으로, 부동산 가격지수를 변동률로 환산하여 가중하는 방식이며[(식 11-10) 참조], 지수법은 부동산 가격지수를 그대로 비교하여 그 가격변동을 반영하는 방식이다[(식 11-11) 참조]. 이때 지수나 변동률로는 물가지수 또는 지가변동률 등을 사용할 수 있다.

식 11-10

기준시점으로 시점수정된 거래사례 가격[변동률법]
= 거래사례의 거래시점 가격 × 거래시점부터 기준시점까지의 가격지수에 근거한 가격변동률

식 11-11

기준시점으로 시점수정된 거래사례 가격[지수법]
= 거래사례의 거래시점 가격 × (기준시점지수/거래시점지수)

예제 11-7

기간별 용도지역별 지가변동률이 다음과 같다. 이때 거래시점이 2012년 1월 1일이고 기준시점이 2013년 3월 9일인 자연녹지지역의 시점수정치는 얼마인가?

기간	상업지역(%)	주거지역(%)	공업지역(%)	녹지지역(%)
2012.1.1.~12.31	1.51	1.48	1.45	1.34
2013.1.1.~1.31	0.14	0.17	0.21	0.22

| 풀이 |

$(1+0.0134)\times(1+0.0022)\times(1+0.0022\times(28+9)/31)=1.2149$

※ (28+9)는 2월 및 3월 1일~9일까지 날짜를 의미함.
※ 2월과 3월은 1월의 지가변동률을 적용함.

③ 지역요인 및 개별요인의 비교

거래사례와 대상 부동산은 동일한 장소에 위치할 수 없기에 두 부동산이 각각 위치해 있는 지역적 요인의 차이를 비교해야 한다. 즉, 거래사례가 위치한 지역의 특성과 대상 부동산이 위치한 지역의 특성의 장단점을 요인별로 분석하여 대상 부동산이 속한 지역요인비교치를 산정한다. 단, 거래사례를 대상 부동산의 인근지역에서 수집하였다면 지역요인은 1에 가깝게 되어 바로 개별요인을 적용할 수 있다. 거래사례와 대상 부동산의 개별요인을 비교 · 분석함으로써 대상 부동산의 개별요인비교치를 산정한다. 마지막으로, 지금까지 구한 사정보정치, 시점수정치, 지역요인비교치, 개별요인비교치를 사례가격에 곱하여 비준가격을 산정한다.

예제 11-8

대상 부동산과 거래사례의 개별요인비교치는 다음과 같다. 거래사례(1,000㎡)가 1,000,000원/㎡에 거래되었다면, 대상 부동산의 적정단가는 얼마인가?

항목	가로조건	접근조건	환경조건	획지조건	행정적 조건	기타
대상 부동산	110	105	100	110	100	100
거래 부동산	100	100	100	90	100	100

| 풀이 |

1,000,000×1,000×개별요인비교치 = 1,000,000×1,000×(110/100)×(105/100)
×(100/100)×(110/90)×(100/100)×(100/100)
= 1,411,666,667원

예제 11-9

거래사례비교법을 통해 볼 때 대상 부동산(주거용)의 가격은 얼마인가?

[대상 부동산 개요]

- 면적: 115㎡

[거래사례 개요]

- 2012. 12. 31. 기준 200㎡(1,000,000원/㎡)
- 약 5% 고가사례로 판단됨
- 2012. 12. 31~2013. 12. 31(기준시점)의 시점수정치: 상업지역(1.05321), 주거지역(1.03475)
- 거래사례는 대상 부동산과 가까이 있기 때문에 지역요인비교치는 필요 없을 것으로 보임
- 가로조건에서 대상 부동산이 5% 열세, 획지조건에서 10% 우세로 판단됨

| 풀이 |

대상 부동산 가격 = 거래사례 가격×사정보정×시점수정×지역요인비교×개별요인비교×면적
= 1,000,000×(100/105)×1.03475×1.00×(0.95×1.10)×115
= 118,429,601원

3) 거래사례비교법의 장단점

거래사례비교법은 감정평가 3방식 중에서 시장상황을 가장 잘 반영하는 현실적이고 실증적인 방법이라는 점과 가격산정 과정이 상대적으로 간단하다는 점에서 가장 많이 활용되고 있다. 시장성을 근거로 분석이 수행되기 때문에 분석결과가 강한 설득력을 갖는다. 특히 거래가 빈번한 대상 부동산의 경우에 평가가 유리하고 평가결과의 정확도가 높다.

반면, 부동산 가격을 대상 부동산에서 발생되는 유 · 무형의 미래수익의 현재가치의 총합이라고 볼 때, 거래사례비교법은 미래수익이 아니라 과거에 거래된 거래사례의 가격을 기초로 대상 부동산의 기준시점 가격을 결정한다는 점에서 부동산 가격의 정의에 논리적으로 모순된다는 문제가 있다. 유사사례가 많은 부동산에는 적합한 방법이나 학교, 공공용지, 교회 등 거래사례가 많지 않은 경우에는 좋은 방법이 되지 못한다. 시점수정이나 특히 사정보정 시 감정평가사의 주관이 개입되기 쉽다는 점도 문제점으로 제기된다. 부동산이 거래될 때 금융조건이 포함된 거래조건에 따라 매매가격에 차이가 날 수 있다는 점도 주의해야 한다. 경제상황이 매우 좋거나 매우 나쁜 경우라면, 이러한 경제상황이 미치는 영향이 배제된 정상가격을 산정하기가 쉽지 않기에 거래사례비교법은 좋은 방법론이 되지 못한다. 또한 감정평가사가 가능한 많은 자료를 수집하고 수집한 자료를 철저하게 조사 · 분석하지 않으면, 자료를 왜곡하거나 확대해석하는 오류를 범할 수 있다.

5 임대사례비교법

1) 임대사례비교법이란

임대사례비교법이란 대상물건과 가치형성요인이 같거나 비슷한 물건의 임대사례와 비교하여 대상물건의 현황에 맞게 사정보정, 시점수정, 가치형성요인 비교 등의 과정을 거쳐 대상물건의 임대료를 산정하는 감정평가방법을 말한다. 임대사례비교법을 통해 산정한 대상 부동산의 시산임료를 비준임료(또는 유추임료)라고 하며, 비준임료는 임대사례 부동산의 사례임료, 사정보정, 시점수정, 지역요인 및 개별요인 비교, 면적비교 등을 통해서 산출된다[(식 11-12) 참조].

식 11-12

비준임료 = 사례임료 × 사정보정치 × 시점수정치 × 지역요인비교치 × 개별요인비교치 × 면적비교치

2) 임료의 분류

임대사례비교법은 대상 부동산의 정확한 임료를 평가하는 방법이기 때문에, 임료가 어떻게 분류될 수 있는지 알 필요가 있다. 임료는 지불방법에 따른 분류와 임대차계약의 시기에 따른 분류로 크게 구분할 수 있다.

먼저 지불방법상 임료는 실질임료, 순임료, 지불임료로 구분할 수 있다. 실질임료란 임료 산정기간 동안 대상 부동산을 이용하는 임차인이 임대인에게 지불하는 모든 비용으로서 순임료와 필요제경비로 구성된다[(식 11-13) 참조]. 필요제경비란 임대차

관계를 지속하기 위하여 필요한 제반비용으로서 대상 부동산을 사용 · 수익하는 임차인이 지불해야 할 금액으로 인식되기 때문에 실질임료에는 필요제경비가 포함된다. 순임료는 실질임료에서 필요제경비가 제외된 임료로서 임대인에게 순수하게 귀속되는 금액이다. 한편, 지불임료는 임대차계약에 따라 임차인이 약정된 지급시기에 임대인에게 지불하는 임료를 말한다.

식 11-13

실질임료 = 순임료 + 필요제경비

다음으로 임대차계약의 시기상 임료는 신규임료와 계속임료로 구분할 수 있다. 신규임료는 새로이 임대차계약을 할 때 구하는 임료로서, 6방법 중 임료를 구하는 임대사례비교법, 적산법, 수익분석법을 이용하여 산정한다. 계속임료는 임대차계약을 연장하기 위해서 임료수준을 변경한 경우에 구하는 임료로서 임대사례비교법, 수익분석법 등을 이용하여 구한다.

3) 임대사례

임대사례비교법은 대상 부동산과 임대사례 간의 특성비교를 통해 임대사례의 임료를 보정하여 대상 부동산의 임료를 결정하는 방법이기에, 임대사례의 선정이 매우 중요하다. 임대사례로는 비준임료 산출식(식 11-12)에서 보았듯이 사정보정, 시점수정, 지역요인비교, 개별요인비교가 적당한 사례가 선택되어야 하며, 이때 정확도가 높은 감정평가 결과가 도출될 수 있다.

(1) 임대사례의 선정기준

임대사례 역시 사정보정의 가능성, 시점수정의 가능성, 위치의 유사성, 물적 유사성 등 네 가지 기준에 맞추어 선정한다.

(2) 임대사례 자료의 정상화

① 사정보정

사정보정이란 임대사례에서 비정상적인 요인이 있는 경우에 이를 제거하여 정상 임료 수준으로 정상화하는 것으로, 보정하는 수식은 (식 11-14)와 같다. 임료보정 작업은 임대차계약의 다양성에 의해 일반화된 기준이나 법칙을 정하기 어려우므로 감정평가사가 전문지식과 경험을 통한 판단력에 근거하여 개별사례별로 평가한다.

식 11-14

사정보정된 임대사례임료 = 임대사례임료 × (정상임료 평가치(100%) / 사정개입임료의 평가치(100 ± α))

② 시점수정

시점수정이란 임대사례의 임료 기준시점이 대상 부동산의 기준시점과 차이가 날 때 임대사례의 임료 기준시점을 대상 부동산의 기준시점으로 맞추어 수정하는 것을 말한다. 이때 변동률이나 지수로는 임료지수 또는 임료지수의 변동률 등을 활용할 수 있다[(식 11-15), (식 11-16) 참조].

식 11-15

시점수정된 임대사례의 임료[변동률법] = 임대사례의 임료 × (1 ± 임료변동률)

식 11-16

시점수정된 임대사례의 임료[지수법] = 임대사례의 임료 × (대상 부동산 기준시점의 지수 / 임료 기준시점의 지수)

③ 지역요인 및 개별요인의 비교

임대사례와 대상 부동산은 각각이 속한 지역에 따라 임료수준이 다를 수 있기에 두 부동산이 각각 위치해 있는 지역적 요인의 차이를 비교해야 한다. 또한, 임대사례와 대상 부동산의 개별요인도 비교 · 분석함으로써 대상 부동산의 개별요인비교치를 산정한다. 지역요인과 개별요인을 비교하는 방법은 대상 부동산이 포함된 대상지역과 임대사례가 포함된 사례지역의 특성을 종합적으로 비교하여 간단히 분석하는 종합적 비교법과 각각의 지역요인 및 개별요인별로 평점을 매겨 보다 상세하게 비교 · 분석하는 평점비교법이 있다. 지역요인과 개별요인을 비교하고 나면, 지금까지 구한 사정보정치, 시점수정치, 지역요인비교치, 개별요인비교치를 임대사례 임료에 곱하여 비준임료를 산정한다.

예제 11-10

임대사례비교법을 통해 볼 때 2013년 1월 1일 기준 대상 부동산의 정상임료는 얼마인가?

[대상 부동산 개요]

- 경북 경산시 하양읍 B리 1번지 4층 건물 내 3층 200㎡, 업무용으로 이용 중임

[임대사례 개요]

- 경북 경산시 하양읍 Y리 1번지 5층 건물 내 3층 150㎡, 사무실로 이용 중: 2012. 1. 1.~2012. 12. 31. 보증금 500,000,000원, 월 임대료 5,000,000원이며, 이 자료는 적정한 것으로 판단됨
- 경산시 임료지수(필요제경비 포함): 2012. 1(100), 2012. 4(101), 2012. 7(103.1), 2012. 9(103.8), 2012. 12(103.9)
- B리는 Y리보다 5% 우세하며, 대상 부동산은 임대사례 부동산보다 개별요인이 10% 열세임
- 보증금운용이율: 연 6%.

| 풀이 |

1) 실질임료: 500,000,000×0.06+5,000,000×12=90,000,000
2) 비준임료=사례임료×사정보정×시점수정×지역요인비교×개별요인비교×면적비교
=90,000,000×1.00×(103.9/100)×1.05×0.90×(200/115)
=153,681,652원

4) 임대사례비교법의 장단점

임대차시장의 정보가 많이 수집될 때 정확한 결과를 기대할 수 있기에, 임대사례비교법은 임대차시장이 활발한 지역에서 활용될 때 그 효과가 크다. 또한 다양하고 상세한 임대사례를 통해 평가가격이 산출되기에, 분석결과가 실증적이고 객관적이다.

반면, 임대차시장이 활발하지 않다면 임대사례수집이 쉽지 않다. 또한 임대차계약을 하면서 특수한 사정이 개입될 가능성이 크다는 점도 단점으로 지적된다. 더군다나 임대차계약이 물건별로 개별성이 강하여 지역요인 및 개별요인의 비교를 통한 임대사례 임료의 수정작업이 쉽지 않다.

6 수익환원법

1) 수익환원법이란

수익환원법(收益還元法)이란 대상물건이 장래 산출할 것으로 기대되는 순수익이나 미래의 현금흐름을 환원하거나 할인하여 대상물건의 가액을 산정하는 감정평가방법으로, 이를 통해 구한 가격을 수익가격이라고 한다. 수익환원법은 수익이 발생되는 부동산에 적용이 적합한 방식으로, 주로 임대용 · 기업용 부동산의 가격산정에 활용된다. 수익환원법을 이용하기 위해서는 수익환원법의 3요소인 순수익, 환원이율, 자본(순수익) 환원방법을 이해해야 한다.

(1) 순수익

순수익이란 대상 부동산에서 생성되는 총수익에서 수익발생을 위해 필요한 감가상각비, 조세공과, 유지관리비 등의 필요제경비를 차감한 금액을 말한다. 순수익은 수익가격을 산출할 때 기준이 되기에, 통상적인 이용을 통해 장기에 걸쳐 지속적으로 발생 가능한 합법적이고 합리적인 수익이어야 한다.

수익환원법을 사용할 때 순수익 및 현금흐름의 산정과정 및 수익가격 산정 시 기초가 되는 순수익을 요약하면 〈표 11-2〉와 같다. 가능조소득(Potential Gross Income: PGI)이란 대상 부동산이 공실되지 않고 모두 임대되었다고 가정했을 때 임대인이 얻을 수 있는 최대 소득을 말한다. 그러나 기존 임차인의 이주한 후 신규 임차인이 입주할 때까지 소요되는 기간, 시장상황에 따른 일부 공실 등을 고려할 때, 실제로 부동산시장에서는 공실이 존재한다. 따라서 유효조소득은 가능조소득에서 공실 및 대손손실을 제하고 기타 수입을 더하여 구한다. 유효조소득(Effective Gross Income: EGI)은 수익가격 산정방법 중 조소득승수법(총소득승수법)의 기준이 되는 순수익이다. 대상 부동산을 운영하기 위해서 소요되는 고정비용에는 부동산세금 · 보험료 · 유지보수비용 등이 포함되고, 변동비용에는 관리비 · 인건비 등이 포함된다. 순영업소득(Net Operating Income: NOI)은 유효조소득에서 운영경비를 제하여 구한다. 세전흐름현금(Before-tax Cash Flow: BTCF)은 순영업소득에서 채무원리금상환액을 제하여 구하고, 세전현금흐름에서 세금을 제하면 세후현금흐름(After-tax Cash Flow: ATCF)이 된다.

표 11-2 순수익 및 현금흐름의 산정과정 및 수익가격 산정 시 기초가 되는 순수익

가능조소득(Potential Gross Income: PGI) = 단위임대료 × 임대가능면적
유효조소득(Effective Gross Income: EGI) = 가능조소득(PGI) - 공실 및 대손손실+기타수입
순영업소득(Net Operating Income: NOI) = 유효조소득-운영경비(Operating Expenses: OE)
세전흐름현금(Before-tax Cash Flow: BTCF) = 순영업소득(NOI) - 채무원리금상환(Debt Service: DS)
세후현금흐름(After-tax Cash Flow: ATCF) = 세전현금흐름(BTCF) - 소득세(법인세, Tax)

예제 11-11

다음 수익용 부동산의 1기 세후현금흐름(ATCF)을 구하시오?

[대상 부동산 개요]
- 첫해 예상가능조소득: 방 5개, 방 1개당 월 40만 원 가능
- 공실 및 불량부채상당액: 가능조소득의 5%
- 영업경비: 유효조소득의 40%
- 저당은 1억 원을 20년간, 연이자율 6%로 매년 원리금 균등상환함
- 세금은 부채서비스 및 감가상각을 고려하여 BTCF의 10%로 가정

| 풀이 |

1) 가능조소득(PGI) = 40만 원×12개월×5개 = 24,000,000원
2) 공실 및 대손손실 = 24,000,000×0.05 = 1,200,000원
3) 유효조소득(EGI) = PGI−공실 및 대손손실 = 24,000,000−1,200,000 = 22,800,000원
4) 영업경비 = EGI×0.4 = 22,800,000×0.4 = 9,120,000원
5) 순영업소득(NOI) = EGI−영업경비 = 22,800,000−9,120,000 = 13,680,000원
6) 채무원리금상환(DS) = 100,000,000×자본회수계수($CRF_{0.06,\ 20}$) = 100,000,000 ×$(0.06\times1.06^{20})/(1.06^{20}-1)$ = 8,718,456원
7) 세전현금흐름(BTCF) = NOI−DS = 13,680,000−8,718,456 = 4,961,544원
8) 세금(TAX)=BTCF×0.1=4,961,544×0.1=496,155원
9) 세후현금흐름(ATCF)=BTCF−TAX=4,961,544−496,155=4,465,390원

(2) 환원이율

환원이율(Capitalization Rate)이란 대상 부동산의 수익성을 나타내는 지표로서, 대상 부동산을 통해 장래 생산될 것으로 기대되는 순수익이 대상 부동산의 원본가격에서 차지하는 비율을 말한다[(식 11-17) 참조]. 환원이율은 대상 부동산이 전체 내용연수에 걸쳐 최유효이용한다는 전제하에 산정한 장기적인 수익률이다. 환원이율은 앞에서 살펴본 순수익을 자본환원하여 수익가격을 산출하고자 할 때 이용된다.

식 11-17

환원이율(%) = 순수익 / 대상 부동산의 원본가격×100

환원이율의 결정방법은 다양하다. 대상 부동산과 유사한 사례부동산의 최근 거래 사례를 통해 환원이율을 구하는 시장추출법, 가장 안전한 투자이율인 무위험률을 표준으로 할 때 대상 부동산과 사례부동산의 위험성을 종합적으로 비교 · 검토하여 산정하는 방법 등이 있다.

(3) 자본(순수익) 환원방법

수익가격을 도출하는 방법으로는 대상 부동산의 환원대상소득의 기간 및 환원방법에 따라 직접환원법과 수익환원법으로 구분된다. 직접환원법이란 한 해 또는 여러 해의 평균소득을 소득률(Income rate)로 직접 활용하는 방법으로, 전통적 소득접근법이 여기에 속한다. 수익환원법이란 여러 해에 걸쳐 발생한 현금수지를 수익률(Yield rate)로 환원하여 적용하는 방법으로, 할인현금수지분석법이 여기에 속한다.

① 전통적 소득접근법

전통적 소득접근법이란 대상 부동산의 순영업소득을 환원이율로 나누어 대상부동산의 가치를 환원하는 방법이다.

예제 11-12

대상 부동산의 임대 순영업소득이 1억 원이고 환원이율이 5%일 때, 부동산의 가치를 산정하라.

| 풀이 |

100,000,000원/0.05 = 2,000,000,000원

② 할인현금수지분석법

할인현금수지분석법이란 대상 부동산에서 향후 발생될 것으로 기대되는 매 기간의 현금흐름을 현재가치로 환원하여 가치를 구하는 방법이다. 현금흐름이란 부동산 투자에 따른 현금유입과 현금지출의 차이를 의미한다.

예제 11-13

수익환원법을 통해서 대상 부동산의 시장가치를 산정하시오.

[대상 부동산의 개요]
- 5년 후 매각 예정이고 5년 후 저당가치(저당잔금)는 1억 원
- 1기말 ATCF = 1,000만 원, 매기 2%씩 증가
- (지분)매도가치: (저당제외) 2억 5천만 원에 구매, 5년 뒤 5천만 원 증가되어(저당제외) 3억 예상됨
- 자본이득세: 20%.
- 기대수익률(시장이자율): 5%

| 풀이 |

1) 매기 현금흐름(ATCF 현가)
=10,000,000원 / 1.05+10,000,000원 × 1.02 / (1.05^2)+10,000,000원 × (1.02^2) / (1.05^3) +10,000,000원 × (1.02^3)/(1.05^4)+10,000,000원 × (1.02^4)/(1.05^5)=44,974,600원
2) 자본이익: (300,000,000원−250,000,000원) × (1−0.2) × 1 / (1.05^5)=31,341,047원
3) 저당잔금 현가=100,000,000원/(1.05^5)=78,352,617원
4) 시장가치=44,974,600원+31,341,047원+78,352,617원=154,668,264원

2) 수익환원법의 장단점

수익환원법은 대상 부동산을 통해 장래에 취득될 순수익을 현가화하여 산출하는 방법이기 때문에 가격의 원리에 가장 부합한 방법이라고 볼 수 있다. 임대용 · 기업용 부동산과 같이 수익성 부동산의 평가에 적합하며, 감정평가사의 주관개입 가능성이 상대적으로 적다. 저당투자자의 입장에서 보면 차입자인 임대인의 부채회복 정도를 추정할 수 있다는 점에서 선호되는 방법이다.

반면, 장래의 수익에 근거하는 방법론이기에 신규부동산과 노후화된 부동산의 차이점이 반영되기 어렵고, 부동산시장이 불안정할 때에는 장래의 순수익과 환원이율을 정확하게 예측하기 힘들다. 또한 비수익성 부동산인 일부 주거용 부동산 및 공공용 · 특수용 부동산에는 적용하기 곤란하다.

7 수익분석법

수익분석법이란 일반기업 경영에 의하여 산출된 총수익을 분석하여 대상물건이 일정한 기간에 산출할 것으로 기대되는 순수익에 대상물건을 계속하여 임대하는 데에 필요한 경비를 더하여 대상물건의 임대료를 산정하는 감정평가방법을 말한다. 이를 통해 산출된 임료를 수익임료라고 한다[(식 11-18) 참조]. 여기서 순수익은 계약내용 및 기간에 따른 수익임료 산정에 기초가 된다. 수익분석법은 주거용 · 임대용 부동산에는 적용하지 않고, 기업용 부동산에만 적용한다. 주거용 부동산은 임대료가 발생하지 않는 부동산이기 때문이고, 임대용 부동산은 임료를 알고 있는 부동산이기에, 이를 분석하여 다시 임료를 산정한다는 것은 논리적으로 모순이 되기 때문이다.

식 11-18

수익임료 = 순수익 + 필요제경비

8 감정평가 절차

지금까지의 내용을 종합하여 감정평가 절차를 살펴보면, 감정평가업자는 다음의 순서에 따라 감정평가를 하여야 한다. 다만, 합리적이고 능률적인 감정평가를 위하여 필요할 때에는 순서를 조정할 수 있다(감칙 제8조).

첫째, 감정평가업자는 감정평가를 의뢰받았을 때에는 의뢰인과 협의하여 의뢰인, 대상물건, 감정평가 목적, 가격과 임료의 기준시점, 감정평가 조건, 기준가치, 관련 전문가에 대한 자문 또는 용역(이하 '자문 등')에 관한 사항, 수수료 및 실비에 관한 사항 등 기본적 사항을 확정하여야 한다. 기준시점은 대상물건의 가격조사를 완료한 날짜로 한다. 다만, 기준시점을 미리 정하였을 때에는 그 날짜에 가격조사가 가능한 경우에만 기준시점으로 할 수 있다. 또한 감정평가업자는 필요한 경우 관련 전문가에 대한 자문 등을 거쳐 감정평가할 수 있다.

둘째, 의뢰받은 감정평가에 관한 기본적 사항이 정해지면 대상 부동산의 위치 · 규모 · 종류 · 업무량을 파악하고 처리능력을 반영하여 사전조사 계획, 실지조사 계획, 가격평가 계획 및 평가보고서 작성계획 등이 포함된 구체적인 처리계획을 수립한다.

셋째, 감정평가사는 실지조사를 통해 대상물건을 확인하여야 한다. 단, 천재지변, 전시사변, 법령에 따른 제한 및 물리적인 접근 곤란 등으로 실지조사가 불가능하거나 매우 곤란한 경우, 혹은 유가증권 등 대상물건의 특성상 실지조사가 불가능하거나 불필요한 경우, 실지조사를 하지 아니하고도 객관적이고 신뢰할 수 있는 자료를 충분히 확보할 수 있는 경우에는 실지조사를 하지 않을 수 있다. 물적사항을 확인할 때에는 대상 부동산의 동일성 여부를 확인해야 하고, 대상 부동산의 위치를 중심으로 하여 지역적 요인 및 개별적 요인을 조사 · 확인하여야 한다. 물적사항 확인 후에는 대상부동산에 대한 소유권 및 기타 권리관계의 존재 여부 및 그 내용을 구체적으로 조사 · 확인하여야 한다.

넷째, 대상 부동산과 관련된 확인자료, 요인자료, 사례자료 등을 수집하여 정리한다. 확인자료는 등기부등본, 건축물관리대장과 같이 대상 부동산의 물건 및 권리상태를 확인하기 위해서 필요한 자료이다. 요인자료는 일반적 요인, 지역적 요인, 개별적 요인 분석을 위해 필요한 자료이고, 사례자료는 매매사례, 임대차사례와 같이 감정평가 3방식을 적용하기 위해서 필요한 자료이다. 자료를 수집하는 방법으로는 의뢰인에게 관련 자료를 제출하도록 하는 징구법, 감정평가사가 현장조사를 통해 자료를 수집하는 실사법, 현장 또는 기타 장소를 직접 탐문하여 응답자로부터 자료를 수집하는 탐문법, 관련 자료를 열람하여 확인하는 열람법 등을 활용한다.

다섯째, 수집한 자료를 검토하고 가격형성요인을 분석한다. 수집된 자료가 평가목적상 충분하고 적당한 자료인가 검토해야 하며 일반요인분석, 지역요인분석, 개별요인분석 등 가격형성에 영향을 미치는 가격형성요인을 수집한 자료를 통해 분석한다.

여섯째, 대상 부동산 감정평가에 가장 적당한 감정평가방법을 선정하여 적용한다. 감정평가사는 앞에서 설명한 3방식에 따라 감정평가를 한다(감칙 제11조). 원가방식은 원가법 및 적산법 등 비용성의 원리에 기초한 감정평가방식이고, 비교방식은 거래사례비교법, 임대사례비교법 등 시장성의 원리에 기초한 감정평가방식 및 공시지가기준법이며, 수익방식은 수익환원법 및 수익분석법 등 수익성의 원리에 기초한 감정평가방식이다.

마지막으로 시산가치를 조정하고, 결정된 감정평가액을 감정평가서에 표시한다. 감정평가 3방식 6방법에 의해 도출한 평가가격을 시산가치라고 한다. 감정평가 3방식은 그 산정원리는 다르나 모두 대상 부동산의 기준시점 정상가격 또는 정상임료를 구한다는 점에서 각 방식에 의해 산출된 시산가치는 조정될 필요가 있다. 이는 각 방법이 모두 장점만 갖고 있는 것이 아니라 각 방법만의 단점도 있기 때문이다. 감정평가 3방식 각각의 장단점, 평가방식의 적절성, 평가의 정확성, 수집된 자료의 정량적 · 정성적 수준의 적정성, 시장상황, 평가목적 등을 충분히 반영하여 시산가치를 상호 비교하여 시산가치 간의 격차를 재조정하는 작업을 시산가치의 조정이라고 한다. 시산가치의 조정을 통해 결정된 최종가치는 평가보고서에 점추정치 또는 구간추정치의 형태로 표시한다. 점추정치 감정평가액은 하나의 확정된 부동산가격을 기재하는 것이고, 구간추정치 감정평가액은 대상 부동산의 가격을 일정한 범위로 표현한다. 또한 대상 부동산의 가치를 얼마 이상 또는 이하 형태의 관계가치로 표현할 수도 있다.

참고문헌

강현호 (1998). 독일 연방건설번상의 토지수용제도에 대하여. 토지공법연구. 한국토지공법학회, 139-157.

경응수 (2011). 현대감정평가원론. 파주: 교육과학사.

국토개발연구원 (1980). 개발이익의 사회적 환수에 관한 연구.

국토연구원 (2006). 토지에 관한 국민의식 조사.

김경환, 손재영 (2010). 부동산경제학. 서울: 건국대학교 출판부.

김영곤, 오준석, 이창석, 정상철 (2009) 부동산업경영론. 서울: 형설출판사.

김영모, 김행종, 노병한, 박상진, 류병찬, 류종현, 서정섭, 손세원, 신동윤, 이범관, 장승동, 최인호 (2011). 국토 및 지역개발을 위한 지역계획론. 서울: 보성각.

김용민, 류해웅, 이창석, 정상철 (2007). 부동산정책론. 서울: 형설출판사.

김지엽, 정종대 (2007). 토지이용규제에 대한 한국과 미국의 비교 연구: 헌법의 재산권 보장 관점을 중심으로. 국토계획, 42(4), 7-28.

김지현 (2005). 부동산경제학의 이해. 서울: 부연사.

김철수 (2002). 에센스 부동산학개론. 서울: 부연사.

김철호 (2010). 부동산경영론. 서울: 범론사.

김홍배 (2011). 입지론: 공간구조와 시설입지. 서울: 기문당.

나상수, 고규봉, 이홍규 (2010. 7). 감정평가실무강의(제6판). 서울: 리북스.

대한국토 도시계획학회 (2009). 토지이용계획론(3정판). 서울: 보성각.

대한국토 도시계획학회 (2011). 도시계획론(5정판). 서울: 보성각.

대한국토 · 도시계획학회 편저 (2008). 도시계획론. 서울: 보성각.

대한국토 · 도시계획학회 편저 (2008). 토지이용계획론. 서울: 보성각.

박문각 부동산연구소 편 (2013). 부동산학개론. 서울: 박문각.

박원석 (2011). 부동산입지론. 서울: 양현사.

박헌주, 김근용 (1993). 택지개발제도의 합리화 방안. 안양: 국토개발연구원.

방경식, 장희순 (2004). 부동산학개론. 서울: 부연사.

배영균 (2011). 부동산학개론. 서울: 부연사.

손지영 (1997). 토지자본이득 환수수단으로서 양도소득세제의 기능에 관한 연구. 서울대학교 환경대학원 석사학위 논문.

안정근 (2009). **부동산평가이론(제5판)**. 서울: 양현사.

안정근 (2009). **현대부동산학**. 서울: 양현사.

윤영식 (2012). **부동산개발론: 이론과 실무**. 파주: 교육과학사.

윤준선, 정기영, 이창석, 고재식, 이재현, 김성배, 문인곤, 이동찬 (2011). **부동산개발 : 이론과 실제**. 서울: 형설출판사.

이내영, 연규태 (2001). **부동산학개론**. 서울: 금융경제연수사.

이성근, 서경규 (2012). **현대부동산의 이해(제3판)**. 서울: 부연사.

이재웅 (2010). **부동산개발기획론**. 서울: 부연사.

이정우 (1991). 한국의 부. 자본이득과 소득불평등. **경제논집**. 서울: 서울대 경제연구소.

이정전 외 22인 (2005). **국가균형발전을 위한 토지정책 방향 연구**. 성남: 한국토지공사.

이종규 (2011). **부동산개발사업의 이해(제4판)**. 서울: 부연사.

이창석 (2006). **알기 쉬운 부동산학개론**. 서울: 형설출판사.

이창석 (2010). **부동산과 생활**. 파주: 신광문화사.

이창석 (2010). **부동산관리론**. 파주: 신광문화사.

이태교 (1981). **토지정책론**. 법문사.

이태교, 이용만, 백성준 (2009). **부동산정책론**. 파주: 법문사.

임재현, 한상삼, 정승영, 최신융 (2009). **주택정책론**. 서울: 부연사.

장동훈, 김철호 (2008). **부동산학개론**. 서울: 형설출판사.

정용식 (2012). **부동산개발계획과 실무**(이론, 실무, 사례별 분석). 서울: 부연사.

정용식 (2012). **부동산자산관리론**. 서울: 부연사.

정우형 (2004). 토지소유권과 건물소유권의 이원적 체계에 관한 연혁적 고찰. **한국 부동산법학회 2004년 동계 학술대회: 부동산 거래의 활성화와 규제의 조화(발표논문)**.

조주현 (2006). **부동산학원론**. 서울: 건국대학교 출판부

하성규 (2000). **주택 · 도시 · 공공성**. 서울: 박영사.

하성규 (2010). **주택정책론**. 서울: 박영사.

홍선관 (2009). **체계적으로 접근한 부동산개발론**. 서울: 중앙일보 조인스랜드.

Appraisal Institute (2001). **부동산감정평가**. (주)코리아리얼에스테이트네트워(코리넷), 한국감정원 공역 (2006). 서울: 부연사.

Corgel, J. B., Ling, D. C., & Smith, H. C. (2001). *Real estate perspectives: An introduction to real estate* (4th ed.). NY: McGraw-Hill.

Denis, DiPasquale., & William, C. Wheaton. (1996). *Urban Economics and Real Estate Markets*. Prentice-Hall, Inc.

Epley, D. R., & Miller, J. A. (1994). *Basic real estate finance and investment* (3rd ed.). NY: John Wiley & Sons.

Eugene, F. Brigham., & Joel, F. (2004). *Houston, Fundamentals of Financial Management* (4th ed.). Thomson South-Western.

Frank, K. Reilly., & Keith, C. Brown. (2003). Investment Analysis and Portfolio Management (7th ed.). Thomson South-Western.

Greer, G. E. (1997). *Investment analysis for real estate decision* (4th ed.). TN, Memphis: Dearborn.

Hagman, D., Misczynsky, D. (1978). Windfalls for Wipeout: Land Value Capture and Compensation, *American Society of Planning Officials*.

Jacobus, C. J. (2006). *Real estate principles* (10th ed.). Thomson & South-Western.

John, F. McDonald., & Daniel, P. McMillen. (2011). *Urban Economics and Real Estate: Theory and Policy* (2nd ed.). NY: Wiley.

Kaiser, E. J., D. R. Godschalk., & F. G. Chapin, Jr. (1995). Urban Land Use Planning (4th Ed.), *Chicago: University of Illinois Press*.

Ling, D. C., & Wayne R. A. (2008). *Real estate: A value approach*, McGraw-Hill & Irwin.

Mankiw, G. (2008). 맨큐의 경제학. 김경환, 김종석 공역 (2012). 서울: 교보문고.

McMahan, J. (2007). *Professional property development*. NY: McGraw-Hill.

Mike, E. Miles., & Gayle, L. Berens., & Mark J. Eppli., & Marc A. Weiss. (2007). *Real Estate Development: Principles and Process*. (4th ed.). Washington, DC: Urban Land Institute.

Shilling, J. D. (2002). *Real estate* (13th ed.). OH, Cincinnati: South-Western.

William, B. Brueggeman., & Jeffrey, D. Fisher. (1997). *Real Estate Finance and Investment* (10th ed.). Irwin/McGraw-Hill.

Wofford, L. E. (1983). *Real estate* (revised ed.). NY: John Wiley & Sons.

찾아보기

ㄱ

ㅅ

ㅇ

ㅈ

ㅊ

■ 저자 소개

서정렬

경원대학교 도시계획학과 학사
경원대학교 대학원 도시계획학과 석사
경원대학교 대학원 도시계획학과 박사
현) 영산대학교 부동산 · 금융학과 교수
　경상남도 및 울산광역시 주택정책심의위원
　대법원(부동산 및 도시계획 분야) 전문심리위원
　대한부동산분석학회 부회장

신우진

경원대학교 도시계획학과 학사
서울시립대학교 도시공학과 석사
Texas A&M University 토지개발학 석사
Texas A&M University 도시 및 지역계획학 박사
한국감정원 부동산연구원, 한국부동산연구원 근무
현) 경일대학교 부동산지적학과 교수
　대한부동산학회 사무국장
　한국주거환경학회 부편집위원장
　대구광역시 공동주택모범관리단지 선정위원회위원

신정철

서울대학교 건축학과 학사
서울대학교 환경대학원 석사
Stanford University 토목(도시전공)공학 박사
국토연구원(1985~2007) 선임연구위원 역임
국토해양부(2007~2009) 공무원교육원장 역임
남서울대학교(2009~2013) 부동산학과 교수 역임
현) KOICA 중장기자문단(베트남 근무)

한동철

성균관대학교 건축공학과 학사
서울대학교 경영학과 석사
Saint Louis University 경영학과 박사
현) 서울여자대학교 경영학과 교수

한정희

서울대학교 법과대학 공법학과 학사
독일 Kiel Universität 경제학과 석사(Diplom)
독일 Frankfurt/M Universität 경제학과 박사
한국토지공사 국토도시연구원 책임연구원
현) 대구대학교 부동산학과 교수

저자와의
협의하에
인지생략

부동산학개론

2013년 9월 5일 1판 1쇄 인쇄
2013년 9월 10일 1판 1쇄 발행

지 은 이 서정렬 신우진 신정철 한동철 한정희
펴 낸 이 최용구
펴 낸 곳 이프레스

주 소 서울시 용산구 원효로 1가 48-1호(140-846)
전 화 537-1720(영업부), 537-1721(편집부), 537-1711(팩스)
이 메 일 epress01@naver.com
홈페이지 www.epress1.com
등 록 2009년 12월 10일 제16-2710호

기획마케팅 최용구 장만동 송대용
책임편집 박정선 최윤정 황가연
본문편집 SUNNY
표 지 SDY

ISBN 978-89-90245-41-0 93320

정가 27,000원

파본은 구입처에서 교환해 드립니다.